I0046161

8° *E
426

TRAICTÉ

DE

L'ŒCONOMIE POLITIQUE

1513

L'auteur et les éditeurs déclarent réserver leurs droits de traduction et de reproduction à l'étranger.

Cet ouvrage a été déposé au ministère de l'intérieur (section de la librairie) en septembre 1889.

PARIS. TYP. DE E. PLON, NOURRIT ET Cᶦᵉ, RUE GARANCIÈRE, 8.

L'ÉCONOMIE POLITIQUE PATRONALE

TRAICTÉ

DE

L'ŒCONOMIE POLITIQUE

DÉDIÉ EN 1615

AU ROY ET A LA REYNE MERE DU ROY

PAR

ANTOYNE DE MONTCHRÉTIEN

AVEC INTRODUCTION ET NOTES

PAR

Th. FUNCK-BRENTANO

·LABOR· H&P PROBVS
OMNIA VINCIT

DEPOT LEGAL
Seine
97 9786
1889

PARIS

LIBRAIRIE PLON

E. PLON, NOURRIT ET Cⁱᵉ, IMPRIMEURS-ÉDITEURS

RUE GARANCIÈRE, 10

1889

Tous droits réservés

C.

INTRODUCTION

L'ÉCONOMIE POLITIQUE PATRONALE

I

MONTCHRÉTIEN, SA VIE ET SON OEUVRE.

L'histoire de la vie d'un auteur et la publication de son œuvre principale, également oubliés ou méconnus, ont présenté de telles difficultés, que je crois devoir, en commençant, remercier mes amis, MM. G. Paris et H. Pigeonneau, ainsi que MM. de Beaurepaire, archiviste de la Seine-Inférieure, et L. Marlet, attaché à la Bibliothèque Sainte-Geneviève, pour la gracieuseté avec laquelle ils m'ont donné les conseils ou les renseignements que je leur ai demandés. Je dois en outre exprimer ma reconnaissance à MM. les membres du bureau de la Bibliothèque nationale, pour la complaisance qu'ils ont mise dans leurs recherches, souvent fort longues et fort difficiles.

Parmi les victimes de nos luttes intestines, il n'en est aucune qui ait trouvé dans les contemporains et dans la

a

postérité autant d'injustice et d'ingratitude que Montchrétien. Il fut un des écrivains les plus brillants de son
temps ; ses œuvres de jeunesse, tragédies et poésies,
accueillies avec succès, virent leurs éditions se succéder ;
et son *Traicté d'œconomie politique,* œuvre de l'âge
mûr, en a fait le créateur d'une science dans laquelle les
conceptions du vieux maître n'ont plus été dépassées.
Il est le véritable représentant de notre ancienne et glorieuse école d'économistes d'État, qui commence avec
Henri IV, se continue par Richelieu et finit avec Colbert. Observateur fin et consciencieux, Montchrétien ne
laisse échapper aucun détail de la production industrielle
et commerciale ; esprit éminent, il surprend par la hardiesse de ses aperçus, l'étonnante grandeur de ses vues.
Sa nature ardente se passionna pour la prospérité de sa
patrie : il adressa ses conseils, ou plutôt ses supplications
à Louis XIII et à la Reine mère ; mais tous ses efforts
échouèrent. Alors, désespéré, il se jeta, lui catholique,
dans le parti des huguenots. Il fut tué par surprise, les
armes à la main ; son cadavre fut traîné sur la claie, écar-
telé, brûlé, les cendres jetées au vent. Voilà notre premier économiste.

Encore s'il n'était tombé que dans l'oubli ! Mais il
tomba dans un tel discrédit, que les documents de l'é-
poque, à l'exception d'une lettre de Malherbe, en font
un aventurier de mauvaise espèce, bretteur, duelliste,
faux monnayeur, — l'un d'eux va jusqu'à le traiter de
« canaille », — qui ne mérite d'être mentionné que
pour quelques tragédies informes et la curiosité du titre
de son traité. Ce n'est qu'après 1856 que les auteurs de
la *France protestante,* et à leur suite MM. Joli et Duval,
l'un, dans une lecture faite à l'Académie des sciences
morales et politiques, l'autre, dans une étude spéciale,
s'efforcèrent de réhabiliter sa mémoire. Ce fut en vain :

Montchrétien continua à rester l'aventurier ou l'escroc que le *Mercure françois* en avait fait[1].

Les calomnies et les erreurs qui se sont attachées à la mémoire de Montchrétien proviennent en effet d'une source unique : le portrait qu'en trace le *Mercure* en rendant compte de sa mort :

« Anthoine Mauchrétien, et non pas Montchrétien, estoit fils d'un apoticaire nommé Mauchrétien, qui estoit venu demeurer à Falaize, sans qu'on ait jamais sçu de quel pays il estoit, ny qui estoit son pere ny sa mere, comme il se justifie par l'acte de tutelle dudit Anthoine Mauchrétien ; car, apres le decez de son dit pere, le procureur du Roy à Falaize fit assigner les voisins pour eslire un tuteur audit Anthoine fils ; et, faute de toute autre alliance, le sieur de Sainct-André-Bernier, comme proche voisin, fut condamné en justice d'entreprendre la tutelle, en laquelle, pour le peu de bien qu'il y avoit, il ne fit aucune formalité ny inventaire.

« Anthoine estant grandelet, d'un esprit vif, il fut pris pour servir au collège et servit les sieurs de Tournebu et des Essars frères : il estudie, il s'adonne à la poésie françoise et fait bien des vers ; devenu âgé de vingt ans, il apprend avec ses maistres à tirer des armes, à monter à cheval, et, en hantant les nobles, il faict le noble, le vaillant, le hardy, l'homme de querelle pour se porter sur le pré et se fait appeler Vatteville, mais de terre ny de fief de Vatteville, *non dicitur tit. de feudis*[2]. »

---

[1] Voy. *Bibliographie : les auteurs qui ont parlé de Montchrétien*, p. 374.

[2] L'auteur de *La mémorable exécution des rebelles à Sa Majesté*, factum du temps, en fait un tout autre portrait : « Vatteville Montchrétien, qui faisoit profession de la religion dite réformée, fut des premiers employez en cest rebellion ; sa naissance ne le pouvoit pas porter *à si hauts desseins*, mais son esprit et son courage (Mal-

a.

Pendant plus de deux siècles, nul n'a douté de la fidélité de ce portrait ni pensé que les traits en avaient peut-être été déformés par les haines religieuses et les rancunes politiques de l'époque.

Nous lisons dans le même *Mercure,* quelques pages plus loin, que Montchrétien avait eu un cousin nommé des Ventes[1]. Malherbe, dans une lettre à son ami Pieresc, le nomme « Les Ventes » et place ce Les Ventes parmi les cinq gentilshommes qui combattaient avec Montchrétien au moment où il fut tué. Ni Montchrétien ni son père, quoique apothicaire, n'ont donc été de famille inconnue, même pour le *Mercure.* Quant aux biens laissés au fils, il en avait si bien été fait « formalité et inventaire », que le tuteur de Montchrétien, — et c'est encore le *Mercure* qui nous le dit, — fut obligé par la justice de lui restituer plus tard mille livres sur la gestion de sa fortune. Il n'y a donc pas lieu d'en faire un domestique, bien que le jeune « Anthoine, grandelet et d'un esprit vif », ait peut-être servi de répétiteur ou donné des leçons aux petits de Tournebu et des Essars. Mais son père s'appela bien Mauchrestien ; « ce fut le nom de sa maison », dit Malherbe. Le fils l'altéra en Montchrétien et y ajouta « de Vatteville ». Dans les actes conservés aux Archives de Rouen, Montchrétien prend le titre d'écuyer et de sieur de Vasteville[2], et signe Monchrestien.

herbe se servit dans le moment même d'expressions identiques pour en parler) lui ayant fait espouser une dame riche et de l'une des bonnes maisons de Normandie, et son ambition propre et capable de tout entreprendre luy promettoyent assurément que si les affaires de ce party réussissoient, il y auroit bonne part. » P. 4. Malingre, en racontant, en 1635, les histoires tragiques de son temps, quoiqu'il traite Montchrétien de canaille, rapporte textuellement ce passage, et seul de tous les auteurs se garde de reproduire le portrait du *Mercure.*

[1] Voy. *Dictionnaire de la noblesse,* t. XIX, p. 577.

[2] On a supposé gratuitement que ce titre lui venait de sa femme. BOISARD, dans ses *Notices biographiques,* fit le premier, je crois, cette

Il naquit vers 1576. Cette date est donnée par son portrait, figure à la fois intelligente et énergique du type de Henri IV, que nous trouvons, gravé en taille-douce, sur le frontispice de la première édition de ses œuvres. Le cadre porte en exergue : AET. XXV. L'édition n'est point datée, mais le privilège du Roi est du 12 décembre 1600, et le permis d'imprimer du 6 janvier 1601. Montchrétien naquit donc en 1575 ou 1576.

Il entre au collège de Caen, « estudie, s'adonne à la poésie françoise et fait bien les vers ». Au sortir du collège, il publie, à l'âge de vingt ans, une *Sophonisbe*, tragédie en cinq actes. L'édition faite à Caen est datée de 1596 et signée simplement A. Montchrestien. L'œuvre est dédiée à madame de la Verune : « Je sçay, dit le jeune poète, que vous n'en trouverès les vers assez polis, ains rudes et mal tournés, à la comparaison de ceux que *liment et reliment* ces beaux esprits dont la France s'honore... Il vous pleut prendre la peine d'assister à la representation de ceste tragédie, vous la prendrès encore, s'il vous plaist, de la lire. »

De 1596 à 1601, Montchrétien composa successivement quatre nouvelles tragédies : *l'Écossaise, les Lacènes, David, Aman,* et refit *Sophonisbe*, qu'il publia sous un nouveau titre : *la Carthaginoise*[1]. Encore si, pendant ces cinq années, il n'avait fait que des tragédies, pourrait-on croire que, grâce à une imagination débor-

hypothèse. Montchrétien prit ce titre déjà en 1601 (1ʳᵉ édition de ses tragédies); d'un autre côté, il ne lui vint d'aucune des trois communes du nom de Vatteville, dont l'une se trouve dans l'Eure, la seconde dans la Seine-Inférieure, la troisième, Vasteville (l'un des noms s'écrivait encore pour l'autre à l'époque de Montchrétien), près de Cherbourg. Il prit sans doute le titre d'une petite terre, voire d'un champ du même nom ou dont l'altération donnait celui de Vatteville.

[1] « Voici Sophonisbe qui *revient sur le théâtre* vestue d'un habit neuf et mieux séant à sa grandeur que celui dont auparavant je l'avois accomodée. » *Préface de la Tragédie.*

dante et à un excès de fièvre juvénile, il put occuper le
reste de son temps à faire le « noble, le hardy, l'homme
de querelle, tirer les armes, se porter sur le pré » ; mais
en dehors de ses pièces de théâtre, de ses stances et de
ses sonnets, il écrit un poème à la mémoire de la seconde
femme de Groulard, premier président du Parlement de
Rouen, « le Mécène des poètes de son temps » ; dédie un
poème en quatre livres, *Suzanne ou la Chasteté*, à
« Suzane Thezard, dame de l'Isle », et compose une bergerie en cinq actes et en prose. Il fait représenter ses
pièces [1], même la bergerie, et donne tous ses soins à
l'impression de ses œuvres, qui paraissent au commencement de 1601 [2]. Si turbulente que nous puissions imaginer la vie des hommes et particulièrement des poètes
de la fin du seizième siècle, cette turbulence s'arrête au
temps nécessaire à l'exécution de leurs œuvres.

L'existence de Montchrétien, de 1596 à 1601, ne fut
pas celle d'un bretteur et d'un duelliste. Il mena plutôt la
vie d'un jeune homme laborieux qui, s'il n'est pas encore
économiste, est déjà économe de son temps et recherche, ainsi que tous les poètes de l'époque, la protection
des nobles dames et des personnages influents. Son
second ouvrage est dédié au prince de Condé. « Il fut un
des bons poètes tragiques de son temps ; — ses tragédies

---

[1] Parfait donne les dates des différentes représentations, mais
« autant qu'il peut le conjecturer ». Ainsi, l'*Écossaise* n'aurait été représentée, dit-il, qu'en 1605, tandis qu'elle est publiée la première dans
l'édition de 1601. Mais Parfait suit le *Mercure*, et comme celui-ci
affirme que l'*Écossaise* a été dédiée au roi d'Angleterre, il faut qu'elle
ait été représentée la dernière.

[2] Il continua en outre, selon toute probabilité, à donner des leçons
au jeune de Tournebu. Car nous le voyons, par un acte du 23 juillet
1611, après son retour d'Angleterre, donner procuration pour agir
contre le baron de Tournebu. Il avait été professeur de son fils,
remarque M. de Beaurepaire. Et d'après un second acte du 4 avril
1616, « le seigneur et baron de Tournebu devait encore à cette date
six cents livres à Montchrétien ». Voy. *Bibliographie.*

furent bien reçues », ne peut s'empêcher d'avouer, à deux reprises, le *Mercure*. Les sujets qu'il traite sont repris par Corneille, Racine, Voltaire, Schiller, André Chénier. Dès 1644, sa *Bergerie* est traduite en allemand. Par la noblesse des sentiments, la générosité des aspirations, la beauté de la forme, ses œuvres réfutent les calomnies du journal de la cour de Marie de Médicis. « Montchrétien se distingue, dit Sainte-Beuve, de Jodelle et de Garnier par plus de douceur et de politesse, et dans les chœurs de ses tragédies, on trouve des stances pleines d'élégance et d'harmonie » ; mais quand le sujet l'exige, dans les *Lacènes* et *Marie Stuart*, la poésie s'élève et les vers « se remplissent d'énergie », observe Philarète Chasle. Deux années se sont à peine écoulées que ses œuvres ont une nouvelle édition. Le succès transforma la vie du poète.

Il vécut dans l'intimité du président Groulard, comme nous l'apprend le poème écrit par Montchrétien en mémoire de la femme du président, *les Derniers Propos de feue dame Barbe Guiffard;* il fréquenta la noblesse normande et les grandes familles parlementaires de Rouen.

Au milieu de cette noblesse de la fin du seizième siècle, qui n'avait pas encore été disciplinée par le régime du siècle suivant, à la fois remuante et pompeuse, rude et raffinée, obéissant à ses meilleurs sentiments sans arrière-pensée, naturellement, comme elle obéissait à ses passions dans ses luttes civiles et religieuses, mettant la main aussi facilement à l'épée pour se défendre qu'au poignard pour attaquer, Montchrétien conquit une situation brillante. Mais il en éprouva aussi les difficultés et les déboires. Dans la préface des petites poésies de la première édition de ses œuvres, il dit déjà tristement :

« J'avois resolu de faire imprimer mes stances et mes-

langes à la suite de ceste œuvre, pour quitter une bonne
fois toutes ces jeunesses et employer mon esprit et ma
plume à quelque chose de meilleur ; mais les nuages d'une
mechante affaire dont j'apprehende l'evenement obscur-
cissent et troublent trop le serin de mon ame. »

Cette mechante affaire fut sans aucun doute une querelle dont le *Mercure* se garde de donner les motifs. « Un
baron de Gouville, accompagné de son beau-frère et
d'un soldat, tendirent une embuscade au poète et le lais-
sèrent pour mort sur le terrain. » Le baron et son beau-
frère furent condamnés dans la suite à lui payer douze
mille livres de dédommagement, somme énorme pour
l'époque [1]. Dans une autre circonstance, « il se fit le solliciteur d'une damoiselle de bonne maison dans un procès
contre son mari qui estoit gentilhomme riche et imbécile
de corps et d'esprit ».

Cette nouvelle époque de sa vie de poète demi-gentil-
homme fut certainement beaucoup plus tourmentée que la
précédente. Il ne composa plus qu'une seule tragédie,
Hector, la dernière qu'il ait écrite, et qui parut, en **1604,**
dans une troisième édition de ses œuvres. La *Bergerie* ne
s'y trouve plus ; *Hector,* qui ouvre le volume, la remplace ; mais la dédicace, adressée encore une fois au
prince de Condé, témoigne du profond changement qui
s'est opéré pendant cette dernière année dans l'esprit
de Montchrétien, en même temps que de la modestie du
poète :

« Ces tragedies, dit-il au prince, que je vous ay desjà

---

[1] C'est sans aucun doute vers 1603 qu'eut lieu cette condamnation,
car le poète, dont la situation ne paraît pas fort brillante jusqu'ici,
achète cette année, le 14 septembre, le 6 octobre et le 27 février 1604,
« plusieurs maisons et héritages assis en la paroisse d'Ambleville,
vicomté de Falaise, d'après un acte passé par-devant les tabellions
de Falaise ». Documents communiqués par M. de Beaurepaire à la
commission des Antiquités de la Seine-Inférieure.

dediées, recherchent encore vostre appuy... J'avoue
fort librement que la honte m'est montée à la face autant de fois qu'elles sont revenues à mes yeux depuis
que je les envoyai à vous porter un tel témoignage de
mon peu d'industrie... La grandeur de vostre nom demande quelque chose de plus serieux, et mon humeur
de maintenant est plus portée à un autre sujet d'écrire. »

« Il a aussi, nous dit le *Mercure*, travaillé à une *Histoire de Normandie* et faict quelques autres œuvres qui
le rendoient louable. » Les paroles adressées au prince
de Condé font sans doute allusion à ces nouvelles études.
Mais son *Histoire de Normandie* ne fut pas imprimée;
peut-être ne fut-elle jamais entièrement écrite. Une
nouvelle aventure, — cette fois un vrai duel, dans lequel il tua son adversaire, le fils d'un sieur de Grichy-
Moynes, près de Bayeux, changea sa carrière. Pour-
suivi en vertu des nouveaux édits contre le duel, il
adressa une supplique à Henri IV. Celle-ci ne se trouve
dans aucune édition de ses œuvres, pas même dans celle
qui parut six ans après sa mort. Nous en transcrivons
quelques passages qui donnent une idée de l'envergure
du poëte. Les meilleurs vers, d'un souffle puissant, sont
dignes de Corneille.

AU ROY

Sire, ceste clemence au monde sans egale,
Le plus grand ornement de vostre ame royale,
Qui vous porte aussi bien dans le plus haut des cieux
Que le nom d'invincible acquis en tant de lieux,
Et par tant de combats dont à jamais l'histoire
Fera taire l'envie et parler la mémoire,
Donne la hardiesse à ma tremblante voix;

. . . .
Grand Roy, qui estes juste et clément tout ensemble,
Si vos edicts sacrez ordonnent que je tremble,
Vostre bonté m'asseure : est-il rien de plus seur
Que d'avoir pour garant ceste insigne douceur

Qui vous a tant gardé de villes et de testes,
Et plus gagné de cœurs que toutes vos conquestes?
. . . .
Permettez à mes vœux que pour vostre service
Au milieu des combats bravement je finisse,
Que dans le champ d'honneur, ja suant et poudreux,
J'aille verser mon sang bouillant et genereux,
Armé sur un cheval ou tenant une pique,
Non sur un eschaffaut en vergogne publique.
L'innocence des mœurs, compagne de mes jours,
Vostre misericorde oblige à mon secours,
Car, quand en sa rigueur le bras de la justice
Viendroit soudainement me ravir au supplice,
Puniroit-il ma faute? Ains plustost mon malheur,
Puisque mon plus grand crime est ma seule valeur.
Mais, Sire, où me transporte une crainte servile
Indigne de mon cœur? Ma requeste est civile,
Vous me l'accorderez; m'en voir rejetté
N'en sauroit compatir avec vostre bonté[1].

Le Roi se refusa néanmoins à faire grâce, et Montchrétien s'enfuit en Angleterre[2], « de crainte, dit le *Mercure,*
d'être pendu ».

Il en revint économiste.

Jusqu'à son départ, menant vie de poète et de gentilhomme, Montchrétien ne s'était guère occupé du travail et de l'industrie nationale. Leurs progrès rapides,
sous l'impulsion de Henri IV et de Sully, s'accomplirent
sans qu'il s'y intéressât. Il ne mentionne pas une seule
fois, dans son traité, le grand ministre, et lorsqu'il parle
du Roi, on voit qu'il ne le connaît que par sa réputation

---

[1] L'original de la demande en grâce se trouve à la Bibliothèque
nationale. Voy. *Bibliographie.*

[2] Ce fut en 1605. Nous pouvons établir la date avec une certaine
probabilité par un passage de son traité dans lequel il dit, à propos
d'une saisie de draps anglais qui avait été faite à Rouen, « à bon
droit, disait-on publiquement à Londres sur le bruit qui en vint ».
Or, Jacques Ier se plaignit dans une lettre à Henri IV de cette saisie,
et la réponse du roi de France est datée du 8 mars 1605. Voy. p. 71
et note 2. C'est donc entre le 9 juillet 1604, date des privilèges du
Roi de la 3e édition des *Tragédies,* et le 8 mars 1605, réponse de
Henri IV à la saisie des draps, que Montchrétien eut son duel, implora
sa grâce et se réfugia en Angleterre.

de générosité et de vaillance; ses paroles ne trahissent pas la moindre rancune.

Arrivé en Angleterre, Montchrétien fut frappé, non par le spectacle des libertés, qui étaient nulles sous les Stuarts, mais, comme Sully l'avait été lors de sa mission auprès de la cour anglaise, par le grand nombre, non pas de Wallons, comme le croit le ministre[1], mais de Français qui s'y étaient réfugiés pendant les troubles de la Réforme et de la Ligue. Il voit l'industrie et le commerce que ceux-ci ont apportés, s'intéresse à leur sort, apprend par quels moyens la reine Élisabeth les a attirés et protégés. Il nous raconte comment le grand commerce de l'île rivale a été fondé par un bourgeois de Marseille et son fils, s'indigne de la façon dont les Anglais pratiquent les traités conclus avec la France, étudie ces traités; enfin, par nécessité sans doute, s'emploie dans quelque fabrique de coutellerie ou d'ustensiles de travail. Son traité nous montre quelle connaissance il a acquise de cette industrie, et sa première ambition, au retour, sera d'établir en France des ateliers sur le modèle de ceux qu'il a vus. Il fit également un voyage en Hollande, où il admira l'extension rapide des jeunes États. En parfait observateur, il y visite les villes commerçantes et industrielles dans leurs moindres détails, étudie les écoles des pauvres, s'informe du taux des salaires, en même temps qu'il se rend compte de la constitution de ces grandes sociétés commerciales dont il recommande l'imitation, sans se douter qu'on en a déjà fait, sous Henri IV, de nombreux essais.

De même qu'un cœur généreux et une imagination féconde avaient fait de Montchrétien un bon poëte tra-

---

[1] « A l'arrivée de Cantorbery, les deux tiers de la ville, Vallons ou Flamans réfugiés. » *Les Œconomies royales,* édit. de 1663, t. III, p. 350.

gique, son intelligence ouverte et son patriotisme en firent un économiste passionné. Déjà, dans l'édition qu'il donna en 1601 de ses tragédies, Montchrétien disait au prince de Condé avoir eu « pour intention de montrer... les châtiments épouvantables des Rois mal conseillés et des peuples mal conduits ». Tout le secret de son livre, qui parut étrange dès son apparition, est là.

Il revint en France vers la fin du règne de Henri IV; il est possible que Jacques Ier, à qui Montchrétien présenta un exemplaire de ses tragédies, ait demandé sa grâce au roi de France[1].

Il retrouva cette « damoiselle », « dame riche, appartenant à l'une des bonnes familles de Normandie », dont il avait soutenu le procès; il la retrouva veuve, et pleine encore de reconnaissance et d'affection. Il l'épousa sans bruit, « clandestinement », dit le *Mercure*[2], et, par la fortune de sa femme, fut tout à coup mis à même de travailler aux vastes projets qu'il avait conçus pour le relèvement de l'industrie de sa patrie. Il fonda à Ousonne-sur-Loire[3] une aciérie et une fabrique d'ustensiles et outils, « couteaux, lancettes, faux, qui manquaient tant aux artisans de France »; et

---

[1] Voici la version du *Mercure* : « Il dédia l'*Écossaise* au roy de la Grande-Bretagne, ce qui lui sauva la vie, car s'étant trouvé en une rencontre armée, d'avoir tué traîtreusement le fils du sieur Grichy-Moynes, près Bayeux, en feignant de lui demander la vie, il s'en alla en Angleterre, crainte d'être pendu, jusqu'à ce que Sa Majesté de la Grande-Bretagne obtint du feu roi Henri IV sa grâce. » Hypothèse d'après laquelle non seulement la première et les éditions successives des tragédies de Montchrétien, mais aussi les actes publiés par M. de Beaurepaire et quelques passages du traité deviennent absolument inexplicables.

[2] Dans tous les cas, le mariage ne paraît pas avoir été fait à Rouen. Nous n'en avons trouvé aucune trace dans les livres des différentes paroisses conservés aux archives de la ville.

[3] Il y était déjà établi en 1612, d'après une procuration qu'il donna le 12 juillet. *Actes* des Archives de Rouen, publiés par M. de Beaurepaire. *Op. cit.*

il établit un dépôt à Paris, rue de la Harpe, chez un taillandier [1].

Nous arrivons à la dernière partie de la vie de Montchrétien, c'est la plus triste et la plus agitée. Elle se termine par la mort du malheureux économiste, tué à Tourailles, le 8 octobre 1621, au moment où il organisait le soulèvement huguenot en Normandie. On a conclu de ce fait que Montchrétien était protestant, Nous verrons comment la présence de notre économiste dans le parti de la révolte ne suffit pas à justifier cette opinion.

« A ses heures de loisir, continue le *Mercure,* il travailla à une traduction des psaumes de David en rythme. » Ce fut encore une œuvre de jeunesse, car nous trouvons déjà dans l'édition de 1601, à la suite de la tragédie d'*Aman,* six stances sur le psaume cxxiii. Les psaumes eurent le même sort que l'*Histoire de Normandie :* ils ne furent pas imprimés, bien que Montchrétien paraisse en avoir repris et continué la traduction. Le *Mercure* ajoute : « Ceux qui les ont vus tiennent qu'il les a heureusement traduits et qu'il disoit ne vouloir les faire imprimer qu'avec l'autorisation de la Sorbonne. » Admettre qu'un huguenot se proposât de soumettre une traduction des psaumes à l'approbation de la Sorbonne est difficile. Quelques pages plus loin, le *Mercure* lui-même estime que Montchrétien « ne fut pas tant huguenot ni zélé dans la religion ». Nous sommes convaincu qu'il était catholique, et cette conviction, nous la puisons dans les passages de son traité où il parle de la vie contemplative, du soutien que la royauté trouva dans la noblesse pendant la guerre de la Réforme, dans ses nom-

---

[1] « Il travailla à faire de l'acier et en faire faire des lancettes, canivets, et autres instrumens qu'il venoit vendre à Paris, et pour ce il se logea en la rue La Harpe, chez un taillandier, et demeura quelques années en cet estat, grandement soupçonné de faire de la fausse monnoie », affirme le *Mercure.*

breuses citations des saintes Écritures où ne se rencontre trace des doctrines de Calvin, et surtout dans un passage où il parle des « *hérétiques* anglois et hollandois, qui chantent les psaumes sur leurs navires et ne sont cependant pas soumis, en Espagne, à l'inquisition comme les sujets françois de l'une et l'autre religion. »

Le *Traité d'économie politique* parut en 1615. Imprimé à Rouen, il est dédié à Louis XIII et à Marie de Médicis. Cependant Montchrétien ne s'occupait guère encore de politique, et rien dans son livre ne fait prévoir qu'il va se jeter dans le parti de la révolte, sinon sa grande fierté et sa remarquable indépendance d'esprit. Au contraire, il se berce d'illusions aussi bien sur les capacités de Louis XIII que sur les bonnes intentions de la Reine mère qui venait d'abandonner le gouvernement aux Concini. Mais s'il témoigne d'une complète ignorance des choses de la cour, il signale la crise industrielle et commerciale que traversait en ce moment la France, avec une telle supériorité, qu'on dirait quelques-unes de ses pages écrites de nos jours.

Ces illusions ne durèrent pas longtemps. Vers 1616, il présenta son traité au garde des sceaux, de Vair, et fit partie, d'après Malherbe, de la suite du conseil du Roi. S'étant, selon toute probabilité, rendu incommode par ses avis, ses conseils pressants, il fut relégué en qualité de gouverneur à Châtillon-sur-Loire [1]. C'est vers cette époque que l'an-

---

[1] « Ledit Vatteville quitta au mois de juillet dernier la ville de Chastillon-sur-Loyre, de laquelle il estoit gouverneur sous Monseigneur le Prince (de Condé). » *La mémorable exécution*. Malingre dit, de son côté, mais par erreur, que « Montchrétien avait été gouverneur de Chastillon-sur-Luin ». Par le contrat de mariage de Guillaume II de Coligny, 1437, la seigneurie de Châtillon-sur-Loing, appartenant à Catherine de Saligny sa femme, était entrée dans le domaine de la famille de Coligny. Voy. Du Bouchet, *Preuves de l'hist. de la maison de Coligny*, 1662, in-folio, p. 191-197.

cien petit écuyer prit ou reçut le titre de baron. Mode du temps : la position sociale plus que l'autorité royale déterminait ces faveurs. Lorsque Colbert voudra régulariser le payement des impôts en exigeant la preuve des titres de noblesse, il renoncera à sa reforme de crainte d'un soulèvement général.

Quant à Montchrétien, il continua à travailler et à faire travailler comme s'il n'était ni gouverneur ni baron, il transporta ses ateliers d'Ousonne à Châtillon, et ses entreprises prirent une extension telle que nous le voyons en 1617 propriétaire du navire *le Régent* [1], et en 1619 soutenir un procès à Rouen pour un embarquement du navire [2].

La révolte des huguenots éclata dans le Béarn. Dans le reste du royaume l'anarchie et le désordre allaient croissant. Les efforts de Montchrétien en faveur de l'industrie nationale ne lui avaient valu que des ennuis et la réputation de faux monnayeur; ses tentatives réitérées auprès du Roi, de la Reine mère, du garde des sceaux, étaient demeurées d'autant plus stériles que ceux-ci étaient plus incapables de comprendre son traité et ses efforts. Désespéré de l'état du pays et de sa propre situation, et toujours tête chaude et prompte, Montchrétien « se mit à caballer avec les églises des huguenots... et entra dans leur cabale sur la recommandation d'un ministre protestant [3] ». S'est-il, dans ce moment, converti à la religion « prétendue réformée », ou s'est-il simplement contenté d'affirmer son dévouement à la cause de la révolte?

Toujours est-il que Henri de Rohan prêcha l'insur-

---

[1] Voy. *Actes* communiqués par M. de Beaurepaire. *Op. cit.*
[2] D'après le *Mercure*.
[3] Cette phrase du *Mercure* ne prouve-t-elle point que Montchrétien n'était pas protestant?

rection dans l'église de Montauban le 10 mai 1621, et
que le comte de Saint-Paul et le maréchal de Vitry ayant
investi Jargeau, Montchrétien sortit de Châtillon avec
deux cents hommes, descendit la rivière et força la ville
avec l'aide des habitants. Quelques jours après, les bourgeois regrettèrent de s'être mis en rébellion et vinrent à
composition. Montchrétien se retira avec quatre cents
hommes vers Sancerre, où il était appelé par le parti
des révoltés. Le prince de Condé vint mettre le siège
devant la ville; mais ce fut pour entrer en négociations
avec Montchrétien, sans doute en souvenir de leurs
anciennes relations. Il lui offrit même de lui faire obtenir
une place dans le service du Roi. Mais Montchrétien,
encore chagrin des déceptions que le Roi et la Reine
mère lui avaient fait éprouver, refusa; le prince éveilla
la méfiance des habitants contre lui; ceux-ci livrèrent le
château de la ville. Montchrétien se retira avec ses
troupes dans Sully.

Étrange guerre : un catholique, ou du moins un
huguenot de couleur fort douteuse, envahit avec ses
troupes la ville et le château de Rosny, commandés par
de Rosny, fils aîné de Sully, un des principaux chefs de
la religion. Celui-ci appelle de son côté à son secours le
comte de Saint-Paul, capitaine de l'armée royale [1], tandis
que son frère cadet, en compagnie de Henry de Rohan,
bataille contre le Roi dans Montauban. D'une part les

---

[1] Le *Mercure,* sans doute à cause de Sully, protestant et en dis-
grâce, ne dit mot de la conduite de son fils ni de la prise de Sully
par Montchrétien. « Le marquis de Rosny, dit Malingre, que « ceste
canaille » fist chasser de la maison et du chasteau du duc de Sully,
son père, se joinct avec M. le comte de Saint-Paul et le maréchal
de Vuitry : mais voyant que ceste garnison estoit puissante et le
chasteau assez considérable pour soutenir un siége, et que ces seigneurs
n'avoient assez de gens pour l'assiéger, ils appellent Monsieur le
Prince (de Condé), auquel ils vouloient remettre la gloire de ceste
entreprise. »

mécontents, de l'autre les satisfaits, se battaient, sous le couvert des religions rivales, également impuissants à se soutenir sans faire appel aux passions des masses.

La lutte autour de la ville devint sérieuse. Le prince de Condé arriva avec ses troupes, une partie des défenses fut prise d'assaut. Montchrétien fit travailler les bourgeois aux fortifications, mais le prince et de Rosny ayant encore reçu des renforts, il capitula et se retira à la Rochelle.

Il y arriva vers la fin du mois de juillet 1621 et assista au conseil de l'assemblée. « Comme il estoit beau parleur, dit le *Mercure*, on luy fit delivrer cent à six vingts commissions avec argent et lettres de change, tant pour lever des regimens de gens de pied que des compagnies de chevau-légers, ez provinces du Maine, de Normandie et autres circonvoisines. »

Les allées et venues de Montchrétien dans les deux provinces présentent un vif intérêt, parce qu'elles montrent par quels moyens et avec quelle facilité on parvenait encore à cette époque à soulever le pays. « Il visita plusieurs gentilshommes du pays du Maine et de Normandie, tant de lad.te religion *qu'autres de leur cabale*... et enfin, s'estant assuré de plusieurs capitaines, il leur disoit porter des commissions et argent pour lever promptement et se tenir prets pour mettre aux champs. Assisté de dix à douze capitaines de ce temps, qu'il avoit choisis comme des plus vaillants et expérimantez, il continue toujours à visiter souvent ceux du parti en basse Normandie et vers les villes de Caen, Falaise, Argentan, Alençon, Domfront, Vire, et autres villes et bourgs, leur donne rendez-vous au lundi 11 octobre, près les forests d'Andaine et d'Alençon, où il y avoit déjà quelque nombre d'assemblez... Ils se retirèrent dans la forest, differans l'exécution de leur dessein jusqu'au 12 ou

13 octobre, qu'ils esperoient estre de cinq à six mille hommes aux champs. »

Malherbe, qui se trouvait à Caen, presque au centre du mouvement, est loin de lui donner cette importance. Il parle de rumeurs vagues, de faux bruits qui circulent, et raconte à son ami Piéresc comment Montchrétien est arrivé vers les huit heures du soir dans une hôtellerie de Tourailles, accompagné de six gentilshommes et de son domestique. C'était le jeudi 8 octobre. Aussitôt avis en est donné au seigneur du lieu, Turgot de Tourailles, un ancêtre du ministre de Louis XVI. « Il s'en vint à l'instant avec quinze ou vingt mousquetaires, Montchrestien et ses compagnons se défendirent si bien, qu'ils tuèrent les trois premiers... Au pied de la montée se trouvait un vieux gentilhomme qui tira un coup de pistolet à Montchrestien et le tua [1]. »

Le 12 octobre, le tribunal de Domfront ordonna que *son cadavre serait traîné sur la claie, ses membres brisés sur une grille, puis le corps brûlé et réduit en cendres, et les cendres jetées au vent par l'exécuteur des sentences criminelles.* Deux jours après, le Parlement de Rouen disputait encore le cadavre aux juges de Domfront.

Les rebelles se dispersèrent; le Maine, la Normandie rentrèrent aussi facilement dans l'ordre qu'ils en étaient sortis.

Telle a été la fin de Montchrétien.

---

[1] D'après une légende, ce serait le sieur Turgot de Tourailles, ancêtre du ministre de Louis XVI, qui aurait tué lui-même Montchrétien; Malingre est le seul des auteurs contemporains qui l'affirme, et il en a sans aucun doute pris la preuve dans la *Mémorable exécution des rebelles à Sa Majesté*, à laquelle il emprunta le portrait de Montchrétien, et dont le titre entier est : *Ensemble la deffaicte des bandoliers courans la Normandie par le sieur de Tourrailles-Turgot*; l'auteur du factum lui-même n'en dit rien, ni le *Mercure*, et Malherbe fait clairement entendre que Montchrétien ne fut pas tué par le seigneur de Tourailles.

« Il étoit, dit Malherbe, homme d'esprit et de courage, dont il a fait preuve en d'autres circonstances que celle-là. » Ce n'est pas à lui, mais à son époque qu'incombe la responsabilité des difficultés de sa vie. Issu d'une petite famille, qui avait encore perdu de sa situation, il entre au collège, orphelin, abandonné à lui-même; encore jeune, ses premiers essais le placent parmi les bons poètes de l'époque. Mais bientôt, aussi mécontent de ses vers et de ses tragédies que peu satisfait de ses succès, il se met à étudier les causes « de la grandeur des rois et de la puissance des nations », non plus dans l'histoire de l'antiquité, mais dans celle de sa patrie. Jeté par un malheur dans la pratique réelle et sérieuse des affaires, il découvre les sources véritables de la force des États dans le travail, et dans l'action que les gouvernements exercent sur cette cause première de la prospérité et de la puissance publiques. Si ses vastes aspirations et ses grandes vues l'entraînèrent à se jeter dans une misérable révolte, c'est à ces mêmes aspirations et à ces mêmes vues que nous devons le premier traité d'économie politique qui ait paru, et celui-ci restera, malgré l'oubli où il est tombé, une gloire pour la France.

La trop grande nouveauté du sujet fut la cause de l'oubli où tomba le livre de Montchrétien après son apparition, tandis que six années après la mort de notre économiste, paraissait encore à Rouen une nouvelle édition de ses tragédies et poésies, qui témoignait de l'estime conservée au poète. Malherbe disait de son traité : « Je me trompe, ou il donna un livre in-4°, de sa façon, assez gros, à monsieur le Garde des sceaux, et il me semble que le sujet de son livre étoit du commerce ou quelque chose pareille. »

Et cependant, quelle peine Montchrétien ne s'était-il pas donnée pour rendre la lecture d'une matière aride aussi attrayante que possible! Suivant la mode du temps, il recourut à l'histoire et à la littérature de l'antiquité, aux Écritures saintes, parla de Cyrus, Alexandre et César, d'Aristote et de Virgile, mêla les vers à la prose. Rien ne fit. Par son immense portée, le livre dépassait les habitudes intellectuelles et heurtait les préjugés essentiellement aristocratiques de l'époque : « il traitait du commerce ou de quelque chose pareille ! »

D'un autre côté, les concessions qu'il avait faites au goût littéraire du moment ont surpris les quelques économistes qui ont eu, de notre temps, l'un des rares exemplaires du livre entre les mains. La forme étrange, l'abondance et l'enchevêtrement des citations faites hors de tout propos, obscurcissaient les vues élevées, les aperçus hardis et neufs.

« Le livre est intéressant, dit J. Garnier, si l'on veut se rendre compte des idées qu'un personnage pareil (l'aventurier du *Mercure*) pouvait avoir il y a deux siècles et demi, sur beaucoup de sujets économiques qu'il effleure, plutôt qu'il ne les traite, dans des discours pleins de fades compliments au Roi et à la Reine mère, de longueurs emphatiques et de réflexions en général de médiocre valeur. »

Par une étrange coïncidence, ce sera l'homme qui abattit définitivement la révolte dans laquelle Montchrétien s'était jeté, qui sera le seul à le comprendre. Richelieu était député du clergé aux états généraux, lorsque le traité de Montchrétien parut. Or, non seulement les mesures industrielles et commerciales du cardinal, mais encore les maximes sur le commerce, la marine, les manufactures que nous trouvons dans son testament, reflètent l'esprit de Montchrétien[1]; et dans

---

[1] En 1634, de la Gomberdière soumit à Richelieu un règlement général sur toute sorte de marchandises et manufactures, qui fut

les statuts et règlements que le cardinal rédigea pour l'Académie et collège de la petite ville de Richelieu, nous lisons l'article suivant : « Les professeurs enseigneront en la première classe la morale, l'*économique*, la politique et la métaphysique[1]. »

Les projets de Richelieu furent oubliés aussi bien que le traité de Montchrétien ; la nouvelle science n'en était pas moins fondée jusque dans son enseignement.

Tous les exemples ou, pour mieux dire, les illustrations, tirées de l'antiquité et des saintes Écritures, dont notre économiste surchargea son ouvrage, les interminables compliments au Roi et à la Reine mère, dont il l'encombra, firent que le livre disparut avec la forme qu'il avait empruntée à son époque. Aussi, pour bien le comprendre, faut-il le débarrasser de tous ces *impedimenta*, qui n'ont d'autre rapport avec le fond de la pensée de l'économiste normand que de lui avoir été imposés par l'engouement littéraire du moment ; fatras inutile qui s'en détache avec autant de facilité qu'un chapeau de mousquetaire à forme extravagante et à couleur fanée, d'un front brillant de force et de jeunesse[2]. Alors, nous verrons le traité nous apparaître dans toute sa splendeur et dans toute sa portée.

Le livre est écrit dans cette merveilleuse langue du commencement du dix-septième siècle ; le style, fleuri

également un reflet, quoique plus pâle, des idées de Montchrétien. Ed. DE FOURNIER a publié le mémoire dans le t. III des *Variétés historiques et littéraires* de JANET.

[1] Voy. CAILLET, *Histoire de l'Académie française sous le ministère du cardinal de Richelieu*, t. II, p. 180, et Jules DUVAL, *Mémoire sur Antoine de Montchrétien*, p. 173.

[2] Pour la même raison qu'on ne joue plus les tragédies de Racine et de Corneille en poudre et en habits de l'époque, nous avons omis avec soin, dans cette nouvelle édition du traité, tous les passages sans rapport avec le sujet ; ils en rendent la lecture aussi fastidieuse que l'intelligence de l'ensemble difficile. La mode change autant nos jugements sur l'esprit que sur l'aspect des personnes.

comme la nature au printemps, a une fraîcheur, une facilité, une abondance pleines de charme et de grâce, et une vigueur qui laisse déjà pressentir la langue mûrie et sévère de la période suivante. Les expressions sont d'une richesse, les images d'une abondance intarissable, et, dans leur éloquence naïve, elles s'élèvent parfois à des élans dignes du grand siècle. La plume de l'auteur transforme la vie économique et commerciale du pays en un drame qui se déroule « dans le plus beau royaume qu'œillade le soleil », « où ceux qu'on estime le plus vivent dans une noble misère, et les autres qui sont nés à la peine et au travail, s'en vont seulement riches de pauvreté » ; les héros en sont « ces gentils artisans de France, composés par une ingénieuse nature, capables de faire et d'inventer ». Quant à l'intrigue, elle est donnée par l'abus des règlements, la méconnaissance des traités, « faits par nos majeurs et tombés en monstrueuses confusions ». Dans chaque page apparaît l'amour de l'auteur pour son pays, dans chaque ligne l'ardente sollicitude avec laquelle il en désire la prospérité, poussant jusqu'au génie l'instinct des conditions du travail, de la vie sociale et de la fortune publique. En vain y chercherait-on trace de haine ou de rancune contre une classe ou seulement une marque de mépris ou de préférence. « Tous les arts », et il entend par là tous les métiers sans distinction, « sont autant de fragmens de cette sagesse divine que Dieu nous communique par le moyen de la raison. »

Il suffit de comparer la table des matières d'un traité d'économie politique moderne avec celle du traité de Montchrétien pour être frappé de la profonde différence qui existe entre la façon concrète et vivante dont celui-ci envisage les phénomènes économiques, et les définitions, abstractions et théories en dehors desquelles nous nous imaginons naïvement qu'il n'existe point de science. Au lieu de donner la définition de la valeur et celle du capital, de traiter de la monnaie, des échanges, de la loi de l'offre et de la demande, et de diviser son ouvrage en un nombre de chapitres correspondant à ces divisions artificielles, il commence par l'étude des diverses sortes de manufactures, de leur ordre et utilité, de leurs règlements et de l'emploi des hommes ; il passe ensuite au commerce qui se fait tant au dehors qu'au dedans du royaume, en examine les avantages et les difficultés, étudie les traités, leur forme et leur pratique ; s'occupe enfin de ce que nous appelons « colonies » et qu'il appelle « navigation », pour terminer par les soins principaux qui s'imposent aux souverains dans la gestion des affaires publiques.

Comme on le voit, c'est l'économie politique étudiée à un point de vue essentiellement pratique, et néanmoins, le traité renferme la doctrine la plus complète qui ait jamais paru. Rien n'y manque, depuis les définitions les plus élémentaires jusqu'à l'exposition des lois les plus vastes.

L'auteur se proposait à l'origine de publier son livre sous le titre de : *Traité économique du trafic,* l'ouvrage est mentionné sous ce titre dans les privilèges accordés par le Roi. Ce n'est sans doute qu'après avoir décidé de le dédier au Roi et à la Reine mère, que Montchrétien en fit un *Traité d'économie politique,* devenant le créateur à la fois du nom et de la science. « On peut fort à propos, dit-il, maintenir, contre l'opinion d'Aristote et de Xenophon, que l'on ne sauroit diviser l'œconomie de la police, sans demembrer la partie principale de son tout, et que la science d'acquerir des biens, qu'ils nomment ainsi, est commune aux republiques aussi bien qu'aux familles. De ma part, je ne puis que je ne m'estonne

comme en leurs traictés politiques, d'ailleurs si diligemment escrits, ils ont oublié ceste mesnagerie publique, à
quoy les necessités et charges de l'État obligent d'avoir
principalement égard. »

L'économie politique est donc « la mesnagerie des
necessités et charges publiques ». Les Allemands de
notre époque l'appellent *die Volkswirthschaft,* traduisant
exactement l'expression de Montchrétien.

Comme telle, l'économie politique est, entre les mains
des souverains et de leurs ministres, un art, non pas une
science. « Les vacations privées, dit-il, font la publique.
La maison est premier que la cité; la ville que la province; la province que le royaume. Ainsi l'art politic
depend mediatement de celui de l'œconomic, et comme il
en tient beaucoup de conformité, il doit pareillement
emprunter son exemple. » Nous ne sachions pas d'économiste qui se soit élevé à cette hauteur. Pour beaucoup
d'économistes, la manière de voir de Montchrétien restera
même incompréhensible, surtout qu'elle est chez lui tellement absolue qu'en s'adressant au Roi et à la Reine mère,
il les engage « à laisser à part les imaginations du vulgaire
et à travailler à leur chef-d'œuvre ». — Mais, ajoute-
t-il, « ce qui reste pour nostre regard, c'est de contribuer,
tant en science qu'en experience, à l'enrichissement de
vostre raison ».

D'une part, l'économie politique est donc un art; de
l'autre, elle est une science : chez les souverains et leurs
ministres elle est l'un, chez les sujets elle est l'autre. Il
en est comme de la médecine qui est une science pour
tous ceux qui étudient l'organisme humain, et un art pour
le médecin qui doit mettre cette science en pratique. La
pensée de Montchrétien est d'une netteté parfaite. « La
bonne administration politique est une santé universelle
de tout le corps de l'Estat, et par consequent une entière

disposition de chaque membre particulier. Car il n'importe pas moins d'avoir soin des plus viles parties que des plus nobles, des cachées que des decouvertes, puisqu'il est ainsi que celles qui sont destinées à servir les autres portent les labeurs necessaires à son entretien et conservation. Voyons la nature, que le grand politique doit seulement et principalement imiter, distribuer à tous les membres de nostre corps, par proportion et mesure, l'element qui leur fait besoin, et que, si quelqu'un ne reçoit pas l'égal de la necessité, les esprits cessent peu à peu d'y venir; il s'atrophie et amenuise, et de lui commence la dissolution de tout notre assemblage. »

En dehors de la marche naturelle des affaires, au-dessus des intérêts individuels et de famille, de localité, de province, au-dessus même des intérêts particuliers des gouvernements, il existe donc une économie politique dont la pratique exige, non la connaissance des principes généraux, mais l'instinct, — car ce n'est pas une science qui s'acquiert, — de l'organisme social, des forces qu'il renferme, des lacunes qu'il présente, des dispositions et des formes du travail, des besoins des uns, des exigences des autres, de leur état physique, intellectuel et moral, des rapports des classes et de leurs relations entre elles, des relations entre les différentes provinces et de leurs relations avec l'étranger, —toutes questions qui, par leur étendue comme par leur multiplicité, échappent aux moyens d'investigation ordinaires. — Seuls les grands hommes d'État, qui, par leur génie, parviennent à embrasser cet ensemble, et, par leur position, disposent des ressources nécessaires pour fortifier ou accroître la prospérité générale, peuvent, appuyés sur la science, guidés par l'expérience des particuliers, pratiquer l'économie politique.

Voilà l'économie politique telle que l'entendait Mont-

chrétien : je doute qu'il en ait jamais existé, et qu'il en
existe jamais une autre.

Si maintenant de cette conception si élevée et d'une
vérité si éclatante, nous passons aux principes et aux
règles, nous voyons que Montchrétien les formule avec
une précision et une sûreté remarquables.

Il dépasse toutes nos écoles modernes en montrant
que ce n'est pas le capital, quelle que soit la forme de
sa répartition, mais le travail qui fait la richesse des
nations. « La moindre des provinces de la France fournit
à vos Majestés ses bleds, ses vins, son sel, ses toiles, ses
laines, son fer, son huile, son pastel, la rendant ainsi plus
riche que tous les Pérou du monde. C'est cela qui les
transporte tous chez elle... L'heur des hommes, pour en
parler à notre mode, consiste principalement dans la
richesse, et la richesse dans le travail. »

Il parle de la concurrence dans les termes les plus
justes : « L'émulation est en toutes choses un grand
aiguillon à bien faire. Par elle, les hommes peuvent
monter à la perfection de tous les arts. Il n'y a pas de
plus court moyen pour faire bientost gagner le haut
comble à ceux qui les exercent que de les commettre en
concurrence d'industrie, comme en la poudre d'une
lutte d'honneur et de prix. Cela les oblige à prendre
garde à soi de plus près, à considérer circonspectement
tout ce qui peut servir leur art et ordonner mieux leur
travail. »

Il signale avec la même netteté l'importance de la
division du travail. « En ce public divisé en tant d'arts
et metiers, on doit principalement faire observer une
chose à vos subjets, de ne les melanger et diversifier
point tout en une seule main. Les Allemans et Flam-
mans sont plus imitables qui ne s'emploient volontiers
qu'en une besogne. Ainsi s'en acquittent-ils mieux,

où nos François voulant tout faire sont contrains de faire mal. »

Il demande la fondation d'écoles pour les enfants pauvres et d'ateliers professionnels : « On peut, à l'imitation des Hollandois, ramasser les enfants pauvres et les renfermer en des maisons publiques, les garçons à part et les filles à part, y faire travailler les uns et les autres en toutes sortes de manufactures... Ce que l'on peut obtenir dressant en chaque province de ce royaume plusieurs divers ateliers de diverses manufactures, selon qu'elles s'y trouveront commodes. Et cela vous fera faire de belles pépinières d'artisans, qui causeront la plus grande richesse du pays. Et cela sans doute sera jeter à bas mille roues et mille potences dont les spectacles ne sont pas moins horribles que nécessaires. »

Il combat le luxe et les folles dépenses, mais n'approuve pas les lois somptuaires. Il veut qu'il y ait une monnaie nationale, mais désire aussi qu'on laisse libre cours à la monnaie étrangère de bon poids et de bon aloi. Il condamne les monopoles, « qui sont le propre des mauvais princes », et, bien avant les économistes modernes, reconnaît que l'intérêt individuel est « le mobile fondamental de tous les phénomènes économiques ». « Tant de tracas, tant de labeurs de tant d'hommes n'ont point d'autre but que le gain. A ce centre se réduit le cercle des affaires. La nécessité du mouvement cherche ce point. » Mais il ajoute, ce que tous les économistes de l'école individualiste ont oublié, « que les hommes ne se maintiennent en société que par la chaîne des affections communes, et par ce nœud gordien du respect au bien public dont la dissolution ne peut se faire que par l'espée ».

De tous les économistes il est le seul qui, loin de concevoir la protection et le libre-échange comme deux

principes inconciliables, les soumet à une même règle et
en comprend la solidarité. Définissant mieux que n'importe lequel de ses successeurs le commerce, il en montre
la grande utilité pour la prospérité des nations. « Ainsi,
dit-il, le defaut est la source du commerce et la necessité,
la regle. Aussi le commerce estant du droit des gens, doit
estre egal entre égaux, et sous pareilles conditions entre
pareils. D'une part et d'autre, il le faut rendre totalement
exempt de soumission et d'infamie ; reciproquement libre
et sans restriction de pays. Puisque toutes les provinces
de la France sont ouvertes et libres à l'Espagne, pourquoy la plus grande et meilleure part des provinces de
l'Espagne sera-t-elle close et interdite à la France?... Et
pour tout accorder, ce qu'il faut en un mot : le trafic des
choses non ouvrées soit admis pour plus grande abondance et commodité, et en cela permis l'accomodement de
peuple à peuple. Comme pour exemple : l'Angleterre a du
plomb et nous en manquons ; nos vins, dont elle est si
friande, ne sont-ils pas un digne contre-échange! »

Mais il exige aussi la protection pour toutes choses
dont nécessité est besoin : « Chaque societé ne doit emprunter d'ailleurs ce qui lui tient lieu de necessaire,
car ne le pouvant avoir qu'à la merci d'autrui, elle se
rend faible d'autant... Est-ce un bon mesnage qui met la
main à la poche pour acheter ce qu'il peut recueillir de
son propre fonds? qui, pour faire valoir la terre d'autrui,
laisse la sienne en friche? »

Ainsi libre-échange pour toutes choses qui sont « nécessité par défaut », et protection pour toutes celles dont
« nécessité est besoin ». Il n'a jamais été conclu de traité
de commerce dans lequel les puissances contractantes,
en dépit de toutes les théories, ne se soient toujours
efforcées d'appliquer, autant que le savoir-faire de leurs
diplomates et l'intelligence de leurs hommes d'État le

permettaient, la double règle de Montchrétien, règle
dont il est peut-être possible de donner une formule
plus simple, non plus juste.

Son point de vue, il le résume du reste dans « une
petite anatomie qu'il fait à leurs Majestés », suivant ses
expressions, qui est en réalité un parallèle entre les
deux espèces de commerces, et en même temps un modèle
de son grand style : « Tout commerce est du dedans ou
du dehors, c'est-à-dire se fait dans le pays entre ses
naturels citoyens et quelquefois avec des estrangers, qui
viennent pour apporter ou remporter des marchandises ;
ou bien avec d'autres nations, chez elles-mesmes. L'un est
plus seur, plus commun, plus constant et universellement
plus utile. L'autre est plus grand, plus fameux, plus
hazardeux et a perte et a profit. Tous deux sont bons
quand ils sont reglez et conduits comme il faut. L'un
ordinairement se fait de particulier à particulier; l'autre,
plus à propos et plus fortement, en societé et pour la
societé. L'un est bon pour conserver l'Estat en estat,
l'autre meilleur pour l'accroître. L'un nourrit la dilli-
gence, l'autre augmente la hardiesse. L'un lie les citoyens
entre eux-mesmes et les concilie, l'autre allie diverses
nations. L'un fait aimer le prince aux siens, l'autre le
fait craindre et redouter aux estrangers. L'un le tient toujours prest à se deffendre, l'autre plus propre à assaillir.
Bref, tous deux sont necessaires et s'entrepressent tellement la main, qu'ils se fortifient l'un l'autre, s'accomodent
de leurs moyens, fournissent à leurs desseins et asseurent
leurs entreprises. »

Enfin, nous découvrons dans le traité de Montchrétien
jusqu'à la loi même du progrès économique des peuples :
elle consiste en ce que les prix des choses nécessaires à l'existence humaine, « des choses viles », comme il s'exprime,
baissent de plus en plus, et que ceux des objets destinés à

satisfaire les goûts de luxe et de l'art augmentent sans interruption. Loi qu'il jette comme en passant dans le dernier livre de son traité, où il supplie le Roi de travailler à une plus juste répartition des impôts; car « les riches, comme les fortes parties du corps se deschargent tousjours sur les plus foibles, font porter leur propre fardeau à ceux qui desja succombent... et, puisque de la pauvreté extrême des uns et de la richesse excessive des autres naissent ordinairement les troubles, seditions et guerres civiles... vous pouvez par là faire cesser toutes rumeurs, appaizer tous murmures, assoupir tous mouvemens, retrancher toutes occasions de tumulte ». Et, pour arriver à une plus juste répartition des impôts, il demande la statistique des professions et des revenus, afin d'acquérir une connaissance exacte des ressources, ainsi que le « dénombrement » du royaume, pour pouvoir mieux en assurer la force et l'abolition de la vénalité des charges, pour en garantir la justice. Le dix-huitième siècle réalisera les sombres prévisions et la science moderne les admirables conseils de Montchrétien.

Mais, si complète que soit dans sa force et ses grands traits la doctrine de Montchrétien, la lecture de son livre est pour nous difficile, dans les tendances que nous avons à mettre nos propres idées sous les expressions dont il se sert. Ce livre nous révèle un état social et économique qui nous paraît inconcevable; les libertés qu'il réclame nous semblent impossibles; la protection qu'il demande, hors de toute mesure. D'un côté, la grandeur de l'ensemble conçu par Montchrétien échappe à notre appréciation; d'un autre, les détails infinis dans lesquels il entre sont, à nos yeux, sans objet. De même que nous ne nous expliquons pas cette déférence parfaite envers le pouvoir royal, mêlé à cet esprit d'indépendance et de révolte. Montchrétien a, comme son siècle, dépassé le niveau commun; pour en bien apprécier les mérites et les lacunes, il faut les replacer l'un et l'autre dans leur cadre.

Beaumanoir, sous saint Louis déjà, revendiqua pour le Roi le *droit de fere tex establissements comme il li plet, pour le profit commun* [1]. Ce fut, en plein moyen âge, de la part de l'illustre bailli, comme un pressentiment de l'économie politique telle que non seulement Montchrétien, mais encore Henri IV et Sully, Richelieu et Colbert l'entendront cinq siècles plus tard. Doctrine représentée par toute une école d'hommes de génie que nous appellerons, pour la distinguer de toute autre, l'école de l'*économie politique patronale*. Elle naît à l'époque des premiers Capétiens, avec l'affranchissement des communes et l'abolition du servage, se développe obscurément à travers les siècles suivants, jusqu'à Henri IV, éclate dans l'affection du Roi pour son peuple, se manifeste dans les *Économies royales* de son ministre, se condense dans le traité de Montchrétien, est enseignée, sur l'ordre du grand cardinal, dans le collège de Richelieu et finit avec Colbert, qui en réalise, autant qu'il est en son pouvoir, le *chef-d'œuvre,* comme disait Montchrétien.

Après la mort de Colbert, la royauté dépassa la mesure en politique et échoua en économie. Ce fut la cause de sa chute et la cause de la Révolution, en même temps que l'origine d'une économie politique nouvelle.

Le moyen âge d'une part, la Révolution de l'autre, forment le cadre de ce livre. Par son contour immense, il explique comment l'œuvre a pu être si longtemps méconnue.

Si nous n'avons pas devant les yeux le patronat, qui naquit avec le moyen âge, et les libertés et franchises

[1] *Coutumier du Beauvaisis*, t. II, p. 12, n. 41.

locales qui en provinrent pour former la Renaissance, enfin, le régime des privilèges qui succéda à ces dernières pour donner naissance à la Révolution, nous ne pouvons comprendre le milieu dans lequel fut composé le traité de Montchrétien; l'esprit qui anime son œuvre nous paraît étrange, ses beautés nous semblent extraordinaires, pour ne pas dire extravagantes, et sa doctrine, ses principes, perdent toute consistance et tout lien.

II

LE RÉGIME PATRONAL ET LE MOYEN AGE.

Depuis François Hottmann et Adrien de Valois, les historiens discutent sur l'importance du rôle que les Gaulois, les Romains ou les Francs ont pu jouer dans nos origines.

L'histoire de France commence à l'époque où il n'y eut plus ni Gaulois, ni Romains, ni Francs; peu importe que le fond soit demeuré celtique, la forme romaine, le nom franc. La France est sortie par pièces et morceaux de l'anarchie apparente des neuvième et dixième siècles. Ce sont ces deux siècles qui ont vu disparaître les derniers vestiges de l'administration romaine et s'effondrer la monarchie franque. C'est pendant ces deux siècles que le travail, après les tentatives infructueuses de la période antérieure, est parvenu à s'établir sur des assises assez solides pour pouvoir engendrer un état social ferme et stable. Aussi est-ce à ces deux siècles qu'il faut remonter pour découvrir les origines de notre histoire, ou, pour parler plus exactement, de notre civilisation.

C'est à tort que l'on a recherché dans l'invasion franque les titres de la monarchie française ; dans le rôle des chefs de hordes secondaires les droits et les privilèges de la noblesse ; dans le *mall* des Francs ou le *Wittenagenot* des Saxons les modèles des institutions parlementaires ou les sources des libertés modernes ; on s'est imaginé à tort que les barbares avaient apporté le sentiment national, en même temps que l'individualisme et l'esprit d'indépendance, au milieu de populations accoutumées à cette docilité et à ce manque d'initiative qu'avait entraînées la domination romaine.

L'individualisme, loin d'être la cause d'un développement social quelconque, est le mal qui décompose toutes les sociétés en décadence : il en a été ainsi en Grèce, à Rome ; il en est ainsi de nos jours ; — par son essence même, l'individualisme est la négation de toute organisation nationale et de toute hiérarchie sociale. Quant à l'esprit d'indépendance, il distingue toutes les peuplades sauvages, aussi réfractaires au travail qu'impatientes de tout frein : pour que ces populations s'élèvent de l'état sauvage à l'état barbare, il faut qu'elles parviennent à se soumettre, d'une façon régulière, à un chef commun, et s'organisent en clans : tel a été le régime des Gaulois avant la conquête romaine et des Germains à l'époque des invasions.

Les Normands Varègues envahirent la Russie, avec la même facilité que les Francs Saliens envahirent la Gaule. Les princes normands sont accompagnés de leur *droujina,* comme les rois francs de leur suite de *leudes;* les uns et les autres les assemblent autour d'eux pour délibérer sur les expéditions à entreprendre, le butin à partager. Les uns et les autres envoient de même des *missi* (*posadniks*) pour maintenir l'ordre dans les provinces et percevoir le *wehrgeld* (la *vira*) ; de même encore, ils se convertissent au christianisme et protègent les prêtres et la religion ; enfin, les princes varègues, comme les princes francs, partagent régulièrement le royaume entre leurs fils, qui tous recommencent la lutte entre eux. Mais, tandis que les Varègues envahissent le territoire d'une population encore barbare, dont chaque peuplade s'administre par des assemblées dans lesquelles l'unanimité des suffrages est nécessaire pour la moindre résolution, — tant y est grande l'indépendance individuelle, — les Francs trouvent dans la Gaule, une des provinces les plus riches de l'Empire romain, des populations soumises à une législation compliquée et savante, une administration étendue et raffinée. Aussi voyons-nous que, malgré la coutume des assemblées du *mir* et les réunions de la *droujina*[1], le gouvernement des Varègues devint de plus en plus autocratique, tandis que les rois francs s'entourèrent d'un conseil d'évêques, de hauts fonctionnaires et de chefs puissants qui rendirent le gouvernement possible[2]. C'est la différence entre les peuples soumis, non l'analogie entre les peuples envahisseurs, qui a présidé au développement historique des nations ainsi nouvellement formées ; il serait donc illogique d'attribuer à ces envahisseurs une influence dominante sur ce développement.

Et cependant, les historiens qui font remonter les institutions du moyen âge à l'administration et à la législation romaines, ne méconnaissent pas moins nos véritables

---

[1] Voy. L. LEGER, *La chronique dite de Nestor ou la chronique fondamentale de la Russie.*

[2] Les premiers états généraux se réunissent cinq siècles après les dernières assemblées franques; — et une période à peu près égale sépare les assemblées des hordes saxonnes de la constitution du Parlement anglais. Voy. G. PICOT, *Histoire des états généraux*, et

origines, que ceux qui les font remonter aux coutumes des Germains.

Entre le *conseil* du roi franc et le *consilium* du proconsul, entre le *dux,* le *comes* de l'Empire romain et le duc, le comte féodal, entre la *mansa* du sénateur gallo-romain et le château du seigneur suzerain, nous trouvons assurément des rapports nombreux ; nous en voyons également entre le *census* et le cens, le *tributum* et les redevances, les *angaria* et les corvées, la *tratoria* et les droits de rive et de haut passage ; et comme la langue latine, se transformant insensiblement, est devenue peu à peu la langue française, il semblerait que les formes administratives et les droits publics de Rome, se transformant lentement en une organisation locale et en droits privés, aient dû engendrer les institutions du moyen âge. Mais ces mêmes institutions apparaissent vers la même époque dans l'Allemagne du Nord et dans les États scandinaves, où jamais l'influence romaine n'a pénétré, et, tandis qu'à l'Orient, Byzance, qui a conservé toutes les traditions de Rome, ne cesse de s'affaiblir et disparaît devant les hordes barbares, à l'Occident, les invasions de ces mêmes hordes sont suivies d'une civilisation nouvelle, féconde et triomphante, comme si les barbares avaient vraiment infusé un sang et un esprit plus jeunes à des peuples vieillis.

Un fait domine ces hypothèses contradictoires : sous les rois fainéants de la première race, aussi bien que sous les rois incapables de la seconde, la puissance et l'autorité royales s'éteignirent de plus en plus, tandis que, au contraire, sous les Capétiens, même les plus

E. BOUTMY, *Le développement de la constitution et de la société politique en Angleterre.*

c.

ineptes, les plus impuissants, l'autorité royale ne cessa de croître et son domaine de s'agrandir.

L'énergie d'un Clovis, le talent administratif d'un Dagobert, le génie et les grandes conceptions d'un Charlemagne, ne purent que retarder la ruine : il n'y avait derrière les rois des deux premières races que, précisément, l'organisation romaine. Et lorsque après la chute de la métropole, cette organisation eut perdu sa force de régénération, la royauté franque ne subsista que jusqu'au jour où elle en eut épuisé toute la sève locale, comme une frondaison épanouie sur les branches extrêmes d'un arbre dont le cœur est mort. Ainsi l'administration romaine et les envahisseurs germains vécurent de concert et disparurent ensemble.

Derrière les Capétiens, il y avait, au contraire, un état social nouveau, fortement organisé, qui étendit sans interruption leur autorité, quelles que fussent leurs faiblesses ou leurs défaillances[1] ; impulsion telle que, trois siècles plus tard, sous les premiers Valois, tandis que la France se trouvait la proie des étrangers et des discordes intestines les plus redoutables, le domaine royal continua à s'étendre suivant les coutumes établies[2].

Il en a été de même du régime féodal, ou plutôt de l'organisation sociale dont ce régime n'a été que la forme

[1] « Rien ne prouve mieux l'intensité du courant qui portait alors (sous Philippe le Hardi) la France vers l'unité monarchique, que la force croissante de la royauté sous un roi faible. » *Positions des thèses de l'École des chartes*, année 1885, p. 96. — La thèse de M. Ch. V. Langlois a depuis paru en volume sous le titre de : *Le règne de Philippe III le Hardi*.

[2] « Le domaine royal s'agrandit au moyen de contrats propres au régime féodal, tenant moins du droit public que du droit privé. » A. Vuitry, *Études sur le régime financier de la France avant la révolution de 1789*, p. 21.

militaire. Le régime féodal est aussi peu dérivé des invasions germaniques que des traditions romaines; car il s'est développé à mesure que l'action des invasions et l'influence de ces traditions ont disparu. Tous les peuples du monde qui s'élèvent à la civilisation traversent le même état social; tous ont, à un moment donné, leur régime féodal, et le régime féodal du moyen âge a été produit par les mêmes causes, régi par les mêmes circonstances que ce même régime chez d'autres nations. Nous le rencontrons, en effet, en Grèce, à l'époque d'Homère, tout comme aux origines de Rome; les plus anciens monuments de l'Égypte en portent les traces; nous en retrouvons le reflet chez les Védas des Indes; le Japon l'a subi avant de se jeter dans le courant des réformes européennes. Il est une condition générale du progrès des peuples, parce qu'il est, avant tout, une organisation pacifique du travail et de la jouissance de ses produits.

La *romanæ pacis majestas* avait donné aux tribus turbulentes des Gaules l'esprit de discipline, le goût du travail. Les émigrations germaniques, conséquences de troubles intérieurs, comme l'a si bien montré M. Fustel de Coulanges, ont produit les mêmes résultats dans les pays qu'elles ont quittés. Débarrassée du nord au midi de ses éléments perturbateurs, l'Allemagne entra dans la voie de son développement pacifique, sortant, comme les Gaulois après la conquête romaine, des troubles et des luttes incessantes du régime des clans. Les grandes invasions semblent avoir eu pour principal effet de mettre de niveau les conditions d'existence sociale dans les pays gallo-romains et celto-germaniques.

Aussi n'est-ce pas avec la Rome des Césars, mais avec la Rome des premiers rois, que le nouvel état social de l'Europe occidentale présentera les analogies les plus

frappantes. Le client et son patron, le vassal et son seigneur sont de même provenance ; les obligations et les
droits réciproques sont à peu près identiques. La législation
romaine prescrit que le client doit 1° doter la fille ;
2° fournir la rançon du patron ; 3° contribuer aux frais
de ses magistratures et de celles de son fils ; 4° le soutenir dans les dépenses extraordinaires, quand des
amendes sont encourues, etc. [1]... Le droit féodal établit
que le vassal doit aide au suzerain, 1° quand celui-ci
marie sa fille aînée ; 2° quand, fait prisonnier, il doit
payer une rançon ; 3° quand il est armé chevalier ou
arme son fils chevalier ; 4° dans les dépenses extraordinaires, quand il part pour la croisade ou veut racheter
une partie du fief aliénée. Tels ont été les quatre cas de
l'aide féodale. En retour, le patron devait à son client,
de même que le seigneur à son vassal, soutien et protection dans toutes les circonstances de la vie.

Ces analogies entre le droit patronal romain et le droit
féodal ont des causes autrement profondes, intimes et
personnelles, que toutes les formes imaginables de l'administration romaine ou de l'organisation militaire des
hordes barbares.

Enfin, « de même que le roi féodal n'avait pour sujets
que quelques puissants vassaux, le roi de la cité ancienne
ne commandait qu'aux chefs des tribus et des *gentes*,
dont chacun individuellement pouvait être aussi puissant
que lui, et qui, réunis, l'étaient beaucoup plus [2] ». Les
institutions politiques ne furent, dans les deux cas, que
l'effet des institutions sociales.

S'il y a eu quelques différences entre la cité antique et

[1] FUSTEL DE COULANGES, *Cité antique*, 272. — BOUCHÉ-LECLERQ, *Institutions romaines*, 10. — Voy. *L'exposé des rapports entre les clients
et le patron*, DENYS D'HALICARNASSE, II, 10.

[2] Voy. FUSTEL DE COULANGES. Articles sur l'armée romaine, dans la
Revue des Deux Mondes, 15 novembre 1886.

l'état féodal, ce sont différences de forme qu'il est facile
de déterminer. Tandis que l'autorité d'un même patron,
dans le Latium comme dans la Grèce d'Homère, se borna
à la cité et à son territoire, elle s'étendit, dès le commencement du moyen âge, dans l'Europe occidentale, à des
peuples entiers. La plus grande communauté des croyances religieuses, des traditions politiques, des souvenirs et
des légendes héroïques qui s'étaient conservés, a déterminé ce mouvement d'extension. L'éclosion de la civilisation moderne a également présenté plus de variété que
n'en ont présenté les périodes similaires de la Grèce et de
Rome : c'est que les conditions d'existence et les traditions dans lesquelles vivaient les populations modernes
ont été plus variées : en France, la mémoire de quelques
rois francs de véritable valeur, surtout de la grande
figure de Charlemagne, en même temps que les traces de
l'administration romaine ; en Allemagne, le souvenir
héroïque des invasions et du grand rôle joué par l'Empire romain ; en Italie, la prépondérance des cités sur les
campagnes ; en Angleterre, celle des campagnes sur les
villes ; dans les autres pays, qui s'éloignaient davantage
du foyer central, les débris des croyances païennes,
celtiques ou germaniques.

Le fond n'en est pas moins resté le même : l'ORGANISA-
TION PATRONALE.

Nous préférons cette expression à celle de « féodale »,
parce qu'à cette dernière s'attache surtout l'idée d'une
institution militaire, tandis que l'organisation qu'elle
représente a été avant tout une institution sociale. Le
patron ou le seigneur doit sollicitude et protection à son
client ou vassal, et celui-ci, en retour, doit obéissance et
dévouement à son patron ou seigneur [1]. Qu'importe que

---

[1] Au seizième siècle, BODIN écrira encore : « Vassal doit secours à

les noms changent? les faits restent les mêmes, les effets sont identiques. Lorsque ces obligations réciproques, ou plutôt les qualités morales dont ces obligations émanent, se sont assez répandues et sont entrées assez profondément dans les caractères pour devenir mœurs et coutumes, elles ont eu, de tout temps, une puissance telle, qu'elles ont déterminé l'époque héroïque des peuples. Ce n'est ni des institutions vieillies d'une nation en décadence, encore moins des habitudes grossières de bandes brutales et à peine disciplinées, qu'est sortie la civilisation moderne, mais de la force, de l'intensité des affections répandues dans la population entière, se transformant en obligations mutuelles et coutumières, et de là, en droits réciproques[1].

C'est aux exigences de ce nouvel état social que les grands feudataires ne firent qu'obéir, inconsciemment, lorsque, à la fin du dixième siècle, tandis que le dernier roi carlovingien s'éteignait dans son impuissance, ils proclamèrent la royauté de Hugues Capet.

On a attribué à nos premiers rois un caractère religieux, on en a fait également des espèces de juges de paix, des sortes de gendarmes.

Selon l'imagination et les affections populaires, ils eurent un caractère religieux tout comme les fondateurs des cités antiques; selon les localités, ils exercèrent, ou n'exercèrent pas, la haute et la basse justice, et selon les circonstances, ils rétablirent, aussi bien qu'ils détruisirent, l'ordre dans les relations publiques. Les légistes du trei-

son seigneur fust contre son pere, ses enfans et ses freres. » *Six livres de la République*, édit. de Paris, 1577, p. 158.

[1] Voy. J. FLACH, *Les origines de l'ancienne France. Le groupement féodal*, p. 129, 1er fascicule.

zième siècle les appelleront *suzerains fieffeux;* leur autorité fut, en réalité, une souveraineté patronale [1], variant
avec les lieux, les coutumes, les nécessités du moment.
Ils devenaient aussi bien les patrons d'une corporation de
métier, ou d'une hanse, que d'une ville, d'une compagnie commerciale, d'un seigneur suzerain ou d'un noble
indépendant. Le pouvoir qu'ils exercèrent ne dépendit
point d'eux, mais du caractère des clients qui se mettaient
sous leur patronage.

Que les patrons suzerains se nomment rois, les
patrons territoriaux seigneurs ou évêques [2], qu'ils soient
guerriers ou clercs, bourgeois ou maîtres ès métiers,
qu'ils s'appellent consuls, prévôts ou syndics, qu'ils soient
bons, médiocres ou mauvais, du moment que leur clients
ou vassaux, serviteurs ou subordonnés, tenanciers ou
serfs continuent à les soutenir, chacun suivant sa hiérarchie et ses fonctions sociales, le progrès qui en résul-
tera deviendra irrésistible, par cela seul qu'il sortira de
l'impulsion des masses.

---

[1] M. Léopold DELISLE, dans ses remarquables *Études sur la Normandie;* BOUTARIC, dans son *Histoire de saint Louis et d'Alphonse de
Poitiers,* montrent qu'en effet la suzeraineté du Roi et celles de ses
feudataires ne renfermaient aucune différence essentielle. « Le Roi,
dit Boutaric, vivait de ses revenus comme un simple seigneur. »
   « Les rois, dit M. A. Maury, considéraient les pays qu'ils gouvernaient comme leur propriété privée; vivant de leurs revenus comme
le faisait un simple seigneur, ne levant point d'impôts, mais perce-
vant des rentes, des cens, des fermages, ils subordonnaient à leurs
besoins personnels ce que nous appelons aujourd'hui les services
publics ; ils administraient les provinces comme un particulier
exploite ses terres, commandaient aux populations comme un
maître ou un *patron* commande à ses serviteurs. » A. DE VUITRY,
Études sur le régime financier de la France, t. I, p. 479.
   [2] « L'Église était entrée, au moyen âge, dans la société féodale; la
plupart de ses membres faisaient partie de la hiérarchie des nobles,
quoique les fiefs ecclésiastiques ne dussent pas tous le service militaire. Le clergé exerçait donc les mêmes pouvoirs administratifs que
la noblesse. » DARESTE DE CHAVANNE, *Histoire de l'administration en
France,* t. I, p. 107.

Aucune distinction ni forme politique ne produit un état social, mais l'état social engendre toutes les formes et distinctions politiques.

C'est du respect des traditions de chaque famille, de la sécurité nécessaire à son travail et de la protection indispensable à ses membres, que surgiront toutes les formes du patronage. Simultanément, la propriété, son hérédité, sa transmission acquerront de la fixité. Les alleux et les bénéfices se changeront en fiefs emportés par la force de la transformation sociale. La propriété familiale se développera en même temps que la propriété individuelle. On deviendra propriétaire d'un métier, d'une charge, aussi naturellement que d'une seigneurie, d'un passage sur une route, d'un pont, d'un marché, d'une foire, d'un banc d'église. Et lorsque naîtront des droits politiques, ils s'engendreront non des prétendus droits de la royauté barbare ou de ceux, plus réels, créés par l'administration romaine, mais, — conformément au droit patronal, — des dons volontaires de l'aide féodale, ou bien de la conscience de la solidarité commune, donnant le sentiment de la propriété publique [1].

---

[1] On s'est, dans ces derniers temps, beaucoup occupé de savoir si la propriété primitive avait revêtu le caractère de propriété commune. Cette hypothèse est, sous forme de croyance, aussi ancienne que la Bible; en tant que théorie, elle ne soutient pas un instant l'analyse. Pour que l'homme cultive le sol, il faut qu'il lui confie des semences et attende pendant une année le produit de son travail. Supposer que la propriété primitive ait été commune, c'est admettre que les hommes aient compris l'importance de la culture de la terre avant de connaître cette culture. A cet argument né de la nature des choses, viennent s'ajouter les arguments critiques tirés de l'étude des textes, arguments que M. Fustel de Coulanges a si bien développés. Voy. encore sa dernière étude sur *Le problème des origines de la propriété foncière,* dans la *Revue des questions historiques* (avril 1889).

Enfin, le droit, avec ses formes infinies, acquit insensiblement, par la seule force des mœurs se transmettant de génération en génération pour se constituer en coutumes, une rigueur telle, que des personnes il fut transporté aux choses. Telle propriété devait le service militaire, telle autre des redevances en nature ou en argent, telle autre un simple simulacre d'hommage. Ainsi surgirent ces droits innombrables suivant les caractères acquis du droit patronal, sous la forme du service militaire ou judiciaire, de redevances, de corvées, de tenures, de droits de marchés, de foires, de fouage, etc... Une seigneurie tombée entre les mains d'un bourgeois qui n'était point tenu au service militaire, devenait un fief abrégé et payait un droit de *franc-fief* au seigneur patronal. Tout bien qui perdait son chef, fût-ce un évêché tombé en vacance, un métier qui cessait d'être exercé, une seigneurie qui cessait d'être administrée,... échéait au patron, tuteur naturel[1]. Rien ne retombait dans le domaine public : *pas de terre sans seigneur,* parce que, en dehors du droit et de la propriété patronale, il n'y avait ni droit ni propriété du tout.

Il devient aisé, dans ces circonstances, de comprendre le rôle des châteaux forts et des villes, des bourgs, des églises fortifiées. Quand nous voyons le Pape ordonner la trêve de Dieu, et saint Louis la quarantaine le Roi, pour mettre un terme, du moins pendant quelques jours ou semaines, aux guerres privées, nous nous figurons que le désordre devait, à cette époque, être universel, la

[1] C'était le *droit de régale.* Il dérivait, suivant l'avocat général Bignon, du *droit de patronage.*
Voy. A. CHÉRUEL, *Histoire de l'administration monarchique en France,* t. I, p. 29.

lutte générale[1]. Nous oublions que ces guerres étaient
des luttes d'organisation, et ces châteaux et forteresses
des moyens de défense et non d'attaque. Nous oublions
surtout le degré d'entente et d'organisation dans le travail qui furent nécessaires pour que ces forteresses et ces
châteaux fussent construits.

Au neuvième siècle, les rois francs, pour résister aux
invasions des Normands, n'élevèrent que des constructions
en terre et en bois[2]. Auparavant c'étaient le *castrum*
romain ou l'*oppida* celtique qui servaient de défense. Il
faut noter que les châteaux forts du moyen âge datent
des onzième, douzième et treizième siècles[3], de l'époque
même où la France se couvrit « de sa belle robe blanche
d'églises », transforma les chants barbares des soldats
gallo-romains et francs en puissantes épopées, et jeta
les fondements de ses grandeurs futures.

Le patronage industriel et commercial s'était fondé en
même temps que le patronage territorial, Et si, d'une
part, on éleva ces magnifiques cathédrales, expression
de la force des croyances, d'une autre, on construisit les
châteaux forts, comme pour assurer à jamais les droits
du patronat et la fixité des coutumes.

Si le respect de la parole donnée, le dévouement sans
réserve à son seigneur patronal, la sincérité dans la foi,
en même temps que la protection du faible, étaient
enseignés par les croyances religieuses, ils étaient assurés
par la stabilité des mœurs.

Un Joinville nous offrira au treizième siècle le type
accompli du chevalier dans ce qu'il a de meilleur : « Il

---

[1] Voy. P. VIOLET, *Le droit du treizième siècle*. La guerre privée,
p. 100.

[2] Voy. VIOLLET-LE-DUC, *Dictionnaire raisonné de l'architecture*, t. III,
p. 61.

[3] Voy. *ibid.*, t. III, p. 68 et suiv.

est brave, loyal, pieux, candide, dévoué à son roi, tout
en défendant strictement contre le Roi même ses droits
féodaux, protecteur attentif de ses vassaux, gardien
jaloux de toutes les traditions [1] », et Philippe le Bel, l'un
des rois du moyen âge les plus absolus, nous en témoi-
gnera dans un de ses rescrits pour l'ost des Flandres :
« Contre les volontés des barons, — écrit-il à ses baillis
et prévôts, — ne faites pas finances en leurs terres..
Et cette ordonnance tenez secrète... car il nous seroit trop
graves dommages s'ils le savoient. Et en toute bonne manière que vous pourrez, les menés à ce qu'ils le veuillent
souffrir... et les menés et traités par belles paroles, et si
courtoisement, que esclande ne puisse venir. »

Quant à l'expansion des villes et au développement de
leurs métiers et de leur commerce, ils n'ont également eu
d'autre origine que la même organisation patronale.
Dans tout état social, la situation des plus élevés et la
situation des plus humbles ne forment, unies, un organisme viable, qu'à la condition que l'activité intellectuelle et matérielle des uns et celle des autres s'enchaî-
nent, se soutiennent, se complètent animées d'un même
esprit, mues par une même force.

La jouissance pacifique et l'exploitation paisible de la
propriété territoriale ne se fixèrent que sous le régime
patronal, et c'est sous le même régime que se développèrent le travail, l'industrie, le commerce des villes. Les
collegia opificina, qui existaient dans la Gaule méridionale, étaient une forme de l'organisation romaine, et les
espèces de corporations celtiques et germaniques, connues
sous le nom de ghildes, et dont la *Vehm* a été une dernière forme en Allemagne, n'avaient d'autre objet que
la défense réciproque de leurs membres ; c'étaient des-

---

[1] Gaston Paris, *La littérature française au moyen âge,* p. 130.

institutions de combat. L'organisation des corps de métiers, au contraire, fut, au moyen âge, une organisation
essentiellement pacifique, fondée sur la conscience de la
solidarité commune dans la hiérarchie du travail d'un
chacun, le respect des droits acquis par la famille, la sollicitude du patron pour l'ouvrier, le dévouement de l'ouvrier au patron.

De cette manière, et de cette manière seulement, s'expliquent non seulement l'accroissement des villes et les
travaux gigantesques qu'elles accomplirent, mais encore
le développement, au sein des villes mêmes, de ces puissantes familles qui acquirent, par leur clientèle, une autorité telle qu'elles purent entreprendre des luttes victo-
rieuses contre des rois et des empires, pour défendre les
droits et les franchises de leur cité. Les mêmes sentiments sociaux qui avaient conduit à l'organisation des
métiers subordonnèrent les métiers les uns aux autres.
Les marchands de l'eau ou les bouchers de Paris, les
drapiers ou les tanneurs des Flandres, les commerçants ou
les banquiers italiens, qui, par la nature de leurs productions ou de leurs rapports, acquirent une influence
patronale plus considérable, étendirent en proportion et
leur action et leur puissance. Il en dériva, d'une part,
que certains métiers devinrent de véritables fiefs, ayant
leurs vassaux, leurs tenanciers, leurs serfs, et que les
familles auxquelles ils appartenaient formèrent dans la
ville même une aristocratie patricienne se distinguant de
l'aristocratie territoriale, non par la différence de leur
provenance, — elle était la même, — mais par la nature
de leur fonction sociale.

D'une autre part, chaque métier s'organisa de la même
manière, obéissant à la même force sociale. Chacun d'eux
eut ses maîtres, ses ouvriers, ses apprentis ; les premiers
exerçant une autorité administrative et judiciaire au sein

de la ville, tout comme le seigneur féodal ou les familles patriciennes sur la ville elle-même.

Lorsque nous lisons aujourd'hui le livre des métiers d'Étienne Boileau[1], il nous semble que toutes ces règles, ces prescriptions, ces statuts, établissant les droits réciproques des maîtres, ouvriers et apprentis, et jusqu'aux moindres formes de leur travail, ont été comme un Code imposé par saint Louis, et rédigé par son prévôt pour toutes les jurandes et corporations du domaine royal. La même organisation surgit en Allemagne, en Italie, dans les Flandres, en Angleterre et dans toutes les provinces de France qui n'appartenaient pas au domaine royal. Comme le fief, le métier avait acquis ses droits et ses franchises; si pour occuper l'un il faut être armé chevalier, pour remplir l'autre il faut faire preuve de maîtrise; et comme le baron féodal ou le seigneur évêque, le prévôt de la corporation et les maîtres ès arts et métiers exercent un patronage, chacun suivant la nature de ses occupations. Ils sont obligés de « fournir marchandise bonne et loyale »; ils auront tel nombre d'ouvriers et d'apprentis, ils rempliront fidèlement leurs engagements, suivant l'usage et la coutume[2]. Ces usages et ces coutumes varieront de pays en pays, avec le génie des populations et des traditions acquises; l'esprit sera partout le même.

Il n'y a eu qu'une différence entre l'organisation primitive de la bourgeoisie dans les différents pays de la civilisation moderne : c'est la même que nous avons observée entre leur organisation politique. En France, les grands feudataires acclamèrent Hugues Capet pour la même raison que non seulement les villes, mais encore

---

[1] Publié par DEPPING, *Documents inédits de l'histoire de France.*
[2] Cf. LEVASSEUR, *Histoire des classes ouvrières*, t. I, p. 44.
H. PIGEONNEAU, *Histoire du commerce de la France*, t. I, p. 112, 233, 341.

les corporations, se placèrent insensiblement sous le patronage royal, tandis que dans les Flandres, en Italie, dans une partie de l'Allemagne, elles se constituèrent en villes indépendantes, n'ayant pas, dans la formation même de leurs coutumes, conservé les traditions d'une autorité nationale suprême.

Mais jusques au milieu de ces différences, le mouvement général reste semblable. Nous voulons parler de ce grand mouvement qui a reçu le nom d' « affranchissement des communes », et qui commença, en France, dès le onzième siècle [1]. La royauté, suivant ses intérêts ou ses ambitions, encouragea ou entrava l'affranchissement des communes; cet affranchissement, ses chartes, ses franchises et libertés sortirent de la force même des choses.

Avec l'organisation patronale et la sécurité croissante du travail, les richesses se développèrent, les obligations et les droits réciproques se multiplièrent. Si les sénateurs et curiales de la municipalité gallo-romaine, les comtes et barons de la ville franque, ont eu quelque analogie avec les familles patriciennes des cités du moyen âge, ainsi qu'avec le tiers état du seizième siècle, l'organisation sociale qui donna à la bourgeoisie du moyen âge la force d'un progrès continu de près de

[1] « Vers la fin du onzième siècle commencent à paraître les chartes accordées par les seigneurs aux villes, aux bourgs, aux communes ou aux paroisses, et qui devinrent les lois de leur gouvernement. Ces chartes constatent et confirment les usages qui régissaient les populations et les droits dont elles avaient la jouissance; elles règlent leurs obligations. Au douzième et surtout au treizième siècle, elles se multiplient comme à l'infini. Beaucoup d'entre elles étaient données à de simples villages; d'autres comprenaient avec les villes leur banlieue, c'est-à-dire la campagne qui les environnait dans un certain rayon, ordinairement dans le rayon cultivé. » DARESTE DE LA CHAVANNE, *Histoire des classes agricoles*, p. 46.

mille ans, n'en fut pas moins essentiellement distincte de l'organisation sociale des municipalités gallo-romaines ou de l'époque franque.

D'abord, plus le travail et le commerce prirent des formes constantes, plus les usages, les coutumes se multiplièrent en se fixant, plus aussi le patronage, exercé par le seigneur territorial immédiat, clerc ou laïque, non seulement devint difficile à exercer, mais perdit jusqu'à sa raison d'être, et il se transforma en abus du jour où le patron prétendit maintenir ses anciens droits, comme un père qui voudrait conserver son autorité sur un fils devenu majeur et indépendant. De là sortit, nécessairement, l'émancipation des communes. On se figure parfois que par cette émancipation, nous devons entendre une sorte d'autonomie communale, dans le sens moderne du mot. On n'y songeait pas alors. Une ville affranchie se mettait aussitôt sous le patronage d'un seigneur plus puissant, et surtout plus lointain, tel que roi, pape ou empereur, et exerçait à son tour le patronage sur les habitants de son territoire, même sur des familles seigneuriales ; elle conservait ses vassaux et continuait à remplir toutes les obligations, en même temps qu'à revendiquer tous les droits des seigneurs dépossédés[1] : elle était devenue une ville patronale.

On appellera les villes qui recevront, à la place du représentant de l'ancien seigneur, un prévôt ou bailli du Roi, des villes privilégiées ; mais elle continueront à s'administrer suivant leurs chartes et franchises propres, sous la protection du prévôt ou du bailli, tout comme les

---

[1] « Les villes étaient devenues partie intégrante de la hiérarchie féodale. » Augustin THIERRY, *Monuments du tiers état*. Introduction, p. 35. — Voy. aussi DE MAULDE, *Coutumes et règlements de la République d'Avignon au treizième siècle*, p. 10 et suiv. — J. DE SIRAMON, *Les villes consulaires et la République de Provence*, p. 76.

d

villes non privilégiées sous la protection de leur seigneur patron immédiat.

L'affranchissement des communes a été la conséquence naturelle, fatale, des progrès qui résultèrent de l'organisation patronale. Les révoltes, les guerres intestines furent les moyens les moins efficaces pour hâter le mouvement. Avec l'accroissement des richesses se répandit le goût du bien-être et du luxe, et bientôt les seigneurs-patrons, ne vivant que du produit de leur domaine, accordèrent, moyennant finances[1], — soit en raison d'expéditions lointaines, comme les croisades, soit pour des besoins personnels, soit par le fait que leurs anciens droits étaient tombés en désuétude, — toutes les franchises et chartes nécessaires à l'expansion des villes[2].

Le servage lui-même se transforma dans la nouvelle organisation suivant l'esprit général.

Dans les civilisations grecque et romaine, l'esclavage se maintint jusqu'au jour de la ruine de ces civilisations ; c'est que dans la cité antique, l'esclave fut et resta un étranger. Si les esclaves du chef germain, les colons et les affranchis des latifundia et des grands domaines gallo-romains devinrent les serfs, ce fut parce qu'ils contribuèrent pour leur part au mouvement social de l'époque entière. Ils y entrèrent, et, — loin de former une

[1] « L'erreur si longtemps accréditée, qui attribuait à la royauté l'initiative de la révolution communale, peut s'expliquer par le fait de son intervention progressive dans le gouvernement des villes. » DARESTE DE LA CHAVANNE, *Histoire de l'administration en France*, t. I, p. 173.

[2] « Depuis longtemps, dit M. Chéruel à propos de la révolte des villes sous Philippe le Bel, les bourgeois avaient acheté l'exemption de tout impôt; c'était une des premières conditions des chartes communales. » *Histoire de l'administration*, t. I, p. 52.

institution étrangère comme dans l'antiquité, — ce fut, au contraire, leur affranchissement qui devint la règle fondamentale de ce mouvement.

Déjà, au onzième siècle, éclatent des révoltes de serfs ; au douzième, il n'existe plus trace de serfs en Norman- die [1] ; au treizième, le comte de Toulouse et saint Louis font de l'affranchissement des serfs une mesure fiscale [2] ; Philippe le Bel, Louis le Hutin et Philippe le Long y reviennent à différentes reprises [3] et font de l'affranchis- sement une obligation [4].

Le servage avait pris, avec la naissance du régime patronal, des formes si nettement déterminées dans ses droits comme dans ses devoirs, que son abolition finit par devenir un moyen de procurer des ressources au tré- sor seigneurial, tout comme l'affranchissement des villes.

Par le fait seul de la disparition de l'administration romaine et de l'autorité guerrière exercée par la domina- tion franque, l'ancien colon et l'*adscriptus*, qui habitaient le domaine du seigneur patronal, acquirent également le droit d'y subsister. La protection de l'un, le travail de l'autre se réglèrent insensiblement et devinrent usage [5] et

---

[1] L. DELISLE, *Etudes sur la condition de la classe agricole en Nor- mandie au moyen âge*, p. 2, 18 et suiv.

[2] E. BOUTARIC, *Saint Louis et Alphonse de Poitiers*, p. 524 ; l'auteur parle des nombreux affranchissements faits en 1265, en renvoyant au Regist. XXX du Trésor des Chartes.

[3] Voy. VUITRY, *Etudes sur le régime financier de la France*, 2ᵉ série, t. I, p. 46-47.

[4] « Comme selon le droit de nature chacun doit naistre Franc... nous considérants que nostre royaume est dit et nommé *le Royaume des Francs* et voullants que la chose soit accordant au nom..., avons ordonné et ordonnons que generaument par tout nostre royaume de tout comme il peut appartenir à nous... *franchise soit donnée o bonnes et convenables conditions.* » *Recueil des ordonnances royales*, t. I, p. 583.

[5] La mainmorte établissait une véritable solidarité d'intérêts entre les seigneurs et les hommes. Beaumanoir l'atteste d'une manière formelle, t. II, p. 237. « Les règles de la succession des mainmorta- bles dans la Bourgogne étaient les mêmes que celles de la succession

d.

coutume. Sans intermédiaire étranger, sans possibilité de recours à une force supérieure, les services réciproques se coordonnèrent, la nature du travail, comme l'exploitation du sol et le nombre de corvées, furent déterminés, la coutume devint droit, le serf primitif se transforma en serf abonné, et finalement devint un simple tenancier qui ne se distinguait que par son origine du tenancier libre.

Dans l'antiquité, l'esclavage a pu se fonder et se maintenir avec le patronat, parce que l'esclave ne participait pas aux droits de la cité. Avec le régime patronal moderne, qui s'étendit à tous les peuples de la civilisation nouvelle, l'étranger disparut, le serf entra dans l'état social, fit partie de l'ordre coutumier, et sa disparition fut la conséquence forcée du développement de cet état social lui-même. Là où la loi romaine n'avait fait que river une chaîne, la coutume du moyen âge avait établi un droit[1].

Ainsi le régime patronal explique tous les évenements qui dominent les trois grands siècles du moyen âge : la force des coutumes, le respect des droits acquis, la violence des luttes en cas de contestations, la sévérité des peines, la minutie des statuts et règlements fixant jusqu'aux moindres formes de la production ; les chartes, les franchises, tous les progrès de ces trois siècles si originaux et si différents de la période antérieure.

Il explique jusqu'à l'émancipation de la femme et au culte chevaleresque qui lui fut voué, culte qui distingue si profondément la civilisation moderne des civilisations

des vassaux. » DARESTE DE LA CHAVANNE, *Histoire de l'administration en France*, t. 1, p. 57.

[1] DARESTE DE LA CHAVANNE, *Histoire des classes agricoles*, p. 9.

antérieures. La bourgeoise du moyen âge participait aux privilèges et droits de son mari, la noble dame de ceux plus grands du seigneur ; avec l'extension du patronat à une clientèle plus variée et plus nombreuse, ou à un territoire plus vaste, les honneurs et les obligations du suzerain, du chevalier, du bourgeois, en même temps que ceux de leurs compagnes, grandirent. La solidarité familiale s'étendit, et avec elle forcément la destinée de la femme ; elle acquit, avec un rôle plus considérable, une autorité plus grande. Cet ennoblissement de la femme, tout comme l'affranchissement du serf et l'émancipation du bourgeois, tout comme l'autorité croissante de la royauté, tient au phénomène de l'extension du patronat[1].

Le mouvement fut général, complet. Il eut dans les esprits et les caractères des sources tellement profondes que, malgré les désordres et les violences de l'époque, M. G. Paris a pu écrire dans sa belle *Histoire de la littérature française du moyen âge : « * Les rapports des hommes entre eux sont réglés par des prescriptions fixes, sur la légitimité desquelles on n'a aucun doute, quitte à les observer plus ou moins exactement. Personne ne songe à protester contre la société dans laquelle il est,

---

[1] D'ordinaire, on explique l'émancipation de la femme, l'abolition du servage et le patronat lui-même, par l'influence qu'auraient exercée les croyances religieuses. La doctrine chrétienne, née au moment de la décadence sociale de l'ancien monde, se développa surtout en vue de régler la conduite des hommes dans leurs rapports personnels et dans leurs rapports avec Dieu. Elle prit par cela même un caractère tellement général et élevé, qu'elle a pu et qu'elle peut encore s'appliquer à tous les états politiques imaginables. C'est à l'adoucissement des rapports individuels, provoqué par l'enseignement et l'expansion de la doctrine chrétienne, qu'il faut attribuer que l'administration romaine, aussi bien que l'administration barbare, aient pu se maintenir si longtemps. Les croyances chrétiennes exercèrent la même action sur le régime patronal, mais elles en déterminèrent si peu les origines et le développement, que l'Église les suivit jusque dans leurs violences, leurs troubles et leurs excès ; « elle entra dans la hiérarchie féodale ».

ou n'en rêve une mieux construite : mais tous voudraient qu'elle fût plus complètement ce qu'elle devrait être[1]. »

Et si, dès le onzième siècle, suivant une autre observation de M. Gaston Paris, la France eut, pour la première fois, et non pour la dernière, « un rôle partout accepté d'initiative et de direction intellectuelle, littéraire et sociale[2] », ce fut grâce, précisément, à la façon ferme et complète avec laquelle le régime patronal, s'étendant du serf au patron suzerain, s'y était établi.

Les causes de ce régime avaient des racines si profondes dans l'âme des hommes, qu'on y retrouve l'écho de l'ancienne Gaule d'avant César. « Il est digne de remarque, écrit M. Fustel de Coulanges, que les vieux États gaulois ont conservé jusqu'à une époque très voisine de nous leur nom, leurs limites, et une sorte d'existence morale dans les souvenirs et les affections des hommes. Ni les Romains, ni les Germains, ni la féodalité, ni la monarchie n'ont détruit ces unités vivaces ; on les retrouve encore dans les provinces et les pays de la France actuelle[3]. » Comment, voilà près de deux mille ans que les « antiques quatre-vingts États des Gaules » étaient soumis au régime des clans, en proie à des luttes incessantes qui rendirent facile la conquête de César ; l'administration romaine passe sur eux, ils perdent jusqu'au souvenir de leur turbulence passée, changent de langue, de croyances, de traditions ; puis viennent les invasions germaniques, et les populations conservent cependant encore, « jusqu'à une époque voisine de nous », leur existence morale dans la mémoire et les affections !

[1] *La littérature française au moyen âge*, p. 31.
[2] *Ibid.*, p. 32.
[3] Voy. FUSTEL DE COULANGES, *Histoire des institutions politiques de l'ancienne France*, t. I, p. 7.

Sans les affections locales qui donnèrent naissance à l'organisation patronale des neuvième et dixième siècles, laquelle détruisit aussi bien la royauté franque que les débris de l'administration romaine, pour faire renaître la vieille Gaule sous un régime nouveau, le phénomène reste inexplicable.

L'éducation de la nation s'est faite exactement comme dans la famille se fait l'éducation de l'enfant. Le patronat porte avant tout ce caractère familial, et, en plein dix-septième siècle, Montchrétien écrira, en fondant la science de l'économie politique : « Le bon gouvernement domestique, à le bien prendre, est un patron et modèle du public, soit que l'on regarde le droit commandement, soit la fidèle obéissance, liaison principale de l'un et de l'autre. » Et Grotius, le fondateur du droit des gens, dira vers la même époque : « De même que le patronage des particuliers ne supprime pas la liberté personnelle, de même le patronage public ne porte pas atteinte à la liberté civile, qui ne peut se concevoir sans la souveraineté [1]. » Avant l'un et l'autre, Bodin avait défini l'État « un droit gouvernement de plusieurs ménages et de ce qui leur est commun avec souveraine puissance [2] ».

Au seizième et au dix-septième siècle, la conception de la constitution patronale de l'État était encore générale, on ne comprenait même pas qu'il pût y en avoir une autre. Or, Montchrétien, dans son traité d'économie politique, s'occupe précisément des conditions et des formes les plus élémentaires de la vie sociale, du travail et de l'échange des produits. Toute une partie de son livre est donc inintelligible pour nous, si nous n'avons devant les yeux les caractères du régime patronal,

---

[1] *Le droit de la guerre et de la paix*, l. II, c. III, XI, 3.
[2] *Six livres de la République*, liv. I, chap. 1er.

source de notre civilisation, et dont toutes les institutions de l'ancien régime sont encore profondément empreintes.

Mais il est un autre côté du livre de notre économiste, également important, complétant le premier, qui pourra sembler non moins inexplicable. C'est l'esprit d'indépendance de Montchrétien vis-à-vis de la royauté, sa fierté, son orgueil, son souci de la chose publique en dehors de la monarchie, son amour de la « république », comme il dit à chaque instant, et cela à côté du respect et du culte qu'il professe pour cette royauté.

Cette particularité du livre trouve son explication dans l'étendue des franchises et des libertés locales, dont on a méconnu la nature au point d'appeler le siècle où Montchrétien écrivit, le siècle de la monarchie absolue. Cette dernière manière de voir achèverait de dérouter l'esprit du lecteur en rendant pour lui l'œuvre de Montchrétien aussi contradictoire dans ses détails qu'incompréhensible dans son ensemble.

Aussi le lecteur nous excusera-t-il si, après avoir insisté sur le caractère patronal de l'organisation du moyen age, dont les traditions s'affaiblirent, tout en se maintenant jusqu'à la fin de l'ancien régime, nous essayons de montrer l'importance croissante acquise par les libertés et les franchises locales, et le rôle que celles-ci ont joué, donnant naissance à notre grand siècle, à ses arts, à ses lettres, aussi bien qu'à son esprit politique et à son économie politique entière. Au lieu du ciel pâle et uni, où toutes les étoiles sont éteintes par la lumière du Roi-Soleil, nous aurons devant les yeux un firmament où mille constellations scintillent de l'éclat le plus vif à côté de l'astre principal.

III

LE QUATORZIÈME SIÈCLE. — LES LIBERTÉS ET FRANCHISES
LOCALES. — LA RENAISSANCE.

Une erreur à laquelle s'abandonnent bien des historiens,
est de croire que l'histoire est composée par les faits
exceptionnels ou extraordinaires : invasions, changements
de dynastie, guerres, révoltes, hauts faits d'armes. Les
faits permanents sont négligés, les conditions de l'existence humaine sont oubliées, les formes du travail, la
satisfaction des besoins quotidiens passent inaperçus : ce
sont cependant ces faits constants, ces conditions de l'existence et du travail qui donnent aux peuples leurs caractères, constituent la base de leur histoire et la source de
tous les événements qui ne nous frappent que parce qu'ils
sont exceptionnels et passagers. Que les chroniqueurs et
ceux qui écrivent des mémoires s'occupent exclusivement
de ces faits exceptionnels, cela est inévitable. Le mouvement de la vie quotidienne leur semble sans intérêt.
Mais que l'historien les imite, c'est par un oubli complet
de la méthode scientifique.

Toute révolution politique qui n'est pas une révolte de
palais ou une simple émeute de la rue prend ses origines
dans une révolution sociale, et celle-ci a toujours ses
causes dans une transformation du travail et de ses conditions. « Puisque, dit Montchrétien, il en est ainsi, que
les parties destinées à servir les autres portent le labeur
nécessaire à leur entretien et à leur conservation. »

La civilisation moderne a traversé trois siècles de révolutions sociales : le dixième, dont est sorti le régime patronal; le quatorzième, dont est sortie la Renaissance, et le dix-huitième, dont provient l'état social actuel. Ces révolutions se sont reproduites à intervalles égaux.

On donne d'habitude aux événements qui ont caractérisé ces trois époques une portée exactement contraire à celle qu'ils ont eue, en attribuant aux désordres du dixième siècle l'effondrement de la monarchie franque, en expliquant le moyen âge d'après le quatorzième siècle et l'ancien régime d'après le dix-huitième. Ces explications vont à l'encontre de la marche de l'histoire.

« Pas de terre sans seigneur », avait-on dit au moyen âge, mais aussi pas d'homme sans patron, depuis le dernier des serfs jusqu'au suzerain patron du royaume, serf de Dieu. Si les droits du patron quel qu'il fût, suzerain, seigneur ou évêque, vassal ou vavassal, prévôt ou maître ès métiers étaient devenus coutumiers, les obligations qui y répondaient étaient également devenues coutumières. « La coutume, c'est la loi », écrira encore Domat, vers la fin du dix-septième siècle. Les redevances et obligations se fixèrent ainsi d'une manière ferme et nette. Tel fief devait pour le service militaire tel nombre d'hommes, pour tel nombre de jours, il n'en devait pas davantage; telle terre devait telles redevances, non d'autres; telle ville, tels subsides, et pas de plus grands; telle province, telles aides, et rien au delà.

Il en a été de même de toutes les relations économiques et sociales.

Et de la sorte, par le fait seul qu'un droit avait été établi par la coutume, il avait donné naissance à des franchises et à des libertés écloses aux limites mêmes qui bornaient ce droit.

Les conséquences de ce fait ont eu la plus grande portée. Avec la fixité des coutumes, maintenues par l'énergie des caractères, les droits, aussi bien que les franchises, acquirent une égale stabilité; le travail se développa, les relations s'étendirent, et, pour les favoriser, on abandonna peu à peu des droits qui leur étaient devenus contraires : on créa des franchises nouvelles. Ainsi se développa la prospérité des grandes villes, et se formèrent les grands centres d'échanges internationaux, les foires de Champagne, de Lyon, de Normandie, de Bretagne, de Languedoc [1].

Avec la sécurité du travail, l'extension des relations, la prospérité croissante, les anciennes formes sociales se modifièrent et tendirent à disparaître à mesure que les progrès s'accomplissaient. Les grands feudataires se sentirent moins dépendants du patronat suzerain, les grandes villes moins disposées à supporter les caprices de leur seigneur; et au sein des villes indépendantes on vit surgir des partis contraires, les uns représentant les anciennes traditions des familles patriciennes, les autres les aspirations nouvelles vers une prospérité, une liberté, une expansion plus grandes.

Au quatorzième siècle, le mouvement devint général en Europe. Dans les Flandres, il éclata par les révoltes des communes contre l'aristocratie locale; en Italie, par la lutte des Guelfes et des Gibelins; en France, par l'aspiration à l'indépendance des grands feudataires et la guerre de Cent ans; en Allemagne, par l'émancipation des cantons suisses et les luttes des villes libres au sud, de la Hanse au nord; en Angleterre, par les émeutes de Lon-

[1] Voy. H. PIGEONNEAU, *Histoire du commerce de la France*, t. I, p. 210 et suiv.

dres et la guerre des Deux Roses. Le mouvement prit dans les divers pays de l'Europe des formes diverses selon l'état des esprits et les traditions acquises. Ce fut une époque de troubles continuels d'après lesquels on a jugé le moyen âge tout entier, sans se demander si cette époque n'avait pas été plutôt le commencement de la Renaissance que la fin du régime patronal.

Cette époque est surtout intéressante au point de vue de l'histoire économique, par la transformation de la noblesse territoriale, dont l'autorité patronale passa de plus en plus à la royauté, tandis que dans les villes, le même régime patronal ne cessa de se développer et de se fortifier par la conquête des franchises et des libertés locales. Elle est curieuse, en outre, parce qu'elle montre que ce n'est point par le tiers état que le principe de l'individualisme fut introduit dans la civilisation moderne, mais bien par la noblesse patronale qui, devenue impuissante à maintenir le rôle qu'elle avait joué du neuvième au treizième siècle, sa gloire la plus pure, l'abandonna dès le commencement du quatorzième siècle, pour se jeter dans toutes les oppositions dont elle deviendra la première victime.

Dire que l'aristocratie féodale tomba devant l'union de la royauté et des communes, est devenu, en histoire, un lieu commun. L'aristocratie féodale disparut par les causes mêmes qui lui avaient donné naissance : la protection accordée au travail et à la jouissance de ses produits, les garanties données à la propriété et à la régularité de sa transmission.

La puissance et la richesse des grands vassaux s'en accrurent, et ils ambitionnèrent une indépendance plus grande vis-à-vis du pouvoir suzerain, réussissant dans un pays, succombant dans un autre. Ainsi en France, la noblesse féodale de l'Est se vendit tantôt au Roi, tantôt à l'Empereur; celle de l'Ouest rechercha le patronat de l'Angleterre, ou revint à celui du suzerain légitime; celle du Midi s'adressa au Pape quand elle ne se soumit pas à un roi espagnol. La noblesse féodale a eu le sort que partagera, quelques siècles plus tard, la noblesse territoriale qui lui succéda, le sort auquel se trouve exposée de nos jours la bourgeoisie : celle-ci voit disparaître de plus en plus son ascendant sur les classes ouvrières, par cela seul qu'elle perd ses rapports immédiats avec elles; elle perd la direction politique parce que la direction sociale lui échappe.

La fin du régime de la noblesse patronale a été la même dans l'antiquité que dans la civilisation moderne. Toute classe dirigeante qui cesse, à un moment donné, d'exercer une action prépondérante, immédiate, directe, sur le travail et sur la production sociale, se perd et disparaît. Qu'il s'agisse d'une classe d'eupatrides ou du patriciat romain, de l'aristocratie féodale ou de la noblesse de robe et d'épée, de l'aristocratie des villes ou d'une bourgeoisie sans titre, la loi est la même.

Quant aux communes, elles s'épanouirent avec tant de franchise et de liberté, et dans des formes si variées, qu'il serait difficile de nous en faire une idée sans la présence des textes. En effet, si les chartes, les coutumes, les statuts du moyen âge, nous surprennent d'un côté par leur netteté et leur fermeté, ils nous étonnent d'un autre par les caprices, les fantaisies qui semblent y régner comme à plaisir. Ici, une ville jouit des droits de paix et de guerre; là, une autre ville est exempte des aides féodales; ailleurs, une cité possède la haute, la moyenne et la basse justice, ou le droit de battre monnaie, ou le droit de libre passage et de franc parcours, et tandis que dans quelques-unes des familles patronales ont dans les mains la direction de toute la cité, dans quelques autres des plus prospères, un quartier est soumis au patronat de l'évêque, un autre quartier à celui du seigneur, un troisième est autonome.

Enfin, les provinces, comme les villes, se distinguent les unes des autres et par leurs franchises et par leurs libertés, et, au sein des villes mêmes, chaque corporation, chaque métier, a ses libertés et ses franchises propres ; ici, tous les bourgeois jouissent du droit de chevalerie ; plus loin, le bourgeois est exempt des redevances et des impositions seigneuriales ou locales.

En passant de l'organisation sociale du treizième à celle du quatorzième siècle, on dirait assister à la transformation du style fleuri en style flamboyant, ou de l'épopée historique, nationale, en une épopée de féeries ou d'aventures.

Les franchises des communes étaient alors telles qu'elles ont peut-être eu la plus grande part dans cette longue série de malheurs qui a rempli la guerre de Cent ans. « Les intérêts des corporations chaque jour plus riches et plus fortes, mais plus fermées, plus aristocratiques et plus jalouses de leurs privilèges et de leur indépendance, cessèrent peu à peu d'être d'accord avec ceux du pouvoir royal. C'était une féodalité bourgeoise, plus jeune, plus vivante, et peut-être plus redoutable pour la royauté que la féodalité militaire et territoriale. Un drapier ou un mercier du quatorzième siècle, avec son armée de facteurs, de commis, de varlets, les capitaux dont il disposait, les relations qu'il entretenait dans toutes les parties de la France et souvent à l'étranger, était une puissance avec laquelle il fallait compter [1]. »

---

[1] H. Pigeonneau, *Histoire du commerce de la France*, t. I, p. 343.

Voyons ce qui se passe déjà au commencement du quatorzième siècle, dans la lutte entreprise par Philippe le Bel contre les Flamands révoltés. Jamais roi de France n'entreprit une guerre plus légitime et conseillée par une politique plus juste. Les Flandres menaçaient, en se tournant vers le roi d'Angleterre, de devenir une Guyenne du Nord. Incapable de mener cette guerre à bonne fin avec les seules ressources de son domaine, il convoqua les premiers états généraux, absolument comme il aurait étendu les attributions de son conseil [1]. Il obtint pour l'*ost* de Flandre un secours dérisoire, quand il aurait fallu des millions, et, de plus, la noblesse dont il disposait se fit écraser à Courtray. Il fallait continuer la lutte; alors le malheureux roi altère la valeur des monnaies [2], fait payer les *Juifs* et les *Lombards* sur les-

---

[1] Engerrand de Marigny expose les motifs de la convocation ainsi que les besoins du trésor, et il reçoit au nom du Roi : *les bourgeois des communes qui étoient là assemblées, qu'il vouloit savoir lesquels lui feroient ayde ou non à aler à l'ost de Flandre.*

[2] L'altération des monnaies est une des preuves les plus curieuses de l'étendue des franchises de l'époque et de l'impuissance de la royauté de parvenir à percevoir un impôt régulier quelconque. Car le Roi et ses conseillers se rendaient parfaitement compte des dangers de ce moyen désespéré. « Item pour ce que Thomas Brichart, mastre de la monoie, et aucuns du consoil conseilloient et voloient que pour avoir chevance se faist la foible monoie, qui puis se fist, monseigneur Mouche et aucuns autres qui sostenoient le contraire ne voloient que la bone monoie se gastast, pour le destourber et pour ce que la feble ne se fasist, par leur consoil se leva le prest qui fu mis et levé sur les riches bourgois de toutes les bonnes villes et des baillies, l'an IIII^xx XIIII; duquel prest se leva des bourgois environ vi^e xxx^m livres tournois, et des prelaz et des autres du consoil le Roy et mastres des comptes et du Parlement, environ l^m livres tournois; ne pour ce ne peurent les dessusdiz destourber que la feble monoie ne se faist, comant qu'elle s'en delaiast demi an, et puis se fist mau gré euls, l'an IIII^xx XV. » Boutaric, *Notices et extraits des manuscrits*, t. XX. — Fr. Funck-Brentano, *Revue historique*, 1889. *Document pour servir à l'histoire des relations de la France avec l'Angleterre et l'Allemagne.* — P. Dubois, dans un mémoire adressé à Philippe le Bel, en 1300, observe que l'altération des monnaies diminue de moitié les revenus et augmente du double le prix des

quels, seuls, il avait prise, force le clergé à lui payer un
décime, se brouille avec le Pape, et, finalement, s'en
prend aux Templiers, la vraie puissance financière du
temps[1]. Rien ne peut donner une meilleure idée des
franchises et des libertés de l'époque, que le texte même
des rescrits du Roi demandant secours et soutien à ses
sujets. « Vous devez, écrit le Roi à ses baillis et prévôts,
être avisez de parler au peuple par de douces paroles, et
démontrer les graves désobéissances et rébellions de nos
sujets de Flandres, et ensement devez vous faire les
levées et finances au moindre esclande que vous pourrez
et commocion du même peuple [2]... »

Rien ne servit. La guerre reprit en 1314, et comme le
Roi demandait de nouvelles aides, la révolte devint générale ; les villes, le clergé, la noblesse, à l'est, au nord,
au centre, tous y prirent part[3]. Le Roi dut céder et
retirer ses projets d'impôts. Philippe le Bel mourut ainsi
à la tâche, emportant au tombeau la réputation de des-
pote et le surnom de faux monnayeur, alors qu'il avait
peut-être mérité d'être placé au premier rang des
hommes d'État du moyen âge.

Le règne de Philippe IV offre la meilleure explication
de la guerre de Cent ans, pendant toute la durée de

objets nécessaires pour se nourrir et se vêtir, et que les pertes
qu'entraîne le changement des monnaies sont plus grandes que
celles éprouvées par suite de la guerre. Et, après la royauté, ce
seront les états généraux qui, en 1355, sous le roi Jean, affaibliront
eux-mêmes la monnaie. — (G. Picot, op. cit., t. I, p. 74). Pas plus que
les rois, les états généraux ne surent triompher des franchises et
immunités locales.

[1] Voy. l'important travail que M. Léopold Delisle vient de publier
sur les Opérations financières des Templiers.

[2] Voy. ordonnance du 28 mars 1303, et instruction sur cette ordonnance.

[3] Les actes de confédération pour résister aux projets du Roi ont
été publiés par Boutaric dans la collection des Notices et extraits des
manuscrits, XX, 220-225.

laquelle la noblesse aussi bien que le clergé, les communes aussi bien que les bonnes villes, traiteront avec la royauté de puissance à puissance[1], en même temps

[1] Après la bataille de Crécy et la prise de Calais, les états généraux, convoqués à Paris, protestent de leurs sentiments patriotiques, de leur dévouement, — et n'accordent aucun subside. Alors, le Roi, par ses commissaires, s'adresse directement à ses vassaux et à ses bonnes villes, et « l'on stipule, comme le Vermandois, que l'octroi volontaire d'un droit de six deniers pour livre sur la vente des denrées et des marchandises ne porterait, dans l'avenir, aucune atteinte aux privilèges, libertés et franchises du pays ; que les laïques seraient exemptés de toute taille, le clergé affranchi de toute dîme; que le droit de prise ne serait exercé qu'en payant comptant, et que l'imposition cesserait en cas de paix ou de longue trêve, et les sommes déjà payées seraient rendues pour le profit commun de l'avis des bonnes gens ». Jean succède à Philippe; les révoltes de Charles le Mauvais doublent les désastres de la guerre. Tous les états du royaume sont convoqués. Parmi les provinces du Midi, seule la sénéchaussée de Carcassonne envoie des députés et accorde un subside de 50,000 livres pour un an ; les députés du Nord recommandent la taxe de six deniers pour livre sur la vente des marchandises, mais évitent soigneusement de se prononcer. Aucune ordonnance ne fut rendue. Le Roi s'entendit derechef directement avec ses bonnes villes, son bon clergé, sa bonne noblesse, et la plupart des ordonnances prirent « le caractère de véritables traités de subsides, que la souveraineté royale débat et conclut avec les souverainetés féodales et les souverainetés communales qui, souvent même, prennent une part du produit des subsides pour elles, et toujours reçoivent en échange des franchises et des libertés nouvelles ». Secousse, préface du t. III du *Recueil des ordonnances.* Vuitry, *Histoire du régime financier de la France,* t. I, p. 30, 32 et suiv. Hervieu, *Recherches sur les premiers états généraux,* p. 202. — Encore si l'on s'était arrêté là; mais les états aussi bien que les villes finirent par s'attribuer la puissance souveraine ou du moins par en imposer les conditions. Paris offre, en 1337, 400 hommes pendant six mois, si le Roi faisait la guerre en personne, et pendant quatre mois seulement, s'il ne se rendait pas à l'armée. Une ordonnance royale dit, en termes formels, qu'une imposition de 18,000 livres (!) offerte par la ville de Paris ne pouvait être levée *sans très grans périls, commotions et désordres* (*Ordonnances royales,* t. XIII, p. 39). « Les états de langue d'oil allèrent, en 1355, jusqu'à n'accorder au Roi 30,000 hommes de secours, à leurs frais et dépens, qu'en levant sur toutes gens d'église, nobles ou autres — laReine elle-meme, les fils du Roi, tous ses enfants et ceux de son lignage n'en seront pas exceptés — huit deniers pour livre sur toutes denrées et gabelles de sel, et cela à la condition d'instituer *une administration émanant et placée sous leurs ordres.* » Noblesse, clergé, communes et bonnes villes traitèrent avec le Roi de puissance à puissance. Cf. Vuitry, *op. cit.,* t. I, p. 63.

e

qu'on luttera les uns contre les autres, sans pitié, sans merci.

La guerre de Cent ans a eu les caractères d'une révolution sociale analogue à celle du dixième siècle, révolution dont les événements politiques n'ont été que des effets.

Alors, le « donjon féodal », au lieu d'être comme au moyen âge le siège de la justice, le refuge aux jours de danger, et parfois le grenier d'abondance, devint, pendant plus d'un demi-siècle, le repaire d'une soldatesque impitoyable, le défenseur d'une aristocratie aux abois, qui abusait de sa force, devenue impuissante à user de son autorité, et soumettait, pour reconquérir cette dernière, ses vassaux et tenanciers à toutes les exactions.

Les paysans, en retour, se constituèrent en jacquerie, tandis que les villes, aussi bien que le clergé, pour des promesses ou des garanties de franchises et libertés plus grandes, passaient du parti royal au parti anglais, ou de ceux-ci aux révoltés, sans autre mobile que le mécontentement et le désir de maintenir des droits acquis, ou de conquérir des franchises nouvelles [1].

La crise du quatorzième siècle fut, en France surtout, lente et douloureuse, et la lutte y fut d'autant plus terrible que la France avait, dans la période précédente, porté le patronat, sous sa forme primitive, à sa plus haute perfection. Ce fut un vassal de France qui fit la conquête de l'Angleterre, ce furent des vassaux de France qui soulevèrent l'Europe pour les croisades, et conquirent Jérusalem, et Chypre, et Constantinople. Mais ce sont eux aussi qui inaugurèrent la guerre de Cent ans, et qui, pour avoir conservé leur ancienne façon de combattre et leur esprit de chevalerie héroïque, se firent écraser, après Courtray, à Crécy, à Poitiers, à Azincourt,

---

[1] « On peut suivre le progrès des armes françaises dans la série des chartes données aux places reconquises. » VUITRY, op. cit., p. 387.

méconnaissant les progrès accomplis par les troupes de bourgeois et de vilains. Et ce sont ces mêmes bourgeois et vilains qui, après avoir élevé les cathédrales, bâti les châteaux forts, chanté les épopées, grâce à leur organisation patronale, marchandent au Roi chacun des subsides nécessaires à l'affranchissement du pays, ne donnant leur concours qu'en échange de franchises et libertés nouvelles, tandis que la petite noblesse, n'ayant ni grandes franchises ni grandes libertés à revendiquer, s'attacha de plus en plus à la royauté, débarrassée qu'elle était de la prépondérance des grands feudataires, et trop chétive pour se mettre en lutte contre le développement des villes. Aussi ce fut elle qui se trouva diriger le sentiment national éveillé par la haine de l'envahisseur, ce fut à la petite noblesse commandée tantôt par les Duguesclin, tantôt par les Dunois, les La Hire, les Xaintrailles, les Jeanne d'Arc [1], que la nation dut finalement la victoire et le salut [2].

Le tiers état, dont les états généraux furent la plus puissante expression, se montra incapable de soutenir la royauté, et c'est cette impuissance des états généraux qui caractérise de la manière la plus saillante tout le mouvement de l'époque.

La même réciprocité de droits qui réglait les rapports

---

[1] Les récents travaux de M. Siméon-Luce ont prouvé que la famille de Jeanne d'Arc était de petite noblesse.

[2] Le changement qui s'était opéré dans l'état social se refléta naturellement dans la littérature : « Au moment où va s'ouvrir la guerre de Cent ans, écrit M. Gaston Paris, il se produit un profond changement dans la littérature : d'une part, la poésie narrative, en vers, tarit complètement; d'autre part, la poésie lyrique revêt des formes nouvelles; le théâtre prépare sa grande expansion du quinzième siècle; un genre d'histoire, inconnu aux temps précédents, apparaît avec Jean Le Bel et Froissart. En même temps, la langue entre dans une nouvelle phase. Le fond ni la forme ne sont plus les mêmes, une longue transition s'ouvre, qui va du moyen âge à la Renaissance. » *La littérature française au moyen âge*, p. 111.

du souverain avec les provinces et les localités, réglait également les rapports de tous les habitants entre eux. Chaque corporation avait acquis ses droits et ses libertés propres, chaque métier, chaque habitant les siens. Les subsides pour la guerre ne dépendaient pas du consentement des députés aux états généraux, si tant est que l'on puisse appliquer l'expression de députés à des représentants désignés le plus souvent par les baillis et les sénéchaux.

Chacun de ces représentants ne pouvait accorder que des droits légitimés par la coutume; pour accorder des redevances nouvelles le consentement de chacun des habitants appelés à les acquitter était nécessaire. A. Thierry écrit que la féodalité reconnaissait à tous ses membres la faculté de consentir librement les impôts et les subsides [1], et Guizot, que nulle taxe n'était légitime si elle n'était consentie par celui qui devait la payer [2]. Telle était la formule exacte du droit patronal. Nul membre des états généraux, fût-il noble, clerc ou bourgeois, ne pouvait voter des subsides dont le payement ne dépendait pas de lui. De là ce phénomène curieux, que nous constatons déjà sous Philippe le Bel. Lorsque les états généraux étaient impuissants à accorder les secours nécessaires, c'étaient les baillis et les sénéchaux qui se rendaient de maison en maison pour obtenir l'aide au Roi de la bonne volonté d'un chacun, selon que chacun pouvait être disposé à l'accorder « par mois ou autrement ».

Aussi, pour obtenir secours et aide, voyons-nous la royauté, pendant toute la guerre de Cent ans, au milieu des excès de tout genre et des désordres, ne cesser d'ac-

---

[1] *Introduction à l'histoire du tiers état*, p. 36.
[2] *Histoire de la civilisation*, t. IV, p. 348.

corder ou de confirmer des franchises et des libertés aux
villes, et là où ces libertés avaient été violées, d'ordonner
le retour aux anciennes et bonnes coutumes [1].

Ce ne sont pas les prouesses des champs de bataille,
dont s'occupent tant les chroniqueurs du temps, ce sont
ces faits d'une couleur moins brillante, insignifiants en
apparence, qui caractérisent l'histoire du quatorzième
siècle.

Au rétablissement de la paix, la transformation de
l'état social et économique avait pris une forme des plus
accusées : d'une part, l'ancienne aristocratie patronale
avait disparu en grande partie; alors des lettres de
noblesse furent conférées à des corps entiers, tels que les
cours souveraines, puis vendues à titre d'expédients
financiers; Louis XI finit par assurer de préférence le
premier rang sur ses listes aux officiers municipaux des
grandes villes [2]. Ce fut la fin de la noblesse féodale. Quant
aux grands feudataires, ils furent remplacés par une
noblesse apanagère [3] qui, pour avoir perdu son caractère
patronal, n'en devint que plus remuante et turbulente.

D'une autre part, les franchises et libertés furent de
même vendues à prix d'argent, ce qui accentuait encore
le mouvement. Charles VII, Louis XI, confirmèrent non
seulement toutes les anciennes chartes des villes, mais

---

[1] Voy. pour les franchises du Dauphiné, le *Traité de 1343;* pour les
franchises et libertés des habitants d'Auvergne, le *Recueil des ordonnances*, t. I, p. 226, et les t. II, p. 347, 411; t. III, p. 57, 155, 264; t. IV,
p. 143, 271; t. V, p. 477, etc., pour les villes.

[2] Cette tendance se marque déjà sous Philippe le Bel. « Dans le *Dit
de vérité* (1295), l'irritation des nobles contre le Roi se fait jour
à cause de la préférence qu'il accordait dans ses conseils à des
gens de petite naissance. » G. Paris, *La littérature au moyen âge*,
p. 156.

[3] Cf. Dareste de la Chavanne, *Histoire de l'administration en
France*, t. I, p. 90.

étendirent encore leur sauvegarde à toutes les villes nouvelles. Et si, en agissant ainsi, ils élargirent l'action
patronale de la royauté, ils développèrent dans les
mêmes proportions l'émancipation des villes, au point
que Louis XI, trouvant que les concessions accordées à la
Guyenne avaient dépassé les bornes, les révoqua, —
pour les rétablir aussitôt.

Ses successeurs cessèrent de conférer aux villes de
nouvelles libertés et franchises, si ce n'est dans les provinces nouvellement réunies à la couronne [1]. L'octroi des
libertés et franchises était le seul moyen sérieux d'an-
nexion, comme il avait été l'unique moyen de civilisation.

Le mouvement fut général et profond, il était devenu
irrésistible. La charte de Mâcon porte (article 18) :
« Les citoyens et habitants de Mâcon ne doivent tailles,
ni complaintes, ni toltes, ni chevalerie, ni aides, ni mariages, ni conquises, ni autres exactions, ni subventions,
ni nouvelletés, quelles qu'elles soient, et ne peuvent être
contraints à prêter, si ce n'est de leur volonté. » « Le
nombre des villes, ajoute Dareste de la Chavanne, qui
eurent des chartes semblables est immense [2]. » Il n'y eut
point de ville, point de bourg, qui n'eût ses franchises et
ses libertés propres. « Chaque ville, chaque bourg, dit
M. Cheruel, avait son chartrier où se conservaient les
lettres de propriété et les privilèges accordés par les rois
ou seigneurs féodaux [3]. »

Ces faits dominent l'époque tout entière : d'un côté, ils
ont causé la Réforme et la Ligue, l'impuissance des états
généraux et l'affaiblissement des parlements ; d'un autre,
ils ont été la source vive de la Renaissance.

[1] *Recueil des ordonnances*, voir surtout aux années 1450 et 1451.
[2] *Histoire de l'administration en France*, t. I, p. 191.
[3] *Dictionnaire historique des institutions et coutumes de la France.*

Il est inutile de nous arrêter à la Réforme et à la Ligue : on a exalté l'une, outre mesure, en se perdant dans des considérations hors de propos sur l'indépendance de la pensée et la liberté de conscience; on a décrié l'autre, outre mesure également, en l'accusant d'obscurantisme et d'aveuglement. La meilleure appréciation de l'une et de l'autre a été donnée par Guizot. « Dans l'un et l'autre camp prévalaient des erreurs énormes et fécondes en funestes conséquences; catholiques et protestants se croyaient en possession exclusive de la vérité religieuse, et en droit de l'imposer par la force à leurs adversaires, dès qu'ils en avaient le pouvoir. Les uns et les autres étaient étrangers au respect de la conscience humaine, de la pensée humaine, de la liberté humaine. Ceux qui les réclamaient pour leur propre compte quand ils étaient faibles, n'en avaient plus souci envers les autres quand ils se sentaient forts. Du côté des protestants français, la fermentation était ardente, mais encore vague et déréglée; de la part des catholiques, la persécution était sans scrupules et sans limites [1]. »

Les questions religieuses agitées par la Réforme avaient déjà été soulevées au moyen âge. La Réforme n'en résolut aucune. Si la Réforme acquit une si grande importance, au point que les esprits superficiels y virent l'origine des libertés actuelles, c'est qu'auparavant avait éclaté une révolution sociale et économique dont les luttes religieuses ne furent que les arrière-maux. Tant que les historiens, dans leurs études sur la Réforme, ne tiendront pas compte de ce dernier point de vue, ils n'écriront à son sujet que des romans ou des pamphlets. La Réforme, comme la Ligue, aboutira, en France, à accroître l'autorité de la monarchie patronale.

[1] *Histoire de France*, t. III, p. 213.

Aux quinzième et seizième siècles, l'action des états généraux et l'action des parlements aboutiront au même résultat.

Aux états de Tours, en 1483, le chancelier Guillaume de Rochefort[1] s'étonnait du développement régulier qu'avaient pris les institutions de la France, tandis que, en Angleterre, chaque règne était marqué par une révolution nouvelle. « Étrange parallèle, observe M. G. Picot, bien digne de nous surprendre, et dont le temps a si profondément modifié les termes[2]. »

L'Angleterre n'était guère plus grande à cette époque que le domaine des rois de France; elle était un pays essentiellement agricole : les villes ne s'y formèrent que tardivement, et ce n'est que de nos jours qu'elles ont acquis des droits politiques. Il en est résulté que, dès l'origine, les grands vassaux, le clergé, les hommes et propriétaires libres représentaient contre les exigences de la couronne des intérêts identiques : leur entente devint facile, et les institutions publiques, sous l'impulsion d'une tendance commune et uniforme, prirent, en se développant, même à travers les époques de troubles et de violences, un caractère général qui s'élargit et s'accentua de siècle en siècle. Les institutions de l'Angleterre résument l'histoire même du pays.

En France, tout le contraire. Au lieu d'une grande charte obtenue par la nation, chaque bourg, chaque ville, chaque province obtient sa charte propre, et entre ces différentes chartes, entre les diverses franchises et libertés locales et provinciales, il y a des différences et des oppo-

---

[1] Guillaume de Rochefort avait été chambellan de Philippe le Bon, duc de Bourgogne; attiré en France par Louis XI, il fut créé chancelier le 12 mai 1483.

[2] *Histoire des états généraux*, t. I, p. 362.

sitions si grandes, que, en comparaison, les oppositions entre les trois ordres paraissent insignifiantes.

De là surgirent, d'une part, une telle variété et complexité dans le développement politique du pays ; d'une autre part, des limites si nombreuses, aussi bien à l'autorité des parlements qu'à l'action des états généraux, que, jusqu'à la grande Révolution, il a été de toute impossibilité d'adapter l'action des états généraux et des parlements au gouvernement général du pays. Les grands rois, les grands ministres gouverneront la nation au moyen de ses franchises. Les rois et les ministres incapables tomberont dans l'impuissance, leur administration tombera dans l'anarchie ; et lorsque, dans leur désespoir, ils appelleront les états généraux au secours, les députés, dont chacun représente des droits séculaires, par la force même de ces droits, se distingueront par leur audace, en même temps que par leur impuissance à soutenir ou à guider la royauté ; et tous, le gouvernement aussi bien que les députés, se trouveront incapables de triompher des droits que les états mêmes représentent : les libertés et les franchises locales. Les états ne pouvaient pas, malgré les conseils contraires qu'ils donnèrent parfois à la royauté, se mettre en opposition avec les coutumes et les traditions qui faisaient leur seule autorité.

Aujourd'hui, que toutes les franchises et libertés locales et provinciales ont disparu, les sentiments généraux, les aspirations vagues des états généraux semblent répondre aux tendances véritables de la France moderne, tandis qu'en les interprétant avec leur pensée propre, on voit qu'ils ne demandaient toujours que des franchises et des libertés locales et provinciales plus grandes, ou, en cas d'abus, le retour aux franchises ou aux libertés anciennes.

Ce qui fit la force et la grandeur d'états généraux tels

que ceux d'Orléans et de Blois, fit aussi leur faiblesse : l'union nationale profonde du pays, — sans aucune unité économique.

Les cahiers des états généraux sont pleins d'enseignements à cet égard. La noblesse et le clergé se trouvaient naturellement portés, par leur situation même, à réclamer sans cesse, sinon un accroissement de leurs droits et de leurs franchises, du moins la conservation de ceux qu'ils avaient conservés. Quant aux cahiers de doléances des députés du troisième ordre, ils sont une mine inépuisable pour l'étude des antiques franchises et libertés du pays[1].

Ainsi les états généraux des quinzième et seizième siècles, à part quelques changements dans les divisions et les acquisitions territoriales, conservèrent les mêmes caractères que les états du quatorzième.

Leurs cahiers sont remplis de plaintes lamentables sur l'excès des impositions et la misère du peuple ; mais en même temps le troisième ordre supplie, aux états d'Orléans, qu'on défende « à tous marchands et ouvriers l'achat d'étoffes de soie sur soie », tandis que la noblesse demande « qu'il plaise à Sa Majesté de donner ordre au

---

[1] La plus grande indépendance règne dans l'envoi des députés. Aux états généraux de Paris de 1614, le Languedoc se fait représenter par trois députés, tandis que la Bourgogne envoie des représentants de ses quarante bailliages. Non seulement chacun des ordres délibère à part, mais le troisième ordre se divise en sections suivant les provinces. Ce respect des particularités et des oppositions provinciales et locales se manifeste jusque dans l'administration centrale. Sous la direction d'un secrétaire d'État se trouvent : l'Empereur, l'Espagne, le Portugal, l'Angleterre et l'Écosse, Metz, etc., la Champagne, la Bourgogne et l'Ile-de-France ; une autre direction s'occupait des affaires de la Suisse, de l'Allemagne, de la Normandie, de la Bretagne, de la Picardie, etc. C'était l'effet des événements et des circonstances, tout comme les institutions anglaises, celles de France représentaient l'histoire du pays. V. Picot, *Histoire des états généraux*, t. III, p. 372, et Dareste de la Chavanne, *Histoire de l'administration en France*, t. II, pièces justificatives.

grand luxe et superfluité d'habits pour tous états et spécialement le tiers [1] ». Le budget pouvait être de dix millions de livres ; les plaintes sur la misère publique et
celles sur le luxe général n'en paraissent que plus contradictoires. Elles n'étaient que trop justifiées dans l'esprit
des plaignants : chaque charge nouvelle était une atteinte
portée aux droits acquis, contraire à la coutume, une
tyrannie insoutenable. Le résultat fut que, dans leurs
mesures financières, tous les états généraux indistincte-
ment ne montrèrent que faiblesse et impuissance [2].

Au quatorzième siècle, dans les moments pressants, la
royauté n'avait eu d'autre ressource pour faire de la
monnaie que d'altérer la valeur de la monnaie en cours.
Aux siècles suivants, on vit par expérience combien ce
moyen était néfaste ; alors, pour le remplacer, la royauté
vendit les titres de noblesse, créa des charges nouvelles
pour les vendre de même, comme elle vendit encore des
lettres de maîtrise, faisant des maîtres ès métiers
comme elle faisait des nobles. Aussitôt, nouvelles doléances ; elles commencent aux états d'Orléans : « Qu'au-

---

[1] Voy. G. PICOT, *Histoire des états généraux*, t. II, p. 205 et 206.
[2] Aux états de Blois, on proposa aux députés d'abolir les subsides,
les aides, les gabelles, en établissant un impôt unique, sous le nom
d'*octroi*, dont la perception se ferait par feux : c'eût été une solution
admirable et conforme à toutes nos idées modernes. Les députés
trouvent la proposition par trop « méthodique », et « tout à fait
déraisonnable ». G. PICOT, *Histoire des états généraux*. C'eût été, en
effet, la fin des libertés et franchises locales, alors qu'elles vont
donner naissance à l'époque la plus brillante de notre histoire. C'est
dans le même esprit encore que les états de Blois, dont on a fait,
bien à tort, les précurseurs de l'Assemblée nationale, ont demandé
l'achèvement de la rédaction des coutumes, commencée sous
Charles VII ; « c'était pour empêcher qu'elles ne continuassent à se
modifier, comme elles le faisaient depuis un siècle, par l'interpréta-
tion des juges », et la noblesse s'unit au troisième ordre pour
demander « que les coutumes ne pussent être changées ou altérées
sans le consentement des habitants. Dans l'assemblée des notables de
1626, le tiers état se plaindra encore de ce que quelques usages, particuliers à certains bailliages, n'aient pas été constatés dans les
grandes coutumes. » (*Ibid.*, t. II, p. 459 ; t. IV, p. 86.)

cune lettre de maîtrise ne soit accordée, sinon à la charge
que les impétrants fussent tenus de faire expérience
bonne et suffisante du métier qu'ils entendent exercer [1] »,
et les députés demandent en outre la faveur de faire imprimer les statuts des métiers, « parce qu'on ne pouvait
plus les entendre, et que de là naissaient une foule de
procès [2] ». Mais ils exigent aussi le maintien de leur ancienne et sévère législation, punissant de mort « non seulement l'adultère, le rapt et la séduction, mais encore
l'usure et la banqueroute [3] ». Les états généraux restent
imbus de l'esprit patronal, au point qu'il semble que,
malgré la Renaissance, nous ne soyons pas encore sortis, en matière d'industrie, des statuts du moyen âge.

Ces traditions étaient entrées dans la race de nos
hommes des seizième et dix-septième siècles. Leur conduite fut la même à l'égard de la noblesse et du clergé.
Aux états d'Orléans, les députés des bonnes villes
demandent que tout seigneur soit tenu de justifier devant
les juges royaux des provinces, par titre particulier ou
possession immémoriale, de tous les droits qu'il revendi-
quait, et qu'à défaut de cette vérification judiciaire, le
seigneur fût déclaré concussionnaire, déchu de ses droits
seigneuriaux, et notamment de toute juridiction sur ses
vassaux [4]. Le clergé s'unit aux villes, et les états obtinrent la vérification des droits seigneuriaux.

Ainsi, pendant que l'Angleterre développait de plus en
plus ses libertés politiques, nous tendions à donner la

---

[1] Cf. *Ordonnance dite des bannières*, août 1560. Les contemporains
en admirèrent sincèrement la sagesse : « L'ordonnance veut, écrit
Loyseau, qu'on soit trois ans apprenti, puis on devient compagnon
ou *bachelier* pendant trois ans... alors, on peut être reçu maître,
après avoir fait épreuve de sa suffisance qu'on appelle chef-d'œuvre et
par iceluy être trouvé capable. Chose très-bien instituée, etc... »
[2] Voy. G. PICOT, *Histoire des états généraux*, t. II, p. 259.
[3] *Ibid.*, t. II, p. 554.
[4] *Ibid.*, t. II, p. 264.

plus grande fixité, en même temps que la plus grande force, aux franchises et aux libertés locales, tout en maintenant les traditions séculaires d'une monarchie patronale; — ce qui n'eut lieu dans aucun des autres États de l'Europe.

Voici enfin, sous Henri IV et Sully, une confirmation éclatante du fait que nous venons d'exposer. Lorsque l'assemblée de Rouen demanda à nommer un *conseil de raison* pour administrer la moitié des finances du pays, « sans que le Roi, son conseil, ni les cours souveraines y eussent aucun pouvoir, ou qu'ils pussent rien divertir, changer ou nover » — il s'agissait de percevoir, avec quelques autres impôts, la *pancarte* [1], — la Saintonge, le Limousin, le Périgord, l'Angoumois, le Poitou refusèrent toute contribution, et le *conseil de raison* ne trouva personne qui voulût en entreprendre le recouvrement. Après trois mois d'efforts stériles, les députés vinrent trouver le Roi pour le prier de vouloir bien les débarrasser de leur charge [2].

En réalité, il n'y eut jamais en France que deux grandes institutions depuis Philippe-Auguste : l'une, la monarchie; l'autre, l'appel au peuple, — si nous pouvons nous servir de cette malheureuse expression, — auquel la monarchie eut recours dans tous les cas de crises ou de dangers publics [3].

---

[1] Impôt d'un sou pour livre sur toutes les marchandises à l'entrée des villes ou bourgs et dans les foires, qui souleva d'interminables conflits et fut supprimé en 1602.

[2] Voy. SULLY, *OEconomies royales*, t. II, p. 46, édit. Petitot.

[3] « Au moment où les lettres de convocation pour les états généraux parvenaient dans les provinces, chaque village commençait à dresser un recueil de plaintes et de propositions de toutes sortes, qui prenait le nom de cahier; lorsque cette première opération était terminée, il se tenait, au chef-lieu du bailliage, une assemblée générale, dans laquelle les délégués des villages formaient un nouveau cahier de l'ensemble des doléances particulières. Dans ces réunions, on choisissait les députés, dont le devoir était de consacrer leurs

Telle fut la véritable constitution du pays ; elle l'est encore de nos jours.

Au seizième siècle, Bodin avait donné la formule de cette constitution, en disant que le domaine royal appartenait au peuple, et que le souverain ne pouvait en avoir que le simple usufruit.

Les parlements eurent le même sort que les états. Celui de Dijon refuse de prendre sa part des charges de la défense de la Bourgogne. Celui de Bretagne, pour défendre ses privilèges juridiques, n'enregistre pas l'édit qui fondait une compagnie de commerce avec les Indes. Celui de Grenoble, craignant que le blé ne manquât dans le Dauphiné, casse les traités d'approvisionnement pour l'armée d'Italie. Le Parlement de Rouen, grâce à la charte aux Normands, fut toujours un des plus récalcitrants pour l'enregistrement de toute mesure d'intérêt général ; et celui de Paris, le plus important, fut le gardien fidèle de toutes les coutumes et franchises dont il avait la garde, se mettant au besoin, en croyant les défendre, à la tête des révoltés [1].

Mais ce n'est pas seulement dans l'organisation politique que nous trouvons ces franchises et cet esprit d'indépendance ; nous les trouvons dans l'organisation du travail, telle qu'elle s'est développée sous le régime patronal, bien qu'à nous autres modernes, cette organisation nous semble contraire à la fois à toute liberté indi-

efforts au triomphe des idées contenues dans le cahier : ils devaient le défendre en entier, et n'avaient le droit d'y rien modifier sans l'autorisation de leurs commettants... Quand les députés, en arrivant à Orléans, apprirent la mort de François II, ils demandèrent, d'une seule voix, à retourner dans les bailliages pour connaître l'opinion de leurs mandants sur la constitution d'un conseil de régence ; de leur chef, ils ne pouvaient ni penser ni agir : faute de charge spéciale, ils auraient encouru le désaveu de ceux qui les avaient députés. » G. Picot, *Histoire des états généraux*, t. IV, p. 206.

[1] Cf. Guizot, *Histoire de France*, t. IV, p. 73.

viduelle et à tout progrès : à toute liberté, parce que par l'imposition des statuts et de ces règlements infinis entrant jusque dans les moindres détails de la production et des échanges, cela nous paraît devoir étouffer toute initiative particulière ; à tout progrès, parce qu'il nous semble qu'une organisation qui immobilise chacun dans son travail, dans son rang, dans sa classe, rend impossible non seulement le progrès matériel, mais le développement social lui-même. Pour que le travail progressât, il a fallu d'abord que des habitudes communes et des traditions de travail se formassent, et ces habitudes, à leur tour, et ces traditions, ont dû, pour se développer, se transmettre de génération en génération, chacun les adoptant et les modifiant selon son initiative personnelle.

« En l'Estat aussi bien que dans la famille, dira Montchrétien, c'est un heur meslé de grandissime profit que de mesnager bien les hommes selon leur propre et particulière inclination. » L'auteur du *Testament de Richelieu* répétera ces paroles, mot pour mot. Bodin, Grotius, que nous avons cités plus haut, comme tous les hommes de la Renaissance, envisagent les conditions de la puissance et de la prospérité publique de la même manière.

Et mieux que les auteurs, les monuments du moyen âge en témoignent, car s'ils sont, dans leur force et leur grandeur, les produits des traditions séculaires, ils sont, dans leurs transformations successives, celui d'une spontanéité et d'une initiative qui éclatent jusque dans les moindres pierres que l'ouvrier taille suivant les caprices de son imagination. Les hommes qui ont élevé les cathédrales, construit les châteaux forts, fait les manuscrits, les armes, les meubles de ce temps, se seraient sentis étouffés, s'il leur avait fallu se soumettre à la construction des monuments ou à la fabrication des produits de l'industrie moderne.

On a expliqué la Renaissance par la chute de Byzance, l'influence des Arabes, l'exemple des chefs-d'œuvre de l'antiquité. Ce sont des causes bien superficielles pour un mouvement aussi large et aussi profond. D'ailleurs, on connaissait Byzance depuis les croisades, les Arabes depuis Charles Martel; et les chefs-d'œuvre de l'antiquité, en tant que monuments jonchaient le sol, en tant que livres, n'avaient jamais cessé de se trouver entre les mains des lettrés.

Mais d'un côté, comme nous venons de le voir, s'était formée une noblesse nouvelle, n'ayant plus ni les lourdes charges ni les grandes responsabilités de la noblesse patronale, moins étroitement unie à la masse du peuple, moins solidaire de sa prospérité, bien qu'elle continuât à percevoir les redevances et les péages restés de droit. D'un autre côté, les villes, grâce aux libertés et aux franchises conquises, alors que dans leur sein les traditions et les coutumes patronales s'étaient conservées, s'élevèrent à une prospérité sans exemple jusque-là. Toutes les forces dirigeantes, noblesse des campagnes ou bourgeoisie des villes, acquirent de la sorte une facilité d'expansion extraordinaire, en même temps qu'elles se trouvaient soutenues par les masses qui continuaient à maintenir leurs coutumes et leurs traditions patronales conciliables avec les libertés nouvelles. Il en surgit naturellement, nécessairement, un mouvement qui, par sa pétulance, sa force, sembla comme emporter l'Europe entière dans un tourbillon de spontanéité, d'initiative en tous sens.

Byzance et les Arabes n'auraient point existé, les chefs-d'œuvre de l'antiquité auraient disparu avec la Grèce et Rome, que la Renaissance aurait porté un autre nom; mais le mouvement ne s'en serait pas moins produit, sinon avec plus d'éclat, du moins avec plus d'originalité, avec plus de fidélité aux traditions et aux progrès du passé, et à l'esprit national de chaque pays. Lorsque, de nos jours, nous admirons les merveilles de la Renaissance, en suivant la transformation rapide de l'Europe au quinzième siècle, au moment de la chute de Byzance et de la disparition des Arabes, et que nous voyons surgir de toutes parts dans les arts et les lettres des chefs-d'œuvre qui rivalisent avec ceux de l'antiquité, dans les sciences les découvertes succéder aux découvertes, lorsque nous voyons le commerce et l'industrie s'étendre au point que le monde ancien devient trop étroit, nous ne songeons pas au labeur journalier, à ses habitudes et à ses coutumes acquises sous le régime patronal, ni à ces libertés et franchises locales qui s'étaient développées une à une, par bourgs, par villes, par provinces. Et cependant ce sont ces deux facteurs qui sont la vraie cause de toutes ces merveilles.

La France est entrée plus tard que d'autres nations dans le mouvement de la Renaissance, à cause de la profondeur des désastres et des troubles apportés par la guerre de Cent ans ; mais une fois qu'elle y fut entrée, après un siècle, elle arriva à dominer l'Europe une seconde fois, par l'éclat de son travail et de ses produits dans toutes les branches du développement intellectuel et matériel. Ce sera son époque classique non seulement dans les arts et dans les lettres, mais encore en politique et en économie publique.

Ainsi la Renaissance, si nous entendons par là la période d'éclat et de splendeur de l'histoire moderne, n'eut d'autre origine que les franchises et les libertés locales qui, sorties du régime patronal, en élargirent les formes primitives et simples, pour les développer au sein des villes et des provinces, d'autant plus que chacun suivait plus librement son génie et ses besoins propres. Ces mêmes franchises et libertés transmises de génération en génération donnèrent aux caractères une trempe et aux esprits une impulsion d'autant plus extraordinaires, que tous ceux qui exercèrent sous une forme quelconque la moindre autorité patronale en prirent des habitudes d'indépendance, de commandement et d'ordre. En même temps se continuaient les traditions d'un travail et d'un développement séculaires. Les hommes de cette époque en arrivèrent ainsi à donner à leurs productions un degré de perfection et de force qui nous est aujourd'hui inimitable et nous paraît presque incompréhensible.

IV

LA MONARCHIE PATRONALE ET LA PÉRIODE CLASSIQUE DE L'ÉCONOMIE POLITIQUE.

De la même manière que les États modernes, monarchies ou républiques, se gouvernent d'après des libertés communes et générales déterminées par des constitutions, les États de l'ancien régime, monarchies ou républiques, se gouvernaient d'après des libertés particulières et locales, fixées par des chartes. L'Angleterre elle-même, dont les institutions deviendront le modèle du constitutionalisme moderne, se gouvernait d'après les libertés locales, quoique, par l'identité des intérêts de ses différentes classes de citoyens, elle fût arrivée la première, comme nous l'avons montré, à se donner des libertés générales. Tout en se gouvernant d'après sa grande charte, elle conserva les plus fortes traditions d'administration locale.

Montesquieu opposa aux gouvernements « despotiques » les gouvernements fondés sur le respect des chartes et des coutumes, et les appela gouvernements « tempérés »; Bossuet, au contraire, avait appelé ces mêmes gouvernements « absolus » en les opposant aux gouvernements « arbitraires ». Depuis, nous avons caractérisé notre monarchie du dix-septième siècle par l'expression dont s'était servi Bossuet, réservant l'expression de Montesquieu à la monarchie anglaise. L'un et l'autre avaient cependant parlé du même régime; mais le jurisconsulte le considérait au point de vue des lois qui tempéraient l'action de l'autorité, tandis que le grand évêque, qui fut un non moins grand homme d'État, envisageait cette action dans sa conformité aux lois [1]. Un roi qui régnerait de nos jours suivant le vœu unanime des Chambres, nommées à l'unanimité des suffrages, nous apparaîtrait comme l'idéal d'un gouvernement libéral : pour Bossuet il aurait été vraiment absolu, sans opposition, ni contestation.

Grotius, qui dédia son célèbre ouvrage du « Droit de la guerre et de la paix » à Louis XIII et reçut une pension de Richelieu, écrivait, vers l'époque où mourut Montchrétien : « L'autorité souveraine est celle au-dessus de laquelle il n'y a plus de volonté étrangère humaine... nul ne peut donc résister légitimement à ceux qui possèdent la puissance souveraine »; et cependant, quelques lignes plus loin, Grotius ajoute : « Si les princes viennent à violer les lois et à se rendre coupables envers l'État,

---

[1] « C'est autre chose que le gouvernement soit absolu, autre chose qu'il soit arbitraire. Il est absolu par rapport à la contrainte, n'y ayant aucune puissance capable de forcer le souverain, qui en ce sens est indépendant de toute autorité humaine. Mais il ne s'ensuit pas de là que le gouvernement soit arbitraire... C'est qu'il y a des lois dans les empires contre lesquelles tout ce qui se fait est nul de droit... Le gouvernement est établi pour affranchir tous les hommes de toute oppression et de toute violence, n'y ayant dans le fond rien de moins libre que l'anarchie qui ne connaît d'autre droit que celui de la force. » *Politique tirée de l'Écriture sainte*, t. II, p. 106 et 107, édit. 1709.

f.

non seulement on peut leur résister par la force, mais, au besoin, on peut les mettre à mort[1]. » Nous comprenons aussi peu aujourd'hui la grandeur de la majesté souveraine telle que l'entendaient les hommes du dix-septième siècle, que nous admettons ce droit de révolte et de meurtre. Ces conceptions, qui nous paraissent opposées l'une à l'autre, ont eu, l'une et l'autre, leur source dans l'étendue des franchises et libertés locales, qui se mêlaient au respect de l'esprit patronal, grandissant ainsi la conception de l'autorité et de la dignité souveraines, en même temps qu'elles fortifiaient la conscience de l'autorité et de la dignité individuelles.

La monarchie du dix-septième siècle fut et resta une monarchie patronale.

A l'avènement de Hugues Capet, n'exerçant une véritable autorité que sur le domaine immédiat de la couronne, la royauté avait été plutôt militaire ou féodale que patronale. Par les acquisitions territoriales de Philippe-Auguste et de ses successeurs, par les enquêteurs de saint Louis, les baillis de Philippe le Bel, son action patronale s'étendit. Charles V et Charles VII, pendant la guerre de Cent ans, puis Louis XI, reprirent et continuèrent l'œuvre commencée. François Ier arriva au pouvoir, les révoltes de la Réforme et de la Ligue se succédèrent ; mais, au fond, rien ne fut changé dans la constitution du royaume.

Henri IV renouvela et consacra toutes les franchises et libertés des villes et des provinces, et, à l'exemple de la constitution générale, accorda, par l'édit de Nantes, une charte aux huguenots, en même temps que, sur les

---

[1] Voy. liv. I, chap. v, viii.

vingt-quatre grands gouvernements, il en conserva douze aux chefs de la Ligue. Un moment, au plus fort de la lutte, l'Espagne rêva de placer une infante sur le trône occupé par le roi huguenot; elle promit au pays non seulement de garantir par traité toutes les libertés, toutes les franchises en vigueur, mais de les accroître encore, et d'ouvrir au commerce français ses colonies d'Amérique. Paris s'allia avec l'Espagne contre le roi hérétique, mais refusa de recevoir ses troupes, ç'aurait été contraire à ses droits antiques; Saint-Malo, ne pouvant se décider entre les deux partis, se déclara neutre et se géra en république. Chaque ville, chaque province se conduisait suivant ses intérêts ou ses ambitions politiques. Lorsque le Roi eut accepté la messe, la paix se rétablit comme d'elle-même, et le métier de roi grandit en importance, comme l'aurait fait celui du premier orfèvre venu; il s'élargit en conservant son caractère patronal. En même temps le royaume tout entier grandissait en prospérité.

C'est à cette époque où la royauté patronale brilla de son éclat le plus vif, où la France elle-même atteignit l'apogée de sa grandeur, que naquit et se développa notre grande école d'économistes.

Le plus ancien document économique que nous possédions dans notre littérature date de 1456 : *Le débat des hérauts d'armes de France et d'Angleterre* [1]. L'auteur

[1] Publié en 1877 par L. PANNIER et P. MEYER (Société des anciens textes français). M. P. MEYER dit dans la préface, p. XVII : « La partie consacrée à la comparaison de la France et de l'Angleterre au point de vue de la richesse, est la plus intéressante du livre et pourra fournir quelques données utiles à l'histoire économique de notre pays. L'auteur fait entrer sous la rubrique « richesse » des éléments qu'un économiste de nos jours n'y ferait pas figurer, tels que le nombre, beaucoup plus élevé en France qu'en Angleterre, des archevê-

fait dire au héraut d'Angleterre : « Il y a une ordonnance ancienne en Angleterre que jamès les marchans
ne emportent en estrange pays ne or, ne argent hors du
dit royaume, ou bien peu, maiz largement, peuvent emporter des marchandises... lesquelles ilz vendent a or
et argent, et l'apportent en leurs maisons et en leur
royaume, et ainsi soubtivement tirent et emportent en
leurs maisons et royaume l'argent des pays leurs voisins... Que en marchans estrangiers portans vins ou
autres marchandises en Angleterre, les Angloiz leur
laissent vendre leur marchandise, mais jamais ne seuffrent
qu'ils emportent l'argent, mais faut par necessité qu'il
achaptent marchandise ou qu'ilz trocquent o celle d'Angleterre. Si ce n'est pas de merveille s'il y a grant
richesse en Angleterre d'or et d'argent, car l'on en
apporte tousjours et on n'en laisse point emporter[1]. »

L'Angleterre recueillit les fruits de cette doctrine,
mais la France en fit la cruelle expérience. Après la
découverte de l'Amérique et l'importation de l'or par
les Espagnols, une crise éclata en France de laquelle
Bodin écrit : « L'arpent de la meilleure terre labourable
au plat pays, qui ne coûtait anciennement que dix ou
douze escus, la vigne trente, aujourd'hui se vend le
double, voire le triple, pesans un dixième moins qu'ils
pesoyent il y a trois cents ans[2]. » Les troubles économiques que cette situation entraîna furent profonds, les

chés et des évêchés (§ 107) ; mais il n'a pas tort d'énumérer les reliques (§ 107) qui, par l'affluence des pèlerins qu'elles attiraient, étaient
pour la France une source assurée de richesses. » Nous ajouterons
qu'il énumère aussi les universités (§ 105), qui attiraient de même des
élèves ; mais il entend surtout parler de la richesse des universités,
du clergé, des églises : « Telz églises en telle décoration et magnificence comme Notre-Dame de Paris, de Chartres, etc. » (§ 106.)
  [1] En 1613, à l'époque même de Montchrétien, ANTONIO SERRA
publia encore un *Trattato come far abbondare d'oro i di argento gli
stati mancanti di miniere.*
  [2] Voy. la *Réponse de J. Bodin aux paradoxes de Malestroit*, tou-

revenus de la noblesse, formés de redevances, dimi-
nuèrent des deux tiers, et, finalement, la crise devint une
des principales causes des révoltes si nombreuses en ce
siècle, au sortir duquel la France inaugura sa période
classique en économie politique.

On a fait honneur de cette économie politique nouvelle au génie de Henri IV, à l'esprit d'économie de
Sully, à de Serres, l'agriculteur gentilhomme. On oublie
trop souvent un personnage beaucoup plus humble : le
tailleur, valet de chambre du Roi, Barthélemy Laffémas,
le véritable prédécesseur de Montchrétien.

Le 4 novembre 1596, les États généraux s'assemblent
à Rouen, le Roi leur communique un projet de « Règlement général pour dresser les manufactures en ce royaume,
qui lui est dédié par sire Barthelemy de Laffémas, dit
Beau-semblant, premier tailleur et varlet de Sa Majesté ». Et les États décident « que l'entrée du fil, drap
et passemens d'or et d'argent, ensemble de toutes sortes
de marchandises de soyes et laines manufacturées hors
de ce royaume, soyent deffendus en celuy, et que les
soyes et laines cruës soyent deschargées des impots et
droits de doüanes qu'elles payent, et que les monopoles
soyent empeschez et defences de transporter les laines et
autres estoffes non manufacturées ; sera par Sa Majesté

chant l'enrichissement de toutes choses et le moyen d'y remédier. (De la
République, édit. de Genève, p. 45.)
Nous ne pouvons nous empêcher, en citant nos anciens économistes, de donner ici l'énumération des causes auxquelles Bodin attribue
cet « enrichissement » ; elles montrent combien peu nous avons
inventé en économie politique : « Je trouve que la cherté que nous
voyons vient quasiment pour quatre ou cinq causes. La principale
et presque seule (que personne jusques ici n'a touchée) est l'abondance d'or et d'argent, qui est aujourd'hui en ce royaume plus
grande qu'elle n'a esté, il y a quatre cens ans (p. 46).
« La seconde occasion de cherté vient en partie des monopoles. La
troisième est la disette causée tant par la traicte que par le degast.
La quatrième est le plaisir des rois et grands seigneurs, qui haussent
le prix des choses qu'ils aiment. La cinquième est pour le prix des
monnoyes revalé de son ancienne estimation (p. 47). »

fait déclaration que ceux qui viendront et travailleront continuellement durant trois ans jouyront des mesmes priviléges que les François naturels, sans qu'il soit besoin obtenir aucunes lettres de naturalité [1] ».

L'année suivante, Laffémas publia un nouveau traité : *Les tresors et richesses de la France pour mettre l'Estat en splendeur et montrer au vray la ruyne des François par le traffic et négoce des estrangers;* et « le traicté est escript parti en vers afin que les grands et autres puissent connoistre ce bien ». Quatrains, sonnets, élégies se mêlent aux théories économiques, et le traité se termine par la mise en musique d'une prière des marchands pour remercier le Roi du retour de la paix [2]. En 1604, paraît un « Recueil présenté au Roy de ce qui se passe à l'assemblée du commerce au Palais à Paris, fait par Laffémas, *contrôleur général* dudit commerce [3] ». Enfin en 1606, est signé le traité avec l'Angleterre, dans lequel est stipulé « qu'en toutes choses la liberté et égalité de commerce devoit estre gardée le plus que faire se pourroit [4] ».

Ainsi en dix années de temps la France sortit d'une des crises les plus graves qu'elle ait traversées, grâce, non pas à Laffémas, mais au génie de l'époque dont le Roi fut certainement le plus admirable représentant, sachant

[1] Voy. A. POIRSON, *Histoire du règne de Henri IV*, plan et propositions de Laffémas, t. III, p. 248.

[2] Nous signalons cette forme, en apparence étrange, donnée à l'économie politique. On en trouve encore des exemples nombreux chez Montchrétien. Il semble qu'à sa naissance l'économie politique ait traversé comme une époque d'enthousiasme à laquelle ne ressembleront plus en rien les froides analyses de Quesnay et d'Adam Smith.

[3] Il avait été nommé ministre du commerce; les brochures qui datent du commencement de son ministère portent en outre de son nom les titres de « sieur de Brantart, valet de chambre du Roy et controleur general du commerce de la France ».

[4] *Traité entre le roi Henri IV et Jacques Ier, roi d'Angleterre, pour la sécurité et liberté du commerce entre leurs sujets,* à Paris, le 24 février, et ratifié par le Roy, le 26 mai 1606. *Recueil des traitez*, t. V,

faire de son tailleur un ministre du commerce, comme
il savait apprécier et conserver Sully malgré toutes ses
rudesses.

Le grand roi meurt assassiné. Les causes de crise
industrielle, commerciale, monétaire, qui avaient précédé
son avènement réapparaissent. Les États étrangers,
méconnaissant les traités, reviennent à une protection à
outrance, excluent les commerçants français, coulent
leurs navires, imposent leurs marchandises au delà de
toute mesure [1]; l'industrie nationale souffre, la misère
s'accroît en même temps que les étrangers continuent à
profiter de tous les avantages et de toutes les libertés
qu'on leur avait accordés en France. Tel est le milieu,
tel est l'état économique dans lequel se place le livre
de Montchrétien. Notre économiste ignore à peu près
tout ce que Henri IV, Sully et Laffémas ont fait pour la
prospérité du pays; il mourut avant que Richelieu ar-
rivât au pouvoir, il ne put donc prévoir Colbert. Et
cependant toutes ses idées, depuis la conception de l'économie politique jusqu'à la façon dont il envisage chacun
des détails, chacune des lacunes, chacune des formes de
l'état industriel et commercial, ont été conçues par lui de
la même manière que l'avaient fait Henri IV et Laffémas,
et que le feront plus tard Richelieu, puis Colbert. Dans
toute la France le développement intellectuel et social
fut à peu près le même, et partout il présenta les mêmes
faits et les mêmes données aux esprits assez puissants
pour les comprendre. Montchrétien, écrivant au moment
de la crise qui accablait le pays, en signale les causes, en
indique les remèdes; mais il le fait avec une ampleur et

---

[1] Voy. le *Traité* de Montchrétien, p. 194 à 224.

une précision que ni Bodin ni Laffémas n'avaient soup-
çonnées.

Louis XIII confie le gouvernement au grand cardinal.
C'est, assure-t-on, le pouvoir absolu qui commence.
Richelieu terrasse les huguenots; mais il se garde de
toucher à l'édit de Nantes; il est sans pitié pour les prétentions des grands gouverneurs; mais il considère la
noblesse comme le premier corps de l'État et recherche
les moyens d'en accroître l'autorité; il entre en lutte
avec les parlements; mais loin de les supprimer, il continue
à respecter leurs droits d'enregistrement et de remon-
trance. Et ce même Richelieu, qui écrase les huguenots,
terrasse l'Espagne et l'Autriche, et plie l'orgueil de la
grande noblesse, répond modestement aux doléances des
États généraux qui avaient demandé l'abolition des
douanes intérieures : « La Bourgogne accepte, mais
aucune des autres provinces : il faut attendre qu'elles
veuillent bien y consentir [1]. » Rouen se met en révolte :
Richelieu abolit ses libertés séculaires, exile ses cours
souveraines, et, quelques mois après, les lui rend. Les
messieurs de Saint-Malo refusent au Roi de laisser
construire des galères dans leur port : c'était, disaient-
ils, contraire à leurs franchises; alors le cardinal les
supplie de vouloir bien le permettre, dans leur intérêt,
pour la protection de leur commerce, et promet en retour
d'augmenter encore leurs franchises [2]. Après divers échecs

[1] « Nos sujets de nos pays de Bretagne, Poitou, Xaintonge, Guienne,
Languedoc, Dauphiné, Metz, Toul, Verdun et Limoges ont refusé
l'établissement desdits bureaux, à quoi nos prédécesseurs et nous ne
les ayant voulu contraindre, espérant que le temps les réunirait
d'eux-mêmes à le desirer, ainsi qu'ont fait nos habitants de notre
province de Bourgogne. » *Déclaration du 20 février 1622.* Cf. G. Picot,
Histoire des états généraux, t. IV, p. 123.
[2] « A Messieurs de Saint-Malo, 20 février 1627 :
« Ayant sceu les derniers bruits que l'on fait courir en vostre ville,

que les armées françaises avaient subis faute de ressources, Richelieu se décide, sous une pressante nécessité, pour la sécurité du royaume, à envoyer des élus dans les pays d'états pour la perception des impôts : et il rappelle ses envoyés sur la seule opposition du Languedoc. Étrange absolutisme qui se soumet partout où il se trouve en opposition avec les franchises et les libertés établies. L'historien qui étudie le gouvernement du plus grand homme d'État que la France ait jamais eu sans considérer à la fois toute la gravité de la situation extérieure et les difficultés de l'organisation intérieure, sans voir la diversité des provinces et la multiplicité de leurs franchises, sans approfondir les oppositions entre les croyances sans cesse hostiles, la variété des droits et des coutumes en conflit permanent, sans concevoir les immenses intérêts du royaume et les conditions de sa force et de sa sécurité, ne comprendra jamais ni la puissance du génie de Richelieu ni la grandeur de son œuvre. L'impuissance des États généraux, les revendications de la grande noblesse, le particularisme des parlements, l'égoïsme local des provinces et des municipalités, ont eu plus de force que le prétendu pouvoir absolu exercé par lui.

Il est vrai qu'il a créé les intendants, et que leur institution, sauf un court intervalle, s'est maintenue jusqu'à la fin de l'ancien régime. Au siècle précédent, la ville de Reims, devant la grande puissance que donnait aux

que depuis qu'il a pleu au Roy me commander de prendre soin de la marine, je voulais entreprendre sur vos privilèges, je n'ay pas voulu différer davantage à prendre la plume pour vous dire que ceux qui ont espandu tels bruits sont ennemis du Roy et envieux du bien de son Estat, qui ne peut estre plus florissant que par l'establissement de la navigation et du commerce. Vous asseurant que tant s'en faut que je veule diminuer vos privilèges, qu'au contraire je tascheray de les augmenter en tout ce qu'il me sera possible. Vous prendrez donc, s'il vous plaist, ceste créance, en attendant que le temps me fournisse les moyens de vous la confirmer par preuves asseurées, qui vous feront voir plus clairement que mes paroles que je suis, etc. » *Documents inédits*, t. II, p. 381.

princes, maîtres des grands gouvernements, leur autorité militaire, administrative et judiciaire, qui les mettait à même de susciter des complots, de maintenir des révoltes à chacune de leurs ambitions froissées, avait déjà demandé qu'on séparât le premier de ces pouvoirs des autres[1]. Les intendants furent chargés de l'administration judiciaire et financière, mais ils contribuèrent si peu à l'établissement du gouvernement absolu, que tout en brisant la puissance presque souveraine de la grande noblesse, ils continuèrent à administrer chacun leur généralité suivant les franchises et les libertés propres aux provinces comme aux villes. Enfin c'est en faisant appel aux franchises et libertés locales, non en les détruisant, que le grand cardinal reconstitue la marine, fonde les grandes sociétés commerciales, crée les manufactures nationales en leur accordant des privilèges spéciaux, et parvient à mettre fin à la crise industrielle et commerciale en renouvelant avec l'Angleterre le traité si libéral de 1606[2].

Richelieu avait si peu touché à la constitution du pays qu'il suffit qu'un enfant, Louis XIV, arrive au pouvoir, et qu'une femme reprenne la régence, pour qu'aussitôt les révoltes et l'anarchie reparaissent. Le parlement de Paris s'érige en corps politique, les chefs de la Fronde en régents du royaume; et Mazarin, qui ne comprend rien à la constitution intérieure de l'État, ne maintient le gouvernement que grâce à son talent diplomatique.

Après la mort de Mazarin, Louis XIV reprend l'œuvre de Richelieu; il continue à abaisser la haute noblesse et à mener rudement les parlements; mais il conserve et respecte les droits traditionnels des uns et des autres,

[1] Voy. G. Picot, *Op. cit.*, t. III, p. 255.
[2] Voy. *Recueil des traités*, t. V, p. 25.

n'en détruit aucun, pas plus qu'il ne touche aux franchises provinciales et locales. La première partie de son règne a été le triomphe de la monarchie patronale; plus tard la monarchie deviendra simplement impuissante, à peine arbitraire, pour nous servir de l'expression de Bossuet.

Si Saint-Simon et Voltaire, esprits trop faciles et trop brillants pour pouvoir concevoir des pensées d'État sérieuses, confondirent le pays de France avec Louis XIV, il est inconcevable qu'ils soient parvenus à imposer leur manière de voir à la postérité. La vie d'un souverain ne constitue pas plus la vie d'un peuple que l'esprit d'un homme ne forme le génie d'une nation. Louis XIV a pu gouverner d'une manière despotique son entourage, sa cour, ses ministres, et même son parlement, il n'a pu mener de la même manière le royaume, et son fameux « L'État, c'est moi », si tant est qu'il l'ait prononcé, doit être entendu dans le sens de l'unité souveraine qui fut la tradition du pays, sinon le mot n'aurait été qu'une sottise que le bon goût du Roi, autant que la conscience de sa dignité, l'aurait empêché de prononcer.

Sous Louis XIV, les grands feudataires, remplacés d'abord par la noblesse apanagère, ensuite par les grands gouverneurs, avaient disparu : la constitution administrative des provinces resta la même, malgré, ou plutôt grâce aux intendants. Tout comme sous les régimes antérieurs, la France se trouva divisée en pays d'élection et en pays d'états. C'est à grand'peine que Colbert parvint à établir, entre les provinces du centre seulement, une espèce d'union douanière ; les autres provinces restèrent des *pays étrangers,* et les provinces récemment annexées devinrent les provinces *réputées étrangères ;* ni le pré-

tendu roi absolu, ni le ministre tout-puissant, ne se sentirent de taille à troubler les anciennes relations commerciales. Si, de nos jours, l'empereur d'Allemagne avait
agi de la sorte à l'égard de l'Alsace et de la Lorraine, on
aurait considéré son libéralisme comme un abandon de
ces provinces.

Colbert rêvait l'uniformité de la législation civile, il
entreprit une revision des coutumes, et le pays resta
divisé en trois cent soixante coutumes différentes, autant
que l'Allemagne comptait d'États souverains. Depuis
Louis XI, tous les États généraux réclamaient l'uniformité des poids et mesures, et tout ce que put le grand
ministre fut de faire dresser un tableau de concordance [1].
Il voulait continuer la grande œuvre de canalisation
commencée par Sully, achever le canal du Languedoc;
mais les États de la province lui refusèrent les trois cent
mille livres qu'il demandait. Louis XIV et Colbert
en furent réduits à s'adresser au crédit personnel de
Richet. Une refonte des monnaies est ordonnée, la circu-
lation des pièces espagnoles de quatre livres est défen-
due; le parlement de Toulouse décide que ces pièces
sont excellentes; le Roi est obligé de se soumettre à sa
décision [2].

Depuis Philippe le Long, qui, dans sa détresse finan-

---

[1] D'après COUTIN DE MAUGIS (t. II, p. 37), « Philippe le Long aurait
déjà conçu le projet d'établir l'uniformité des poids et mesures.
Louis XI le reprit. Louis XII chercha à diminuer la variété des types.
François Ier rendit un édit pour l'uniformité de l'aunage. Henri II établit un type unique pour les poids et mesures de la banlieue de
Paris. » Il n'y a guère d'exemple qui démontre mieux la ténacité des
libertés et franchises locales qui, malgré des efforts inutiles de la
royauté, ne permit à Colbert que l'établissement d'un simple tableau
de concordance.

[2] « On est surpris de voir ce qu'il coûtait de démarches, d'expédients, d'intrigues même au gouvernement, chaque session des
États », écrit M. DEPPING, en publiant la *Correspondance administrative sous Louis XIV*, docum. inéd., t. I, p. 11. On se croirait, en par-
courant cette correspondance, encore en pleine indépendance du
quatorzième siècle.

cière, avait établi la gabelle à titre d'aide momentanée, les plaintes contre cet impôt avaient été continuelles ; les états généraux comme les états provinciaux se lamentent, et Montchrétien comme Colbert en reconnaissent les graves abus. Mais tout ce que le grand ministre peut obtenir, c'est, en se conformant aux antiques libertés et franchises locales, de diviser le royaume en pays de grande gabelle, pays de petite gabelle, pays de salines, pays rédimés et pays exempts[1] ; étrange pouvoir absolu !

Enfin, si Richelieu institua les intendants, Colbert fit décréter la nomination des maires par le Roi. Sous Charles VIII et Louis XI[2] déjà, des villes avaient demandé cette nomination comme une faveur, sans doute pour mettre fin aux luttes des partis hostiles et des familles patriciennes. A l'époque de Colbert, les villes, comme la noblesse, ne s'abandonnaient plus à leurs luttes intestines ; mais les unes étaient ruinées par leur mauvaise gestion financière, les autres avaient fait de cette gestion l'apanage de quelques familles. Colbert mit simplement fin à ces abus. Les villes qui voulaient conserver la nomination de leurs maires en rachetèrent le droit pour quelque argent, et les autres continuèrent à être administrées, suivant leurs franchises et libertés particulières, par des maires à la nomination du Roi, choisis dans leur sein. Il en fut comme des intendants de Richelieu.

La puissance absolue de la monarchie jusque vers la fin du dix-septième siècle a donc été bien méconnue. Il en a été de même de l'économie politique pratiquée à cette époque. Dire que la théorie économique mise en œuvre par Richelieu et Colbert a été le protectionnisme est devenu un lieu commun, alors qu'elle ne s'est formée et

---

[1] Ordonnance du mois de mai 1680.
[2] Voy. DARESTE DE LA CHAVANNE, *Histoire de l'administration en France,* t. I, p. 198.

ne s'est développée qu'avec les franchises et les libertés locales.

Un mémoire de la main d'un des copistes de Colbert sur l'industrie et le commerce commence ainsi : « Pour remettre le commerce il y a deux choses nécessaires : la sécurité et la liberté. » Et le grand ministre écrit de sa propre main au sieur Gellé, commis des fermes : « Je m'applique toujours à leur (aux marchands de Lille) faire trouver plus de facilité dans le commerce qu'ils feront en France, qu'ils n'en peuvent recevoir par aucun pays »; et il fait savoir à de Baas, lieutenant général des îles et des terres fermes d'Amérique : « Vous connoistrez que le commerce estant un effet de la pure volonté des hommes, il faut nécessairement le laisser libre, s'il n'y a une nécessité indispensable de le restreindre dans la main d'une compagnie ou de quelques particuliers [1]. »

Les textes qui nous prouvent que Colbert envisageait la liberté comme la condition première de la prospérité commerciale sont abondants, et s'il pratique la protection, il s'en sert comme d'un moyen, dans un but nettement déterminé. Quand les fabricants de Lyon lui demandent des droits protecteurs, il leur fait répondre qu'il ne peut les leur accorder qu' « à titre de béquilles ». Toute sa manière de voir, toute sa doctrine, qui a été celle de la période classique entière, est résumée dans cette lettre curieuse adressée à l'intendant de la généralité de Rouen : « Vous sçavez que le Roy a donné une ordonnance pour establir une liberté générale de la pesche dans toutes les mers du Midy, du Couchant et du Nord, et que les Estats de Hollande en ont donné une pareille, en sorte que la

---

[1] Voy. *Annales de l'école libre des sciences politiques.* H. PIGEON-NEAU, *La politique coloniale de Colbert*, 15 octobre 1886, p. 504.

liberté de la pesche est à présent establie partout... Le Roy m'ordonne de vous dire que vous commenciez l'imposition de la généralité de Rouen par les élections qui s'étendent sur le bord de la mer et que vous vous informiez soigneusement des marchands de Honfleur, le Havre et d'autres lieux de la dite généralité qui font commerce sur mers et envoyent leurs vaisseaux aux pesches, lequel ils estiment qu'il leur soit plus avantageux, de la liberté de la pesche establie par cette ordonnance, ou de la revocation, parce qu'en ce cas le Roy pourroit bien prendre la resolution de la revoquer dans trois ou quatre mois de temps.[1] » En ces matières, disait Montchrétien, « les Conseils du gouvernement changent et les conseils de même, d'une façon aujourd'hui, demain de l'autre, selon que la *nécessité* le requiert..... le salut du peuple est la loi suprême ». Quant au fondement de la doctrine, il reste le même depuis Laffémas jusqu'à Colbert : l'étude constante, infatigable, minutieuse, de tous les détails de la production et de toutes les formes du commerce[2]. Nulle abstraction, nulle théorie, l'économie politique reste pendant toute la période une science essentiellement expérimentale. Il est vrai que les raisons d'être des statuts et règlements donnés par Colbert aux manufactures nous échappent, aussi bien que la nécessité de toutes les franchises et libertés, privilèges et faveurs qu'il accorda tantôt à de grandes villes comme Marseille, tantôt à de simples métiers ou à des compagnies particulières. Les grandes compagnies hollandaises et anglaises se fondèrent de la même manière que celles de France, d'après les franchises et les libertés locales en usage, et ce fut d'après ces mêmes

---

[1] Voy. P. CLÉMENT, *Lettres, instructions et mémoires de Colbert,* t. II, p. 691.

[2] Voy. *ibid.* les instructions de Colbert pour les maîtres de requêtes commissaires départis dans les provinces, et ses instructions à Seignelay.

libertés et franchises que furent constituées les nouvelles industries. Il y eut un commerce rouennais, un commerce dijonnais, bordelais, marseillais, parisien, comme il y aura une Savonnerie, les Gobelins et Sèvres; chaque ville, chaque institution, chaque organisation ayant ses franchises et ses libertés propres.

C'est une exagération aussi bien de crier à la tyrannie lorsqu'on voit un Richelieu ou un Colbert s'en prendre, au nom de l'intérêt public, à l'un ou à l'autre des privilèges particuliers ou locaux, que de crier à la protection lorsqu'au nom du même intérêt public, ces mêmes ministres accordent des privilèges à quelque compagnie, quelque ville ou quelque particulier. Ce n'était point contraire, c'était conforme aux lois et usages du temps. Quand donc cesserons-nous de prendre des mots pour des réalités?

Quant aux statuts et règlements qu'on a tant reprochés à Colbert, on n'a point songé que le libre exercice des métiers aurait été, aussi bien pour la Renaissance italienne et flamande que pour notre dix-septième siècle, tout simplement la perte des traditions acquises, l'oubli des progrès accomplis. Plus tard, quand le travail, en France comme dans tous les États de la civilisation moderne, aura acquis des assises tellement solides qu'elles seront devenues, en quelque sorte, inébranlables, on affranchira les métiers. Mais au commencement du dix-septième siècle, c'eût été la ruine du travail national. Aussi, Colbert multipliera les ordonnances et les règlements, et s'efforcera de rendre « la marchandise bonne et loyale » suivant les antiques statuts. La liberté aurait été, non pas le progrès, mais la décadence rapide. Comment en effet cette liberté se serait-elle exercée, sans règlement de police uniforme, sans contrôle public constant, tels que les introduira de nos jours l'administration bureaucratique? C'eût été la perte certaine du crédit commercial et industriel.

La grande ordonnance maritime qui deviendra un modèle pour tous les États de l'Europe n'eut encore d'autre origine : elle fut, non pas une révolution, mais simplement la codification des usages et coutumes de mer de l'époque.

Enfin le Code noir, rédigé par Colbert et qui parut après sa mort, achève de nous donner une idée exacte de l'époque entière. Pendant que dans toutes les colonies européennes l'esclave était traité en bête de somme et en « chose » du maître, la France, comme l'ancienne Athènes, lui reconnut des droits propres, lui constitua un statut personnel et le mit sous la protection patronale du Roi. Admiré de son temps, le Code noir fut vivement critiqué du nôtre. Lorsque la Révolution reconnut à l'esclave tous les droits du citoyen, elle fit un coup d'autorité et de puissance absolue que jamais les ministres et les rois de l'ancien régime n'auraient cru possible d'entreprendre. En réalité, Louis XIV et Colbert réunis à leurs Parlements, de même que tous les États généraux ensemble, n'ont jamais eu autant de puissance effective que n'en a aujourd'hui la plus faible majorité de nos Chambres ou le moins autorisé de nos ministres.

Lorsqu'on fait remonter à Richelieu et à Louis XIV les origines de la Révolution et le césarisme du premier Empire, on oublie que toutes les plaintes et récriminations de l'époque ne prennent leur source que dans l'indépendance excessive et dans les libertés extrêmes du pays[1]. Plus les libertés étaient grandes, plus, dès qu'on y touchait, les plaintes étaient accentuées.

En écrivant l'histoire de ce règne, C. Dareste dit avec

[1] Voy. les remontrances du Parlement à Louis XVI, le 3 mai 1788. H. MONIN, *Paris en* 1789, p. 70.

raison : « Le système de Louis XIV était, non de diviser pour régner, mais d'unir ; jamais il n'y eut moins de divisions que sous son règne entre les classes de la nation, entre les provinces, entre les partis. » Aussi comprendrait-on infiniment mieux le plus grand siècle de notre histoire si, au lieu d'y voir les brumes de la Révolution ou l'atmosphère étouffante du premier Empire, on y voyait plutôt le beau ciel bleu et clair des cités d'Italie.

Si au dix-septième siècle le génie éclate dans toutes les directions, dans les arts, les sciences, les lettres, la philosophie, la politique intérieure et extérieure, de même qu'en économie politique, c'est qu'on pensait pendant ce siècle autrement que nous ne le faisons au nôtre. Et s'il fallait en rechercher la cause, nous ne la découvririons que dans une force de caractère plus grande, développée par l'habitude des libertés locales et provinciales, en même temps qu'une conscience plus forte de la solidarité commune, dérivant de l'unité des traditions nationales, et dont la monarchie patronale ne fut, en définitive, qu'une résultante.

Aussi n'est-ce pas au point de vue des opinions de Montchrétien que nous engageons les économistes à étudier son livre : ses idées appartiennent à un autre état social ; mais c'est au point de vue de sa façon de penser les phénomènes économiques. Tant que nous ne parviendrons pas à les concevoir de même, à la fois dans leurs caractères particuliers et dans leurs formes générales, nous ne sortirons pas des questions sociales et ouvrières, des crises commerciales et industrielles ; les affaires resteront abandonnées au hasard, la prospérité du pays à l'inconnu. Nous marcherons vers un avenir que nos hommes politiques seront aussi incapables de prévoir que de prévenir, à l'exemple des économistes du dix-huitième siècle qui succédèrent à nos grands économistes d'État.

V

LE RÉGIME DES PRIVILÈGES ET LA RÉVOLUTION.

On a supposé bien des causes à la Révolution : la monarchie prétendue absolue, les excès de la noblesse et ceux du haut clergé, la révocation de l'édit de Nantes, la situation financière, la misère publique, les ambitions du tiers état, les doctrines des libres penseurs et des économistes. Une seule a été fondamentale : la transformation économique et sociale, résultat des progrès qui avaient été accomplis; d'elle sont dérivées toutes les autres.

Sous l'action des franchises et des libertés locales, et la direction imprimée par la royauté patronale s'efforçant de développer la richesse publique, en réglant et en ordonnant, autant qu'il était en son pouvoir, ces franchises et ces libertés, un changement profond avait été accompli.

A la mort de Colbert, la France était devenue, de pays agricole, pays industriel et commercial.

Le mouvement entraîna une transformation analogue dans la constitution sociale du pays. Les anciennes libertés et franchises royales, sociales, provinciales, locales, qui répondaient à des obligations parfaitement déterminées par la coutume, la tradition ou la loi, perdirent insensiblement leur raison d'être, sous l'action d'une force constante se manifestant dans chaque production, dans chaque échange, dans la satisfaction des besoins de chaque jour.

Mouvement imperceptible, mais qui, peu à peu, prit une extension considérable et une intensité égale à son extension, et qui deviendra un courant souterrain d'autant plus dangereux qu'on en méconnaîtra davantage la puissance.

Il n'y aura plus de roi qui, comme Henri IV, aura le génie assez grand pour comprendre la vie de son peuple, plus de Montchrétien pour en faire le tableau, ni de Richelieu pour en maintenir l'ensemble, ou de Colbert pour en ordonner les détails. On dirait qu'avec l'autorité des traditions, le génie des hommes s'éteint et que leurs forces d'initiative se perdent.

La France échappe à tous ceux qui sont appelés à la diriger, et, aussi fatalement que le régime patronal avait succédé à la domination franque et à l'administration romaine, et l'époque des franchises et libertés locales au régime patronal, un état social nouveau suivra celui du dix-septième siècle.

La transformation de la France en pays industriel et commercial entraîna une première conséquence : l'appauvrissement croissant des campagnes. Comme les industries et le commerce des villes continuaient à jouir de leurs libertés et franchises, ce fut sur l'ancienne source de la prospérité générale que tombèrent de plus en plus les charges publiques. Les pays d'élection souffrirent davantage de la nouvelle situation que les pays d'états, et les provinces de l'antique domaine infiniment plus que les provinces réunies plus tard. Ainsi la France fut conduite le plus naturellement du monde à un état de choses tel que, quinze ans après la mort de Colbert, Boisguilbert écrivait : « Sans guerre, ruine ni famine, ni malheur public, le pays se trouve ruiné. »

Ce fut le commencement d'une économie politique nouvelle.

Ne comprenant pas les causes profondes de la transformation économique de la nation, Boisguilbert, l'un
des premiers, se jeta dans les abstractions : il s'imagina
sérieusement que, « pour satisfaire à tous les besoins de
l'État, et remettre tous les peuples dans leur ancienne
opulence, il n'était point nécessaire de faire des miracles,
mais seulement de cesser de faire une continuelle violence
à la nature, en imitant et nos voisins et nos ancêtres,
qui n'ont jamais connu que deux sortes d'impôts : les
feux, c'est-à-dire les cheminées, et la *dîme* de la
terre, qui a été la première redevance des rois de
France [1] ».

La dîme n'a jamais été une redevance royale, et l'im-
pôt·sur les feux avait déjà été rejeté comme « trop
méthodique et trop peu raisonnable » par les États
généraux d'Orléans. Boisguilbert ne s'élève pas même
à la hauteur des États de 1614, qui avaient signalé les
douanes intérieures comme l'un des obstacles les plus
considérables à la production nationale [2].

Vauban suit Boisguilbert et, comme lui, attribue la
misère publique à l'excès des impôts. Pour y remédier,
il propose la dîme que proposait Boisguilbert : l'État
la percevrait « aussi facilement que se perçoit la dîme ecclé-
siastique, sans corruption, sans plaintes, ni procès, en

---

[1] *Le détail de la France*, E. DAIRE, *Les économistes français du dix-
huitième siècle*, p. 255.
[2] « Soit permis à tous marchands de faire trafic en la Nouvelle-
France du Canada, et par toute l'estendue du païs, en quelque degré
et situation que ce soit, et en tous autres lieux, tant dedans que
dehors nostre royaume, de toutes sortes de denrées et marchandises,
et à tous artisans et autres d'ouvrir et faire ouvrir toutes sortes de
manufactures, nonobstant tous priviléges concédez à aucuns, ou
partis faits sur le trafic et manufactures des cotons, aluns, tapisse-
ries, eaux-de-vie, vin-aigre, moutarde et autres quelconques, qui
seront cassez, et toutes les interdictions cy-devant faites à nos subjects de trafiquer de certaines marchandises et denrées et de n'ouvrir quelques manufactures, seront entièrement levées, et la liberté
du commerce, trafic et manufactures remise en tous lieux et pour
toutes choses. »

la prélevant en nature sur tous les fruits de la terre, d'une part, et sur tout ce qui fait du revenu aux hommes, de l'autre... Système dont l'utilité peut être prouvée aussi démonstrativement qu'une proportion géométrique [1]. »

La géométrie économique fit, à partir de Vauban, des progrès ininterrompus, en même temps que les effets d'une situation absolument méconnue continuèrent à se développer, pour finir, au dix huitième siècle, par jeter la France hors de toutes ses assises.

Toutes les anciennes libertés et franchises du pays se transformeront en privilèges, tous les droits, depuis les droits de la royauté jusqu'à ceux de la moindre maîtrise, en abus, et le commerce et l'industrie eux-mêmes dans leur poussée chercheront à se développer, non en se fondant sur leurs antiques franchises et libertés, mais en réclamant sans cesse, sans ordre ni mesure, la faveur royale. C'est alors que commence la période du protectionnisme proprement dit.

Tout d'abord, la royauté, impuissante à diriger le mouvement, deviendra de plus en plus arbitraire, pour nous servir de l'expression de Bossuet, sans pouvoir acquérir les moyens de se rendre absolue, comme l'entendait Montesquieu. Pendant tout le siècle, la nation lui conservera néanmoins et son dévouement et son affection; mais cette royauté, ne comprenant plus les obligations auxquelles répondaient ses droits, tantôt se perdit dans des ambitions chimériques, conduisant de plus en plus le pays vers sa ruine, tantôt s'abandonna à des goûts de pompe et de plaisirs, et finit par entreprendre des guerres pour la satisfaction d'une favorite.

D'expédients en expédients, après avoir refusé de suivre

---

[1] *Dîme royale*, E. DAIRE. *Op. cit.*, p. 34 et 107.

l'économie géométrique de Boisguilbert et de Vauban, le gouvernement crut se sauver en s'y abandonnant sans réserve. Law imagina que le papier constituait la monnaie par excellence, parce que, étant sans valeur propre, on échangeait des valeurs réelles contre du papier. Là-dessus, par privilège royal, la Banque et la Compagnie des Indes furent fondées[1]. Aux travaux sérieux, aux enquêtes sévères sur les conditions de la fortune publique succéda une spéculation effrénée sur des valeurs chimériques, en même temps qu'une protection non moins irréfléchie de l'industrie et du commerce, selon le hasard des ambitions et le va-et-vient des intrigues. Avec l'autorité royale le crédit public s'effondra : la monarchie patronale avait disparu. La royauté la première s'était déclassée. Lorsque Louis XVI arrivera au pouvoir, il appartiendra déjà tout entier, par ses sentiments et par ses idées, à la Révolution, et le pauvre roi partagera le sort de tous ceux qui s'efforceront de la diriger.

La noblesse suivit l'exemple de la royauté, dont elle précipita la chute. Le progrès industriel et commercial conduisait, par la force des choses, vers la transformation des libertés locales et provinciales en libertés communes et générales, vers une administration uniforme, une législation homogène, dont Montchrétien avait admirablement entrevu la nécessité, et à laquelle Richelieu et Colbert avaient consacré leurs meilleurs efforts. Mais nul ne fut capable de continuer leur œuvre.

A la suite des folies de la guerre de Cent ans, des erreurs de la Réforme et des excès de la Ligue et de la Fronde, la noblesse avait perdu et son rôle administratif et son action judiciaire ; l'établissement des armées per-

---

[1] Voy. Ad. VUITRY, *Le désordre des finances et les excès de la spéculation*, 1ʳᵉ part., p. 1 à 6, et 2ᵉ part., 201 à 223.

manentes en avait encore diminué l'autorité militaire.
Le résultat fut que, ayant perdu toutes ses antiques traditions, elle se jeta dans les abstractions des Vauban et des
Boisguilbert, se passionna pour les systèmes, s'enthou-
siasma pour chaque utopie et perdit jusqu'à la notion de
la réalité. Propriétaire encore de ses vastes domaines,
elle aurait pu, du moins, en face de la crise agricole et
de la détresse croissante des campagnes, reprendre l'exemple de de Serres, suivre les conseils de Henri IV, répétés
par Montchrétien, relever la prospérité agricole du pays.
Elle n'en fit rien et s'abandonna, comme la royauté,
aveuglément au courant qui l'emportait. S'appauvrissant
de plus en plus, elle poursuivit ses ambitions à la Cour,
exploita le trésor royal tout en pesant de jour en jour
davantage par ses exigences sur ses tenanciers, transformant comme de parti pris ses droits et ses immunités antiques en autant de privilèges dont elle reconnaîtra,
du reste, la première, mais quand ce sera malheureusement trop tard, tous les abus.

Le clergé de France se déclassa d'une façon peut-être
plus complète encore. Il était propriétaire d'un tiers du
sol, et ses terres furent mieux cultivées que celles de la
noblesse, mais il maintint en revanche avec plus d'intran-
sigeance ses droits et ses immunités non seulement à l'é-
gard de la royauté, mais encore vis-à-vis une partie de la
nation qui avait échappé à son autorité. Méconnaissant la
grande pensée de Bossuet, qui désirait unir de plus en
plus le clergé à la nation par les libertés de l'Église gallicane, — grande idée dont nous trouverons déjà un pressentiment surprenant chez Montchrétien, — le clergé se
retranche sans cesse derrière l'autorité papale, pour disputer chacun de ses subsides, sous forme de don gratuit,
à la royauté en détresse, en même temps que, perdant de
vue tous les intérêts nationaux, il obtient la révocation

de l'édit de Nantes et finit, en soulevant toutes les haines contre lui, par se faire révoquer lui-même [1].

Quant au tiers état, ses immunités, ses franchises propres se transformèrent, sous la pression du progrès industriel et commercial, en autant de privilèges non moins désastreux pour l'expansion continue du travail que pour la richesse publique. « Dieu », dit Turgot dans le préambule de l'édit qui supprima les corporations, « en donnant à l'homme des besoins, en rendant nécessaire la ressource du travail, a fait du droit de travailler la propriété de tout homme, et cette propriété est la première, la plus sacrée et la plus imprescriptible de toutes. » Et Roland de la Platière écrira dans un *Mémoire* adressé à Necker : « Je cherche vainement quel règlement de fabrique il conviendroit de laisser subsister pour le bien du commerce ; je les ai tous lus, j'en ai envisagé l'effet et les conséquences, je crois qu'on doit tous les supprimer. J'ai également cherché s'il résulteroit quelque avantage de leur en substituer d'autres ; partout, en tout, je n'ai rien vu de mieux que la liberté [2]. »

En vain consultera-t-on les parlements : ils resteront les gardiens fidèles des antiques coutumes et franchises ; en vain convoquera-t-on les États généraux : ils seront également impuissants à comprendre la transformation économique et sociale qui s'était opérée dans le pays ; et c'est encore en vain qu'ils prendront le titre d'Assemblée nationale pour s'arrêter aux résolutions les plus héroïques : ils n'entraveront pas d'un jour la marche de la Révolution.

La Révolution éclatera, unique dans l'histoire : tout un peuple, toute une nation, dont les chefs aussi bien que

[1] Voy. vicomte DE BROC, *La France sous l'ancien régime* t. I, p. 19.

[2] Voy. P. CLÉMENT, *Histoire du système protecteur*, p. 72 et 76.

les classes dirigeantes auront perdu l'intelligence du présent et l'instinct de l'avenir, fera métier de roi. Tandis que jusque-là toutes les révolutions du monde s'étaient faites contre des gouvernements tyranniques, le peuple français se révolta contre un gouvernement trop faible et trop débonnaire, et tandis que ces mêmes révolutions avaient eu toujours pour objet le maintien ou la garantie des franchises et des libertés locales, le peuple français brisa lui-même toutes ses franchises et toutes ses libertés, rompant jusqu'aux démarcations géographiques qui leur avaient servi de cadres.

L'explosion ne fut si terrible que parce qu'elle fut si profonde. Et si elle eut des effets si considérables, c'est qu'elle fut dès l'origine une révolution européenne, une révolution qui s'accomplissait, au fond, dans la civilisation moderne tout entière.

Nous pouvons distinguer trois grands courants dans le mouvement révolutionnaire : l'un, venant d'Allemagne; l'autre, d'Angleterre; le troisième est proprement français.

Le 2 juin 1857, un ministre allemand, M. de Bismarck, écrivait, dans un mémoire, à son roi : « S'il fallait découvrir les origines terrestres de la Révolution, ce n'est pas en France, c'est en Angleterre, et peut-être encore plus loin, en Allemagne ou à Rome, qu'il faudrait les chercher, selon que les excès de la Réforme ou ceux de l'Église romaine, introduisant le principe du droit romain dans le monde germanique, apparaîtront comme les vrais coupables [1]. »

C'est en effet à la Réforme allemande, qui, au lieu d'avoir été monarchique comme en Angleterre ou aristocratique comme en France, a été avant tout populaire,

---

[1] Voy. Von Poschinger, *Preussen im Bundestag*, 1851-1859, 4e part., p. 276.

que remonte notre déclaration des droits de l'homme. Le *jus naturæ* des Romains fut retrouvé par Luther dans les saintes Écritures, et la liberté, l'égalité, la fraternité, enseignées au peuple contre la Rome papale. Un légiste, Puffendorf, développa la doctrine du réformateur, et découvrit qu'il existait « un état de nature » qui se révélait lorsqu'on faisait abstraction de toutes les institutions humaines. Un philosophe, J.-Ch. Wolff, dans ses *Institutiones juris naturæ et gentium,* ajouta aux droits immuables qui découlaient du principe naturel celui de la révolte. La doctrine était complète avant qu'elle fît son apparition en France [1].

Rabeyrac traduisit le légiste, Formey donna un extrait des élucubrations du philosophe; Vatel les reproduisit l'un et l'autre dans ses « Principes de la loi naturelle appliqués à la conduite des souverains et des nations », et Rousseau en fit le résumé dans son « Contrat social ». Il n'y a pas une page, pas une pensée dans les théories de ces derniers qui leur appartienne en propre : les uns se contentent de transcrire simplement, en donnant une forme plus saisissante aux idées des Allemands; les autres, de traduire littéralement; et la France lettrée se passionna pour un droit chimérique, de la même façon et pour les mêmes causes que son gouvernement s'était livré à l'économie géométrique de Law.

A une époque où tous les droits réels, toutes les libertés, toutes les franchises se transformaient en abus et privilèges, le mouvement devint irrésistible. Domat et nos grands légistes sont oubliés, comme les traditions de notre grande école économique sont méconnues, et les esprits les plus sérieux sont entraînés, comme les plus

[1] Voy. Paul Janet, *Histoire de la science politique,* liv. IV, chap. iii et viii; Albert Sorel, *L'Europe et la Révolution,* t. I, p. 103, 172 et suiv.

superficiels. La noblesse aussi bien que le tiers état, les
femmes de même que les philosophes, l'esprit français
comme la société française, tout en conservant leurs
formes merveilleuses, perdaient leurs assises. La révolution intellectuelle suivait la transformation économique,
et les événements de la fin du siècle n'en seront plus que
la conséquence logique [1].

Nul ne comprit que si la liberté, l'égalité et la fraternité étaient des droits innés et propres à l'état de nature,
tout progrès dans l'entente entre les hommes devenait un
non-sens; toute civilisation, une aberration; toute morale,
un leurre. On fit une idole d'un sophisme, et cette erreur,
comme tout sophisme transporté dans la vie réelle, s'y
traduisit par des larmes et du sang.

En vain les plus sages crurent-ils trouver un remède
plus pratique dans l'imitation des institutions anglaises.

L'Angleterre venait de mettre la dernière main à ses
révolutions successives. Montesquieu, qui ne voyait les
institutions de sa patrie que par l'œil d'Usbek le Persan,
découvrit dans celles de l'Angleterre toute une théorie
merveilleuse : un pouvoir souverain divisé en exécutif,
législatif et judiciaire. « Tout serait perdu si le même
homme, ou le même corps des principaux, des nobles ou
du peuple, exerçait ces trois pouvoirs : celui de faire les
lois, celui d'exécuter les résolutions publiques et celui de
juger les crimes ou les différends des particuliers [2]. »

Hélas ! tout fut perdu, parce que l'on s'imagina qu'il
suffisait d'appliquer la forme extérieure de la constitution
politique d'un Etat étranger pour tout sauver.

[1] Voy. Albert SOREL, *Op. cit.*, t. II, p. 8. Voy. également sur les rapports de la doctrine de J.-J. Rousseau, de Formey et de Wolff, le
Bulletin de la Société d'économie sociale, séance du 31 mars 1887,
p. 107 à 115, et, pour la doctrine de Puffendorf, sur l'état de nature :
le droit naturel au dix-septième siècle, Pascal, Domat, Puffendorf,
Revue de l'histoire diplomatique, 1887.
[2] *Esprit des lois*, liv. XI, chap. VI.

Les constitutionnels, méconnaissant, tout comme Montesquieu, que les institutions anglaises ne puisaient leur force que dans l'habitude des libertés locales, dans le respect des traditions acquises et dans l'intelligence des intérêts généraux, tombèrent dans l'impuissance la plus complète en voulant appliquer les mêmes institutions à la France où régnait précisément l'anarchie, toutes ses libertés et franchises locales étant détruites, et personne ne comprenant les intérêts généraux.

L'entreprise fut insensée : ni le génie de Mirabeau, ni les talents des girondins, ne purent y mettre ordre. Succédant à la royauté, ceux-ci céderont la place aux jacobins, qui périront à leur tour, par l'absurde du rêve entrepris.

La France ne fut sauvée que par elle-même.

Nous paraissons en ce moment fort éloigné de l'ouvrage de Montchrétien. Et cependant c'est par l'esprit dont il est si profondément pénétré, le sentiment de la grandeur nationale, la conscience de la solidarité de tous, que la France s'est relevée.

Toutes les anciennes libertés et franchises, locales, provinciales et particulières, transformées en privilèges par la force des choses et la marche de l'histoire, avaient disparu : mais il restait, au sein du pays, toutes les affections qui avaient fait et sa force et sa grandeur; et de même que les victoires des armées républicaines furent dues à la ferme direction des anciens cadres d'officiers, à la solidité de l'ancienne armée où venaient se fondre, non plus des privilégiés, mais un monde de soldats de toutes les classes; ainsi, les anciens impôts, les anciennes formes administratives[1], les anciennes coutumes elles-mêmes, perdant, sous l'impulsion générale, leurs caractères exclusifs, furent insensiblement assimilés aux exi-

[1] Cf. René STOURM, *Les finances de l'ancien régime et la Révolution*, Perfection des anciens règlements de la ferme, t. I, p. 325 à 327.

gences générales de la nation. Celle-ci se donna un
système financier uniforme, une administration homogène, une législation commune, reprenant un à un tous
les projets entrevus par Montchrétien, Richelieu et Colbert.
Elle rendit l'unité à son histoire, combla l'abîme creusé
par les influences étrangères, et accorda toute son admiration, tout son dévouement à l'homme qui se mit à la
tête de ce troisième courant de la Révolution, le seul
des trois courants que nous avons signalés, vraiment
français.

M. Taine, qui a tracé un tableau remarquable de ce
qu'il appelle fort spirituellement «la conquête jacobine»,
nous étonne quand il fait de Napoléon une espèce de
condottiere italien : depuis Colbert, nous ne voyons pas
d'homme d'un génie aussi profondément français que
Napoléon Ier. Les nations que Napoléon comprend le
moins bien sont précisément les nations italienne et espagnole. Il écrase ce qui reste de grandeur à la première,
malmène la papauté et soulève l'Espagne tout entière. Vis-
à-vis de l'Espagne et de l'Italie, chacun des mots qu'il prononce est un heurt, chacune de ses volontés une violence.
Il saisit déjà mieux l'Allemagne, la Belgique, la Hollande,
et parvient à se les assimiler jusqu'à un certain point, à s'y
faire entendre, obéir. Mais aussi mauvais diplomate qu'il
est grand organisateur, il prétend soumettre l'Europe
entière à sa puissance d'organisateur de génie; et s'il
finit par soulever cette même Europe contre lui, c'est que
dans ses erreurs et dans ses fautes, il ne fut, malheureusement pour lui et le pays, que trop Français.

Il identifia en lui la France de la Révolution, et la
légua si fortement organisée aux gouvernements qui lui
succédèrent que ceux-ci adopteront ou rejetteront tour à
tour les formes constitutionnelles anglaises, et que le pays
fera, à chaque génération, une révolution nouvelle, sans

que ni la nation, ni ses gouvernements, ne sortent du cadre tracé par Napoléon. Génie étrange et fatidique, comme il en surgit parfois dans l'histoire, résumant en lui toute la transformation économique et sociale qui, depuis un siècle, s'était accomplie en France et qui s'accomplira dans l'Europe entière.

Les grandes puissances ont beau se constituer en Sainte-Alliance pour combattre la Révolution: tous les États européens, l'un après l'autre, perdront leurs libertés et franchises locales et provinciales, pour se donner, comme la France, l'unité monétaire, la communauté des poids et mesures, une administration uniforme, une législation civile commune et des libertés politiques générales. Même l'Angleterre, qui, depuis des siècles, jouissait de libertés communes, tout en conservant ses libertés et ses franchises locales, est entrée dans le mouvement général; son administration devient de jour en jour plus uniforme; les anciens privilèges disparaissent un à un, et les libertés communes s'y étendent de réforme en réforme.

Si des États comme l'Autriche et l'Angleterre elle-même nous semblent plutôt se diviser dans leur organisation politique, c'est qu'ils sont composés de peuples de nationalités différentes. Mais au sein de chacune de ces nationalités le même mouvement s'accomplit et se manifeste par un besoin d'organisation plus uniforme et de cohésion plus grande. Seule, la Russie, entrée depuis un siècle à peine dans le sein de la civilisation occidentale, reste en dehors du mouvement général. Dans tous les États de la civilisation occidentale, la tendance est la même, parce que la cause est identique. Que, selon la nature des traditions et des circonstances, les effets de cette évolution se soient fait jour par des révoltes intérieures ou par des guerres extérieures, par des victoires ou par des défaites, la tendance est invariable, fatale : les gouvernements qui s'y opposent succombent; ceux qui la comprennent gagnent en autorité et en puissance.

Ces conséquences sont inéluctables. Elles dérivent de la force même des choses, et leur action est telle que déjà nous voyons des États, divers par leur constitution sociale et politique, conclure des traités d'union monétaire, des conventions de garantie de la propriété industrielle et littéraire, d'uniformité administrative dans l'organisation des transports et des moyens de communication, en même temps que des traités d'extradition pour des délits contre le droit *commun* et d'exécution judiciaire, au point que le rêve de notre grand Imperator : la sujétion de l'Europe à une organisation administrative et législative commune, puisse, dans un avenir plus ou moins lointain, être réalisé, avec une facilité extrême, par un successeur français, allemand ou russe, du César français. Là est le grand danger.

De l'état économique dérive l'état social, et celui-ci dicte les faits et les événements de l'histoire. Or, il semble qu'en politique comme en économie publique nous continuions à ne pas nous rendre compte de la grande force qui nous emporte. Nous sommes entraînés à l'aveugle par le mouvement industriel et commercial qui depuis deux siècles mène l'Europe entière, bien loin que nous le dirigions.

Aujourd'hui encore, tout comme au siècle dernier, les uns se figurent que, au point de vue de l'économie politique, c'est dans le protectionnisme qu'il faut chercher le salut; les autres, que le libre-échange fera naître toutes les prospérités. Nous ne sortons pas des abstractions.

Par la doctrine des premiers, sous quelque forme qu'elle se présente, nous restons sous le régime des privilèges. Tout comme l'industrie et le commerce se sont développés avant la Révolution au détriment de l'agriculture, dont la crise est devenue générale en Europe malgré toutes les révolutions, ainsi les industries et le commerce protégés continueront à appauvrir les industries et le commerce qui ne le sont point. On ne crée point de rien la prospérité publique; si l'on en transporte les ressources d'une partie sur une autre, on appauvrit la première en proportion de ce qu'on enrichit la seconde.

Hors les quelques rares industries dont, suivant l'expression de Montchrétien, *nécessité est besoin*, et qui, dans certaines circonstances, peuvent devenir une condition d'existence pour l'État, la protection ne peut servir que pour encourager, soutenir, à titre de béquilles, pour reprendre le mot de Colbert, les industries trop faibles dans le moment, mais capables de concourir, dans un avenir assuré, avec la production étrangère.

Le principe est le même dans les deux cas. Toute nation qui cesse de se fortifier s'affaiblit, d'avancer recule.

Pour la même raison, le libre-échange est à son tour une utopie et un danger.

Un homme arrivé en tête du grand mouvement libéral qui amena à la fin du dix-huitième siècle les libertés politiques communes et la liberté commerciale, Sieyès, demanda, la veille de la Révolution : « Le tiers état, qu'est-il? — Rien. Que doit-il devenir? — Tout. » Qu'a-t-il été, le tiers état? Tout. C'est lui qui, maintenant les anciennes et fortes affections du clan celtique, triompha aussi bien de l'administration romaine que de la domination franque; c'est encore lui qui, lorsque la noblesse patronale, ayant rempli sa mission, disparut, vit sortir de son sein et la noblesse de robe et la noblesse d'épée, et se constitua lui-même en tiers état; et ce fut lui encore qui, après avoir conquis et fortifié toutes ses libertés et franchises, donna naissance au siècle le plus glorieux de notre histoire, en achevant son développe- ment industriel et commercial. Enfin ce fut encore lui qui brisa ces mêmes franchises et libertés, pour les transformer en libertés générales et communes, achevant l'unité et la cohésion nationales. Qu'est-il devenu? — Emporté par les masses, étouffé par le suffrage universel, perdu dans les libertés générales, dont la conquête fut cependant la plus pure de ses gloires, — qu'est-il devenu? Rien.

Que l'on y songe.

Le sort qui a frappé le tiers état au sein de la France, grâce aux libertés générales, atteindrait la France entière au milieu de l'Europe, grâce au libre-échange.

Appliqué comme doctrine, avec la rigueur d'un prin- cipe scientifique, chaque diversité entre les États dans leurs formes administratives, chaque particularité dans les impôts, chaque différence dans la législation sur le transport, l'échange, l'acquisition ou la transmission des valeurs et des biens, constitueraient autant de privilèges pour les uns et, du même coup, autant d'entraves pour les autres. Il en serait comme des anciennes franchises et libertés locales, qui se transformèrent en autant de privilèges insupportables. Ce serait la ruine de toutes les particularités nationales et de toutes les indépendances souveraines : l'empire romain et la perte de Rome.

Déjà d'instinct les gouvernements comme les nations en pressentent les dangers. D'une part, on se livre à un protectionnisme aussi irréfléchi que stérile, et, d'une autre, à un militarisme aussi absurde qu'exagéré, épuisant par l'un toutes les ressources vives des peuples et accroissant

par l'autre toutes les oppositions, toutes les haines nationales, de façon que plus la lutte qui en sortira sera
grande, plus l'épuisement qui lui succédera sera complet. On obtiendra de la sorte exactement le même résultat : l'empire romain, quel qu'en soit le César.

Ce sont ces considérations, si actuelles et si graves,
qui achèvent de donner tout son intérêt à l'ouvrage que
nous publions. Prendre partout et en toutes choses les
mesures justes; protéger ici, affranchir là; changer de
conseils suivant les hommes et les circonstances, sans
préjugé, sans parti pris, comme sans rancune ni haine
d'aucune sorte, n'ayant d'autre mobile que l'amour
public, d'autre objet que la prospérité nationale. Toute
erreur, toute faute se vengera cruellement, que nous
fassions de la politique personnelle ou de la politique
générale, du protectionnisme ou du libre-échange. Ce ne
sont pas les idées mêmes de nos grands politiques et
économistes d'État que nous devons reprendre, mais
c'est leur exemple que nous devons avoir devant les
yeux. Sinon nous aboutirons fatalement, après la perte de
nos libertés et de nos franchises locales, à la ruine de
notre génie et de notre existence nationale. Il impor-
terait peu, en ce cas, que nous sortions vainqueurs ou
vaincus d'une lutte prochaine. Ce ne sont pas les défaites
ou les victoires qui maintiennent ou détruisent les nations : c'est leur état économique et social.

TRAICTÉ

DE

L'ŒCONOMIE POLITIQUE

TRAICTÉ

DE

L'ŒCONOMIE POLITIQUE

AU ROY

ET

A LA REYNE MERE DU ROY.

MAJESTEZ TRES CHRETIENNES,

Ce discours qui prend plus sa qualité de la verité
que de l'artifice et qui, comparé avec son utilité, se
trouvera, je m'en asseure, plus court qu'il ne semble,
vous est dedié en commun, d'autant qu'il vous apartient également. Car, d'un costé, il n'est point permis
à l'homme, de separer ce que Dieu, la nature, et
l'affection ont si étroitement conjoint. Et, de l'autre,
il semble necessaire, que, comme pour mesmes occasions vous participés à mesmes soings, on vous
adresse aussi mesmes advis touchant le bien de vos
subjects et le repos de vos personnes sacrées, puis
qu'ainsi est que vous les daignez recevoir gracieu-
sement de la main de ceux qui voüent à vostre
gloire et à l'augmentation de leur Patrie, tout ce
que Dieu a mis en eux d'action, de pensée et de

1

parole. Pour mon particulier, c'est avec une tres-
devotieuse revérence que j'aproche de vos Majestez,
avec une reconnoissance[1] tres-sincere que le commandement est à vous et à nous l'obeissance, que
vostre seule authorité comprend en soy souverainement la puissance de tous magistrats, tant pour,
ordonner que pour regir, et qu'il ne nous apartient
point de mettre la main à l'arche pour la redresser.

...A la verité, il nous est facile de connoistre le
desordre : car nous le voyons et le sentons ; mais il
ne nous est ni loisible ni possible de le reparer. Il
nous doit estre permis de souhaiter la meilleure
forme de gouvernement ; car tout nostre bon-heur
dépend de là : mais nous ne sommes point capables
de la conçevoir telle qu'elle doit estre. Tant de testes
n'auront jamais une seule et conforme opinion,
requise principalement en ce subject. Si chacun avoit
liberté d'eslire ce qui luy semble bon, outre la confusion qui en naistroit, on obtiendroit le moins ce
qu'on desire le plus. Policlète, sculpteur insigne, fit
en mesme temps deux statuës ; l'une selon les diverses
fantasies du peuple, l'autre selon les règles de
son Art. Pour la première, il transpozoit et changeoit
tousjours quelque chose à la veüe et par l'advis d'un
chacun : mais il amena l'autre au poinct de sa perfection par la conduite de son propre jugement. En fin,
venant à les expozer au public, et l'une estant en
admiration à tout le monde, mais l'autre ne servant

---

[1] Ce mot doit être pris non dans le sens moderne de grati-
tude, mais dans son acception étymologique qu'il a perdue :
en reconnoissant que.....

que de risée et de moquerie : « Celle-là que vous blâmez ainsi, dist-il, est vostre, et celle-cy que vous loüez tant est mienne. » Si la nature des desordres où nous vivons maintenant, portoit que vous fissiez deux reformations differentes, l'une à l'appetit du commun, et l'autre par les vrayes maximes d'estat et de police, que l'usage des affaires vous apprend, je ne doute point que le semblable n'arrivast [1].

Laissant donc à part les imaginations du vulgaire, travaillez seulement à vostre chef-d'œuvre, et de vous mesme. Car tout ce qui ne part pas d'un conseil uniforme est plain de turbulence en son action, et en sa fin de difformité. Ce qui reste pour nostre regard, c'est de contribuer [2], puisque vous le permettés, ce que nous avons de meilleur, tant en science qu'en experience, à l'enrichissement de vostre raison, afin qu'estant appliqué par un seul discours et mesme jugement à la fabrique de l'ouvrage, le tout reüsisse à la gloire immortelle de vos Majestez, au bien de vos subjects en général et de chacun en particulier..... Nous esperons de vos Majestez qu'elles feront admirer leur industrie et suffisance politique en ce nouveau retablissement de choses et d'affaires, ne ménageant pas seulement à propos les bons et salutaires advis qu'elles reçoi-

---

[1] « Il semble, fait dire Richelieu à Louis XIII dans le préambule de la déclaration de 1641, que l'establissement des monarchies estant fondé par le gouvernement d'un seul, cet ordre est comme l'âme qui les anime et qui leur inspire autant de force et de vigueur qu'il y a de perfection. »

[2] *Contribuer*, c.-à-d. *apporter en contribution*, sens actif aujourd'hui tombé en désuétude.

vent tous les jours de leurs subjects et plus fidelles
serviteurs, mais suppléant encore de propre mouvement et connoissance particuliere, à toutes leurs
obmissions. Le Sénat romain, comme nous recite
Tite-Live, ordonna sans en estre requis que les
gens de guerre, qui n'auroient point de solde auparavant, seroient entretenus aux frais du public; ce
que le peuple ayant entendu, il courut au palais
pour le remercier, et, baisant les mains des senateurs,
leur disoit humblement qu'à bon droit ils estoient
leurs peres de leur octroyer ce a quoy ils n'avoient
jamais pensé, ce que leurs tribuns ne leur avoient
jamais demandé. Les gratifications et remerciements
des provinces de ce royaume ne seront pas moindres en vostre endroit, quand elles reconnoistront
que vous appliquez aussi vostre Royal entendement
à la recherche de l'utilité publique, outre laquelle,
pour dire vray, toute fruition d'aise ne vous doit
estre qu'accession [1]. Le bien est d'autant plus agreable
qu'il estoit moins attendu. Nos vœux et nos desirs
ne sont pas la mesure de celuy que vous nous pouvés
faire; mais vostre bonne volonté, laquelle nous
croyons estre infinie envers vostre peuple et, par
consequent, les effects d'icelle à l'advenir, incomprehensibles. C'est ce qui m'a premierement convié
de mettre la main à cet ouvrage, puis de le venir
offrir aux pieds de vos Majestez, avec supplication

---

[1] « Nous devons considérer le bien de nos sujets plus que le
nôtre propre. Ce n'est que pour leurs avantages que nous
devons leur donner des lois ; et ce pouvoir que nous avons sur
eux ne nous doit servir qu'à travailler plus effectivement à
leur bonheur. » Mémoires de Louis XIV.

tres humble de le recevoir, comme un temoignage
de l'affection que je porte à vostre service et au
bien de ma Patrie. Si vous daignez prendre la peine
de le vous faire lire, honneur que je me suis promis
en l'écrivant, vous y remarquerés comme la France
est aujourd'huy ce grand Platane, auquel se com-
paroit Themistocle, où tout le monde se jette à couvert, et puis, s'en allant, en rompt et emporte quelque
branche; que, combien qu'elle soit fertile et abondante en toutes sortes de biens et de commodités
plus que pays de la terre, la vie y est toutefois
renduë aussi mal-aisée à plusieurs comme s'ils habi-
toient dans les chaudes arénes de l'Affrique ou dans
les glaces poignantes de la Scythie; que jadis elle a
esté toute arrozée des sources qui sont icy ouvertes
et découvertes, mais que, depuis quelque temps
ayant esté méprizées, ce n'est pas merveille si l'on
en void tarir les ruisseaux; que les hommes qu'on
estime les plus heureux y vivent en une noble
misère; que les autres, qui sont nés à la peine et au
travail, si vos Majestez n'y pourvoient, s'en vont
seulement riches de pauvreté; quoy que d'ailleurs
les mœurs de tous indifferemment soient corrom-
puës par l'admiration des Richesses, et que le plus
énorme vice y trouve femme et la vertu à peine ou
se marier. Que vos Majestés au reste, ne negligent
point, s'il leur plaist, de le voir, pour la petitesse des
choses qui semblent y estre traictées. A la vérité, les
principes que je propoze, ne sont pas des plus appa-
rens et magnifiques; mais une chose puis-je bien
asseurer que, si vous leur donnés moyen d'uzer de

leur progrés, ils s'augmenteront bien tost et deviendront tres-grands à la fin. Ces arbres de grosseur admirable, où les oiseaux bastissent leurs nids, et qui font ombre aux passans et aux troupeaux, se procréent ainsi de fort petites semences. Ainsi un peu d'eau nourrit les herbes, les fruicts, et les fleurs. Ainsi les menuës et gratieuses pluyes qui tombent en esté, apres une grande ardeur, donnent un amoureux refraichissement à la terre alterée, d'où s'engendrent de rechef les fécondes vapeurs qui l'arozent et fertilizent. Mais, comme pour les attirer en haut la force et la chaleur du soleil y sont requises, ainsi est-il bezoin que vostre puissance et vostre affection se deployent a l'endroit de vos peuples pour ressusciter en eux cette action, qui languit comme étouffée au defaut de telle assistance; afin que, vivans en une heureuse abondance de toutes choses, ils soient obligés à benir vostre sceptre, et à joindre tous leurs vœux universellement à ceux que fait chaque jour pour la longue durée de vostre vie en parfaite santé, et pour l'acroissement de cet empire en puissance et en gloire,

Vostre tres-humble, tres-obeissant serviteur, et tres-fidelle subjet,

MAJESTEZ TRES CHRESTIENNES,

ANT. DE MONT-CHRETIEN.

SOMMAIRE

DES MATIÈRES PRINCIPALES

CONTENUES DANS CE TRAICTÉ,

DIVISÉ EN QUATRE LIVRES

AU PREMIER :

Des arts mechaniques, de leur ordre et utilité.

Du reglement des manufactures.

De l'employ des hommes.

Des mestiers plus necessaires et profitables aux communautés.

De l'entretien des bons esprits, et du soing que le Prince en doit prendre [1].

[1] On a reproché à Montchrétien de ne pas avoir exposé son traité sous une forme scientifique ; son but d'intéresser le Roi et la Reine mère à la prospérité économique du pays s'y opposait. Pour éveiller leur attention, il a choisi le style oratoire, et la forme même qu'il a donnée à sa table des matières n'a d'autre objet. En réalité, il a suivi une méthode parfaitement scientifique ; ainsi ce premier livre peut se diviser facilement en : PARTIE GÉNÉRALE. — Objet du gouvernement des États. — Division des classes sociales. — Principe de la formation et de l'existence des sociétés. — Origine et définitions des arts et manufactures. — Principes de l'activité économique, l'intérêt individuel. — Les deux principes, sous la forme de la discipline et de l'art, sources du bien-être public. — PARTIE SPÉCIALE. — Les deux industries les plus importantes, l'agriculture et l'industrie du fer. — Les industries se rapportant particulièrement à l'homme : la chapellerie, la fabrique des toiles, des laines, des soies, la teinturerie, la tannerie et le bâtiment. — L'imprimerie et la librairie. — La verrerie. — CONCLUSION : Importance des industries. — Instruction populaire. — Écoles

AU SECOND :

Du commerce tant dedans que dehors le royaume.

De la trop grande liberté et immunité des Espagnols, Portugais, Anglois et Holandois parmi nous.

Du transport, et reglement de la monnoye.

De l'inégalité du traictement que les estrangers reçoivent en France a celuy que les François reçoivent en leurs pays, tant pour les personnes que pour les gabelles et impositions.

De la difference de l'Allié et du Citoyen.

Des commissionnaires.

Du commerce du Levant.

Du trafic des epiceries.

Des Compagnies et Societés.

Des Ventes et Achapts qui se font dans les provinces, et de la police que l'on y doit observer.

AU TROISIÈME :

De la navigation et de ses utilités.

De plusieurs voyages et entreprises faites par les François, Espagnols, Anglois et Holandois en plusieurs lieux.

Du besoin que cet Estat a de se fortifier par mer.

Des saillies des anciens Gaulois et de leurs peuplades.

et ateliers. — Protection du travail national. — Mobilité des lois en cette matière. — Le salut du peuple est la loi suprême.

Cette classification ne ressemble en rien à celle qu'il donne ; c'est cependant la trame du livre et le fond de sa pensée, que le lecteur retrouvera sous des appels constants à la sollicitude, l'amour, le grand cœur, la magnificence de Leurs Majestés.

Des Colonies et des Commodités qui peuvent en revenir.

Du passage en la mer du Su, pour trafiquer au Catay[1], la Chine et le Jappon.

AU QUATRIÈME :

De l'exemple et des soings principaux du Prince touchant la pieté, la charité, la censure, la milice, les finances, les recompenses tant honoraires que pecuniaires, les charges, et magistratures.

---

[1] On désignait sous ce nom, au moyen âge, une des provinces de la Chine, et, le plus souvent, la Chine tout entière.

« Lorsque j'arrivai à l'île que j'avais nommée de la Juana, j'en suivis la côte, vers le couchant ; je la trouvai si grande que je pus croire que c'était la terre ferme ou province de Cathay. » *Journal de Christophe Colomb.*

« Et quant l'en est parti de celle cité et en a chevaulché une mille si treuve l'en deux voies dont l'une vait à ponent, l'autre à sieloc (vers le midi). Celle du ponent est du Cathay et celle du sieloc vait vers la province du Manzi. » *Le livre de Marco Polo*, rédigé en français sous sa dictée, par Rusticien de Pise.

Le Cathay était donc une province du nord-est de la Chine.

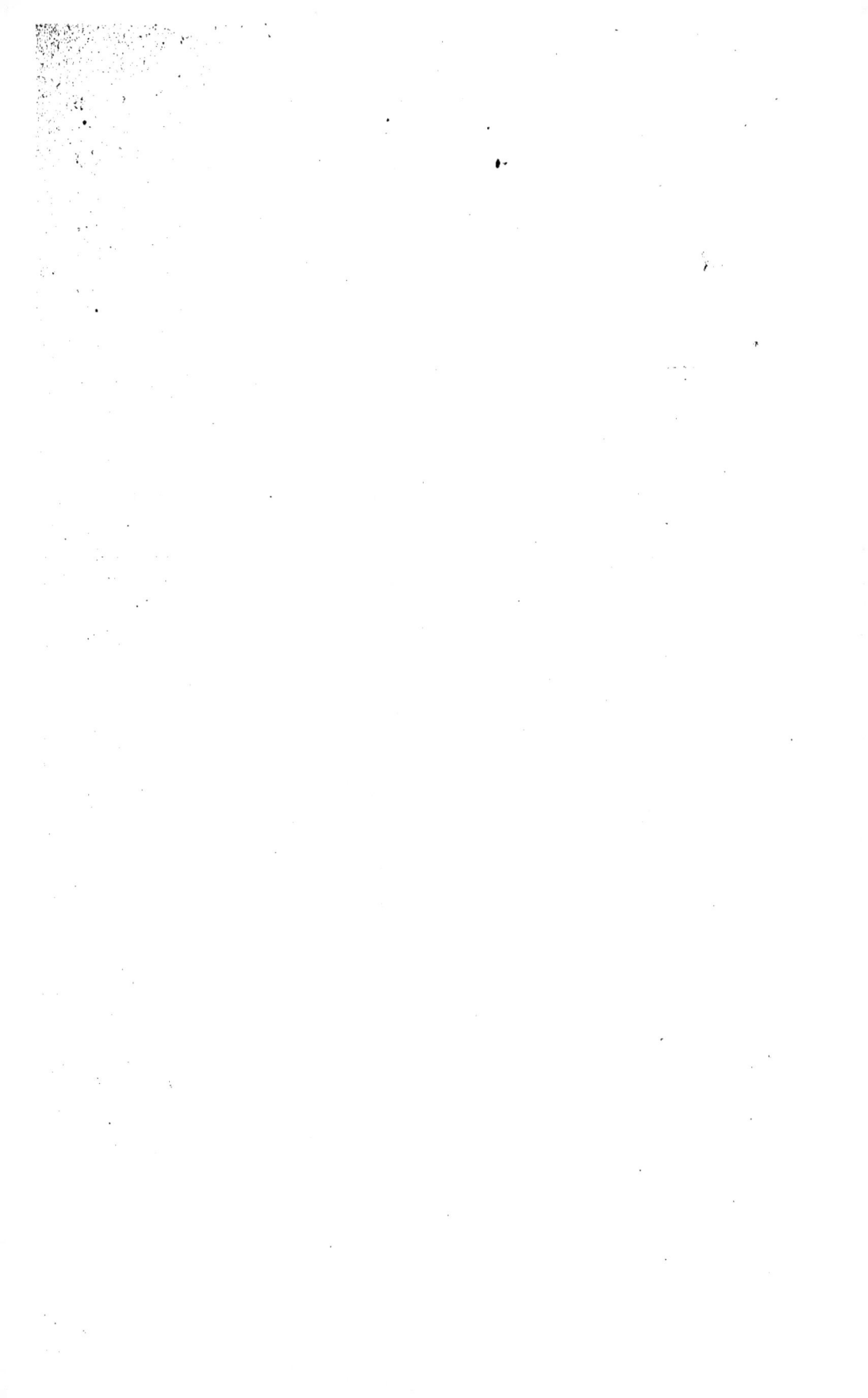

AU ROY ET A LA REYNE

DE

L'UTILITÉ DES ARTS MECHANIQUES

ET

REGLEMENT DE MANUFACTURES

Ceux qui sont appellez au gouvernement des Estats doyvent en avoir la gloire, l'augmentation et l'enrichissement pour leur principal but...

A quel dessein plus grand et plus honorable se peuvent appliquer Vos Majestez pacifiques; à quoy plus dignement et plus utilement s'employer les personnes qu'elles veulent admettre à l'administration de leurs affaires, sinon à veiller et travailler pour l'ordre, l'employ et accommodement de vos peuples? à reparer ce que le temps pourroit y avoir empiré par le renouvellement et refreschissement des bonnes et anciennes coustumes de ce royaume, à suppléer et adjouster ce que l'experience et la raison des temps et des affaires monstre y estre utile et necessaire.....

Par toutes les loix qui regnent au cours de ce

monde, il ne se peut faire que les anciens Estats demeurent tousjours en mesme estat. Il s'y amasse beaucoup de vitieuses humeurs, lesquelles empeschent ou destournent leurs actions legitimes. Mais, qui ne peut les remettre en une plaine santé, à tout le moins doit il les entretenir par bon regime.....

Vostre Estat est composé de trois principaux membres, l'ecclesiastique, le noble et le populaire. Quant à celuy de la justice, je le tiens comme un ciment et mastic qui colle et unit les trois autres ensemble. Ce discours que je presente à vos Majestez ne le touche point, non plus que les deux premiers. Ces parties sont delicates et requierent vostre propre main. Il concerne donc particulierement le dernier, le plus negligeable en apparence, mais en effect fort considerable. Car c'est leur premier fondement, comme en la disposition du monde la terre tient lieu de piedestal et de centre aux trois autres elements..... Aussi pouvons-nous dire que sans ce corps qui fait le gros de l'Estat, le reste ne sçauroit subsister longtemps sans retomber au meslange et broüillis de son premier chaos.

Ce tiers ordre est composé de trois sortes d'hommes, Laboureurs, Artisans et Marchands. Ceux-cy s'en tretiennent et incorporent aisément, comme symbolisans en mesme qualité et ressemblance de vie, de mœurs et d'humeurs, d'action et de condition. Imaginez-vous que ce sont les doigts d'une mesme main, que l'esprit de la necessité publique fait diversement joüer, comme avecques un seul ressort; les trois canaux de l'utilité commune, qui portent et versent l'eau dans les grandes places de vos citez, là où viennent abreuver tous les autres hommes : à l'entretien desquels les fontainiers publics doivent prendre garde de fort pres, de peur que ceste humeur ne se perde soubs la terre par quelque pertuis, ou ne soit divertie ailleurs.

Parmi ces trois sortes d'hommes se pratiquent les arts effectifs, que l'on appelle vulgairement mechaniques, ayant plus d'égard aux mains qui les exercent qu'à leur propre dignité... Nous remarquons és mechaniques les representations et images de ceste mesme prudence, qui reluit és libéraux, à mesure de leur plus ou moins de merite... Ce sont ruisseaux partans de mesme source et s'espandans incessamment par les necessitez de la vie humaine.....

Ces deux grands lumieres de la philosophie, Platon et Aristote, et leurs plus fameux disciples ensuite, qui par exprés ou par incident ont traicté de la police, se sont bien advisés que l'indigence commune, ayant besoin d'un secours commun, causa presque dés le commencement l'assemblage et association des hommes, d'où est provenuë la communion des citez et l'habitation des villes.....

C'est ainsi que Platon fait des hommes propres à commander et d'autres à obeïr, des hommes aimans les lettres, et d'autres l'agriculture, le trafic, les arts libéraux, les mesures mechaniques; les distinguant tous selon les divers metaux, qu'il accomode à la proprieté naturelle de chacun, de maniere que celuy qui se trouve plus participant de l'or soit plus enclin à la plus exquise sorte de vie, celuy qui tient plus du fer soit plus capable des mestiers durs et penibles, et ainsi consequemment des autres.....

Pour nous qui sommes instruits en meilleure eschole, ou nous apprenons du maistre et gouverneur de toutes choses comme toutes choses icy bas et là haut sont regies par la sagesse eternelle de Dieu, et qui reduisons tout à ce poinct comme la circonference au centre, nous tenons pour resolu que ce n'est nullement par fortune que nous venons à nostre profession, mais que d'une providence superieure chacun reçoit sa tasche en ce travail public de la vie, auquel nous sommes sans exception nés et destinés, un seul et mesmes esprit operant toutes choses en tous.

Pour revenir aux anciens, encore qu'ils se soient monstrez si diligens à nous escrire des loix, des preceptes et des maximes touchant le gouvernement politic, il ne nous faut point estonner si en une telle ignorance ils ont omis ou touché comme par hazard, en passant, ce qui concerne le reglement de ce poinct; moins encor, si nous ne trouvons ni prés ni loin en leurs livres aucunes ordonnances et moyens propres à duire et façonner aux estats, aux arts et mestiers certain nombre d'hommes selon la capacité, disposition, utilité et necessité de chaque pays, combien que la plus essentielle partie de l'Estat bien reglé consiste sans doute à eslire et disposer à propos les hommes propres aux services communs et particuliers, ne plus ne moins que pour le bon gouvernement et conduite du Navire il faut bien choisir les Maistres et Pilotes, puis pour la maneuvre bien ranger les matelots et compagnons mariniers. Qui ne blasmeroit les mechaniques mal-soigneux d'avoir des utils propres à leur mestier, ou qui, les ayans, en ignoreroient les noms et plus encor les usages? Et de quel reproche se charge le Politique, agissant en son œuvre non par des moyens inanimés, mais par des instrumens ayans sentiment, mouvement et raison, s'il ne connoist judicieusement a quoy ils peuvent et doivent estre appliqués, pour en faire naistre ce grand chef-d'œuvre du salut et l'utilité publique qui doit estre la souveraine loy de toutes ses imaginations et actions?

Il est bien vray que pour excuser ces grands hommes d'une telle negligence, on peut dire qu'elle n'est point procedée d'ignorance ou d'incuriosité en un fait si important, mais d'une certaine opinion anticipée qu'ils avoient que la necessité commune à laquelle mesme on donne l'origine des arts se conduisant et reglant en cela d'elle-mesme, y suppleroit suffisamment; que, pour tesmoignage, la chose parle de sa propre voix à qui la veut escouter et prendre garde comme en toutes assemblées de peuples policés on trouve un nombre competent de gens de mestier pour faire les services publics et particuliers, et tout cela sans aucune prévoyance politique.

Admettons ceste raison en reverence de l'antiquité que nous ne pouvons trop honorer. Mais qu'il nous soit aussi permis d'asseurer cette verité que le principal poinct de la police de l'Estat gist au reglement des diverses vacations de ses hommes, et qu'en la société humaine l'ordre naissant de là est comme le principe de sa vie; que, ce fondement n'estant point bien assis, l'edifice branle toujours au moindre vent et menace ruine; bref que, venant à manquer ceste certaine conduite et adresse des hommes, une republique demeure bien loin au dessous de la perfection et grandeur ou elle pourroit atteindre.

Considerons en ce lieu, que d'une part tout ce que nous voyons est, par son inconstance si visible à nos yeux, naturellement sujet à mutation et consequemment à décadence, corruption et ruine; que d'ailleurs, si nous passons outre la nature des Élemens dont nous sommes composez, nous remarquons que l'indigence qui nous travaille vient de nostre imperfection, nostre imperfection de nostre vice, et de nostre vice ceste peine qui nous astraint à vivre en travail d'esprit et sueur de corps.

Voilà comme de l'imbecilité qui se trouve entre les hommes, dont un seul n'est capable de fournir à toutes les necessitez, je ne diray pas de plusieurs, mais de soy-mesme, est procédée ceste multiplicité d'arts, desquels vient non l'ornement sans plus, mais la richesse et l'exercice ordinaire de ces familles que nous avons dit faire le troisiéme membre de l'Estat, le demon de l'industrie operant tous les jours diversement en elles, et par leur main qu'elle conduit les choses utiles acquerant l'usage, les agreables, l'attrait, les magnifiques, la grandeur.

Aussi la nature, sage ouvriere et parfaite artisane de tout ce qui est vegetable, sensible et raisonnable au monde, considerant combien ceste industrie estoit necessaire à l'entretenement des choses dont elle nous donne la joüissance et fruition, l'a conferée à l'homme comme un present celeste.....

Faisons une reveüe generale de tout ce qui peut fournir à nostre nourriture et vestement, à l'entretien de nostre santé et de nos maisons, les caracteres de ceste vertu s'y trouveront si bien imprimez, que sans un aveuglement aussi manifeste que volontaire, nous ne pouvons douter qu'elle ne soit un accident inseparable de nostre estre, voire la baze fondamentale que la nature à choisie, pour soustenir l'admirable architecture de son petit monde. Que l'on considère, apres, les arts liberaux et mechaniques où principalement sa lumiere esclatte en tant de rayons ; on les trouvera tellement necessaires, utiles et plaisans, que celuy auquel on regardera le plus semblera le plus preferable ; et puis, descendant comme par degrez de l'un à l'autre, on jugera que difficilement se pourroit-on passer d'aucun et que tous ensemble font ceste merveilleuse chaîne d'or à plusieurs aneaux entrelassez, qui remue et attire à soy les choses d'icybas, aussi bien que celle que le poëte Homère mettoit ès-mains de son Jupiter.

Les vacations privées font la publique. La maison est premier que la cité ; la ville que la province ; la province que le royaume. Ainsi l'art politic dépend mediatement de l'œconomic ; et, comme il en tient beaucoup de conformité, il doit pareillement emprunter son exemple. Car le bon gouvernement domestic, à le bien prendre, est un patron et modelle du public ; soit que l'on regarde le droit commandement, soit la fidelle obeïssance, liaison principale de l'un et de l'autre.

La bonne administration politique est une santé universelle de tout le corps de l'Estat, et par conséquent une entiere disposition de chaque membre particulier. Car il n'importe pas moins d'avoir soin des plus viles parties que des plus nobles, des cachées que des découvertes, puisqu'il est ainsi que de celles qui sont destinées à servir les autres sortent les labeurs plus necessaires à son entretien et conservation. Voyons la Nature, que le grand Politique doit seulement et principalement imiter, distribuer à tous les membres de nostre corps par proportion et mesure, l'aliment qui leur fait besoin, et que, si quelqu'un n'en reçoit à l'égal de la necessité, les esprits cessent peu à peu d'y venir, il s'atrophie et amenuise et de luy commence la dissolution de tout nostre assemblage.

Ceste serieuse consideration doit induire vos Majestez à soigner diligemment la partie populaire en vostre Estat... Or avez-vous plusieurs beaux moyens de luy bien faire. Dieu vous a constituez ses lieutenans pour prevoir à ses necessitez et pourvoir à son salut. De tous les biens qu'il verse sur nous de son bon tonneau vous estes les distributeurs des uns et les conservateurs des autres.....

On peut reduire à trois moyens principaux la principale gloire de vostre regne et l'accroissement de la richesse de vos peuples : Au règlement et augmentation des artifices et manufactures, qui maintenant sont en vogue parmi nous, ou peuvent y estre mises

à l'advenir; A l'entretien de la navigation, laquelle
dechet à veüe d'œil, combien que l'experience et la
raison des temps y deust faire entendre à bon escient
plus que jamais; Au restablissement du commerce
qui s'en va perissant de jour en jour en ce royaume...
Mais, pour le present, je laisse à part ce point et celuy
de la navigation, pour m'arrester au premier, où
consiste le principal subjet de ce discours, me reser-
vant de vous en entretenir quelqu'autre fois, si je
comprens que Vos Majestez l'ayent aussi aggréable
que proprement ces connoissances sont dignes d'elles,
comme leur appartenant de regler et ordonner les
choses et les hommes, et par consequent tout ce qui
se peut imaginer et escrire sur ce subjet.

Selon le dire de Thalès, premier philosophe et
grand mesnager, qui par l'industrie de son esprit se
peut enrichir en un an, l'homme est heureux qui est
sain et qui sçait. Et selon Socrate, par un mesme
jugement, la science est nostre unique bien et l'ignorance nostre unique mal. Celuy qui par la science de
quelque art peut devenir utile aux autres, se peut
vanter avec ce sage d'Apolon, qu'il est citoyen de
tout le monde; car, en quelque lieu de la terre qu'il
arrive, s'il est habité par des hommes, il se trouvera
logé, cheri, recherché.....

Les plus grands seigneurs allemans encor à present font apprendre quelque mestier à leurs enfans;
Ce que je ne mets point icy pour exemple de devoir,
mais pour monstrer comme ils jugent que, survenant
bannissement, servitude ou necessité, ils peuvent
tirer de là l'aide et soustien de leur vie. C'est un

vieux proverbe que toute terre peut nourrir les arts. Il ne se trouvera pas de maistre raisonnable qui ne traite plus favorablement un habille esclave qu'un ignorant. A tout le moins les bons artisans different d'avec les bestes d'autre chose que du visage. C'est proprement la science qui seule est libre, à peine la fortune trouve moyen d'icy ficher ses traicts. Car c'est la pire et plus petite partie de nous, fresle et vermouluë, par laquelle nous luy sommes subjets : mais de la meilleure partie nous en sommes les seigneurs et maistres, en laquelle sont situées et fondées les plus hautes qualitez qui soient en nous, les bonnes opinions et les solides jugemens, les arts et les sciences, les discours tendans à la vertu, les desirs immortels de bien faire, les honnestes affections d'acquerir honneur, qui sont choses de substance incorruptible, et qui ne nous peuvent estre dérobées.

Apres avoir fait à Vos Majestez une generale recommandation des arts et des sciences et tasché de mettre devant vos yeux leur beauté en son propre jour, joignons maintenant les deux grands poincts qui font le tout de l'action humaine, l'utile et le plaisant...

Comme le feu s'allume à la rencontre d'un corps combustible, l'affection que nous avons naturellement d'apprendre et de sçavoir s'eschauffe et s'enflamme à la recherche des arts, ainsi qu'à son propre et naturel object. La nature, donnant à l'homme ceste belle partie de l'entendement, qui l'éleve non seulement par dessus les bestes, mais par dessus l'homme, mais par dessus les elemens et les cieux mesme, a voulu qu'il fust comme une table raze où il peust imprimer sans confusion toutes sortes d'images spirituelles et que d'ailleurs sa volonté fust remplie, comme la matiere premiere, d'un desir insatiable de recevoir plusieurs formes, afin que de sa connoissance, comme d'un magazin bien fourny, il eust moyen de tirer les arts necessaires à l'entretien et accommodement de la vie, lesquels nous pouvons dire estre autant de rayons de sa raison, qui fluent et coulent de l'entendement par la volonté, sur les operations sensibles, d'où premierement et naturellement procede toute la suffisance qu'il peut avoir.

L'homme est né pour vivre en continuel exercice et occupation.....

La vie contemplative à la verité est la premiere et la plus approchante de Dieu; mais sans l'action elle demeure imparfaite et possible plus préjudiciable qu'utile aux Republiques... Aussi l'action se meslant quelquefois à la contemplation apporte de grands biens à la societé humaine... Les occupations civiles estant empeschés et comme endormies dans le sein de la contemplation, il faudroit necessairement que la Republique tombast en ruïne. Or, que l'action seule ne luy soit plus profitable, que la contemplation sans l'action, la necessité humaine le prouve assés, et faut de là conclure, que si l'amour de verité desire la contemplation, l'union et profit de nostre societé cherche et demande l'action.....

A bon droit dit l'Aristote [1] de celuy qui se separe

[1] Voy. BARTHÉLEMY SAINT-HILAIRE, Trad. d'Aristote, La politique, liv. I, chap. I, p. 15.

d'avec les hommes, ou qu'il est plus qu'homme
n'ayant besoin d'autruy et estant seul suffisant a soy
mesme, ou qu'il est moins qu'homme, cest animal
estant sociable de nature et né par le jugement de sa
raison, non seulement pour soy, mais pour l'usage
de ses citoyens, avec lesquels il doit s'unir par mutuels offices et reciproques devoirs. C'est cela mesmes
que la nature nous apprend en ses productions differentes, qu'elles fait toutes les unes pour les autres.
Or, quel meilleur tesmoignage peut donner l'homme
du bien qu'il reçoit de sa contemplation qu'en le
communiquant à plusieurs?... En la communauté des
hommes, la civilité s'aprend, le desir de faire plaisir
pour en recevoir s'allume; et, ne plus ne moins qu'és
corps des animaux toutes les parties vivent, se nourrissent, prennent esprit et mouvement par la liaison
qu'elles ont entr'elles, de mesme façon les hommes
se maintiennent en leur societé unis et joints qu'ils
sont par une chaine d'affection commune, et par ce
nœud gordien de respect au bien public dont la dissolution ne peut se faire que par l'espée [1].

De la s'ensuit, que le plus grand traict que l'on
puisse pratiquer en l'Estat, c'est de ne souffrir qu'il en
demeure aucune partie oisive; et par consequent que

---

[1] Montchrétien confond l'esprit social et l'esprit national, mais
il en signale avec une force singulière la profonde solidarité.
Quelques pages plus loin il parlera avec non moins de vigueur
du rôle de l'intérêt individuel. Il n'y a que l'ami de Pascal,
Domat, dans son *Traité des lois*, qui ait conçu avec la même
puissance l'ensemble des conditions, nous dirions aujourd'hui
des principes de l'activité humaine. Voy. *Le droit naturel au
XVII*e *siècle. Revue d'histoire diplomatique*, 1887.

c'est un soin aussi utile qu'honorable de faire polir
avec industrie et jugement les facultés naturelles des
hommes qui y vivent, les rendre convenables par
ensemble et profitables à l'entretien et conservation
du corps universel dont ils sont membres animés, y
faisant éclater haut et bas l'action, comme le seul
esprit vital qui luy donne un pouls vigoureux, tesmoin de sa parfaite santé.

Vos Maiestez possedent un grand Estat, agreable
en assiete[1], abondant en richesses, fleurissant en peuples, puissant en bonnes et fortes villes, invincible
en armes, triomphant en gloire. Son territoire est
capable pour le nombre infini de ses habitans, sa fertilité pour leur nourriture, son affluence de bestail
pour leur vestement; pour l'entretien de leur santé
et le contentement de leur vie, ils ont la douceur
du ciel, la temperature de l'air, la bonté des eaux.
Pour leur deffense et logement les matériaux y sont
propres et commodes à bastir maisons et fortifier
places... Si c'est un extréme subject de contentement
à vos peuples de se voir nés et eslevés en la France,
c'est à dire au plus beau, plus libre, et plus heureux
climat du monde, Vostre gloire ne doit estre moindre
d'y tenir un Empire que l'on peut avec raison appeller l'incomparable. Car la France seule se peut passer
de tout ce qu'elle a de terres voisines, et toutes les
terres voisines nullement d'elle[2]. Elle a des richesses

---

[1] *Assiette*, c.-à-d. situation topographique.
[2] En 1456, l'auteur du « Débat des hérauts d'armes de France
et d'Angleterre » fait dire au héraut de France:
   « Item, nous avons tous les mestiers mécaniques que vous

infinies, connues et à connoistre. Qui la considerera bien, c'est le plus complet corps du royaume
que le Soleil puisse voir depuis son lever jusques à
son coucher, dont les membres sont plus divers, et
toutesfois mieux se raportans selon la symmetrie requise à un bel Estat. En chacune de ses provinces,
sont ou se peuvent establir toutes sortes d'artifices
beaux et utiles. Luy seul se peut estre tout le monde...
La moindre des provinces de la France fournit à
vos Majestez ses bleds, ses vins, son sel, ses toiles,
ses laines, son fer, son huile, son pastel, la rendent
plus riche que tous les Perous du monde[1]. C'est cela
qui les transporte tous chez elle. Mais de ces grandes
richesses la plus grande, c'est l'inespuisable abondance de ses hommes, qui les sçauroit menager :
car ce sont gentils esprits, actifs et plains d'intelligence, de qualité de feu, composés par une ingenieuse artificielle nature, capables d'inventer et de
faire.

Ce discours semblera paradoxe : il ne l'est pas.
Car, combien qu'à voir la France regorgeante
d'hommes, on jugeroit qu'elle en est foulée et

avez, et si avons plus, car nous avons gens qui ouvrent en
haulte lice, c'est a dire en tappicerie d'Arras, qui sont moult
honnorables et de belles veues en court de roys et de princes ;
et si avons la plus belle honnesteté de linge que royaume peut
avoir, soit à Rains, à Troye, en Champagne, et generallement
par tout le royaume. Et si avons des meilliers joliers qui plus
plaisamment assaient leur ouvrage que on puisse savoir. Aussi
fait on le papier et le vert de gris en France, et on n'en fait
point en Angleterre. » — *Op. cit.*, p. 43, § 117.

[1] « Le labourage et pasturage estoient les deux mamelles
dont la France est dite alimentée et les vrayes mines et tresors
du Pérou. » *Économies royales de Sully*, 1643, vol. II, p. 153.

accablée, ce n'est, pour le dire en un mot, que faute d'ordre, et son plus grand bien, par l'ignorance ou negligence de les employer, devient son plus grand mal. Au reste, qui ne sçait que cest ordre est l'entelechie[1] des Estats, l'acte premier et plus parfait de ces grands corps organiques, et l'harmonie bien accordante des elements dont ils sont composés.

Nul animal ne naist au monde plus imbecile que l'homme; mais en peu d'ans on le rend capable de grands services. Qui peut s'accomoder bien à propos de cest instrument vivant, de cest util mouvant, susceptible de toute discipline, capable de toute operation se peut glorifier d'avoir atteint en sa maison le plus haut point de l'œconomie. Et en l'estat de la police les peuples septentrionaux s'en servent en nos jours mieux et plus reglément que nous. Plusieurs grands hommes romains en ont tiré de bons avantages en leur particulier. Caton entr'autres, le vieux Crassus et Cassius, dont le premier, comme nous lisons, n'espargnoit ni temps, ni coust, ni diligence pour instruire et façonner des serviteurs à ceste aptitude qui peut les rendre idoines à bien servir et estre profitables. On trouve mesme qu'il en faisoit mestier et marchandise.

Nous manquons en France quasi tous generalement de ceste science; et pourtant ne joüissons nous

---

[1] L'entéléchie, expression aristotélicienne encore très en usage dans la philosophie de l'époque, est l'être en acte, ici l'État, dans son entière puissance et perfection. Voy. ARISTOTE, *Métaph.*, lib. VIII, cap. VIII, 45, note 1.

assez amplement d'un si propre et si domestique bien pour n'en connoistre l'usage, ou pour le negliger avec trop de nonchalance, à nostre perte, et au détriment du public. De là vient que la pluspart de nos hommes sont contrains d'aller chercher ailleurs lieu d'employ et de travail, qui en Espagne, qui en Angleterre, qui en Allemagne, qui en Flandres. Combien d'autres au reste raudent parmi nous, valides, robustes de corps, en plaine fleur d'âge et de santé, vagans jour et nuict deçà delà, sans profession ni demeure aucune determinée, chacun le void tous les jours avec estonnement. Les carrefours des villes, les grands chemins en fourmillent, et leur importunité tire hors des mains de la charité ce qu'elle n'avoit coustume d'octroyer qu'à une vieille, faible et percluse indigence [1]...

De vray la France a ceste gloire, incommunicable à tout autre pays que chez elle est establi de toute antiquité le vray domicile de la liberté; que l'esclavage n'y trouve point de lieu; que le serf mesme d'un estranger est affranchi si tost qu'il y a mis le pied [2]. Mais, puisque, pour bonnes et chrestiennes rai-

---

[1] « La distribution des laines aux pauvres par les abbayes, l'establissement et l'augmentation des manufactures sont d'un si grand avantage aux peuples et à l'Estat, pour bannir la fainéantise, qu'il n'y a point d'application plus utile que celle-là et à laquelle je vous convie davantage. Vous en jugerez facilement, pour peu que vous fassiez reflexion à la quantité de gueux et de fainéans que vous trouverez aux environs des abbayes, qui font des aumones générales sans distinction. » COLBERT à l'intendant de Rouen. — Lettres, instructions et mémoires, vol. II, p. 713-714.

[2] Bodin disait : « La servitude n'a point lieu en tout ce

sons, on a aboli la servitude, reste que le public ait soin d'employer les hommes à des artifices et travaux qui joignent le profit particulier à son utilité commune.

L'homme plus entendu en fait de police n'est pas celuy qui, par supplice rigoureux, extermine les brigands et voleurs, mais celuy qui, par l'occupation qu'il donne à ceux qui sont commis à son gouvernement, empesche qu'il n'en soit point. Ce que l'on peut obtenir, dressant dans chaque province de ce royaume, plusieurs divers atteliers de diverses manufactures, selon qu'elles s'y trouveront commodes. Et celà sans doute fera faire de belles pepinieres d'artisans, qui causeront la plus grande richesse du pays. Et celà sans doute fera jeter à bas mille roües et mille potences, sans y employer les foudres de la Justice, dont les spectacles ne sont moins horribles que necessaires[1].

...Il y a plusieurs sortes de serfs; mais ceux-là le sont plus naturellement, qui le sont volontairement; n'ayans aucune honte de mener une vie caimande et necessiteuse d'autruy... Ce sont François indignes de ce nom de liberté, et qu'avec toute justice et equité naturelle on peut obliger au travail. Ainsi se provi-

---

royome : de sorte mesme que l'esclave d'un estranger est franc et libre, si tost qu'il a mis le pied en France. » *De la République*, p. 45, édit. de Paris, 1577.

[1] En 1612, une ordonnance (*Isambert*, XVI, p. 28▮), qui ne fut pas exécutée, avait prescrit l'établissement d'ateliers de charité où les mendiants valides seraient enfermés et astreints au travail. — Voy. H. Pigeonneau, *Hist. du commerce*, t. II, p. 353.

gnera [1] l'industrie en un grand nombre d'hommes
qui languissent inutiles. Ainsi se deschargera le public et se prouvera qu'il n'est point de si petit art, qui
ne donne la nourriture et le vestement à son homme.
Ainsi s'augmentera le commerce, qui n'est proprement que le resultat de l'artifice ; que le bassin de sa
fontaine où vient s'abreuver la necessité publique, et
qui respand par dessus ses bords assez d'eaux pour
contenter les estrangers, sans leur permettre de puizer
à mesme comme ils font.

Nostre feu Roy d'immortelle memoire a fait connoistre en beaucoup de subjets l'honorable passion
qu'il avoit d'embellir son royaume de toutes sortes
d'artifices. Il a receu volontiers ce qu'on luy a proposé à cette fin, l'a favorisé d'avantageux privileges,
et quelque fois a fourni le principal nerf qui donne le
mouvement. Son soin royal couloit curieusement par
tous les membres de cest Estat et s'appliquoit judicieusement à ce qui avoit apparence de pouvoir
contribuer à sa grandeur. Ces bons mouvemens que
Dieu sans doute luy mettoit au cœur pour l'utilité de
son peuple, ont esté suivis de différens effects ; les
uns profitables, les autres non du tout repondans à
la sincerité de ses intentions ; mais tousjours y
trouve l'on matière de le reconnoistre tres-grand
prince et bon roy. A qui tente beaucoup de choses
toutes ne peuvent pas reüssir à souhait.

En ce loüable desir qui le possedoit, et duquel
vous devez heriter aussi bien que de son sceptre, vos

----

[1] Provigner, c.-à-d. propager.

Majestez me permettront de leur noter un poinct digne
de principale observation où l'erreur est commun et
presque naturel à tous hommes. C'est que nous faisons ordinairement plus grand estat des choses
estrangeres que des nostres propres, et que nous
cherchons bien loin ce que nous avons bien prés.
Pour voir la femme de nostre voisin belle à nos yeux,
agreable à nostre fantasie, il ne faut pas tout soudain
haïr et mepriser la nostre. Il seroit plus à propos de
juger sans passion, si le fard estranger, si l'air nouveau d'un visage, si l'ornement non domestique
suborne point nostre veuë et n'apporte point d'illusions à nostre jugement pour le corrompre, et s'avantager sur la beauté familiere et naturelle que nous
possedons; car en ce cas ne vaudroit-il pas mieux
y adjouster ce qui nous peut plaire, puis qu'il nous
est possible, et prendre tout subjet de contentement
en ce que nous avons à la main, que nous pouvons
jouïr sans coust, acquerir sans peine et conserver
sans danger.

Je desire faire entendre à vos Majestez que la
France, vos uniques amours et vos plus cheres
delices, est plaine de ces beaux arts et mestiers
utiles dont les estrangers qui les pratiquent comme
nous, voudroient bien pour tousjours nous tromper,
s'approprier contre tout droit la naifve[1] et legitime
industrie. Mais qui voudra par un sain jugement
connoistre de ce fait, sans se laisser piper à l'opinion

---

[1] *Naïve*, c.-à-d. native, sens. étymologique de ce mot dont
notre acceptation, synonyme de *candide*, inexpérimenté, n'est
qu'un dérivé.

ni à l'apparence, trouvera qu'ils n'ont rien, je ne dirai pas de plus, mais de si parfait en leur main qu'en celle des vostres. Tout ce qu'ils en empruntent, c'est à l'avanture un peu de lustre et de fard estranger que nos hommes leur pourroient donner s'ils ne le negligeoient point, doüés qu'ils sont naturellement plus que tous autres d'une singulière gentillesse et proprieté. Il n'y a donc que ce mal, si c'est un mal, qu'ils ne peuvent estre charlatans ni de la main ni de la parole; qu'ils n'encherissent point la juste valeur de l'essence des choses par une vaine superficie; et qu'ils se monstrent en un mot, plus propres à bien faire qu'à s'en vanter. Adjoustons y un vice, lequel est plus nostre que leur, que la plus grand part de nous ne sçait pas reconnoistre leur suffisance, et que de là ils viennent eux-mesmes à s'en deffier. Finallement, pour conclurre par leurs defaux plustost que par leurs vertus, ils ne procedent pas en leurs travaux avec trop bon ordre, et cela sans doubte est un fort grand détourbier[1] à leur naturelle industrie.....

Le plus royal exercice que peuvent prendre vos Majestez, c'est de ramener à l'ordre ce qui s'en est détraqué, de regler et distinguer les arts tombez en une monstrueuse confusion, de rétablir les negoces et commerces discontinués et troublés depuis un long temps. Si vous pouvés tirer ces trois points du Chaos où ils sont broüillez pesle-mesle et leur donner une forme propre et convenable, vantés-vous alors d'avoir fait le grand œuvre, et que de sa projection

---

[1] *Détourbier*, c.-à-d. trouble, empêchement.

sur les metaux imparfaits de vos subjects vous tirerez
des thresors infinis, des fruicts inestimables, des utilités incomprehensibles.....

Entre les laboureurs ce n'est pas celuy qui a le
plus de terre qui tire le plus de son labeur, mais
celuy qui connoist mieux quelle est la qualité naturelle de chaque sien solage, quelle semence y est plus
convenable et en quelle saison il luy faut donner ses
façons. La richesse d'un Estat ne dépend pas simplement de sa large estenduë, ni de l'abondance de ses
peuples, mais de n'y laisser nulle terre vague et de
disposer avecques jugement un chacun à son office.
En toute administration il n'y a poinct de negligence
plus pernicieuse que de ne connoistre pas ceux à qui
l'on commande, de paresse plus prejudiciable que
de ne sonder pas à quoy plus naturellement ils sont
appliquables.

...Tout cela revient à ce poinct : qu'en l'Estat aussi
bien qu'en la famille c'est un heur meslé de grandissime profit de mesnager bien les hommes selon leur
particulière et propre inclination. Et sur la consideration de ce rapport qu'ils ont ensemble, en ce qui
concerne le poinct de l'utilité, joint avec plusieurs
autres raisons qui seroient longues à deduire, on
peut fort à propos maintenir, contre l'opinion
d'Aristote et de Xenophon, que l'on ne sçauroit
diviser l'œconomie de la police sans demembrer la
partie principale de son Tout, et que la science d'acquerir des biens, qu'ils nomment ainsi, est commune
aux républiques aussi bien qu'aux familles. De ma
part, je ne puis que je ne m'estonne comme en

leurs traitez politiques, d'ailleurs si diligemment escrits, ils ont oublié ceste mesnagerie publique, à quoy les necessités et charges de l'Estat obligent d'avoir principalement égard.

Il y a un grand raport et bien fort estroite convenance, entre les corps des Estats bien composés, et les corps des animaux. Les animaux se gouvernent par trois facultés plus differentes que diverses, que les medecins appellent ames. La premier est la vegetative qui leur est commune avec les arbres et les plantes, laquelle gist au foye et au sang qui s'y fait. Ceste-ci nourrit le corps, et est dispersée en ses membres avec le sang par ses veines. Les laboureurs et maneuvres travaillans à la terre, tiennent le lieu de ceste ame en la Republique. La seconde est la sensitive, laquelle reside au cœur, source de la chaleur naturelle, et du cœur s'espand en tout le corps par les arteres. En l'Estat, les artisans et gens de mestier ressemblent proprement à ceste faculté. La troisiéme est l'animale et a son siege au cerveau, ou elle préside aux instincts et actions et par les organes des nerfs departis en plusieurs rameaux, donne mouvement à tout le corps. A ceste dernière se peuvent avec beaucoup de raison approprier les marchands qui sont en la société civile[1].

Par ces trois sortes d'hommes, laboureurs, arti-

---

[1] Malgré l'étrange image empruntée à la physiologie de l'époque, le rôle attribué par Montchrétien aux marchands est d'autant plus intéressant qu'au siècle suivant les physiocrates considéreront les marchands comme une classe *stérile*. — Voy. *Dict. de l'écon. polit.*, Physiocrates, J. GARNIER.

sans, marchans, tout estat est nourri, soustenu, entretenu. Par eux tout profit vient et se fait, et en sont les diverses digestions, ne plus ne moins qu'au corps naturel, tousjours transmuées en mieux.....

Toute richesse, qui procede et vient ès Republiques, comme d'une main à l'autre passe par ces trois degrés d'honneur, destinez pour élabourer à perfection le chile du profit, lequel naist au reste, comme de deux sources vives et non jamais taries, de l'esprit et de la main, operans separément ou conjointement en des subjets naturels. Soit que l'on regarde à l'un ou à l'autre, vos peuples en ont les plus vifs et abondans sourjons. Il n'y a pas pour cela d'argile en leur fonds. Ils n'ont que faire d'aller querir de ce feu chez leurs voisins. Ils sont composez d'une humeur cholerique, à laquelle Galien donne la prudence aux negotiations et l'activité au travail. Car au reste il ne faut point tirer consequence à leur desavantage, de ce que plusieurs hommes de nom, suivans en cela Caesar, Tacite et Trebellius Polio, les ont estimés legers. D'autant que, lorsque si l'on sonde jusques au vif l'intention de ces judicieux autheurs, quoy que passionnez d'ailleurs, ils ne nous soient pas favorables, on jugera que ce tiltre nous est plus honorable qu'injurieux; et que soubs une parole d'ambiguë interpretation ils designoient aux meilleurs entendeurs, ceste allegresse et promptitude naturelle, que nous avons en toutes choses. Car c'est bien la verité, qu'il ne se trouve nation au monde de plus vif esprit que la françoise, mieux née aux armes, aux lettres, à la marchandise, aux artifices. Vos Majestez le

peuvent assez remarquer tous les jours, en passant
par les ruës de vostre grand ville de Paris, qui n'est
pas une cité, mais une nation, comme disoit Aristote
de Babilone; et, pour encherir par dessus son dire
autant que la verité le permet, qui n'est pas une
nation, mais un monde.

Pour la gloire des armes, c'est un poinct vuidé à la
pointe de la lance, il y a deux mille ans. Pour l'honneur des lettres, et principalement de l'eloquence,
depuis les fameuses Athenes et la grande Rome,
personne ne nous le dispute; encor avons nous
bonne part à celuy de ceste dernière. Pour l'abondance de la marchandise et des hommes qui l'exercent, il y a plus de Marchands en France et plus de
moissons de traffic qu'il n'y a d'hommes en quelqu'autre royaume que ce soit, qu'il n'y a d'herbes
et de fueilles inutiles. Pour l'industrie des arts, c'est
de nous que tous les autres peuples la tiennent. Et nous
en demeure encor, comme par un droit de preciput,
plusieurs qu'ils n'ont pas. Une seule chose te manque,
ô grand Estat : la connoissance de toy-mesme et
l'usage de ta force !...

L'honneur nourrit les arts et les arts nourrissent
les hommes. C'est de l'affection que leur portent les
grands roys, princes et seigneurs que coule et s'insinuë
en eux la sève qui les entretient... Ainsi la peinture et
la sculpture eurent vogue en la Grece et en l'Asie soubs
le grand Alexandre. Ainsi les lettres entrerent en
credit parmi nous soubs le grand roy François. Et
depuis, en nos jours, les armes et la structure des
bastimens ont fleuri soubs nostre grand HENRY.

Quand vos Majestez voudront favoriser les beaux esprits et leur tendre la main pour les tirer hors de la foule du peuple, où ils sont pressés, cachés et retenus par une fatale necessité, elles découvriront par ce moyen et ouvriront mille sources de profit jallissantes perennellement en gloire et utilité. Puis aprés, quand une fois leurs ondes d'or, plus precieuses que celles du Pactole, auront pris leur cours non seulement par ce royaume, ains de ce royaume par tout le monde, on viendra des deux bouts de la terre, pour y boire et se desalterer, mais vos naturels subjets premier que tous autres. Car on ne trouvera jamais raisonnable ni par le droit ni par l'exemple que les estrangers soient égaux en privileges et concurrens en tous avantages avec les citoyens. L'humaine societé nous commande de bien faire à tous, mais à nos domestiques sur tous. Nous aurions en ce point besoin d'un petit lopin de l'humeur angloise.

Ce ne fut point sans grand consideration que Solon, grand homme de trafic et de negociation, fist une loy qui ne permettoit à l'estranger le droit de bourgoisie en Athenes s'il n'étoit exilé de son pays. Nostre Louys douzième, ayant mesme regard pour ceux qu'il avoit admis à l'usage et participation de nos droits que Solon pour ceux qu'il vouloit interdire de sa republique, debouta du privilège de naturalité tous les estrangers qui s'estoient retirés hors de son royaume... Pour certaines raisons ont peut les forclorre en temps de paix comme en temps de guerre, ou les admettre soubs certaines conditions. Qu'ils

ayent un libre accçès parmi nous, comme ils ont tousjours eu plus qu'en lieu du monde; mais à tout le
moins, que leurs negociations et faciendes soient
limitées et circonstantiées... Les Grecs anciennement
les appelloient ennemis; comme aussi les Latins, selon
la remarque qu'en fait Ciceron des 12 tables; et possible encor de là aujourd'huy sont appellés nos
« hostes » en nostre vulgaire.

En quelques saisons, la raison de l'Estat commande aux princes de les attirer... Ainsi nostre
Louys onzième repeupla sa ville de Bordeaux, permettant à tous estrangers, tant amis qu'ennemis,
excepté aux Anglois, de joüir de ses priviléges. Ainsi
Richard, roy d'Angleterre, remplit d'artisans et de
marchands sa principale ville de Londres, donnant
les droits des originaires à tous ceux qui y auroient
habité par dix ans. Ainsi le grand roy François,
ayant basti le Havre en Normandie, il s'y domicilia
en peu de temps un bon nombre de familles, attirées en ses nouveaux murs par les exemptions qu'il
leur donnoit.

Maintenant que la France n'a non plus de vide que
la nature, vous ne devez point beaucoup travailler
vos royales pensées pour y évoquer des estrangers.
Il y en vient assés de leur propre mouvement, mais
plus pour en r'emporter que pour y apporter. Vos
Majestez y doivent seulement un peu mieux recevoir
que les autres et plus volontiers ceux qui, comme
pour le paiment de nostre bourgeoisie, nous peuvent
communiquer quelque industrie profitable et advan-
tageuse. A cela nous induisent et instruisent les

exemples de nos voisins, qui se servent de nous-mesme mieux que nous ne faisons nous-mesmes. Un bel esprit doit joüir par tout de ses droits naturels. Il y a bien souvent autant de distance d'un homme à l'autre que de l'homme à la beste.

L'aemulation est en toutes choses un grand aiguillon à bien faire. Par elle les hommes peuvent monter à la perfection de tous arts. Il n'y a point de plus court moyen pour faire bien tost gagner le haut comble à ceux qui les exercent que de les commettre en concurrence d'industrie comme en la poudre[1] d'une lutte d'honneur et de prix. Cela les oblige à prendre garde à soy de plus prés, à considerer circonspectement tout ce qui leur peut servir à faciliter leur art, et ordonner mieux leur travail. Considerons comme ès theatres mesme nos chantres et comediens demeurent tous languissans nonchalans et peu deliberez de monstrer ce qu'ils sçavent, quand ils joüent seuls en une ville; mais, s'il y vient quelqu'autre compagnie, alors par une contention à l'envi à qui gagnera le prix ils font tout leur effort de bien faire, et ne se preparent pas seulement, mais leur eschaffaut et leurs instrumens mesmes, avec tout le soin et la diversité qu'ils y peuvent apporter[2].

En ce travail public divisé en tant d'arts et mestiers, on doit principalement faire observer une chose à vos subjets, de ne le meslanger et diversifier point tant en une seule main. Les Alemans et Fla-

---

[1] *Poudre* de l'arène d'...

[2] Sans doute, un ressouvenir du temps où Montchrétien faisait le métier d'auteur dramatique.

mans sont plus imitables, qui ne s'employent volontiers qu'à une besongne. Ainsi s'en acquitent-ils
mieux, où nos François, voulans tout faire, sont contrains de faire mal. Cela leur est un grand empes-
chement et divertissement du droit chemin, qui
mene à la perfection d'une chose singulière. L'esprit
se fait moindre, s'appliquant avec attention à divers
subjects, et ne peut avoir le temps ni la force de
trouver ce qu'il cherche ce qu'il y a de bon, quand
il est detourbé par necessité ou curiosité[1].

Pour remedier à cela et empescher en ce fait
l'inconstance de nostre inclination au changement,
vos Majestez permettront, s'il leur plaist, que l'on
dresse ès diverses provinces de la France, plusieurs
atteliers des artifices qui sont plus necessaires universellement par tout, donnant la surintendance et
conduite d'iceux, avec privileges utiles et honorables, à des esprits capables et plains de l'intelligence requise à chacun selon son espece, afin qu'ils
departent par jugement les tasches et labeurs entre
les artisans selon leur portée et capacité acquise ou
naturelle. Et de cest ordre bien establi naistra l'exquise science et l'excellente pratique des arts et des
mestiers au bien et utilité de vos subjects., à la
recommandation de vostre prudence et à la gloire
de cest Estat...

Mais, d'autant que nous ne sommes pas parfaits
et ne vivons avec des personnes parfaites, parlons de
ce poinct selon le cours du monde, où chacun prend

[1] Voy. COURCELLE-SENEUIL, *Adam Smith*, la division du travail, liv. I, I.

sa mire [1] au profit, et tourne l'œil par tout où il aper-
çoit reluire quelques estincelles d'utilité, à laquelle
l'homme se porte, soit par nature, soit par nourriture et coustume que l'on dit estre une seconde
nature. Aussi les plus habiles, et, qui ont mieux estu-
dié le livre des affaires en (se) determinant par l'experience commune, ont tenu que les necessitez diverses
que chacun sentoit en son particulier, ont esté la première cause des communautez generalles. Car la
plus ordinaire liaison des hommes et leur plus frequent assemblage depend du secours qu'ils s'entre-
prestent et des offices mutuels qu'ils se rendent de
main en main..., mais en telle sorte que chacun est
plus porté de son profit particulier comme d'un
mouvement propre et à part de cest autre mouvement general que luy donne, sans qu'il s'en aperçoive
quasi, la nature son premier mobile... Tant de tracas,
tant de labeurs de tant d'hommes n'ont point d'autre
but que le gain. A ce centre se reduit le cercle
des affaires; la necessité du mouvement cerche ce
poinct [2].

La nature nous donne l'estre ; le bien estre nous
le tenons en partie de la discipline, en partie de l'art.
Laissant à part la discipline, laquelle, s'il se pouvoit
faire aussi facilement comme on le pourroit desirer,
devroit estre une et esgalle en tous, important qu'il
est au bien de l'Estat que tous y vivent bien et hon-
nestement, arrestons nostre discours sur les arts, lesquels, comme nous avons desja dit, sont aussi divers

[1] Prend sa mire... ; *vise*, dirions-nous maintenant.
[2] Voy. p. 22, note 1.

entre les hommes que les usages de la vie sont differens. Pour en parler generalement comme ils se pratiquent, je les reduits à ceux qui nous fournissent le
necessaire, l'utile, le bien seant et l'agreable, d'autant
que tous travaillent pour quelque fin, et leur fin
consiste principalement en ces choses. Si nous voulons repeter ce poinct dès son origine, depuis que
la terre, maudite par la transgression de nos premiers
parens, fut condamnée à porter des ronces et des
espines, la peine et le labeur nous furent donnés et
transmis comme par un droict de succession, suivant
cest arrest : « Tu mangeras ton pain à la sueur de ton
front. » Ainsi la vie et le travail sont inseparablement
conjoints. Ainsi ne pouvons nous vivre sans alimens,
et nous ne pouvons avoir ces alimens sans labourer
la terre, et d'elle les prennent les hommes, d'autant
que tous vivent naturellement de leur mere.

De là ceste laborieuse agriculture qui, continuellement, lutte contre sa sterilité et la force, en luy bien
faisant, de rendre quelque récompense à tant de
labeurs et de payer l'usure de tant de prests. De là ce
soin requis au plant et entretien de la vigne et des
autres arbres fruictiers. De là ceste conduite des eaux
recerchées pour arroser les prés, afin d'y faire ger-
mer et croistre des herbes. Puis en suitte, la garde
et nourriture du bétail, dont nous mengeons la chair
et despoüillons les habits afin de nous vestir. C'est
principalement en ces choses qu'est occupée la vie rus-
tique, dont l'agriculture est le travail et la science.

S'il faut tenir ceste maxime qui dit que ce qui est
le plus antique est le meilleur, certes l'art d'agriculture

est l'excellent sur tous. Aussi l'appelloyent les anciens sainct et sacré ou pour ce qu'ils estimoyent tel ce qui estoit inviolable, ou pour ce que ceux qui l'exercent sont tranquilles et patiens, amis de simplicité, ennemis de tumulte et de toute discorde...

Pour abréger donc, le labourage, et c'est aussi l'opinion d'Aristote et de Caton, doit estre estimé le commencement de toutes facultez et richesses, soubs lequel ou avec lequel est compris le bestail...

Du temps de nos pères, les plus gens de bien, nostre noblesse mesme, vivoit toute aux champs, avec autant de contentement que de repos d'esprit. Depuis que les villes ont esté frequentées, la malice s'est accruë, l'oysiveté s'est formée, le luxe s'est nourri, la faineantise a pris vogue. Entre nous maintenant, comme entre les Thespiens, c'est honte de manier la terre. Qui peut avoir changé la nature des choses ? Est-ce la raison ou l'opinion ? Est-ce la vertu ou le vice?...

Nonobstant ce desdain du labourage et ce mépris des laboureurs, je ne crois pas qu'il soit pays au monde où il se fasse plus de l'un, où il se trouve plus des autres qu'en France[1]. Plus d'hommes encor s'employeroient en ce loüable travail, au grand bien et profit de ce royaume, si la pluspart, conviez d'un honneur faux ou vain et d'un gain bien souvent illegitime, ne se jettoyent, comme en une rade asseurée, à cou-

---

[1] Le héraut d'armes de France répondait à celui d'Angleterre :

« Item, vous dites que c'est ung monde herbergié que du menu peuple d'Angleterre, mais je croy qu'il y a plus de laboureurs de vignes en France que d'ommes en Angleterre, de quelque estat qu'ilz soient. » *Op. cit.*, p. 43, § 119.

vert des tempestes et des orages, entre les bras des
charges publiques, desquelles l'exercice superflu et
ruineux cessant, ils seroyent contrains de se remettre
à faire valoir leurs propres terres[1], maintenant com-
mises à des fermiers, à des mercenaires ou à des
valets qui sont plus attentifs à les espuyser de valeur
et de graisse qu'à les bien façonner et amender. De
vray, nos paysans ont beaucoup degeneré et de jour
en jour deviennent pires; nos terres, pareillement,
semblent s'en ressentir, mais c'est nostre faute. Elles
nous oublient comme nous les avons oubliées; elles
nous méprisent comme nous les avons méprisées;
elles sont faschées de faire bien à ceux qui ne leur
en font ni font faire que le moins qu'ils peuvent. On
les traicte comme des esclaves, elles ne travaillent
que par acquit. Qu'on n'en accuse point l'intempera-
ture des saisons et la malignité des astres, encor que
possible il les veillent venger; la cause plus proche
de leur infertilité c'est la pauvreté des laboureurs.
Combien peu y en a il qui les possèdent en propre ?
Et leur travail se faisant tout pour autruy, perdent
ils pas le soin et l'envie de le bien faire ? Combien y
en a il qui n'en soyent distraits par leurs procez et
chicaneries ? Et la terre cependant est-elle repurgée
de ces mauvaises herbes qui estouffent les bonnes
semences ? Combien y en a il dont les harnois
meurent de faim, et qui sont eux mesmes mal nour-

---

[1] Henri IV déjà avait exprimé le désir de voir les nobles
vivre chacun en ses biens et faire valoir ses terres. — Voy.
HARDOUIN DE PÉRÉFIXE, *Histoire du roi Henri le Grand*, 3ᵉ partie,
p. 221, édit. de 1816.

ris ? Et comment pourront-ils s'employer fortement
et fouler sur les manchons de la charruë ? Tous ces
manquemens se recognoissent depuis plusieurs années
et se feront mieux sentir à l'advenir si vos Majestez
par leur bonté n'y donnent ordre.

Comme les humeurs coulent tousjours sur les parties plus basses et plus debiles, c'est tousjours le peuple qui souffre le plus de toutes ces charges. On peut
dire que les laboureurs sont les pieds de l'Estat; car
ils le soustiennent et portent tout le faix du corps. Vos
Majestez en doyvent garder la lassitude, car, s'ils se
laschoient, le chef en patiroit comme les autres membres. Il n'iroit plus où il voudroit s'ils luy manquoyent.
Vous en devez donc prendre un soin tres-particulier.
C'est par eux que vous soudoyez vos armées, que vous
payez vos garnisons, que vous munissez vos places,
que vous remplissez vostre espargne. C'est par eux
que vostre Noblesse vit et que vos villes sont nour-
ries. Et, à le prendre ainsi, on peut dire à propos
qu'ils sont encor en l'Estat ce que le foye est au corps.
L'un fait le sang par lequel les esprits sont charriez et
distribuez en tous les membres[1]; les autres fournissent les alimens par lesquels la vie est entretenuë; de
sorte que vous mesme avez besoin de leur aide aussi
bien que vos subjects, lesquels tous ensemble, je n'en
doute pas, parlans par la bouche de vos trois Estats

---

[1] On sait que ce ne fut qu'en 1628, c'est-à-dire sept ans
après la mort de Montchrestien, que William Harvey publia
ses recherches sur le rôle du cœur dans l'organisme humain.
Jusque-là on croyait que c'était le foie qui élaborait le sang
et le répandait à travers nos membres.

assemblez, intercederont tres-humblement envers vos Majestez pour leurs nourrissiers et obtiendront la satisfaction et le contentement que meritent tant de labeurs pris pour le public, trempez de sueur et bien souvent de larmes [1].

Si, naturellement, on est obligé à l'amour et conservation de quelques-uns, n'est-ce pas de ceux qui font vivre soy-mesme et les autres ? Si la charité doit avoir quelques regards et distribuer par certains degrez les effets de sa pieté, pour qui se doit-elle plus tost employer que pour des hommes foibles et innocens ? Si la justice, à qui Dieu commet la protection des pauvres aussi bien que le maintien des riches, est subjette à veiller pour le bien de tous, sur qui tiendra elle les yeux plus ouverts, que sur ceux qui sont exposez à toute injure ? Le nombre, pour les rebelles mesmes, donne bien souvent occasion de pardon et de salut. Que doit-il donc faire pour ceux qui sont tousjours prests d'obeir ? On soulage tousjours les plus volontaires autant que l'on peut. Et quelles gens doyvent estre estimez davantage que ceux qui tendent le col au joug et, l'ayans reçeu, le portent si doucement ? Pour conclusion, quiconque est appelé au gouvernement des peuples doit les aimer pour en estre aimé. Car leur amour est son plus ferme rempart et sa forte-

---

[1] Les États généraux furent convoqués à Paris le 28 octobre 1614, et le 16 janvier demandèrent en effet la réduction des tailles, l'expulsion des partisans, le rachat des domaines aliénés, etc. — Voy. E. PICOT, *Hist. des États généraux*, t. III, p. 381.

resse inexpugnable. Quiconque les aime ne leur
impose pas des fardeaux qu'il ne voudroit pas toucher du bout du doigt; car luy mesmes les soupéze
et juge prudemment s'ils sont égaux ou disproportionnez à leur force. Et quiconque les espargne en
leurs charges, les mesnage à son profit en cas de
necessité. Car tout ce qu'ils ont est à luy par puissance et par bien-veillance.

Il faut travailler pour se nourrir et se nourrir
pour travailler. C'est pourquoy j'ay sommairement
traicté ce que dessus touchant l'agriculture, afin de
m'acheminer par le fil d'un bon ordre au discours
particulier des labeurs de main qui s'employent sur
quelque subject naturel. Car les choses naturelles
sont les principes des artificielles, lesquelles appartiennent proprement à l'homme, selon le Trimegiste,
qui dit que « les rayons de Dieu sont actions; ceux du
monde natures; ceux de l'homme, arts et sciences... »
Les arts, à la verité, ne sont pas si absoluëment necessaires à nostre vie, comme l'agriculture; mais ils
nous sont rendus tels par usage et par coustume, et
sans eux elle seroit manque et imparfaite... Ainsi
l'art qui n'est qu'une imitation de nature, s'appliquant à manier plusieurs choses, qui sans luy reste-
roient inutiles ou de peu d'usage, les façonne en
maintes sortes, suivant l'intention de celuy qui
l'exerce, soit pour sa commodité, soit pour celle des
autres, laquelle le fait pratiquable plus ou moins,
selon qu'elle est plus ou moins grande.

Les choses naturelles qui se communiquent davantage, comme plus parfaites et plus appro-

çhantes de la vertu divine, sont plus estimées. Pour exemple, l'air que nous respirons, la lumiere que nous voyons, le feu qui nous eschauffe... Ainsi les artificielles qui se respandent en plus d'usages meritent le premier rang en un Estat, pour le regard de l'utilité... Toute societé doit en estre abondamment fournie et de soy mesme. Elle ne doit point emprunter ailleurs ce qui luy tient lieu de necessaire : car, ne pouvant avoir qu'à la mercy d'autruy, elle se rend faible d'autant. Qu'elle sonde la terre en plusieurs lieux, qu'elle creuze jusques à l'argile, selon le precepte de Platon, pour avoir ceste eau, il n'y a que la seule necessité qui doyve contraindre de prendre ailleurs ce que l'on n'a point. Cela que chacun prend sur soy est proprement son propre, non ce qu'il a acquis ou emprunté d'autruy. Pour s'assortir de toutes commoditez, on ne doit espargner aucun labeur... Ce qui ne se peut que par le moyen de tous arts utiles et honnestes.

Puis donc que l'utile nous tient icy lieu de principale considération, par lequel des arts convient il commencer que par celuy de la forge, sans lequel les autres ne se peuvent employer?...

Comme quelques naturels disent que le monde au commencement ne voulait pas estre monde et que les corps ne se vouloient pas joindre et mesler ensemble pour donner à la nature une commune forme, de sorte que tout demeuroit en tourment et combustion, jusques à tant que, la terre venant à prendre grandeur par le moyen des corps qui s'attachoyent à elle, elle commença à donner dedans soy

et à l'entour un siege ferme et asseuré à tous les
autres corps, ainsi peut-on s'immaginer que les arts
confus et broüillez en l'idée des premiers hommes,
ne voulans s'incorporer de plusieurs parties differentes et s'obstinans en leur meslange, ne se fussent
jamais rangez à l'union et correspondance où nous
les voyons maintenant, si cest art, qui les contient
tous en puissance et les reduict tous en acte, ne
leur eust donné à l'advenir une consistance ferme et
durable. Nous l'appellerons donc à bon droict l'art
des arts, le commun element de leurs elemens, la
main de toutes les mains qui travaillent, le premier
instrument de l'invention ; et dirons que c'est à
l'endroit des autres, qui en sont meuz, le mouvant et
organe du mouvement; le moyen que l'imagination
remuée par la curieuse recherche a trouvé dans la
nature pour amener à perfection tout ce qui dépend de l'operation artificielle. Aussi son labeur
s'employe sur un metal qui se transfigure en la
forme qu'on veut, qui se transforme en toutes sortes
d'usages, qui a tant de force sur les corps les plus
solides, qui s'explanade [1] la voye à tous ouvrages,
qui de vray jette grand nombre d'hommes en leur
sepulchre avant le temps, mais qui en conserve
aussi et fait vivre beaucoup d'autres...

Cest art donc si grand, si universel, si necessaire
à tous vos Peuples, si cheri des Barbares, si recherché des Sauvages, vous doit estre en recommandation singulière, quand il n'y auroit autre considera-

---

[1] *Explanade*, c.-à-d. *aplanit*.

tion que ceste-cy : que par les armes qu'il fabrique, la gloire de cest Estat est montée jusques au Ciel, ses bornes se sont estendues d'une mer à l'autre, et sa vertu, — ce nom appartient proprement à nostre valeur, — a fait trembler tous les peuples de la terre. Je dis ceci pour fermer la bouche à ceux qui voudront m'accuser de parler à des Majestez si hautes et relevées de choses qu'ils estiment si basses et mecaniques, sans considerer que tout ce discours ne tend qu'à ramener vos yeux sur vostre pauvre peuple pour recognoistre quelle est sa vie et son exercice afin de vous induire à r'ouvrir les sources de son gain, dont les ruisseaux tarissent peu à peu et bien tost demoureront à sec, à remettre le travail de ce Royaume en credit, à reléguer l'oysiveté chez les Estrangers, bref à donner occasion à tous de se contenter, de se plaindre à nul, si ce n'est de soy-mesme.

Pour reprendre mon discours, j'ose asseurer à vos Majestez, — et quand et quand je prouve avec la necessité l'utilité de l'art dont je parle, — qu'il y a plus de cinq cens mille personnes en vostre Estat qui comme salemandres vivent au milieu de ce feu, qu'il s'estend au reste en tant de divers mestiers qu'il faudroit plusieurs pages pour en faire le dénombrement. Je penseray pour ceste heure avoir fait le principal si je donne à comprendre à vos Majestez que pas un seul n'y manque et que tous y peuvent estre exercez parfaitement, que nos voisins les ont appris de nous et que les escoliers ne passent point encor les maistres. L'Angleterre nous en

est un exemple suffisant, laquelle depuis nos guerres
civiles, faisant profit des confusions de ce Royaume,
s'est si bien instruite par l'adresse de nos hommes,
qui s'estoient jettez chez elle comme en un port de
repos, que maintenant elle pratique avec gloire et
profit ces mesmes Arts que nous avions long temps
gardez comme en proprieté, de l'ouvrage desquels
nous seuls l'accommodions; de maniere que nous
mesmes avons diverti nostre gain, maintenant retenu
par son labeur pour elle mesme. Nos hommes
encor vivans chez elle et leurs enfans luy sont
comme des trophées de nostre dépoüille. C'est à eux
seuls qu'elles doit la fabrique de toutes sortes
d'armes, l'arquebuzerie, la serrurerie, la coutelerie
et tout plain d'autres mestiers de semblable nature.
Ce que je dy d'Angleterre, je le tiens dit pour la
Flandre et principalement pour la Holande. Car en
ce subject mesme, elle nous doit plus qu'aux Allemans, bien qu'elle soit si conjointe avec eux de
genie, de langage et de meurs.

...L'Allemagne, à la verité, s'est attribuée une grand'
loüange au maniment du fer[1]; mais les ouvrages que
nous en faisons, hors l'opinion qui donne prix aux
choses estrangeres, ont tousjours bien vallu et vallent

---

[1] La métallurgie allemande avait pris, au seizième siècle,
un développement extraordinaire, grâce surtout à l'excellente
exploitation de ses mines. « L'édit de 1604, écrit à ce sujet
HÉRON DE VILLEFOSSE, est de tous les édits publiés jusqu'alors
par les rois de France, celui qui se rapproche le plus des
ordonnances regaliennes que le siècle précédent avoit vu se
repandre avec tant de succès en Allemagne ; mais dans celle-ci,
la marche de l'administration étoit déterminée legalement et

bien autant que les siens; et, quand je diray : mieux, la preuve ne me démentira point. C'est la coustume des peuples de préferer le labeur et l'artifice estranger; de nous autres sur tous, qui n'aimons rien tant que ce que nous ne cognoissons point.....

Qui peut faire soy mesme, doit il faire par autruy ? Est ce un bon mesnager, qui met la main à la bourse pour achepter ce qu'il peut cueillir de son propre fonds, qui pour faire valloir la terre d'autruy laisse la sienne en friche, qui, ayant des bras, ne les peut trouver pour travailler et s'en rapporte à son voisin ? Vos Majestez ont assez d'hommes en ce royaume, autant ou plus industrieux que les estrangers. Donnez leur moyen de monstrer ce qu'ils sçavent faire, et ils feront merveilles. Ce moyen, c'est de ne permettre plus que leurs labeurs soyent estouffez par ceux d'autruy, de leur attribuer au contraire toute la manufacture composée de fer et d'acier, afin que desormais ils ne vivent pas seulement, ce qu'ils font à peine, mais qu'ils vivent en faisant profit de leur travail, et cela sans doute resultera à la gloire, à la force et à la richesse de cest Estat. Autrement il ne faut point douter que, leur continuant le manquement de gain, ces arts si necessaires, desja fort laborieux de soy, ne soyent à l'advenir abandonnez comme infructueux, ce qui ne peut arriver sans un dommage universel. Remediez y a temps. Ne laissez

reglée avec tous les détails nécessaires ; dans le droit françois, on s'étoit contenté de jeter en avant quelques principes dont l'application étoit à l'arbitraire. » — *De la richesse minérale,* t. I, p. 564.

point esteindre le feu de la forge[1]; il est plus aisé de le conserver que de le r'allumer s'il estoit mort.

Premierement, je represente à vos Majestez que toute la quinquaillerie, à la fabrique de laquelle sont occupez, tant dedans que dehors le royaume, non des villes seules, mais des provinces entieres, se peut faire abondamment et à prix tres raisonnable dans les pays de vos Seigneuries, que d'y en admettre et recevoir d'estrangere c'est oster la vie à plusieurs milliers de vos subjects dont ceste industrie est l'heritage et ce travail le fonds de leur revenu ; c'est diminuer d'autant vostre propre richesse, laquelle se fait et s'augmente de celle de vos peuples. C'est couper les nerfs de vostre Estat et chercher à tenir par emprunt d'autruy les instrumens de sa valeur. Si vous n'aviez point de tels hommes, il en faudroit évoquer de toutes parts. En leurs mains est le principal service de la Republique. Les Turcs et plusieurs autres peuples le sçavent bien, qui les retiennent quand ils les peuvent attrapper. Il en est autrefois trop sorti hors de ce royaume. S'ils y fussent demeurez, nous nous en trouverions plus forts et plus riches. Quelle chose a, du temps de nos pères, esté plus defenduë que de porter du fer et des armes aux

---

[1] Le héraut d'armes de France dit à celui d'Angleterre :

« Item, or parlons du fer. Vous avez du fer en Angleterre ; aussi en avons nous largement en France ; mais le meilleur fer qui soit pour faire navire, c'est fer de Biscaye en Espaigne, car il ploie et ne ront pas volentiers. Or c'est ainsy que nous sommes voysins de Biscaye et aliez du roi d'Espaigne ; si en pouvons avoir legierement et a grant marché. Et de vostre part vous n'en povez avoir que ce ne soit par saufconduitz et a grant peine et somptueux marché. » *Op. cit.*, § 72.

4.

barbares? Qu'eussent ils donc jugé de ceux qui leur
en eussent monstré le maniment et la fabrique? C'est
se couper la gorge avec son propre cousteau.

Pour ce qui touche les gros ouvrages, si vos Majestez considerent aussi bien le profit qui peut en revenir comme les estrangers le ressentent, elles donneront ordre que le pays s'en fournisse de soy mesme,
par un travail aussi abondant que legitime. Qu'il le
puisse aisément faire, il se prouvera par effet quand
il vous plaira le commander. Qu'il le puisse mieux
faire que nul autre, tous les jours l'expérience en fait
foy par la valeur et par le prix de son ouvrage. Faites-
nous donc joüissans du fruict de nostre industrie,
c'est à dire, rendez nous à nous mesmes. Faites nous
valoir ce que nous valons. Faites nous cognoistre pour
tels que nous sommes, afin que l'on cesse d'estimer
que des hommes rudes et grossiers ont la main plus
delicate que nous, l'esprit plus ingenieux, le corps
plus patient de travail, où tout au contraire l'artifice
nous est naturel, l'industrie ordinaire et le labeur
agreable.

La chose mesme semble nous persuader ce que
nous n'avons jusques icy peu cognoistre et pratiquer
par jugement. Arrestons nous à un exemple particulier, car il faudroit trop de temps et de paroles pour
esplucher tout par le menu. Il se fait en ce Royaume
un grand debit de faux. L'Allemagne tous les ans
employe quasi tous ses marteaux pour nous en forger. Toute la Lorraine[1] presque l'imite et seconde en

---

[1] On sait que la Lorraine resta indépendante jusqu'en 1766,
date de sa réunion à la France.

ce labeur ; l'une et l'autre y sont allechées par le profit. Et que font cependant nos artisans, beaucoup meilleurs et plus fidelles ? Ils chomment et languissent de faim. Est-ce pour ignorer la fabrique de cest ouvrage ? Rien moins ; leurs utils se vendent au double. C'est le grief, on cherche le bon marché, et pourtant on approuve l'abondance dans laquelle il se trouve. Celuy connoist peu la nature et l'usage des choses qui les estime autrement que par leur fin. On donnerait bien à du plomb la forme et la figure d'une faux, mais non pas la qualité requise à couper les herbes ; on façonneroit bien une faucille d'estain, mais les dents en seroyent trop molles pour sçier les bleds. On feroit bien une coignée d'or ou d'argent, mais, si on l'estimoit, ce ne seroit pas tant pour le service que pour la matiere. Par là se comprend facilement que tous utils ont leur prix pour leur usage et qu'il diminue d'autant plus qu'ils s'en departent et en sont moins capables. Qu'il soit permis à nos artisans de faire aussi mal que les estrangers et qu'apres ils soient comme eux exempts du reproche, alors ils feront les faux à aussi bon marché. Je dy et constamment asseure qu'en travaillant loyallement ils ne les peuvent donner à si petit prix que les français, lesquels sont obligez doublement à bien faire, et pour gagner, et pour eviter le decry qui les ruineroit. Mais des estrangeres sil s'en trouve de bonnes une entre six, c'est beaucoup ; je parle des meilleures ; pour les autres, à peine deux ou trois au cent. Aussi qui ne sçait en quelle estime est tout cest ouvrage par la France ? Qui, marchant par la campagne, n'entend les plaintes

des pauvres maneuvres trompez en leur achapt? Qui
par les villes, ne void le rebut que les marchands en
ont dans leurs boutiques ?

Le remede pour n'estre plus ainsi trompez, et pour
retenir en France plus de huict cent mille livres que
ceste marchandise en tire tous les ans, c'est de remettre sus l'industrie de la fabrique qui s'en va perissant, et pour cest effect comme j'ay prédit dresser
un attelier en chaque province, le labeur duquel joint
à celuy qui se fait dans le pays, beaucoup plus legitime que l'estranger, sera capable de la fournir utilement, et mesme avec épargne. Car l'Allemagne et la
Lorraine ne venant plus à regorger en ce royaume;
il sera facile d'en diminuer le prix, par l'asseurance
de la descharge[1], laquelle en matiere de manufacture
est seule et principalement considerable. Rien ne
cause tant la vilité que l'abondance; l'abondance
provient du labeur de plusieurs; et le labeur de plusieurs ne peut manquer ès choses qui sont de bonne
vente[2]. Ainsi profitera doublement le pays, par la
fabrique de l'ouvrage, et par l'employ de ses hommes.
Ainsi le travail se fera plus legitime, reconnu tel par
ceux ausquels la visitation en sera donnée, ou rejetté s'il est autre. Ainsi la fraude qui se pratiquera
en cest art sera préjudiciable à ses autheurs plus
qu'au public; car maintenant qui n'y est attrappé?
Premierement, tout ce qui a figure de faux se vend
pour faux, le fer comme l'acier; on ne les peut discerner à l'œil. S'il y a quelque reveuë, ce n'est que

---

[1] *Descharge,* c.-à-d. *transport.*
[2] La loi de l'offre et de la demande.

pour la forme; elle se fait par des gens sans connoissance. D'ailleurs ce n'est pas dans les grandes villes
seulement qu'on les debite; mais aux bourgs et villages où se font les assemblées et marchez. Il y en a
tel où de tous costez s'en apportent plus de cent
mille, lesquelles sont contreportées çà et là par nos
provinces, et Dieu sçait qui n'y est point trompé. Je
dis le mesme des faucilles, et de toute autre telle
marchandise, pour la vente de laquelle les forains se
servent du bon marché, comme d'un leurre surquoy
le peuple est induit à se jetter par la pauvreté, et bien
souvent à faute d'avoir mieux.

On n'a jamais vu l'incommodité de ceux qui manient les arts de la forge si grande comme à present. J'en feray remarquer l'occasion à vos Majestez.
L'Allemagne est grandement adonnée à ces sortes
d'ouvrages. Les plus grandes villes sont peuplées de
ses artisans, lesquels se deschargent en France principallement; car c'est le pays du monde où toutes
choses se debitent mieux et plus promptement. Toutes
fois ils ne l'avoient jamais si commodément fait que
depuis quelques années, qu'au lieu des voitures de
terre longues et coutageuses les Holandois leur ont
ouvert et facilité les voitures de la mer, au moyen desquelles sont maintenant apportées ces marchandises
lourdes et massives, à beaucoup moins de fraiz. Ainsi
vos hommes, qui, pour la distance des lieux et longue
traverse des chemins, estoient moins incommodez
par la manufacture estrangere, en sont maintenant
estouffez, voire se voyent quasi tous contrains de
quitter le travail. A joindre qu'il n'y a personne,

fourni d'esprit et garni de moyens, qui se soit encor
mis parmi nous à se servir des engins, par lesquels
ces ouvrages sont facilement avancez et menez à
bout; ce qui ne procéde point par faute de sçavoir
et de connoissance, mais plustost par la crainte que
nous avons de n'estre pas deschargez de la marchandise, venant à l'entreprendre en gros; ce qui se fera
volontiers au contentement de vos Majestez et à
l'utilité publique, si l'ordre requis y est apporté. Il
ne faut qu'un homme habile et courageux pour en
mettre plusieurs sur le bon train.

Rien ne se peut faire sans moyens, mais tout avec
moyens. Les trois principaux nous les avons : les
lieux, les materiaux, les hommes, et, pour donner la
forme aux choses, l'industrie; pour les lieux, les bois
et les eaux; pour les materiaux, l'acier et le fer; pour
les hommes, les bons artisans; quand je dy bons,
c'est à dire capables de bien conduire et perfection-
ner tous ouvrages. Je ne diray point icy, que, si la
marchandise qui se fait en Allemagne, Lorraine,
Flandres, Angleterre et autres lieux n'avoit plus de
cours en ce royaume, les plus gentils artisans de ces
pays, qui possible ne seroyent pas si bien employez
comme ils sont maintenant, y accourroyent de toutes
parts pour chercher besongne. Car ce seroit lors à
nostre choix, en suivant leurs propres exemples, de
les accepter ou refuser. S'ils nous vouloyent ou pouvoient apprendre quelque chose, je les reputerois
dignes de l'hostelage; sinon je serois d'advis que
nous nous tinsions aux nostres. On ne sçauroit jamais
trop faire d'artizans en un estat. La premiere raison :

pour ce que la Republique à faute d'eux souffre beaucoup d'incommoditez et laisse espuiser ses facultez aux estrangers, qui la fournissent des ouvrages faits de main... La seconde, d'autant que, n'y ayant rien plus dangereux que quand les subjects sont divisez en deux parts, sans moyen [1], et les artizans estant comme moyens entre les pauvres et les riches, les bons et les meschans, les sages et les fols, ils peuvent empescher les seditions des uns et les factions des autres.

Je n'arresteray point plus long temps vostre consideration sur les dépendances de la forge. Je supply seulement vos Majestez d'imaginer que, comme tous les mestiers et labeurs manuels, que vous voyez pratiquer partout, ont besoin, comme j'ay dit, de son assistance, elle occupe un nombre infini d'hommes, afin que de là vous conceviez un desir d'attribuer tous les exercices et profits d'icelle à vos subjects, de leur conserver ce champ de l'artifice le plus grand de tous. Forcez la nature du feu que l'on dit incapable de generation, et luy faites engendrer un gain inestimable pour la France, qui, passant par la main de plusieurs, viendra se rendre à petits ruisseaux au fonds de vostre espargne et l'enflera beaucoup. Donnez vous le contentement de voir chasser la paresse des boutiques à coups de marteau, de voir le fer se transmuer en or entre les mains de vos hommes, au lieu que l'or de la France se transforme en fer par l'artifice des estrangers. Donnez vous la

---

[1] Moyen, c.-à-d. classe intermédiaire.

gloire d'avoir les meilleurs artisans du monde et les
plus laborieux en tout ce qui dépend des armes de la
guerre ou des instrumens de la paix. Donnez vous
la gloire d'avoir chez vous de quoy defendre et dequoy assaillir, quand le courage et la raison vous
obligeront à faire l'un ou l'autre. Et, vous ressouvenant que tous Estats se conservent par les mesmes
moyens qu'ils ont esté acquis, faites sur tout estime de
ce qui fournit le moyen de ces moyens.

La profession militaire a de tout temps esté estimée
heroïque, et l'est de vray si quelque chose l'est au
monde. C'est par elle que les hommes s'acquierent
de la gloire et de l'obeissance ; devant elle les loix se
taisent et les magistrats se soumettent; à elle font
hommage les arts et les sciences; d'elle est l'acquisition de la paix et la manutention du repos, d'où
procede le bien et la felicité des hommes. Mais d'où
s'empruntent les instrumens dont elle se sert pour
faire de si beaux ouvrages que de la forge? et ne faut-
il pas qu'il en demeure quelque honneur à ses artisans?... Pour conclurre donc finallement par l'utilité
de cest art, je dy et maintiens devant vos Majestez
qu'elle est plus precieuse que de toute autre de semblable nature, puis que de tous les biens celuy-là est
le plus parfait et plus approchant de la qualité divine
lequel est plus commun et se répand à toute heure
sur plusieurs. Et par ainsi demeurera ce poinct establi : que l'or est plus estimé pour le prix, mais que
le fer le doit estre davantage pour l'usage.

Apres les arts qui contribuent leur industrie à
l'entretien de la vie, et à la manufacture des ou-

vrages, j'en trouve cinq principaux concernans le
vestement de l'homme. La chappellerie, la tissure des
toilles, la drapperie des laines, la fabrique des soyes
et la tanerie des cuirs. Depuis que nos premiers
parens appliquerent des füeilles de figuier sur leur
nudité, le soin de s'habiller s'est fait comme naturel
et l'invention s'en est toujours accreuë. Ce qui leur
fut premiérement un tesmoignage de honte nous est
devenu un subjet de superbe et de gloire. Les paons
qui sont points[1] de l'aiguillon de l'amour ne dé-
ployent pas mieux leurs belles plumes que les
hommes touchez de vanité, leurs beaux habits,
quand ils veulent se bien mettre, à dessein de complaire aux dames. Aujourd'huy mesme plusieurs en
prennent avantage sur les autres qui ne paroissent
pas tant par l'ornement exterieur; mais qui bien souvent reçelent dedans plus de courage, de merite et
de vertu. Quoy qu'il en soit, c'est en ce subject principalement que naist, croist et regne le luxe, avorton
de la fausse gloire, auquel jamais rien ne couste trop,
et duquel procedent ces dépences excessives qui
causent ordinairement la ruine des meilleures maisons et la pauvreté des plus illustres familles. A cause
de luy ces mots de reproche, un tel porte un bois, un
moulin, une prée dessus son dos[2].

Ce n'est point de nos jours, mais de tout temps

---

[1] Points, c.-à-d. percés.
[2] Allusion à ce qu'avait dit Martin du Bellay à propos de
l'entrevue du Camp du drap d'or (1510) : « Beaucoup de ceux
qui y assistèrent portèrent leurs forêts, leurs moulins, leurs
prés sur leurs épaules. »

que la necessité du vestement se tourne en vaine
pompe. Les meilleurs Estats en ont souffert de
grands desordres, ausquels on a bien souvent esté
contraint de remedier par de severes loix, le nostre
mesme plusieurs fois, et maintenant en auroit-il
besoin plus que jamais; car, pour en parler à la verité, il est à present impossible de faire distinction
par l'exterieur. L'homme de boutique est vestu
comme le gentilhomme. Cestuy-ci ne sçauroit plus
estre connu, que par la seule bonne creance et belle .
façon. Si cela manque, àdieu toute difference. Au reste
qui n'apperçoit point comme ceste conformité d'ornement introduit la corruption de nostre ancienne
discipline? Qui ne void point comme le vilain qui
se void brave veut aller du pair avec le noble,
croyant que l'habit fait le moyne? Qui ne void point
comme le gentilhomme, se sentant méprisé du bourgeois, pour rendre ce qu'on luy preste méprize le
seigneur? Si l'on continuë ainsi, il ne sera plus
question desormais d'estre; il ne faudra que paréstre.
Qui plus reluira sera de meilleur or. Mais garde la
touche! Quel ordre peut on esperer de ceste creance,
qui se tourne en habitude, et ceste habitude en coustume? Quelle obeissance pour l'advenir aux supe-
rieurs? Qui prendra plus à gloire l'honneur d'estre
commandé? Si Vos Majestez ne nous retirent de ceste
confusion et indifference, c'en est fait ; tous generalement vont faire banqueroute à la vraye et solide
vertu, tous se vont mettre apres la vanité. La discipline sera banie des troupes et l'ordre des armées.
La naifve valeur sera contrainte de ceder à la vaine

pompe. L'insolence croistra dans les villes, la tirannie dans les champs. Les hommes s'effemineront par trop de delices, et les femmes par le soin de s'attiffer perdront, avec la chasteté, le soucy de leurs ménages.

Je m'emporte hors des lices. Reprenons le droict fil et commençons comme par un autre chef : de cest art qui forme son ouvrage sur le moule de nostre teste. La necessité que nous avons de la couvrir du chaud et deffendre du froid l'a mis en pratique. Combien utilement, l'experience nous l'apprend nos deux extrémitez ayant telle correspondance ensemble ; qu'une mesme passion les afflige, comme un mesme sentiment leur est propice. Ce mot nous le donne assez à entendre :

> Tenez chauds les pieds et la teste.
> Au demourant vivez en beste.

Au reste je ne trouve aucun mestier qui nous soit si purement et franchement demeuré. Car je croy que tout autant de chappeaux de laine, de poil de connin [1] ou de castor, qui se portent en France, sont façonnez de nostre main. Recherchant les causes pourquoy les estrangers si curieux de nous introduire leurs manufactures n'ont point encore mis les doigts à celles cy, je n'en trouve qu'une : c'est que nostre teste change trop souvent de forme et qu'en ce seul poinct ils ne sçauroient faire profit de nostre inconstance ; mais, s'ils ne peuvent gagner sur la fa-

---

[1] *Connin*, c.-à-d., *lapin*.

çon, ils nous trompent sur la matiere. Combien y a-t-il de maistres chappelliers ruinés, et qui se ruinent tous les jours, pour la fraude des laines d'Espagne, que les Flamans nous apportent en suin? Celà provient de ce qu'ils la vendent toute emballée. Venant à la déployer et nettoyer on trouvera une telle balle vingtcinq ou trente livres de ballieures ou de pierres enveloppées dans la laine, et ceste laine en outre toute plaine de sable. Tel qui la voulu remarquer a jugé le déchet de plus d'un quarteron par livre. Les Espagnols ont cest artifice que, voulans tondre leurs aigneaux, ils les baignent et puis les font courir par le sable, afin d'en saupoudrer la laine; puis ils la coupent et mettent en paquet. Double tromperie : car celà mesme la fait pezer et pourrir. Tout cela se verifie par un procez intenté à la court de Parlement de Roüen par des maistres chappeliers alencontre d'un marchand flamand. Pour remede, il faudroit ordonner que les laines venuës[1] fussent desemba-lées et mises en grenier, puis visitées. Cela oblige-roit les facteurs Flamans qui sont en Espagne, et possible consentent à la fraude, d'y donner ordre par delà. D'où viendroit une autre commodité; c'est que la marchandise faite d'estoffe estrangere, pourrie pour la plus part, et laquelle par consequent ne peut rien valoir et boit la pluye comme une esponge, de-viendroit de meilleur usage, au lieu que bien souvent elle ne vaut qu'à brusler.

Ce réglement se pratique à Lion, où les chappel-

---

[1] Venues, c'est-à-dire, importées.

liers ont obtins que les laines soient lavées et net-
toyées devant que d'être expozées en vente. Au reste
ce que dessus ne doit faire naistre l'opinion que les
laines estrangeres soient meilleures que les nostres ;
ou que nous ne puissions nous en passer. Car, pour
le premier, c'est chose certaine que les laines de
Berri sont plus douces et meilleures que celles d'Espagne mesme, comme en fait foy la chappellerie qui
s'en fait à Bourges, Orléans, Paris et Lion. Et, pour le
second, si toutes nos laines nous demouroient, nous
en aurions à revendre.

Comme la chair est plus pres que la chemise, la
chemise l'est aussi plus que le pourpoint, ce qui nous
advertit de parler de la fabrique des toiles premier
que de la draperie. De toutes les manufactures qui
peuvent donner en ce royaume, moyen de vivre à
beaucoup de personnes, hommes, femmes, enfans,
ceste-cy est la plus universelle et plus commune.
Nous avons cest avantage qu'en France elle est
plus fidellement et abondamment pratiquée que
par tout ailleurs, que nul autre pays n'en a les
étoffes si bonnes ni l'artifice plus exquis. Les Holandois, qui ont entrepris sur tous nos ouvrages,
comme ayans pris à tasche d'en abolir la pratique
et de nous en ravir l'ancien credit, ont voulu em-
piétter sur celle-cy principallement. Mais ils nous
ont trouvez de plus facile persuasion que les Barbares mesmes, lesquels, formans leur jugement et
reglans leur choix par la bonté essentielle et par le
meilleur usage des choses, non sur une opinion anticipée, ont preferé tousjours les toiles de France à

celles de Holande, ont tousjours découvert les suppositions et contrefactures des Flaman, quoy qu'ils emballassent leur marchandise comme est la nostre, et la marquassent de la marque de nos doüanes. Car toute espèce de déguisement n'est point crime parmi ce peuple, pourveu qu'il en puisse tirer quelque avantage. Leurs menées succedèrent mieux auprés de Henry le Grand, pere et mary de Vos Majestez, duquel en fin ils obtindrent et permission et secours d'argent pour establir leur fabrique en ce royaume[1]. Tout le bien qui en est provenu, ç'a esté l'avillissement des toilles de coffre qui s'y font bonnes et loyalles, à la seule perte de vos subjects : car, au regard de l'artifice et manufacture, nos artisans ont fait connoistre combien ils ont la main plus industrieuse et delicate que tous autres et qu'ils avoyent raison de s'opposer à ceux qui venoyent dans leur propre maison leur ravir la gloire et le fruict d'une si belle et universelle industrie.

Il me semble que je dois representer à vos Majestez comme il ne peut que nos toilles blanches ne passent tousjours en bonté et valeur les holandoises; car, posé le cas que nos chamures soient pareilles, nostre curage, au jugement de ceux qui s'y cognoissent, est tousjours naturel et meilleur que celuy dont ils sont contraints d'user, d'autant que nos eaux sont douces, et les leurs sont maques, c'est à dire demy salées; d'où vient que par ceste acrimonie, qui de

[1] Voy. Champollion-Figeac, Conseil du commerce, t. IV, p. 293-294. *Col. Docum. hist.* — Fagniez, *L'industrie de la France sous Henri IV.* Rev. hist., 1883, t. III, p. 177.

vray blanchit, mais au reste ronge et consomme les
toilles, elles perdent la moitié de leur usage et durée.
Aussi maintenant aiment-ils mieux, en la liberté
qu'ils ont de vivre et de ménager en France, venir
s'habituer en lieux propres et commodes au blan-
chissement de ceste manufacture que d'y travailler
chez eux-mesmes. Que si vos Majestez ne prennent
le soin de leurs subjects, pour les remettre en possession de leurs droicts et en debouter les usurpa-
teurs, dont le nombre s'accroist tous les jours, ils
s'en vont perdre la proprieté de cette fabrique. Car
dés à present il se trouvera qu'il y a plus de nos
propres hommes, desbauchez du service de leurs
maistres ou par promesse ou par augmentation de
loyer, qui travaillent pour eux, que pour ceux du
pays.

Icy vos Majestez doyvent se souvenir que les
hommes reduits à ne rien faire sont induits à mal
faire; qu'elles doyvent, pour le bien, repos et richesse
de l'Estat, conserver en tout et par tout, l'exercice
des familles qui sont les pepinieres de la Republique;
que cest exercice doit estre consideré doublement :
par les hommes et par les femmes; que l'oysiveté
corrompt la vigueur des uns et la chasteté des
autres; que cestuy-cy, estant commun à tous les deux
sexes, mais principallement à ceux de l'un et de
l'autre qui ayment et pourchassent la paix et qui
vivent en toute simplicité, il doit estre tant plus
soigneusement entretenu. D'avantage, les femmes,
qui mettent quasi toute leur ménagerie en ceste
manufacture, et y font bien souvent plus de fruict

en ne bougeant de leurs maisons que leurs maris
en tracassant peniblement deça delà, meritent bien
vostre compassion, et que, joignant leurs prieres à
l'utilité et necessité que nous avons de ce travail,
vous leur en conserviez la plaine et entiere possession. Mais de plus, l'avantage que vous en tirez sur
les autres peuples vous oblige de renouveller et pratiquer les moyens de le retenir tout et de prendre
occasion de faire le transport, la vente et distribution,
par la main des vostres, comme il s'est fait autresfois.
Car pour conclurre ce poinct, vos Majestez conside-
reront, s'il leur plaist, que nous n'avons aucun meilleur expedient que cestuy-ci pour nous accommoder
du trafic estranger, principalement de celuy d'Espaigne, qui seul nous tient lieu de tous, à cause que
premierement les toilles pour faire voilles ne se
peuvent recouvrer d'ailleurs ; secondement que le
negoce des Indes ne se peut faire que par le moyen
des toilles blanches, et escruës de Normandie, de
Bretaigne et d'autres provinces de ce royaume ; car,
pour le regard de celles de Hollande, Flandres, et
Allemagne, il ne s'y en transporte gueres. Ainsi il
demeure constant que ceste fabrique est l'une des
principales mines de la France ; que pour elles le
Poutossi[1] vomit presque toute sa plate[2] ; et que sans
elle les Espagnols mesmes ne la pourroyent apporter
en Espagne. S'ils ont des navires, nous en avons les
aisles ; et ces autres encor, lesquels en tout et par

---

[1] *Poutossi*, lisez *Potosi ;* montagne de la Bolivie renfermant
des mines d'argent.

[2] *Plate*, c'est-à-dire, argent (de l'espagnol *plata*).

tout, à droite et à gauche, cherchent de profiter à nos despens, et s'en servent bien souvent pour voller et pour approcher en volant l'Orient et l'Occident, le Septentrion et le Midy, dans l'espace de peu de jours; mais c'est assez parlé de ce point; passons aux autres.

La necessité des choses en fait le travail, et l'usage en produit l'abondance. Le soin et l'artifice ont tousjours l'œil ouvert et la main à l'œuvre, pour en emplir le defaut. Si nous n'avions besoin de tant de linge, pourquoy en feroit on autant? Il est ainsi des habillemens.

Je ne sçai si je dois loüer ou blasmer la temperature de nos climats, laquelle nous oblige, d'un costé, a des labeurs si longs et continuels, et, de l'autre, nous guerit du mal d'oysiveté par une voie où la moderation est requise. Car pourquoy travaillons nous que pour acquerir la vie et le vestement? Tout le reste, si nous estions sages, ne nous est-il pas superflu? Toutesfois, si le soin de gaigner n'est point de nature, on peut dire qu'il procede en quelque sorte de raison, laquelle nous imprime ceste affection, afin de nous induire avec plus de charme et d'attraict à nous pouvoir rendre utiles les uns aux autres et jette quand et quand en nos cœurs la premiere semence de ceste charité, qui ne nous commande pas seulement de nourrir, mais de vestir les pauvres. Aussi avons nous pris naissance avec un desir d'aimer et de secourir nos semblables; et, si nous faisons autrement, nous degénerons. Nous avons en outre le commandement de nostre maistre,

qui nous oblige à cela, nous disant : Ce que vous ferez
a un de ces petits, je le reputeray fait à moy-mesme.
Mais ce discours est d'ailleurs ; revenons à notre
subject.

De tous les vestemens les plus communs se font
de toille ou de drap. Celuy qui peut s'imaginer tant
et tant de milliaces d'hommes, qui fourmillent en ce
royaume, cessera de s'esmerveiller du grand nombre
qu'il en faut et comprendra quand et quand comme
le labeur de tant de personnes y peut estre conti-
nüellement employé. Aussi la drapperie estant necessaire à l'usage de tous, grands et petits, riches et
pauvres, elle est presque exercée en toutes les provinces de ce royaume, quoy que plus abondamment
aux unes qu'aux autres. Car, cela dependant de la
commodité des laines, toutes ny peuvent pas vacquer
avec semblable profit et partant ne si employent
elles pas égallement. Mais en tout cas, s'il s'en
trouve une qui ne s'en puisse fournir elle mesme,
une autre luy peut plus que suffisamment satisfaire.
Comme, pour exemple, le Berry, la Picardie et la
Normandie, en la quantité d'estoffes et d'ouvriers
qu'elles ont, peuvent-elles pas accommoder de ceste
manufacture la Bretaigne et plusieurs autres provinces, si besoin estoit ? Est-ce donc nostre necessité qui l'évoque d'Angleterre[1] ? ou nostre souffrance,

---

[1] L'auteur du *Débat des hérauts d'armes de France et d'Angleterre* constate le contraire en 1456. Nos luttes intestines
avaient complètement changé les rapports économiques des
deux pays.

« Et quant à ce que parlez de la fine layne de voz brebis,
répond le héraut de France à celui d'Angleterre, je dis que en

qui l'introduit? Sommes nous contraints, pour en avoir faute, de la descharger de ce qu'elle a de superflu? Ou, si par manque de police nous laissons aneantir nostre industrie et divertir nostre labeur, à quel jeu jouons nous de laisser transporter nos laines, et nos artisans chomment de besongne? Sommes nous aveugles ou insensez? Les estrangers, à nostre veu et à nostre sçeu, vendent leur marchandise vitieuse et mal conditionnée pour la pluspart, dans les magazins et halles publiques, et la françoise, bonne et loyalle, est condamnée à garder la boutique! Ils inventent tousjours quelque nouvelle fraude pour nous attrapper, cependant que la fidelité de l'artifice expire et meurt de faim entre nos mains! Car quelle drapperie à jamais eu telle réputation en bonté et beauté que la nostre du seau [1]? La dixiesme part de nostre monde pour le moins, qui jadis travailloit et vivoit, voire profitoit de ce negoce, crie et se plaint ou de demeurer oisive ou de n'avoir plus moyen de

---

aucun pays de France en y a d'aussi bonnes que les vostres, car nous avons meilleurs draps, plus fins et mieulx tains, soit a Rouen, Montivillier, a Paris, a Bourges, ou en autres villes ou l'en fait drapperie. Et se vendent communement les fins draps un escu ou deux l'aulne plus que les vostres; si fault dire que nous avons meillieures laynes, ou que vous estez si peu savans que ne savez faire vos draps. » *Op. cit.*, p. 45, § 125.

[1] Ainsi appelé du sceau royal qui l'authentiquait en quelque sorte, sans doute pour le distinguer des draps étrangers. Il est cité sous cette même dénomination dans la satire de Régnier, contemporain de Montchrétien : *Un souper ridicule*, et aussi dans le *Joueur* (acte I, scène I), de Regnard. Par une coïncidence bizarre, ce drap se fabriquait également dans un bourg du Languedoc appelé *Usseau*, d'où une variante dans l'orthographe : *drap d'Usseau*.

s'employer, tandis que la liberté estrangère gaigne
pied à pied et veut en usurper l'entière possession.

Nos escoliers nous font la loy. Car qui ne sçait que
les Anglois ont appris de nous ceste fabrique? Qui de
nouveau viendroit à Hantonne [1] et autres lieux ou elle
est plus exercée, et ne sçauroit comme il en va, seroit
bien estonné de n'entendre presque en tous les atteliers que le langage françois. Encor parmi les
Anglois vivent plusieurs des nostres, qui leur ont
mis ou veu mettre la navette à la main. Auparavant
ils apportoyent en ce royaume une partie de leurs
laines pour estre mises en œuvre ; et l'autre en
Flandres par traicté des rois fait et continué avec
les contes. L'estape en estoit à Bruges, ville autrefois tres-riche et renommée pour la manufacture et
commerce de la drapperie, voire la capitale du pays [2].
Aussi, qui considerera premierement le gain qui en
provient, secondement le nombre d'hommes, de
femmes et d'enfans qui peuvent y estre employez,
conclura tout soudain, suivant la necessité, que tous
generallement en ont, qu'en tout estat bien reglé,
ils doyvent estre bien soigneusement entretenus et
conservez, sans souffrir qu'on les supprime ou
destourne. Car comme pourrons nous retenir la
qualité de bons ménagers, si nous cessons une fois

[1] Hampton, dans le comté de Middlesex.
[2] « L'exportation des laines anglaises était interdite aux
Français ; le monopole de cette exportation appartenait à une
compagnie anglaise de fondation royale. » FAGNIEZ, *Le commerce de la France sous Henri IV.* Rev. hist., 1881, t. II, p. 9.
Quant à la convention, si elle a existé, elle n'a pas été observée ; Montchrétien le dit quelques pages plus loin.

de nous vestir des laines de nos brebis, ou bien si,
permettant qu'on les enleve de nos mains, nous les
recevons des autres, façonnées avec autant d'infi-
delité que de fard? Pour le moins, qui achapte trois
aulnes du drap de France pour faire un manteau
n'en perd pas demy-aulne à la premiere pluye. Qui
ne sçait que les Anglais luy donnent la gesne et
l'estirent pour l'allonger, n'a gueres hanté parmy
eux.

Il y a quelques années qu'ils en apporterent d'un
voyage à plus de cent mil escus en ce royaume. Il
fut mis en arrest par le bailly de Roüen, à la sollicitation des gardes drappiers, et confisqué pour estre vi-
cieux et non conditionné selon le traicté des Princes [1].
A bon droit, disoit-on publiquement à Londres, sur
le bruit qui en vint. Par la bonté de nostre Roy, ils
en obtindrent delivrance [2], faveur qu'en tel cas nous
n'eussions sans doute jamais obtenüe d'eux, puis
qu'ils tiennent telle rigueur que la meilleure drapperie de France, portée en Angleterre, est confisquée

---

[1] Ce que Montchrétien appelle le traité des princes fut en
réalité une série de traités : le premier, conclu à Blois par
Charles IX, le 17 avril 1572, par lequel l'Angleterre obtint
tous les privilèges dont Montchrétien se plaint si amèrement ;
le second, le traité de Greenwich, du 14 mai 1596, dont l'art. Ier
maintient les anciens traités ; le troisième enfin, du 24 février 1606, aux termes duquel le commerce devait être exercé
librement et sur le pied de la réciprocité des droits. Nous
voyons par Montchrétien comment l'Angleterre observait ce
traité. — Voy. Introduction, la période classique de l'économie politique patronale, et pour les traités, DUMONT, *Corps
diplomatique*, t. V, 1re part., p. 214, et 2e part., p. 61.

[2] Voy. B. DE XIVREY, *Lettres missives de Henri IV*, t. VI,
p. 366 et 381 ; la première de ces lettres est du 6 mars 1607 :
par la dernière, le Roi accorda la délivrance.

et bruslée. Voyons en suite comme ils ménagent leurs
disgraces et en font des avantages. Pour n'estre plus
en hazard de tomber en telle peine, ils recherchent
et obtiennent une permission de r'emporter leur
marchandise qu'on ne jugera bonne et loyale, sans en
payer acquit ny impost, et par là s'ouvrent un moyen
de nous tromper et de frauder par un mesme les
droicts du Roy. Car au reste ils ne laissent pas de la
vendre et debiter en plaine halle ; elle ne repasse
jamais la mer. Sommes nous obligez par contract à
nous laisser tromper de la sorte? et jusques à quand?

On ne sçauroit nier qu'il ne se fabrique grand
nombre de drapperie en France, mais non à la moitié prés de ce qui s'en faisoit par le passé. Cela procede bien en partie de la soye, qui s'est mise en trop
grande vogue parmy nous. Mais toutesfois la principale cause vient du cours que la marchandise estrangere y prend, et, qui ne le coupera, nos fleuves deviendront petits ruisseaux et nos ruisseaux tariront
du tout à la fin. Desja cognoist on à veuë d'œil,
comme ce negoce dechét. En tel bourg de ce
royaume, où il s'en faisoit à plus de quatre ou cinq
cens mille livres, il ne s'en fait pas maintenant à
trente mil. Qu'on juge à proportion des villes. On
entend bruire et plaindre le peuple, en tous les lieux
où ceste manufacture a domicile, qu'il est reduit à
chommer et mourir de faim, faute de besongne. Ces
exemples monstrent desja la mauvaise consequence
de l'admettre et la juste raison de l'exclure. Mais
que sera-ce si les Anglois, comme ils se vantent, obtiennent de vos Majestez la permission d'establir leur

manufacture dans la France mesme ? Vraiment, si
cela est, c'est bien pour gaster tout. Combien sont
plus sages les Flamans, qui depuis peu de jours ont
deffendu l'apport des draps d'Angleterre, ayans reconnu qu'à ceste cause commençoit desja à diminuer
le travail de leurs hommes, considerable sur tout en
ce poinct pour sa facilité, laquelle est telle que depuis quatre ans jusques à quatre vingts, toutes sortes
de personnes, les aveugles et manchots mesmes, y
peuvent estre employez et gaigner leur pain. Le
mesme firent il y a quelques années ceux de Hambourg, d'autant que les Anglois ne se vouloient en
leur negoce aucunement servir des hommes du pays,
comme à présent ils ne font et ne veulent faire en
France. Vos Majestez sont conjurées d'apporter à tout
ce que dessus l'ordre requis par les prieres et supplications tres-humbles d'un nombre infini de vos
subjects, par les tendres souspirs des femmes, par les
cris pitoyables de leurs enfans. Permettez que tous
ensemble vous remonstrent en toute submission que
leur mestier est le seul heritage d'eux et de leur posterité ; qu'outre la liberté ils n'ont rien que ce revenu ;
que, si les estrangers s'en desirent approprier l'usage,
ils ne font ne plus ne moins que celuy qui par tyrannie voudroit exterminer quelqu'un de sa possession ;
qu'estans nez en France, c'est raison qu'ils y vivent,
ce qu'ils ne pourroyent faire, si on leur ostoit le seul
moyen qu'ils en ont ; qu'estans destinez pour travailler, il faut aussi qu'ils soyent employez à cela. La requeste des peuples à leur prince est utile, juste et
legitime, qui demande le bannissement de l'oysiveté

mere de tous vices, cause de tous pechez, qui fait offre et soubsmet les autheurs à servir loyallement au bien de son estat, qui recherche de sa grace un ordre raisonnable, par lequel ils soyent rendus jouissans des privileges naturels, avec lesquels ils sont venus au monde et desquels ils se peuvent justement advantager au prejudice de tous autres.

Apres la drapperie de laine, marche la drapperie de soye, ou pour mieux dire elle la devance, comme en prix, par sa rareté, en usage, par nostre luxe. Pour confesser la verité, d'elle vient aux hommes un grand ornement et digne d'un grand estat. Le regne de Salomon mesme en a tiré quelque recommandation. Aussi fait-elle reluire l'esprit et la richesse d'un peuple, mais c'est principalement quand il la doit à son propre soin, à sa propre industrie, sans la tirer à force d'argent, des mains estrangeres : car en ce cas, le coust devroit luy en faire perdre le goust. C'est toutesfois au contraire pour nostre regard, car il nous sert d'amorce ; c'est un appast de nostre curiosité. Nous avons opinion d'être mieux habillez quand nous le sommes plus chérement. Je croirois que cest erreur jamais ne se pourroit vaincre en nous, si nous n'avions l'exemple de nostre roy Henry second, qui r'amena toute sa court en moins de deux ans, et par consequent la noblesse de son royaume au premier usage du drap. Cela nous fait preuve de la verité de ces vers :

> Communément la subjecte province
> Forme ses mœurs au moule de son prince.

La modestie est une belle vertu à l'homme. C'est le tesmoin exterieur d'une ame bien composée au dedans. Il est vray qu'elle ne despend pas tousjours de la simplicité de l'habit et que les plus vifs rayons en jaillissent de nos paroles, en éclatent de nos mœurs. La pudeur, fidelle garde des vertus, reluit aussi bien sous la soye que sous le bureau[1]. L'habit mesquin et sordide monstre je ne sçais quoy de vilenie. Et sans doute c'est une chose digne du soin d'un brave prince de pourvoir à l'honnesteté et gentillesse des vestemens de ses subjects, à l'exemple d'Auguste, lequel, apres avoir pacifié l'Empire, voyant les senateurs trop mécaniquement[2] vestus à son gré, leur fist reprendre une bienseante proprieté, une magnificence honneste et digne de la grandeur romaine. Aussi nostre grand Henry, prince d'immortelle memoire, apres avoir par la valeur de son espée relevé l'honneur de cest Estat, remis la paix par tout et restabli l'ordre des provinces, print fort à cœur le dessein de faire abonder la soye dans ce royaume[3], afin que ses subjects s'en peussent parer, avec autant d'ornement, mais moins de coustage que par le passé, ce qui sans

---

[1] *Bureau*, drap de bure.

[2] *Mécaniquement;* nous dirions aujourd'hui *matériellement, grossièrement.*

[3] Il en avait chargé Olivier de Serres, dont le premier ouvrage : *La cueillette de la soye,* date de 1599. De Serres étendit ensuite sa mission bien au delà de la sériciculture dans le *Théâtre de l'agriculture* et le *Mesnage des champs* (1600, in fol.), son principal titre de gloire. En 1607, il publia un nouvel ouvrage sur la sériciculture : *Seconde richesse du meurier blanc.* Cf. H. VASCHALD, *Ol. de Serres, sa vie, ses travaux, documents inédits.* — Paris, librairie Plon, 1886.

douté eust peu reüssir à son contentement, au bien et
à l'honneur de son peuple, si ceux-là, sur qui sa Majesté se reposoit de la conduite de ceste affaire,
l'eussent secondé avec un jugement égal à son affection. Tout ce qui nous en est revenu de bien, c'est
que le desir qu'il fist naistre en plusieurs de s'accommoder du profit des soyes a produit ce fruict qu'il
s'en fait maintenant en Provence, Languedoc, Dauphiné, Touraine, Lionnois, Beaujolois et divers autres
lieux de la France, à plus de quatre ou cinq cens
mille livres[1]; preuve evidente qu'elle s'en peut fournir d'elle-mesme et de la meilleure du monde, sans
l'achepter si chérement des estrangers. Car pour ce
qui concerne la fabrique, chacun sçait-il pas que depuis long temps nous l'avons à Lion et à Tours[2]? Elle
a trouvé la temperature de ceste ville si douce et si
agreable, le peuple si ingenieux et delicat au maniment de la soye et si propre à la nourriture des vers,
le terroir si commode à la production des meuriers,
que l'on peut juger combien il s'y peut faire davan-

---

[1] On voit que Montchrétien ne se doute pas des grands
efforts faits par Henri IV pour étendre la culture de la soie.
Il ignore aussi bien les travaux d'O. de Serres que les rapports
de Laffemas et les tentatives de Sully; et, s'il estime le rende-
ment vers 1615 à quatre ou cinq cent mille livres, il en juge
sans doute d'après les résultats obtenus à Caen. Au milieu de
la crise, en 1620, « la ville de Lyon en retirait un bénéfice
annuel pour la main-d'œuvre que l'on ne peut estimer à moins
de cent vingt millions d'à present », dit A. Poirson. *Histoire
de Henri IV*, t. III, p. 284 et 285.

[2] Louis XI avait introduit la culture de la soie dans la Touraine, et quelques gentilshommes qui avaient accompagné
Charles VIII dans son expédition en Italie l'acclimatèrent
dans le Dauphiné, d'où elle fut répandue dans les autres provinces méridionales du royaume. Voy. *ibid.*, p. 262.

tage. Et sans doute, si la main royale y eust espandu son nuage d'or, de cest arrouzement elle eust fait naistre des forests de séres [1].

Plusieurs considerations sont requises à l'establissement de quelque artifice en quelque lieu. Plusieurs observations y sont desirées. Bien souvent, manquant à l'une un dessein bien commencé, trouve une mauvaise fin. L'entreprise n'est point blasmable, mais la conduite. Le bon laboureur, avant que de commettre sa semence à la terre, en recherche et recognoist diligemment la qualité, afin de cognoistre quel grain y sera le plus propre ; car tous ne viennent pas bien par tout. Et ceux qui veulent édifier des arbres font jugement de solage par les sauvageons qu'il produit, et par les plantes qui naturellement y viennent : car ordinairement les pommiers et les poiriers, les chesnes, les sapins, les hestres et les ormeaux, ne trouvent pas un semblable fonds à goust ; et toutes sortes de ceps ne fructifient pas également en un mesme vignoble... Il est difficile de forcer le genie d'un lieu, mais facile de le recognoistre. Il pousse bien souvent de lui mesme certains germes, et donne en si peu de temps les naturels tesmoignages de sa fécondité que le bon mesnager le secondant de son industrie, en tire quelques fois un fruict plus grand que son esperance.

Si nous ne perdions pas si tost courage en nos desseins, y rencontrant quelque difficulté, si nous avions autant de conduite et de perseverance

[1] Sères, ancien nom des habitants de la Chine, d'où l'on avait tiré la soie (*sericum*) ; par extension, la soie elle-même.

au ménagement des bons artifices que nous avons
en main, comme ont nos plus proches voisins, ou,
finallement, si leur exemple pouvoit autant sur nous
qu'il doit, il y a long temps que nous l'aurions fait
paraistre en ce subject. Sans doute que, s'ils avoient
la commodité que nous avons pour le climat et pour
les hommes, ils nous fourniroyent maintenant abondance de soye; l'Italie n'y feroit plus rien. Mais
pour nous, estans tels que nous sommes ou que nous
voulons estre (car si nous voulions nous serions
autres), que sert que tout l'or et l'argent du Pérou
et du Mexico vienne regorger en France, si ceste
pompe l'espuise et transporte ailleurs? C'est à vos
Majestez d'y adviser ; elles en ont deux grands
moyens à la main, ou de deffendre le trop frequent
usage des soyes en ce Royaume, ou d'y en commander et disposer l'entiere fabrique. Cependant
vos subjects prendront le temps d'employer l'industrie qu'ils ont et de s'en prevaloir; tellement que la
soye née, nourrie et façonnée chez eux, y deviendra
plus abondante que la laine et le chanvre, que la
toile et que le drap.

Je n'ay que faire de dire icy combien de personnes
de tous sexes et de tous âges en tireront exercice et
profit. Celuy se l'imaginera facilement, qui cognoist
les veritables appetits du luxe à quoy nostre nation
est subjecte, et de quelle passion elle se porte aux
choses belles et bien seantes. C'est à la France proprement que tous artifices, qui doivent passer par
plusieurs et diverses mains, appartiennent : car, estans, comme elle est, le pays des hommes et des

hommes laborieux, ils s'y peuvent achever avec plus
de diligence et de facilité que par tout ailleurs. La
preuve en fera foy quand vos Majestez mettront une
fois en leur esprit, le desir de la voir. Le premier esclat
qu'elles donneront de cette affection sera desja la moitié de l'œuvre, pour le moins il y a long temps que l'on
est hors de la difficulté des principes ; il ne faut que
continüer la besongne et l'augmenter à proportion
de la necessité, aux lieux où elle est commencée. On
la verra par ce moyen bien tost au point qu'on la
desire. C'est l'un des plus grands coups que vous
puissiez frapper pour le bien et utilité de cest Estat ;
car vous retiendrez ainsi plusieurs millions qui par
chaque année en sont transportez. Ainsi tant d'or et
d'argent qui sort des mains de vos subjects y ren-
trera une mesme eau entretenant perpetuellement le
cours de ceste fontaine de Hieron[1]. Grand artifice au
bon politique, qui cherche sur tout, en tout et par
tout le profit et l'enrichissement de son peuple !

Ce que je dy de la fabrique des veloux, satins et
taffetas comprend celle des bas de soye pour mesmes
raisons. Ce n'est rien qu'une curiosité superfluë et
prejudiciable à l'estat, qui nous fait rechercher les
estrangers. Ceux qui se façonnent en France doivent
contenter les François, comme les Anglois ceux qui
se font en Angleterre. Vos Majestez en l'ordonnant
apporteront une grande espargne à leurs subjects,

---

[1] Héron, physicien qui vivait à Alexandrie, environ deux
siècles avant notre ère. Il inventa une fontaine de compression dans laquelle l'eau elle-même est employée comme
moyen de compression.

et tout ensemble un grand profit. Car on dit que
pour ceste marchandise il sort tous les ans plus
d'un million d'escus de vostre Royaume[1]. Ceste
somme excessive ne causera point d'estonnement à
ceux qui jetteront les yeux sur tant de jambes qui
s'en parent, et pour lesquelles il en faut souvent un
si grand nombre. Il n'en alloit pas ainsi du temps de
nos bons vieux peres, où les Princes et Seigneurs
n'en usoyent que rarement. Maintenant que le temps
et le monde ont changé, je n'en veux point blasmer
l'usage, pourveu que le profit nous en demeure; autrement il nous couste trop cher. Au reste, que la
France s'en puisse fournir d'elle mesme, cela se
connoist assez par l'artifice de les faire avec dexterité et promptitude, qui se pratique en la ville de
Roüen.

Quand j'ay parlé de la tissure des toilles et de la
drapperie de laine et de soye, je pense, pour mesmes
considerations et semblables advantages, avoir conclud que toutes les futaines et camelots se doivent
fabriquer en ce Royaume, où l'industrie en est practiquée autant et mieux qu'ailleurs[2], où la commodité

---

[1] « Qu'on prenne exemple, dit Laffemas, aux bas de soye
qui viennent tous les ans en France, il se trouvera plus de
cinquante mille personnes qui en portent, plus tost moitié
davantage que moins, quand ils ne cousteroyent que quatre
escus l'un portant l'autre, et chacun peut en user quatre
paires par an, cest article seul monteroit à huit cens mil escus,
et qui le pourroit sçavoir au vray, il s'en trouvroit d'avantage. » *Reiglement general sur les manufactures*, p. 8, Paris,
1597.

[2] Cette industrie eut, à l'époque, une grande importance.
A Amiens seul, le nombre des ouvriers soyeteurs s'élevait en

est pareille et possible plus grande. Car pourquoy
nous ferons nous en rien necessiteux d'autruy,
riches que nous sommes de nous mesmes et par
nous mesmes? On parle parmy nous de futaines
d'Angleterre et de camelots de l'Isle [1]; mais on nous
impose le plus souvent par l'estrangeté [2] : car toutes
ou la pluspart de ces estoffes sont de la façon de
France, et n'en sont pas pires. C'est ainsi pareillement que l'on nous trompe aux dentelles de Flandre,
qui ne sont telles à la verité sinon entant que les
Flamans les font faire à nos femmes, et puis les revendent plus cher, se servans de l'opinion comme
d'un appas, pour tromper nostre appetit estrange [3].
Les marchands anglois sçavent bien s'avantager à
l'endroit de leurs compatriotes de ceste erreur commune. Tous les jours on les oit crier à la Bourse de
Londres : peignes de France, jartieres de France,
aiguillettes de France, ceintures de France, etc.,
quoy que toutes ces choses soyent faites en leur
pays et par eux mesmes. C'est pour leur profit qu'ils
se montrent ainsi recognoissans de ce que nous leur
en avons appris la proprieté, l'usage et la façon ;
car autrement ils ne le feroient pas, je vous en asseure.

1570 à cinq ou six mille. — Voy. Aug. THIERRY, *Monuments
historiques du tiers état*, t. II, p. 903.

[1] *L'Isle*, lisez Lille, en Flandre, qui n'appartint à la
France, sauf une courte période de possession sous Philippe le
Bel, qu'en 1667.

[2] *L'estrangeté*, c'est-à-dire la qualité d'étranger ; le sens
moderne d'étrange, — synonyme de bizarre, — est un sens
dérivé qu'il n'avait pas alors.

[3] *Notre appétit estrange*, c'est-à-dire notre goût pour ce qui
est étranger. Cf. la note précédente.

Marquant icy les Arts plus communs et profitables qui nous fournissent le vestement, je doy faire quelque traict de plume en passant pour les teintures, qui luy donnent ces diverses couleurs que nous voyons tous les jours se changer en plusieurs façons. C'est en ce subject, autant ou plus qu'en nul autre, que l'invention de l'esprit s'exerce, à l'imitation de nature, laquelle se plaist à produire au monde le different émail d'une infinité de fleurs. De tous nos sens, le plus delicat c'est l'œil. C'est le moins subject à lassitude. La varieté des objects luy plaist; il se porte avec contentement d'une couleur à l'autre, entretenant et ramassant par ce doux changement la force et vigeur de ses esprits. Ceste sienne affection passe jusques au sens commun et de là donne à la fantasie, laquelle, pour complaire à son principal rapporteur, se laisse aller à ce qui luy plaist jusques à participer à son contentement. De là procede l'estat et la recherche que nous faisons des peintures et des teintures. Pour le regard des premieres, nous ne les avons que par volupté ; mais pour les dernieres, elles nous sont maintenant faites comme necessaires par l'usage. Je ne croy point qu'il soit pays au monde, où l'on uze d'habillemens, qui pareillement n'en aye quelque pratique. Et sans doute l'invention de colorer les draps a suivi de bien prés celle de les fabriquer. Pour nous, nous n'avons que desirer en cest art. Nos hommes dés long temps en ont acquis la perfection. Aussi nous est il tousjours demeuré libre et entier jusques à present, et que les Anglois, ne se contentans plus de nous apporter leurs draps en blanc, nous les veulent encore introduire teints, quoy que la teinture qu'ils font ne vaille rien du tout, à cause qu'au lieu du pastel que nous avons et duquel ils manquent pour roidir leur drapperie, ils se servent d'inde [1], prohibé de tout temps en France comme estant le fondement d'une teinture illegitime et fausse. Vos Majestez ne doyvent jamais permettre cela, d'autant qu'il tourneroit à la ruine evidente des teinturiers, qui sont en nombre plus que suffisant en ce Royaume, dont la fidelité seroit contrainte de dechoir, et quand le bon usage de leurs teintures, d'autant que tant d'hommes qui vivent et sont employez sous eux seroient reduits à la mendicité, d'autant finalement que ceste souffrance osteroit ce peu d'exercice et de profit qui reste aux pauvres tondeurs, presseurs et autres artisans, qui travaillent à l'agencement des draps, ce qui seroit autant comme leur oster la vie.

Pour tout ce que dessus, vos subjects ont à supplier vos Majestez de leur donner par vostre authorité, moyen et pouvoir de se servir et avantager de leur propre industrie, en telle sorte que le profit leur en demeure; de ne permettre point à d'autres de mettre la faux en leur moisson; comme ainsi soit que la raison vueille que chacun travaille sur son propre fonds et s'esjouïsse du fruit qu'il produict et qu'on ne laisse point mourir, à faute de gain, tant de beaux arts, que la France a nourris si long temps

---

[1] D'inde, c'est-à-dire d'indigo, dont la teinture raidit en effet les étoffes.

6.

avec profit, honneur et contentement; bref qu'on
rende point ce grand, robuste, et invincible corps
d'estat, perclus de ses principales fonctions, par un
engourdissement d'oysiveté lasche et faineante. Autrement que peut-on juger par les prognostics certains et indubitables que l'on void, sinon que vos
subjects s'en vont tous devenir mercenaires des estrangers; que leurs mains seront remuées par eux,
et pour eux seulement; que si leur travail nous
suffit, elles cesseront, à cause que nostre industrie
sera devenuë leur esclave et tributaire, et qu'ils ne
voudront plus s'en servir.

Je pense avoir compris sommairement tout ce qui
sert au vestement de l'homme; il ny manque plus
que la façon, laquelle du temps de nos peres estoit
toute entre les mains des tailleurs du pays; nous por-
tions seuls les ciseaux qui la pouvoyent desguiser et
changer comme bon nous sembloit. Mais à present
les Escossois et Flamans nous ont appris nos modes.
Ils taillent et couppent dans les meilleures de nos
villes; voire avec telle ingratitude envers la France
leur mere nourrice, qu'ils seroient bien marris, de
donner du pain à gaigner à ses enfans naturels et legit-
times; car, si ce n'est en cas de grand besoin, ils ne
se veulent servir que des hommes de leur nation. Et,
grossiers [1] que nous sommes, nous ne pouvons apprendre la leçon qu'ils nous font chez nous-mesmes!
Nous ne la pouvons apprendre des nostres qui ont
esté chez eux! Si nous estions habiles, nous ferions

---

[1] *Grossiers* doit être pris au sens de *malavisés, ignorants.*

de grandes consequences sur ces propositions, des conclusions importantes sur ces principes. Nous apprendrions à vivre et à faire vivre les nostres : « Chacun le sien, n'est pas trop »; ce seroit nostre maxime.

J'oubliois à parler de la tanerie, art aussi necessaire que commun, lequel, pour le grand profit qu'il apporte, ne seroit point demeuré entier, comme il a fait jusques à present, en la main des François, si ceux qui l'exercent n'en avoyent retenu, principalement dans les principales villes, la proprieté libre et franche, par le moyen de leurs exactes visitations, sur les apprests des cuirs estrangers. Ce mestier est des plus riches du royaume, et l'usage de tant d'hommes qui s'en servent, le rend tel. Depuis quelques années, il a beaucoup décheu de sa bonté, tant en son profit qu'en son ouvrage[1] dont le vice importe generallement à tous, et pourtant seroit-il grand besoin de reformer les abus qui s'y commettent en diverses façons. On sauveroit par là beaucoup de maladies, qui proviennent aux hommes de l'humidité froide qu'ils souffrent au pied, faute de bonne chaussure. Le public y est de plus interessé, d'autant que le cuir mal nourri d'escorce dans le plain et aussi peu fidellement conroyé, n'a ni la resistance à l'eau, ni la durée qui seroit requise. Pour le regard des maroquins, outre qu'il s'en fait tres-grand

---

[1] « Je pense, écrit Isaac de Laffemas, avoir lu dans les mémoires de mon père, qui parle des abus generalement de toutes sortes de marchandises et manufactures, que les cuirs ont esté tellement alterez de leur bonté que ceux qui s'en vouloient fournir en France ont esté constrains ailleurs. » *Histoire du commerce,* p. 74. Paris, 1606.

nombre en ce royaume, voire suffisamment pour le
fournir, si ceux mesmes qui font semblant de nous
en apporter ne les transportoyent chez eux, il s'en
peut encor faire d'avantage, et de meilleurs qu'en
pays du monde, qui voudroit choisir les lieux; car
nous avons des peaux en grande abondance, et des
eaux naturellement bonnes à cela.

Voila doncques les cuirs que nous avons de nous
mesmes en la plus grande part; car pour le demou-
rant, il nous vient de Barbarie[1], du Cap verd et du
Perou; mais le tout nous est bien escorné par les
estrangers. Nonobstant je ne sçaurois passer outre
sans m'esmerveiller comme tant de cuirs de France
et d'ailleurs peuvent à peine fournir aux trois parts
du peuple de ce royaume, en restant une quatriesme
pour le moins qui ne se sert que de chaussure de bois
ou de cordes. La façon nous reste entiere entre les
mains jusques à present, quoy que les Flamans
soyent si mesnagers que de nous apporter leurs
vieux souliers à plains basteaux, ne se contentans
pas de venir chez nous nous en faire de neufs. C'est
à cause, comme il est à croire, que la France a si
grand besoin de cordonniers, qu'elle est contrainte
d'en appeler d'outre-mer. Cela va bien à tout le
moins que nous ne manquons pas de l'assistance de
nos alliez, non pas aux moindres choses. C'est un
grand signe qu'ils aiment fort nostre bien, qu'ils
sont ainsi curieux de nous venir servir.

Ayant parlé de ce qui sert principalement aux

---

[1] *Barbarie*, c'est-à-dire les États barbaresques, ainsi nommés de leurs premiers habitants : les Berbères.

habillemens, il faut en passant dire quelque chose
des bastimens. L'injure du temps, tantost froid, tantost chaud, nous oblige à nous en couvrir et contre-
garder. C'est la nature elle mesme, amoureuse de
son estre et de sa conservation, qui nous porte à
édifier et bastir. Nous voyons comme elle apprend
aux animaux plus farouches de la terre à se retirer
dans le couvert des tasnieres et donne aux oyseaux
du ciel l'invention de construire des nids. Je croy
donc que l'on a de tout temps fait des maisons, et ce
par un instinct naturel. Mais à la simplicité s'est
adjoustée la commodité et finalement la magnificence. Le soin que nos ancestres ont eu des bastimens, tant privez que publics, nous est venu comme
de main en main; et le besoin que tous les jours
nous en avons nous oblige ou de reparer les vieux
ou d'en construire de nouveaux. Les grands et sages
Romains se monstrerent si curieux de ce poinct
qu'ils eurent et observerent des loix touchant le lieu,
la fermeté, la forme et les estages des edifices. De
plus, ils faisoyent tous les ans eslection d'un magistrat, qui tenoit la main à les faire bien et deuëment
pratiquer. Entre nous, la liberté de bastir est telle
qu'on la desire prendre, pourveu que ce soit sans
prejudice du droit d'autruy. Pour les materiaux des
edifices, comme pierre, bois, chaux, brique, etc.,
et pour les hommes, comme maçons, tailleurs de
pierre, charpentiers, plastriers, etc., je croy qu'il n'y
a pays au monde qui en soit mieux fourny que la
France. On le cognoist tous les jours de plus en plus,
à ces grands bastimens qui s'entreprennent et para-

chevent en si peu de temps que la nature mesme
s'estonne de la promptitude et addresse de l'artifice.

Nostre excez est grand en tout, et nous seroit un
grand heur qu'il fust ramené à la moderation. Maintenant, aussi bien que jadis on faisoit à certain peuple :
on peut nous reprocher que nous bastissons comme
si nous ne devions jamais mourir, et banquetons
comme si nous devions mourir dés demain. A la
verité le dernier est le fait d'un pourceau; mais le
premier sent son homme. Car sans doute les pays ne
sçauroient avoir de plus beaux et plus durables
ornemens que les superbes logis. A joindre, qu'en
outre le contentement qu'ils apportent à ceux qui les
font faire, plusieurs pauvres gens y sont employez
au soulagement du peuple...

Quand Alexandre, après la conqueste d'Égypte,
desira bastir la ville d'Alexandrie et la peupler de
Grecs, il choisit une assiette plantureuse de tous
biens et capable de nourrir toutes sortes de gens.
Exemple par où vos Majestez peuvent comprendre
que le soin de l'aise, richesse et commodité d'un
peuple est proprement un soin royal.

Parlant à vos Majestez des principales manufactures de la France, je me declarerois ennemy juré
des sacrées Muses si je passois sous silence le noble
art de l'imprimerie, par lequel sont produits en
lumiere et consacrés à l'eternité des siecles les
labeurs de tant de doctes hommes, par lequel nous
sommes instruits en tous nos devoirs, par lequel
Dieu se communique à nous et nous à luy, par
lequel nous est donnée la cognoissance des choses

divines et humaines, par lequel nous conversons
familierement avec tous les plus grands hommes de
tous les aages, par lequel la memoire de tant de
beaux esprits est conservée, par lequel nous sommes
loüez à l'advenir, si nous faisons choses dignes de
loüange, et par lequel vous mesme devez esperer
d'estre immortels. Ce fut un Allemant, natif de
Maïence, à ce qu'on dit, qui se servit le premier de
cest art en la chrestienté environ l'an 1400 [1], au
mesme temps que Bertholde Schvvard [2], moine et
alchimiste de la mesme nation, inventa l'artillerie,
vraye foudre d'enfer, au detriment universel de tout
le monde, comme l'imprimerie est à l'utilité, gloire
et ornement de tous les gens de vertu. Il se servit
premierement de caracteres de bois que l'on void
encor à Strasbourg avec la premiere presse dont il
imprima, laquelle est, en memoire perpetuelle, consacrée dans l'église cathedrale du lieu. Depuis,
comme il est facile d'adjouster aux choses inventées,
les caracteres de metal ont esté trouvez et mis en
usage, desquels est provenuë la complette perfection
de cest art. Ainsi faut-il confesser que nous le devons
à l'Allemagne; mais l'Angleterre et la Hollande nous
doyvent aussi la science et pratique qu'ils en ont.
Maintenant que tous les peuples chrestiens en sont en
possession, reste d'aviser le moyen de nous en con-

---

[1] Guttenberg, en 1437. — P. Dupont, *Hist. de l'imprimerie*, t. I, p. 28-30.

[2] Berthold Schwartz. On n'est pas fixé sur l'époque exacte
où il découvrit la poudre à canon ; en tout cas, ce fut entre
1370 à 1380.

server l'entretien et le profit, comme ils font tous chacun en son endroit.

Le traffic des livres est si grand et si universel qu'il n'a pas esté dédaigné des princes mesmes, et des Estats entiers. Phillebert, duc de Savoye[1], pere de celui qui vit à present[2], prince fort estimé pour la suffisance de son esprit, sçeut s'accommoder si avantageusement de ce negoce que les Venitiens en furent esmeus à telle envie que jamais ils ne cesserent[3] tant qu'ils l'eussent diverti de ses mains, par un artifice qui montre qu'en matiere de profit il n'y a gueres de gens qui gardent fidelité. Qui ne cognoist au reste combien de commoditez en tire l'Allemagne, et qu'il fait la plus grande et meilleure part de ses foires ? Aussi les Flamans qui ont le nez tres delicat à flairer toute odeur de gain n'ont gueres laissé ceste pratique en arriere, mais, l'ayant suscitée en plusieurs principales villes, y employent toutes sortes de pauvres gens du pays à tres petit prix, et obligent les compagnons à quinze cens par jour plus que les François, qui n'en tirent que vingt et cinq cens, faisant faire de la composition à l'équipolent[4].

---

[1] Emmanuel-Philibert, le vainqueur de Saint-Quentin, le restaurateur de l'indépendance de son pays annexé à la France par François Ier, aussi sage administrateur que fin diplomate et grand guerrier. — Voy. GUICHERON, *Hist. de la Maison de Savoie.*

[2] *Celui qui vit à présent...* Charles-Emmanuel Ier, fils aîné du précédent, auquel il succéda sur le trône ducal en 1580 ; il régna jusqu'en 1630 et mérita le surnom de Grand. — GUICHERON, *loc. cit.*

[3] *Ne cesserent,* c'est-à-dire n'eurent de cesse.

[4] Le passage est assez difficile à comprendre. Le *cens* ou

Ainsi par ceste tasche augmentée ils ont trouvé moyen de bailler leur ouvrage qu'ils nous envoyent à meilleur marché, — quasi de moytié, — que les nostres ne peuvent faire ; et quand et quand se sont advisez de nous fournir de plusieurs livres, qui sont de plus commun usage et par consequent de plus prompt debit. Voila comment ils ostent à nos imprimeurs et libraires (à l'opinion desquels nos livres ne sont pas les meilleurs qui sont les mieux faits, mais ceux qui se vendent le mieux et plustost) l'ordinaire exercice de leur art et le gain mediocre qu'ils avoyent accoustumé de faire.

Je puis dire sans hyperbole qu'il y a cinquante mille personnes en vostre royaume qui travaillent à l'imprimerie et librairie, qui n'ont autre fonds pour leur vie, autre revenu pour leur entretien. Comme l'esprit est admirable en ses diverses productions, il est si charitable envers ses enfans qu'il tasche, au moyen et à l'aide de cest art, d'en conserver la vie et la durée avec un soin passionné ; il les aime, les embrasse et regarde avec contentement, y voyant emprainte une image immortelle de soy-mesme, avec plaisir extréme ; il se ressouvient qu'ils ont esté conceus de l'accointance qu'il a euë avec les belles et agreables muses ; puis, comme par une reflexion de l'amour des siens il se porte à l'amour des autres, qui sont nez de mesme semence divine, et en eux,

---

séntz hollandais vaut deux centimes et demi ; les compagnons français gagnaient, en faisant le même travail, quinze séntz de moins que les compagnons flamands aidés dans leur besogne par « toutes sortes de pauvres gens à très petits prix ».

comme en un miroir, contemple les beaux traits et lineamens de leurs autheurs, admire leur perfection, en devient éperduëment amoureux et de fois à autre leur donne quelques baisers en son cabinet, desquels comme d'une flamme secrette qu'il attire, il s'embraze en l'affection de la vertu, de l'honneur et de la gloire.

Pour revenir à mon propos, l'imprimerie estant maintenant passée d'une nation à l'autre, elle ne peut produire à ceux qui l'exercent tant de profits comme elle a fait par le passé, lors que peu de peuples y travailloyent et entre ces peuples peu d'hommes. Adjoustez à son usage plus commun que, depuis le réveil des lettres, on a garni les bibliothéques de livres, de sorte qu'il en reste tousjours beaucoup, quoy que, par le ravage des guerres, il en aye esté beaucoup consommé. Ce meuble ne s'uze pas comme un habillement : ce qui a servi au pere peut servir au fils, et ainsi de main en main, selon le soin que l'on a de le conserver. Je ne doute point toutesfois que, si l'apport des livres estrangers estoit interdit, les imprimeurs et libraires ne se rendissent bien tost assez riches. Et, pour dire librement ce que j'en pense, ceste prohibition ne sçauroit estre qu'au bien et salut, tant de ceux qui gouvernent que de ceux qui sont gouvernez. La doctrine estrangere empoisonne nostre esprit et corrompt nos mœurs. On a trouvé moyen par là de faire degenerer plusieurs de nos hommes, de les desbaucher de l'obeissance legitime. On a jetté dans les plus tendres cœurs de mauvaises semences, on y a provigné le plant de

Sodome et Gomorhe; bref on a par là fait naistre des monstres en la France qui n'en avoit jamais produit paravant.

Il n'y a libraire au monde, tant soit il opulent, qui ait un livre de chaque sorte; nulle richesse n'y pourroit suffire; nul lieu n'en pourroit tant contenir. Aussi la multitude de livres n'est pas bonne, mesme pour l'usage; ceux qui en manient beaucoup font ordinairement beaucoup d'hostes et peu d'amis; ils cerchent à guerir et amener leurs playes à la cicatrice par la diversité des appareils; ils remüent trop leur esprit et ne luy donnent pas le temps de prendre racine en un bon fonds. Mais ce discours appartient ailleurs; revenons d'où nous sommes partis. Les bons livres sont ordinairement bien recueillis; et pourtant sembleroit il raisonnable que, pour l'advenir, il ne se conçedast plus aucun privilege sur premieres coppies, à plus long temps que de quatre ou six ans, afin que, le terme expiré, l'impression en estant libre à tous, tous communiquassent au profit qui en peut revenir. Car, si le livre est bon, celuy qui l'a premierement fait a prou gaigné; s'il est mauvais, il n'est pas à presupposer qu'aucun le vueille remettre sur la presse. Et pourtant ne faudroit-il plus que vos Majestez accordassent des prolongations de privilege, à l'appetit et requeste de personne, d'autant que pour un leger profit de huict cens ou mille escus, que quelques-uns en peuvent tirer, il en couste plus de cent mille à toute la France[1]. Si vos Majestez deffen-

---

[1] Montchrétien espérait, en réduisant la durée des privilèges, combattre les contrefaçons étrangères.

doyent encor le transport du papier hors le royaume, s'il n'estoit imprimé, il ne faut pas douter que la richesse de cest art n'augmentast beaucoup en peu d'années. Car par ce moyen l'estranger seroit contraint d'emporter nos impressions et d'envoyer icy les coppies qu'il voudroit mettre en lumière, ce qui donneroit, outre la commodité du pays, la cognoissance d'un grand nombre de meschans livres, qui se font au prejudice de vos Majestez et du repos de la France, avec nostre papier mesme, et les characteres de nós lettres, que les estrangers acheptent. Ainsi les libraires et les imprimeurs, trouvez saisis de livres vitieux, ne pourroyent prétendre aucune excuse; et les preuves se feroyent contre eux tout à l'heure, d'autant que premierement on cognoistroit les formes, secondement le papier et l'année de sa fabrique, d'autant qu'à la visitation que les gardes cartiers en font tous les ans on adjouste[1] ou diminuë quelque chose à la marque que les papetiers prennent de leurs gardes jurez. De plus tous abus de cedulles et de livres se cognoistroyent ainsi, ainsi toutes suppositions de cahiers, par lesquelles se font plusieurs fraudes, tant aux doüanes et gabelles comme ailleurs.

Ce que j'ay dit des cartiers m'a fait ressouvenir d'eux. Devant que les Anglois se fussent mis à transporter le pappier de France, ils vivoyent commodé-

---

[1] Les gardes jurés, institués par François Ier et rétablis, après ¹˙s désordres de la guerre civile, par Henri IV, édit d'avril 1597, art. 4, étaient nommés pour deux ans par chaque corporation et exerçaient la police sur les membres aussi bien

ment et faisoyent vivre un grand nombre d'hommes en leur travail; mais, depuis quelques années, ils ont aussi bien de quoy se plaindre comme les autres artisans du royaume. Les Anglois en sont venus à tel point qu'il faut desormais que nous passions par leurs mains, d'autant qu'ils tiennent en divers lieux des moulins à pappier, qu'ils ont achetez ou fait faire, et pour les employer font venir du damas de leur pays, qu'ils y envoyent soudain sans aucune visitation, combien que, par les ordonnances de nos Roys, il soit deffendu de le mettre en œuvre, que premierement il n'aye esté six mois à la campagne, pour éviter les contagions de peste, et de flux de sang, qui nous viennent ordinairement de Flandre et d'Angleterre. Pauvres François, que nous restera-t-il plus à faire, puis que nous recevons parmy nous des gens qui sont si mesnagers qu'ils ne nous laissent pas seulement le profit de nos haillons pur et net?

La crainte que j'ay que les Anglois et Flamans ne se plaignent de nos plaintes, disant qu'elles ne s'a-dressent que contre eux, m'oblige à parler un peu des Italiens. Ces hommes à la verité sont subtils, plains d'invention; et d'eux nous avons pris beau-coup de choses. Le mesme subject qui nous attire les autres estrangers en France les y a pareillement amenez, et les y fait sejourner. Depuis quelques

qu'un droit de surveillance sur la production et la vente des marchandises. A en juger d'après ce passage, les gardes jurés des papetiers mettaient une marque au papier à mettre en œuvre, et les gardes cartiers l'estampillaient en outre, en nom de l'État, à leur visite annuelle, en fixant les droits à perce-voir.

années en çà , ils y ont pratiqué l'art de verrerie
avec bon heur et profit. Ce n'est pas qu'auparavant
on ne l'exerçast en France. De tout temps le Languedoc, le Dauphiné, l'Armagnac, le conté de Foix,
ont joüi de la gentillesse de ceste noble manufacture.
Je l'appelle noble, eu esgard aux mains qui la façonnent et à l'essence parfaite de la matiere dont elle
est faconnée, assavoir du verre, que je puis dire,
pour le loüer en peu de mots, estre le miracle de
l'artifice, comme l'or est le miracle de la nature.

Nos Roys aussi les ont doüez de beaux privileges,
et ont voulu que les gentils-hommes seuls la peussent
exercer en France [1] ; ce qui n'est pas de mesme en
Italie. En plusieurs lieux de ce royaume, les peuples
se sont long temps contentez de verres de fougere, et
ont eu opinion qu'ils ne pouvoyent recevoir de Venise [2]
sans casser ; maintenant que l'industrie et le labeur des
Italiens y a plus communément introduit l'usage de
ceux qui sont faits de Barille [3] et appellez de cristal,
plus polis à la verité et plus agreables à la veuë,

---

[1] Un règlement de Henri IV avait mis fin au privilège. En
1448, le duc de Lorraine, pour favoriser cette industrie très
florissante dans ses Etats, avait donné à ceux qui l'exerçaient
des lettres de noblesse avec les immunités d'impôts attachées
à ce titre. Louis XI avait fait de même en France. Mais par la
suite le nombre des verriers, et par conséquent des immuni-
taires, augmentant beaucoup, le duc Charles III de Lorraine,
par une ordonnance de 1585, décida que le métier ne déro-
geait pas à la noblesse, mais ne la conférait pas de plein
droit, ce qui fut établi en France par le règlement du 14 décembre 1604. — Voy. Les gentilshommes verriers, de M. DE
BEAUPRÉ.

[2] Dans le texte de venin.

[3] Lisez béryl, non pas le vrai béryl ou aigue-marine, mais
le béryl de Saxe, variété de l'opatite ou phosphate de chaux.

mais tousjours aussi fragiles, nos François amoureux sur tous peuples de la proprieté au boire et manger et de la gentillesse de leurs meubles, en usent à ceste heure ordinairement et avec plus de plaisir. Le desir qu'a eu le feu Roy, pere et mary de vos Majestez que les François seuls eussent et la pratique et le profit de ce bel art, a plusieurs fois esté declaré par sa propre bouche, encor, comme je croy, qu'il ne fust pas adverty que plus de deux mille cinq cens gentils-hommes en peuvent en son royaume tirer la com-modité de leur vie et un entretien digne de leur condition, sans faire estat de cest autre grand nombre d'hommes qui sont employez sous eux à ceste beson-gne. Cela est si considerable et touche à tant de gens qui portent qualité, que Vos Majestez doyvent em-brasser l'affection de les remettre en leurs premiers et anciens droicts que l'on veut empiéter sur eux par quelques nouveaux privileges surpris à leur pre-judice, et sans qu'ils y aient esté appellez, attendu qu'ils n'en sont jamais décheus par forfaicture ni felonie aucune, ayans leurs peres, par le passé, et eux, en ces dernieres guerres, sans espargner leurs biens ni leur propre sang, courageusement suivi leur prince et fidellement servi ceste couronne en tous les endroits où l'honneur et le devoir de leur qualité les ont appellez.

Voila ce que j'avais à dire generallement des arts et de quelques uns des principaux en particuliers, au traicté desquels je n'ay pas voulu imiter les bou-quetieres qui choisissent à l'œil les plus belles et odorantes fleurs et en tissent et compozent un ou-

vrage qui est bien soüef à sentir, mais au demeurant ne porte point fruict et ne dure qu'un jour;
mais j'ay fait comme les abeilles qui, volant par
dessus les roses, se posent sur du thym tres fort
et aspre et s'y arrestent, preparans de quoy faire le
miel et la cire.

Au reste je cesse de les poursuivre et esplucher
tous par le menu, me ressouvenant que je parle devant vos Majestez, dont il ne faut empescher les temps
que le moins que l'on peut. Je craindrois mesme
d'estre accusé d'avoir esté trop long en ce discours,
si je n'estois bien asseuré que vous le mesurerés
avec son utilité, laquelle est presque infinie. Puis,
d'autre part, Dieu vous a ordonné pour ses lieutenans en terre afin d'oüir le pauvre, la vefve et l'orphelin, aussi bien que le plus grand et le plus riche du
monde; afin que vous teniez tousjours l'œil ouvert
et l'oreille alerte pour voir et pour entendre tout ce
qui peut apporter du bien et du soulagement au
peuple.

...Aussi les princes plus grands, plus liberaux et
plus magnifiques ont tousjours fait gloire d'inventer
des moyens, ont tousjours tasché d'imaginer et dresser des reglemens, par lesquels ils peussent accomoder et enrichir leurs subjects, sçachant bien que
telle richesse estoit la vraye et inépuizable source
de leur despense et liberalité. Apres le soin de leur
faire administrer la justice, cestuy cy a pris la seconde plaçe en leur ame, comme estant mesme une
notable despendance, un principal accessoire de son
principal, qui est de rendre à chacun ce qui luy

appartient. En tout autre subject, elle n'a point tant de licence qu'en cestuy-cy de baisser la main et de tenir la bride lasche. Car la charité du pays restraint à son avantage et quelquefois eslargit, selon les temps et les saisons, les bornes de l'équité, et cela est excusable par la consideration de l'utilité commune, à laquelle le sage maistre de police, qui par une bonne administration veut bien informer la matiere de la Republique, s'accommode en tout et par tout, d'autant que c'est la fin generale où doivent tendre tant les loix de ceux qui gouvernent que les actions de ceux qui obeissent.

L'heur des hommes, pour en parler à nostre mode, consiste principalement en la richesse, et la richesse au travail. Ne plus ne moins que tous animaux qui ont sang ont cœur, tous pays qui ont richesse ont industrie. L'industrie, y tenant tel lieu, doit estre donc leur premier vivant et leur dernier mourant. Et comme la meilleure disposition de l'animal est qu'il soit en toutes ses dispositions selon le cours de nature, ainsi le meilleur estat de l'Estat est qu'il soit mis et qu'il demeure en une place certaine et asseurée, selon son utilité, par son ordre, regnant entre plusieurs et derivant de celuy qui commande à ceux qui obeissent. Car sans doute c'est une bonne fortune, quand tous les subjects ont des moyens suffisans à leur necessitez ou ne les ayans point les peuvent acquérir. C'est la plus seure bride pour retenir ce Typhée [1] à plusieurs bras et plusieurs testes,

---

[1] Typhée, un des géants foudroyés par Jupiter qui s'ensevelit sous l'Etna. (Mythologie.)

lequel, quand il se fasche et ennüye de ne gaigner rien, se remüe et, en se remuant, excite quelques fois des tremblemens de terre. Par ceste huile[1] se calment les flots de ceste mer orageuse subjecte à tous vents, qui bruit et gronde en dessous, premier que de s'émouvoir, et qui difficilement s'appaise, quand la fureur qui bout en ses vagues l'a une fois renversée de comble en fonds.

Comme c'est le plus grand art des Princes que de sçavoir faire profiter les peuples, rien aussi ne leur apporte plus d'obeissance, plus de reverence, plus de benediction. Nous aymons principalement ceux qui nous font bien; nous pensons qu'ils tiennent une tierce nature, entre Dieu et nous, et jugeons au reste que le principal bien nous provient du gain que nous pouvons faire sous leur autorité.

Voulons-nous un exemple de cela sans l'aller chercher loin? Nous l'avons vu de nos jours en la royne d'Angleterre[2] à ceste occasion aymée, cherie et presque adorée de son peuple. Il faut confesser que son soin et sa diligence principalement luy ont fait acquerir la cognoissance des arts qu'elle ignoroit, mesnageant par le meilleur traictement qu'elle pouvoit les François qui dans nos troubles estoient jettez en son Royaume[3]. Elle mesme en a veu le fruict, et son pays le ressent tous les jours.....

---

[1] On sait que l'huile filée, — c'est le terme technique, — sur une mer démontée, l'apaise sur tout l'espace qu'elle recouvre.

[2] Élisabeth, morte en 1603.

[3] Si la reine Élisabeth accueillait fort bien les Français réfu-

J'ay dit cy devant, et faut que je le repéte encor, que l'employ des hommes et le sçavoir de les rendre utiles au public et à soy-mesme est un grand traict du sage politique; que pour y parvenir il en doit nourrir, entretenir et accroistre l'industrie par enseignemens, par exemple et par exercice; taschant sur tout de bannir entre eux l'oysiveté, peste fatale aux Estats riches et florissans, mais au contraire de les attirer au travail par les appasts de l'honneur et par l'amorce du profit... Les Anglois et les Flamans nos voisins nous l'apprennent. Comment on doit regler les arts pour les maintenir et les conserver en sa main, leur exemple nous en instruit; comme par leur moyen personne qui soit capable de travailler ne peut demeurer oisif, leur pratique nous le montre. Je supplie vos Majestez de considérer, comme les villes de Hollande, Zelande et Frize de petites bourgades sont devenuës grandes et admirables citez. C'est qu'il n'y a point moyen d'y estre ensemble ignorant et paresseux, et que l'on y envoye de bonne heure les hommes à l'escholle des fourmis et des mouches à miel pour leur faire cognoistre la guerison de ces vices, qui sont les plus grands que l'homme puisse avoir. Que s'ils n'en veulent pratiquer le remede naturel, le magistrat y pourvoit, et de luy mesme leur baille la medecine. Commandez que le semblable se face à l'en-

---

giés en Angleterre, elle traitait d'autant plus mal le commerce français. La politique commerciale de l'Angleterre fut une des principales causes du protectionnisme de Montchrétien. Voy. liv. II, note 1, et annexe.

droit de vos subjects, et vos subjects en auront le fruict, vous l'honneur et le public l'utilité.

La pratique des pays susdits est diverse, tant pour l'apprentissage et pour l'entretien des arts que pour l'employ et pour la nourriture des hommes, mais tendant tousjours à mesme fin, assavoir au profit particulier et au bien commun. Personne n'y peut prétendre sa pauvreté d'aucune excuse ; car il trouve plusieurs moyens de s'en delivrer, moyens bons et légitimes, que vos Majestez, touchées de l'utilité publique, doivent ouvrir et faire pratiquer en ce Royaume, comme pareillement il se fait en toutes les principales villes de Suisse et d'Allemagne, où mesme il n'y a gueres de bourg, èsquels le Seigneur du lieu n'entretienne quelque college pour instruire ses pauvres subjects, tant aux arts liberaux qu'aux mestiers mecaniques...

Nous sommes tous comme des briques faites d'une mesme argile, mais non toutes à un moule, non d'une terre egallement pestrie, maniée et comme affinée. Comme il naist des corps plus robustes les uns que les autres, il vient pareillement icy des esprits beaux et rares par excellence. Vos Majestez savent bien que les Seigneurs de Turquie, Agas, Basass [1], grands vizirs ne naissent pas, mais sont faicts et, comme l'on dit, de toutes pastes. Si les loix et les

---

[1] *Agas*, commandants de troupes ; *bassas* ou pachas, gouverneurs de province, dans la hiérarchie ottomane. On trouve le terme de bassas encore en usage dans la poésie allemande, témoin ces vers au sujet d'une pipe turque : « Der Türckenkopf... den er einem Bassen bei Belgrad abgewann. »

coustumes de vostre Estat, beaucoup meilleures à la verité et mesme plus naturelles, d'autant qu'il est à presupposer que les aigles naissent des aigles et les colombes des colombes, ne vous permettent pas d'en faire de mesme, à tout le moins consentent elles en ce poinct avec la nature que les hommes qui y naissent soient addressez à leur fin, à sçavoir d'estre un ornement et utilité à leur patrie; non à charge comme des membres perclus et estropiez. Ce que je dy d'un sexe, je le dy pareillement de l'autre; car tous deux sont nez à la société et destinez à l'action. Aussi partagent-ils ensemble le soin et le labeur du mesnage, principalement en France. S'il s'y trouve de pauvres enfans, — mais il n'y en a que trop à cause du mauvais ordre, qui depuis si long temps regne parmy nous, — on peut à l'imitation des Hollandois y remedier en deux façons. La premiere est de les ramasser et de les renfermer en des maisons publiques, les garçons à part et les filles à part, y faire travailler les uns et les autres en toutes sortes de manufactures, drapperie, fillace, toille, lingerie, etc. Car il ne faut point douter que plusieurs de vos subjects, qui pourront fournir à leur entretien ou dresser quelque compagnie pour cest effect, n'entreprennent fort volontiers ce parti, quand par la dèffense de l'apport des ouvrages estrangers ils seront asseurez d'estre deschargez de ceux qu'ils pourront faire fabriquer [1].

Ces maisons dont je viens de parler sont appellées

[1] Voyez pour ce protectionnisme, qui revient chez Montchrétien sous toutes les formes, liv. II du *Commerce*, note 1.

par les Holandois escholes et à bon droict puisque
l'on y apprend à vivre;... Ceux qui sont mis là
dedans sont employez diversement, bien nourris et
bien entretenus. A la distinction des autres, on les
habille de deux couleurs, afin que, venans à sortir
par débauche ou autrement, ils soyent recognus et
r'amenez[1]. On ne les tire point de là que pour les
marier. Quand ils sçavent un art, on les mene voir
les filles qui sont nées et gouvernées de mesme sorte
pour les faire choisir femme, puis leur baillant
quelque somme, et quelque aménagement, on leur
permet d'aller en liberté, ou bien de demeurer en la
maison où ils ont esté nourris, eslevez, et instruits,
pour continuer leur mestier avec bons gages et
sallaires, lesquels ils reçoyvent de la societé qui les
entretient.

Voicy encore l'autre ordre que tiennent les mesmes
Hollandois pour l'assistance des pauvres qui, plains
de bonne volonté d'apprendre un art, en cerchent le
moyen. Apres avoir trouvé maistre dans la ville, ils
vont prester serment devant le magistrat de le bien
et fidellement servir certain nombre d'années, en
leur donnant deux sols, ou six blancs par jour, selon
qu'il est convenu, sans qu'il soit assujetty à leur
fournir, ny logement, ny nourriture. Il leur donne
un intervalle libre, depuis douze heures jusques à
une, pour quester et prendre leur réfection, laquelle
ils trouvent à poinct nommé sans sortir du quartier,

---

[1] Saint Vincent de Paul, d'une année plus jeune que Montchrétien, ne réalisera une partie de ces ambitions qu'en 1648,
en recueillant les enfants abandonnés.

d'autant qu'ils ont certaines maisons affectées, qui les nourrissent de reliefs et les vestent encor par dessus. Cecy se doit entendre pour les naturels du pays seulement; car ce n'est pas leur coustume de recevoir aucun estranger, principalement François, si ce n'est en contr'eschange.

Tous ces deux methodes sont fort bons, pour employer ceux qui sont nez pauvres, sans estre à charge à l'Estat; et m'esmerveille qu'on n'en a persuadé vos Majestez, quand on leur a proposé de commander que les mendians de ce royaume fussent r'enfermez par les villes et nourris par la charité publique[1]. Constantin fut le premier qui fist des ordonnances pour la subvention des indigens, et de son temps on establit des hospitaux pour les pauvres enfans, pour les hommes vieux et pour les malades, à la requeste et instance des evesques, se plaignans, et à un bon droit, de ce que les quaymans estropiez alloyent par les temples, meslans leurs plaintes et soupirs aux chants de l'Église.

Aussi de vray faut-il nourrir les pauvres non les tuer. Or est ce les tuer, dit saint Ambroise, que de leur refuzer la nourriture. Je diray plus, c'est quelquesfois se tuer soy-mesme : car le mauvais traitement des pauvres fait bien souvent les maladies populaires aux villes, puis elles s'espandent aux champs par la contagion qui s'en communique au long et au large. Il n'y a pas de plus beau moyen pour remedier à tous ces maux ensemble que d'employer

---

[1] Allusion à l'édit rendu en 1610. Voy. p. 27, note 1.

les hommes, comme j'ay dit ailleurs, et comme les autres peuples le font, aux divers artifices. Car peu, qui y regardera de pres, s'en trouveront incapables. Pour ceux qui sont tellement mutilez de leurs membres par quelque grand et sinistre accident qu'ils sont mesme inutiles à soy-mesme, ou pour ceux que la nature n'a produits, que pour servir à la terre de fardeau, baste! le public n'en sera pas trop chargé; il n'y en a pas beaucoup de tels. Quand à ceux à qui la pauvreté cause de la foiblesse ou de l'indisposition nous avons de bons vivres pour les remettre, graces à Dieu, et la medecine peut au reste apporter remede. On a bien soin de faire guerir, et pour ceste cause tient on souvent plusieurs mois dans l'estable à plus gros frais des bestes de travail ou de voiture. Au reste voulons nous, faute d'exercice, créer en eux de nouvelles maladies? Voulons nous qu'avec de mauvaises humeurs ils contractent encor de mauvaises mœurs par l'oysiveté. Je pense qu'on ne peut dire pour excuse, sinon qu'il y en a de si malheureux qu'ils aimeroyent mieux se laisser mourir de faim que de mettre la main à l'œuvre. Ventres paresseux, charges inutiles de la terre, hommes nez seulement au monde pour consommer sans fruict!... c'est proprement contre vous que l'authorité du magistrat se doit déployer! c'est contre vous qu'il doit armer sa juste severité; pour vous sont les foüets et les carquans. C'est de vous que se provignent les coupe-bourses, les faux tesmoins et les volleurs! A telle sorte de gens on peut apporter une juste violence; on les doit faire

travailler par tasche, comme font les Flamans en la
ville d'Amsterdam, les hommes débauchez, rebelles
à leurs parens et faineans, à scier et couper du bresil[1] et autre bois de tainture, en une certaine maison,
qu'ils appellent Fechtus[2], où le labeur fait tous les
jours quelque nouveau miracle...

Ce que j'ay dit cy-dessus des ateliers qui doyvent,
en l'estat bien ordonné, tenir le second lieu apres
les familles, puis qu'il faut nourrir et conserver,
ayant engendré, des hommes qui peuvent et doyvent
y estre employez et des manufactures que l'on peut
et doit faire, estant bien estably, se fera bien tost
cognoistre par vraye expérience pour l'un des plus
grands, plus necessaires et plus utiles poincts de
police qui puisse tomber en l'entendement de
l'homme; et ne faut aucunement douter que vos
peuples, par le commandement et sous l'authorité
de vos Majestez, n'en embrassent l'execution avec
mille sorte de benedictions, car par ce moyen vous
leur ferez celebrer, non tous les ans une fois, mais
tous les jours et à toutes heures, ceste feste solen-
nelle que les Perses appellaient la mort aux vices,
en laquelle ils tuoyent toutes sortes de serpens et
bestes sauvages. Au reste ce travail public ne gastera
point le particulier : car il suppleera seulement à
son defaut et sera supposé[3] au lieu de celuy de l'es-

---

[1] *Brésil* ou bois du Brésil, bois rouge servant de teinture
en cette couleur.

[2] *Fechtus*, altération du mot hollandais *Werkhuis*, maison
de travail, de correction.

[3] *Supposé* est pris ici dans le sens de : introduit (sub, ponere).

tranger, qui ne peut estre admis qu'au grand préjudice de tout le pays. Davantage si la regle pratiquée
en Hollande pouvoit estre introduite en ce royaume,
sans doute ce seroit une belle chose et fort favorable
à l'industrie et à la diligence. Quand quelque artisan
a fait beaucoup de besongne et ne peut si promptement en estre deschargé que son besoin le requiert,
il la porte chez le premier marchand qui trafique en
gros, lequel la prend par poix ou par mezure, sans
demander aucune diminution du prix de la façon. Il
faut advoüer que c'est proceder plus equitablement
que nous ne faisons. Chacun, comme l'on dit entre
nous, cerche son bon marché. Si est ce que la charité commande que nous ne nous avantagions pas
trop du desavantage d'autruy; que nous luy facions,
comme nous voudrions estre fait à nous mesmes.
Il faut peu de chose pour ruiner un pauvre homme;
sa sueur merite bien quelque loyer : se voyant fraudé
d'un gain juste et légitime, il se portera sans doute
à travailler illegitimement, ce qu'il ne peut faire
sans prejudicier au public et bien souvent à soy-
mesme.

Les bons et fameux artisans sont grandement
utiles à un pays, j'oseray mesme dire necessaires,
honorables. Et pourtant le magistrat doit prendre
un grand soing de les rendre et maintenir tels. C'est
de tous les mestiers qu'on peut dire ce que le
grand Hypocrate a dit autrefois de la medecine :
« l'art est long, la vie est courte et l'experience difficile. » Quiconque est curieux d'en observer les diverses
et variables pratiques reconnoist cela. La science

habite parmy les sueurs, et l'habitude du bon travail naist du laborieux exercice. On peut acquerir une maison, un heritage, un habit avec de l'argent et s'en approprier, mais un art, seulement avec le temps. C'est pourquoy je ne puis assez estonner quelle erreur peut avoir donné cours aux lettres de Bulle en ce royaume, au moyen desquelles il est permis, en garnissant quelque somme, de faire profession de tel mestier que l'on veut, trois ou quatre en sont seulement exceptez, sans en avoir fait le chef d'œuvre, non pas bien souvent l'apprentissage.

Vos Majestez doyvent retrancher à jamais cest abus, par lequel l'ignorance, la paresse, et la nonchalance d'apprendre sont toutes ensemble introduites. Si l'argent fait tous, que sert la suffisance acquise? Qui n'aymera mieux achepter un art à petit prix que par tant de veilles et de labeurs[1]? Adjoustez à cela que les artisans forgez sur ceste enclume sont autant de gaste-mestiers que l'on appelle, qui decrient et decreditent non seulement le lieu, mais la province, mais le royaume. On donne assez souvent le nom aux estoffes et manufactures de l'endroit où elles se font et d'où elles viennent. Le public du pays mesme y a grand interest : car il importe à son bien d'estre loyallement servy. Il y auroit moins de

---

[1] Malgré les édits de 1581 et 1597, et la réforme de Henri IV, par lesquels on avait cherché à remédier aux abus qui s'étaient introduits dans les corporations et maîtrises, les abus avaient reparu à la suite de la crise commerciale et industrielle qui suivit la mort de Henri IV. Voyez au sujet de cette réforme l'excellent article de M. G. FAGNIEZ, *L'industrie en France sous Henri IV*, *Revue historique*, 1883, vol. III, p. 86, et INTRODUCTION, *La période classique de l'économie politique*.

perte et de danger, si la tromperie se pouvoit cognoistre à l'œil et toucher à la main ; mais ordinairement elle n'est découverte que par l'usage, et tousjours on est deçeu par l'apparence de la forme et de la figure. Mais il y a encor un autre aussi grand mal ; c'est que le decry de ceste deception donne jour et ouvre le cours aux fabriques estrangeres, dont les autheurs s'efforcent tousjours aux commencemens de faire le mieux qu'ils peuvent, sauf à se relascher à la nonchalance, ayant acquis le credit, ce qui est la vraye et originelle cause de l'abollissement de arts en un pays et de la ruine de ceux qui les pratiquent.

C'est ainsi que les estrangers l'ont emporté sur nous. C'est ainsi qu'ils ont avec le temps prévenu la liberté de nostre jugement, à nostre propre dommage. C'est ainsi qu'ils ont changé et diverti [1] chez eux les sources d'où nous puizions tout nostre profit, et, si nos fontainiers publics n'y advisent de plus prés, l'eau nous manquera bien tost. Ce qui nous en reste est dans les auges et diminuë peu à peu. Quand il sera tari, faisons estat de boire à la mercy d'autruy. Ainsi serons nous bien souvent contraints d'estancher nostre soif d'eaux infectées et bourbeuses. Sommes-nous sages ? Ayans de si vives fontaines chez nous, si l'on veut bien les curer et nettoyer, qui nous oblige de rechercher des cisternes puantes et croupissantes, dont les maistres mesmement ne nous permettent l'usage sinon en tant qu'ils peuvent s'en passer ? En-

---

[1] *Diverti*, c'est-à-dire détourné.

cor faut-il leur en payer tribut. Mais il me couste si peu pour en estre fourny ; qu'ai-je affaire de me travailler moy-mesme ? Cette excuse tient-elle plus de la lascheté ou de la paresse ?...

Mais de plus combien cela est préjudiciable au public, on le peut prouver par raison, et par exemple : car, pour laisser en arriere ce mot bien veritable qu'« on n'a jamais bon marché de mauvaise marchandise », et telle est pour la plus grand' part, toute l'estrangere, — outre que c'est l'interest de la Republique que tous soyent occupez à un legitime travail et par là destournez du vice, — nous faisons autant de perte que l'estranger fait de gain. De ce qui s'achepte et traffique parmy nos hommes, il n'en est pas ainsi; une main se vuidant emplit l'autre, et il se fait comme une transfusion d'un vase plain en un vuide.

D'ailleurs, qui veut mettre les arts en bon train et les entretenir en reputation, il n'en faut jamais par une surabondance diminuer le profit. La clarté s'esteint dans les lampes quand on y verse de l'huile trop abondamment. Le trop d'humeur d'une grosse ravine d'eaux suffoque la séve de l'arbre au lieu de la nourrir, entretenir et accroistre. C'est une maxime entre les artizans qu'il n'y a pas de pire charté que morte-gagne[1]; et c'est principalement de là qu'elle provient. Au reste rien ne dispose plus les peuples à l'émotion[2] que la necessité qui leur vient par un tel

---

[1] *Morte-gagne,* salaire donné à l'ouvrier en temps de chômage.

[2] Le sens de ce mot était alors un peu plus fort que celui

excez, laquelle est bien souvent plus redoutable que
le trop d'aise, autre occasion ordinaire de souleve-
ment. Le sage politique doit prudemment inventer
les moyens de faire regner en ce fait une juste et
temperée moderation entre le trop et le trop peu,
afin qu'il n'arrive aucune incommodité, ny par le.
deffaut, ny par le surcroist. Il doit imiter la nature,
à qui jamais ne manque rien de necessaire, à qui
jamais rien de superflu ne redonde. Faute de besongne
à faire, l'artisan languit et meurt de faim; trop
grande quantité de besongne faite l'empesche de gaigner, et cela l'induit à chagrin et bien souvent à
desespoir[1]. Tout consideré, il n'y a qu'un seul bon et
legitime moyen de remedier à cest inconvenient : c'est
que le pays fournisse le pays. Le corps a des membres pour faire les fonctions corporelles : les Estats
ont des hommes pour leur service, et faut aussi les
employer à cela.

La pratique de tous les autres nous instruit assez
combien ils sont grands observateurs de ce grand
poinct de police. Laissons à part l'Allemagne et la
Suisse, et prenons pour exemple l'Angleterre, qui
nous est plus voisine, voire d'autant plus volontiers
qu'elle nous est quasi redevable de toute son industrie en matiere d'artifice. Depuis que, par l'establissement des mestiers divers, elle a peu se passer de
toute manufacture estrangere, elle a tellement tins la

que nous lui prêtons aujourd'hui, et un peu moins que celui
de son analogue *émeute*.

[1] Pouvait-on mieux définir les dangers de la surproduc-
tion ?

main à ce qu'on n'en apporte point chez elle que
tout autant que l'on y peut découvrir est confisqué,
et ceux qui en sont trouvez saisis condamnez à de
grosses amendes [1]. J'ay cognu un de nos hommes de
Roüen, demeurant à Londres, qui, pensant gagner
quelque chose sur de la mercerie qu'il y faisoit
entrer à la desrobée (car celle de France y est en
fort grande estime) en l'espace de deux ans s'est
veu jetter en prison plus de vingt fois, de sorte qu'à
la fin il a esté contraint de quitter ce negoce et le
pays mesme; car ce n'est jamais fait avec les Anglais;
on y traine tousjours son lien. Ils ont certains officiers qu'ils nomment promoteurs [2], ausquels est commise la recerche et cognoissance de cela, dont la vigi-
lance est si grande qu'il est tres difficile ou plustost
impossible de l'eviter. Je ne parleray point icy de nos
Flamans; ils sont si diligens qu'ils ne laissent rien à
faire aux naturels du pays ou ils s'introduisent; quel
mesnage donc pourroit on faire en leur propre
maison?

C'est raison, c'est equité naturelle, chacun doit
faire valoir sa propre terre; chaque pays doit nourrir
et entretenir ses hommes. Ses fruicts ne doyvent pas
estre semblables à ceux des figuiers, plantez sur des
precipices de montagne, dont il n'y a que les oyseaux
passagers qui mangent. Comme on les peut cueillir à
la main, aussi appartiennent-ils à leurs proprietaires.
Le tiltre de l'heredité les deffend assez. Nostre grand
apostre nous recommande à la verité de faire bien à

---

[1] Voy. liv. II : *Le commerce des Anglais*, et annexe.
[2] En anglais : *promoter*, protecteur.

toùs, mais surtout aux domestiques de la foy. D'ou
nous apprenons qu'il y a des degrez en la charité
mesme, laquelle, estant une reverberation de Dieu sur
toute les creatures, doit estre universelle par consequent, mais que notre affection toutesfois doit premierement embrasser l'utilité de nos citoyens, qui nous
sont comme alliez par un droit de consanguinité. Qui
sur ce subject interrogeroit les sauvages mesmes, ils
repondroyent que la nature, ayant donné à chaque
terre ses hommes, leur y a proprement et particulierement attribué l'usage des elemens et des biens
qu'elle produit. C'est pourquoy je commence maintenant à rabattre du dépit que j'ay pris autrefois en
moy mesme, voyant nos hommes si negligés en
Angleterre et en Hollande qu'on ne les vouloit pas
employer pour leurs despens seulement, quelques
gentils artizans qu'ils fussent, quand ils desiroyent
d'y faire quelque sejour pour apprendre le langage ;
et ce d'autant plus que je reconnois que ces gens ne
font pas cela comme pour reproche d'aucune lascheté et faineantise naturelle, qui soit aux hommes
de nostre nation, plus industrieux au contraire et
plus laborieux que nuls autres, mais comme par un
edict public et concert politique, non moins utile au
pays qu'aprouvable en tout bon gouvernement.

En toutes les villes de ce royaume, je ne reconnois
que Lyon où le semblable se pratique à peu près.
Car il est point permis à ceux qui tiennent boutique, travaillans ou faisans travailler, d'employer
aucun homme de dehors, au préjudice de celuy de la
ville qui demande besongne. J'ay mesme appris que

les estrangers sont contraints par les compagnons
natifs du lieu de sortir de trois mois en trois mois,
qu'ils font leur visitation pour laisser entrer en leurs
places les autres qui se presentent. Il semble bien
raisonnable que chaque ville aye quelque chose de
particulier et comme en reserve, pour ses propres
enfans, afin qu'elle leur puisse bien faire. Que, dy-je,
elle aye le privilege de les employer et entretenir
premier et avant que nuls autres; puis qu'elle mesme
est chargée de leur soin et despence, en cas de pauvreté, de naturelle ou accidentelle indisposition. A
joindre que ce luy est tout ensemble contentement et
gloire de joüir et de s'esjoüir des beaux esprits
qu'elle a produits et comme nourris de sa mamelle,
dë tirer plaisir, service, et profit, des industrieuses
mains qu'elle a veu duire [1] et façonner à la fabrique
de divers ouvrages. Qui doute que Jean de Montreal,
du temps de nos pères, n'aye honoré la ville de
Nuremberg par son aigle et par sa mouche? Comme
autresfois Architas Tarente par sa colombe [2]? Et Archimede, Syracuse, par ses admirables engins mécaniques?...

---

[1] *Duire:* former, instruire.

[2] Orchytas de Tarente, philosophe, mathématicien et astro-
nome, qui vivait au quatrième siècle avant J. C., aurait, suivant Aulu-Gelle, construit une colombe volante; et Jean Muller, de Nuremberg, dit Regiomontanus (Jean de Montréal),
fabriqua un aigle qui, en 1470, lors de l'entrée de Maximilien
d'Autriche à Nuremberg, vola au-devant du prince. Quant à
la mouche, Montchrétien se trompe en l'attribuant à Jean
Muller; d'après une légende du onzième siècle, un évêque de
Naples, que la tradition nomme Virgile, inventa des mouches
artificielles pour combattre et chasser les mouches véritables.

Aussi est-ce pour dire vray, un grandissime plaisir, que de se voir utile à son pays, honorable à ses amis, agreable à son prince, pour quelque grande et rare qualité, plus active que contemplative... Le bel esprit se plaist, se paist, se glorifie de communiquer, comme un autre soleil, les rayons de sa lumiere et d'en rendre plusieurs participans. Au reste ceux là sont sans doute les vrays hommes, qui surpassent les autres en la cognoissance des arts beaux et utiles, puis que les arts sont les principales marques qui font differer les hommes d'avec les brutes animaux. Il y a de beaux, grands et forts esprits en ce royaume plus qu'ailleurs. Il ne faut que descouvrir les raisins cachez sous le pampre... Comme les corps opposez au soleil, rebattant et renvoyant la lumiere qui les illumine, l'augmentent et l'éclarcissent davantage, les hommes de merite et d'industrie, en recevant les faveurs et bienfaits de leur prince donnent plus d'éclat à sa liberalité, plus de lumiere à sa vertu, plus de splendeur à sa reputation. Vos Majestez doivent bien se garder de ne laisser autre loyer aux belles actions que la bonne conscience; le loyer est grand à la verité, plain de contentement et de satisfaction a soy mesme; mais les hommes sont hommes, et leur ennuye [1] à la fin de bien faire, quand ils n'en reçoyvent autre recompense que le bien faire...

Il faut donc employer les galands hommes, et avec recompense, laquelle ils mesnageront d'eux mesmes,

---

[1] *Il leur ennuye*, forme régulière. Voy. PALSGRAVE, *L'esclaircissement de la langue françoise*, dans la coll. docum. inéd. « Il me ennuye de l'ouyr ainsi vanter. »

par eux mesmes, en vostre royaume, quand vous
leur y donneriez lieu de faire valoir leur industrie.
Autrement ce sont diamans bruts, qui n'éclatent
point, ou, pour mieux dire, ils sont comme s'ils n'estoient point. Leur lumiere est cachée sous le boisseau ;
leur talent demeure par contrainte enfoüi dans la
terre. Les belles ames ont, à la verité, plusieurs manieres de s'ouvrir et produire en dehors. Ces astres
brillent en tenebres ; mais la meilleure et plus palpa-
ble, c'est l'action ; et pour l'action il faut avoir l'occasion : c'est ce qui les réveille. Le Prince mesme la leur
doit offrir et donner ; c'est ce qui les encourage. Sans
le siege de Syracuse, eust-on cognu jusques'où alloit
l'art de ce Briarée à cent bras et cent mains, je veux
dire Archimede ? Je ne puis plus contenir ceste verité,
elle m'eschappe ; permestez-moy de la dire sous vostre bonne grace : autresfois on a veu que l'esprit
valoit quelque chose, mais maintenant il est conté
pour moins que rien. Ce qu'il y a de plus divin au
monde n'est pas, à la milliesme part, tant estimé que
le plus vil excrement de la terre. C'est le vice du siecle, reparez le par vostre vertu, et, si vous voulez
voir faire des merveilles de vostre aage au profit de
vos subjects et à vostre honneur, qui en est la meilleure part, donnez les coudées franches à ces esprits
dont je parle, et que les estrangers leur facent place.
La capacité d'un mesme vase ne peut admettre et
contenir deux corps ensemble ; il faut que l'un cede
à l'autre. Quand la liqueur y entre, l'air s'enfuit. Vous
le pouvez : c'est chez vous ; le commandement y apporte la necessité d'obeir. Quand vous les aurez seuls

et libres, vous n'aurez pas peu. Vous le cognoistrez bientost et jugerez que la lumiere du soleil est plus belle, plus douce, plus agreable et, pour dire tout, plus profitable que celle de la lune; que ceste-cy ne fait que rafraichir, mais que l'autre produit, engendre, donne l'estre, la nourriture et la vie. Alors tout à l'aise, pourrez vous introduire, pour plus grande utilité, entre les vostres mesmes, ceste emulation et envie de bien faire, sans laquelle l'action demeure tousjours lasche et molle, ne plus ne moins qu'un vaisseau branlant en mer, quand le vent vient à luy defaillir. Les legislateurs l'ont bien entendu, meslans en l'establissement de leurs polices des jalousies de citoyens. Car non seulement en la poësie, celuy qui, comme dit divinement le divin Platon, sera épris et ravi de l'inspiration des muses, fera paroistre tout autre ouvrier, quelque laborieux, exquis et diligent qu'il soit, digne de mespris; mais aussi ès arts, ceste ardeur affectionnée de vaincre et surpasser est invincible et inimitable, adjoustant comme un vif et poignant aiguillon au desir d'emporter le prix.

Les Holandois qui, comme il me souvient d'avoir desja touché ailleurs, ont prouvé en plusieurs façons, depuis vingt cinq ou trente ans principallement, que la necessité donne beaucoup d'esprit et d'invention, sçavent bien s'avantager de tous les deux poincts que je viens de traicter; et, à cause qu'en matiere de grandes actions il faut que la main publique aide à la particuliere, si tost que quelqu'un d'entr'eux, reconnu pour homme de labeur et de jugement, veut faire la preuve et l'establissement d'une utile industrie, demandant pour cest effet aux Estats quelque place commode, il l'obtient quand et quand, sans que la longueur le face tomber en langueur; quand et quand [1] il a les privileges raisonnables pour s'asseurer le fruict de son invention, et n'est jamais fraudé soubs le gage de la foy publique. Ainsi ne faut-il point s'estonner si l'industrie fait là de plus grands efforts que parmy nous; car les plus gentils esprits, les hommes plus accommodés et de bien et de fortune y font gloire de cercher et profit de trouver quelque ingenieux et utille artifice, au moyen duquel les arts plus vulgairement et plus necessairement en usage puissent venir à une practique plus facile, à une plus prompte expedition; de là leur reüssit un grand fruict, d'autant que par engins et utils d'invention méchanique ils soulagent infiniment le labeur des hommes et par consequent diminüent les frais de la besongne, ce qui leur permet, plustost que la grande abondance ou que la diligence des artisans, de nous donner les marchandises à si petit prix. A joindre que maintenant qu'ils sont en possession de nous fournir, ils ne visent pas tant à bien faire qu'à beaucoup faire, et que leur industrie s'employe et desploye plustost à farder les ouvrages, pour les mieux vendre, qu'à les rendre bons.

Non pas simplement les coustumes, mais les loix des peuples changent, selon les mœurs et le temps. C'est pourquoy Solon, apres la publication des sien-

---

[1] *Quand et quand* signifie parfois « aussitôt », et d'autres fois « en même temps ». Cette locution était encore usitée au dix-huitième siècle, mais dans un sens trivial.

nes¹, ne voulut obliger par serment les Atheniens, que
de les garder seulement pour cent ans; ce qui donne
l'instruction de deux choses : qu'il ne faut point faire
les loix eternelles, ny aussi les changer tout à coup.
Car le naturel des choses humaines, comme celuy du
corps, est glissant à merveilles et allant en continuel
precipice, de bien en mal et de mal en pis, et les
vice si coulent peu à peu, comme les mauvaises humeurs s'amassent insensiblement dans le corps humain jusqu'à ce que (si on ne les evacuë par purgation souvent reiterée) il devienne cacochine. Aussi
la raison de l'Estat n'est pas toujours une, non plus
que celle de la medecine. A nouveaux maux, nouveaux remèdes. Le pilote ne gouverne pas tousjours
la voille d'une mesme façon pour gaigner un mesme
port. Les considerations du gouvernement changent
et les conseils de mesme, d'une façon aujourd'hui,
demain de l'autre, selon que la necessité le requiert.
Autrefois nostre France, sans se travailler tant apres
l'amas des richesses èstrangeres, vivoit heureuse et
contente, mais autrefois. Maintenant, puisque les
mœurs sont changées, il faut déployer tous artifices
pour y faire venir l'argent.....

La regle de tout cela, c'est la conservation de
l'Estat et des citoyens; le salut du peuple est la su-
préme loy. Quand on créoit un dictateur à Rome,
on luy disoit tout en une seule parole : qu'il pour-
veust que la Republique ne souffrit aucun dommage.
L'on y tenoit aussi pour maxime qu'il estoit plus
profitable de garder un citoyen que de tuer cent
ennemis. Il n'y avoit point de si grande ni de si

honorable recompense que pour cela : seance au Senat, place au theatre, honneur par tout, exemption
de toutes tailles et contributions, non seulement
pour la personne, mais, pour l'amour d'elle, pour
son pere et pour son ayeul paternel. C'est la raison :
quiconque aide par conseil ou par effect la Republique est digne d'estre honoré et recompensé de la
Republique. Les arts nourrissent bien les hommes ;
mais l'honneur nourrit les arts. Or que l'Estat ne
puisse avoir rien de plus avantageux que leur diverse industrie, rien de plus utile que leur dili-
gente et differente pratique, rien de plus agreable,
que leur varieté ingenieuse, rien de plus honorable
que leur abondante multiplicité, je croy que personne n'en voudra douter ; car il seroit facile de le
convaincre par des preuves si evidentes qu'elles
parleroient d'elles mesmes.

On trouve par escrit, que Caton, ayant pris à tasche
de faire ruiner Carthage, contre l'opinion d'Apius
Claudius qui jugeoit et maintenoit que le travail
estoit plus utile à Rome que le repos, venant au
Senat, apporta expressément dans le reply de sa
robbe des figues d'Affrique, qu'il jetta, la secouant
emmy la place ; et, comme les senateurs s'esmerveil-
lassent de les voir si belles, si grosses et si fresches :
« La terre, dit-il, qui les porte, n'est distante de Rome
que de trois journées de navigation. » Mais, s'il estoit
besoin de persuader à vos Majestez la conservation
des arts qui nous font principalement besoin, je vou-
drois, pratiquant tout le contraire, venir estaller
devant vos yeux les belles, les riches et utilles pro-

ductions qu'elles font en toutes les saisons de l'an,
hyver et esté, et vous dire : voilà les fruicts de vostre
jardin ; regardez qu'ils sont fleurissans et de bonne
garde ; jugez si les arbres qui les portent meritent
d'estre bien entretenus ; ils ne sont pas comme
ceux là, qui quelques années donnent beaucoup de
fruict, et quelques autres point du tout ; c'est tousjours une pareille fecondité, une semblable fertilité ;
plusieurs choses vous obligent d'en prendre soin ;
premierement ce sont plantes nées en vostre sol, non
venuës, ni introduites d'ailleurs ; et leurs rejettons,
ayans si bien pris racine et fructifié en des terroirs
estranges, que feront-ils au leur propre et sous leur
mesme ciel ? Distillez seulement sur elles les douceurs
de vos graces et faictes comme le ciel, qui respand
les gracieuses humiditez de ses pluyes aussi bien
sur le thin des jardins et sur les ceps tortus des
vignes que sur les plus hauts sapins. Quand vous
n'y prendriez autre plaisir que de les voir fleurir et
fructifier, cela seroit tousjours humain ; mais le
besoin, que tous lieux, tous hommes, tous temps, tous
aages en ont, nous doit induire à les aimer, cherir
et conserver soigneusement ; car la raison le vous
montre, la necessité vous l'enseigne et la nature
mesme vous le prescrit ; car il faudroit finallement
que la dissolution de vostre Estat s'ensuivist, si les
fruicts par lesquels il est soutenu, estoyent diminuez,
gastez et abolis.

Il y a des choses qui paroissent petites, lesquelles,
estant negligées comme petites, n'attirent pas une
petite consequence, ains sont cause de beaucoup

d'incommoditez en un pays, et quelquesfois l'affoi-
blissent et appauvrissent totalement. On en fera
tel estat que l'on voudra : mais les arts sont sans
doute la chaux et le ciment qui joignent et lient au
bastiment de la Republique les parties qui sont dis-
semblables de nature, qui sans ce moyen ne pourroyent avoir de consistance durable; la justice est
espanduë et dispersée dans tous eux à parcelles,
ainsi que le sang, où sont contenus les esprits de la
vie, se dérame [1] par ruisseaux en toutes les vaines et
arteres; on n'en sçauroit offençer un seul sans la violer. Ils appartiennent tous à l'humanité et s'entretiennent tous par une chaisne commune, composée de
plusieurs chaisnons enlacez l'un dans l'autre, et laquelle peut estre entre la main du souverain maistre
de police, ceste chaisne d'or, dont Jupiter se vantoit
de pouvoir, quand il voudroit, attirer le ciel, la terre
et la mer à luy. C'est avec ces liens qui ont ame, et
sont capables de mutuelles fonctions que les peuples
sont conjoints. Aussi, comme les philosophes politiques tiennent que la vacation publique n'est autre
chose qu'une action par vertu, à laquelle tendent et
se rapportent toutes les vacations privées, ne plus ne
moins que tous les rayons de la rouë au moyeu, les
sources aux rivieres, les rivieres à la mer, aussi les
vacations mecaniques sont operations industrielles,
qui concurrent à la publique, en laquelle elles sont
arrestées et confinées, et le tout sous la conduite du
magistrat, qui les amene à sa fin; ne plus ne moins

---

[1] Dans le texte *diramer;* déramer ou desramer, diviser, partager.

qu'en la construction d'un bastiment l'architecte, ayant esgard et authorité sur les manœuvres, les employe diversement selon son project.

Je pense avoir, par les discours precedens, fait cognoistre à vos Majestez combien il est necessaire, par toutes sortes de considerations, d'employer les hommes de ce royaume, combien utile de leur attribuer l'exercice des arts, et combien important, pour en venir à cet effect, d'y deffendre l'apport et l'usage des ouvrages estrangers... Que l'on ne persuade point à vos Majestez que vos tributs, daçes[1] et imposts diminueront par la deffense des marchandises estrangeres manouvrées, qui viennent en ce royaume. Il y a mille moyens de vous desinteresser, sans fouler vostre peuple, soit sur la marchandise, soit sur l'ouvrage. D'ailleurs la richesse de vos subjets est vostre, non celle des estrangers. Songez bien à cela et vous approuverez tous les moyens d'en venir au poinct que l'on desire de vous.

J'ay ferme creance que Vos Majestez sont assez portées d'elles-mesmes à l'entreprise de toutes choses belles, grandes et glorieuses. Si voudrais je maintenant pour le service de ma patrie estre capable d'inventer tout ce qui peut allecher et poindre des ames genereuses et, par une vive efficace de persuasion, les forcer de leur consentement à l'exploict de quelque grand ouvrage : certes je ne l'espargnerois pas en ce subject. Tout ce que je puis faire, c'est de vous representer que la principalle raison pour

---

[1] « *Dace,* imposition ou taxe. On l'a appelée aussi en latin moderne *data* et *datio.* » — *Dict. de Trévoux.*

laquelle le poëte Homere appelle Agamemnon pasteur des peuples est d'autant que, comme il faut que le bon pasteur aye soin de l'entretien et nourriture de son troupeau, qui comprend beliers, brebis et agneaux, il faut aussi que le bon prince aye soin du salut et de la commodité de ses subjects, grands et petits. C'est de vous supplier d'imiter en cest endroit la Divinité, qui donne estre et conservation, autant aux petites choses comme aux grandes, qui s'employe aussi curieusement à composer et garder une petite abeille qu'un grand aigle, à former une fourmi qu'un elephant, à rendre, quelque petit qu'il soit, tous ses organes plus ingenieusement bastis, plus artificieusement elabourez, plus nettement vuidés, plus miraculeusement disposez que ceux des plus vastes et prodigieux animaux de la terre. C'est de vous conjurer par tous les vœux de nostre tres humble servitude de desployer vostre authorité et vostre force royalle à l'accomplissement d'une chose ou la vertu, l'honneur et l'utilité sont ensemblément conjointes. Quand mesme vous devriez rencontrer de la peine, — ce que je ne voy point, — cela ne vous doit pas empescher de mettre courageusement la main à l'œuvre, puis qu'il y va si notablement de la gloire, de la grandeur et de la commodité de cest Empire, tant pour le present que pour l'advenir.

Tous les grands personnages, dont nous avons et suivons les exemples, pouvoient se contenter de vivre à soy, sans se travailler pour les autres; mais un certain augure des siecles futurs, estant attaché à leur ame, leur faisoit prendre resolution d'embrasser

avec peine et fatigue le soin du public. Autrement,
s'ils eussent pensé voir leur reputation terminée des
mesmes bornes de leur vie, eussent-ils voulu tant
souffrir? Les belles ames s'efforçent principalement
à l'immortalité. Ces flammes celestes tendent là;
ces rayons de lumiere veulent estre reünis à leur
soleil, ces égousts [1] de vie veulent retourner à leur
source, ces atomes de divinité desirent se rejoindre
à leur unité. Ce que nous prevoyons au reste et con-
cevons en esprit, que la posterité nous appartient
en quelque chose, nous fait tenter ce qui est autant
pour son bien que pour nostre propre honneur.
Ainsi notre esprit, se dressant je ne sçay comment
sur le bout du pied, regarde l'advenir, quoy que de
loin et, prévoyant les utilitez et contentemens que sa
prudence y produira, les gouste et s'en paist par
anticipation, jugeant que ceste vie qui meut nostre
corps et est contenuë en nos artéres, n'est pas
nostre meilleure vie, mais celle que la gloire doit
maintenir en vigueur immortelle durant la suite de
tous les siecles.

Il n'est point de meilleures natures au monde que
celles qui pensent estre nées, données et destinées
pour servir, entretenir et deffendre les autres; aussi
l'honneur qui naist de là n'est point un ombrage,
mais est quelque chose de solide, d'expres et réelle-
ment subsistent, qui produit entre les hommes une

---

[1] *Égoust*, expression que nous avons déjà rencontrée et qui
prend ici un sens plus précis; c'est simplement l'écoulement
des eaux. « L'égout des terres est ce qui grossit les sources.
— Il a recueilli l'égout de plusieurs fontaines. » *Ibid.*

loüange uniforme et plaine de divine volupté, laquelle s'épand et resonne de bouche en bouche, comme une voix estenduë et multipliée par l'écho de la reputation, rendant tesmoignage à la vertu. Les payens mesmes, qui ont quelque sentiment du vray bien et quelque cognoissance du vrai honneur, ont pense qu'il y avoit certain lieu de reserve au ciel, pour recevoir apres la mort ceux qui, durant leur vie, ont aidé, orné et augmenté leur patrie. Suivant ce jugement, la verité duquel nous est, pour indubitable certitude, confirmée par nostre propre creance, nous sommes tous tenus d'employer tout nostre pouvoir à bien meriter tant de ceux avec qui nous vivons que de ceux qui nous survivront. Or ne pouvez vous, pour vostre regard, parvenir mieux et plustost à vostre felicité qu'en faisant une chose dont l'utilité se rende participable à plusieurs, tant dedans que dehors ce royaume, imitant ce bel astre du soleil, lequel n'illumine pas le seul hemisphere qui le void, mais encor une grande partie de celuy qui ne le void pas.

Ce grand instinct de nature, qui premierement nous incline à vostre propre bien, puis à l'affection des nostres et de ceux qui dépendent de nous, vous doit solliciter à ceste action; mais, sur tout, ce discours profond de vostre divine raison, laquelle, se remüant en tous sens, ne sçauroit inventer aucun meilleur moyen, pour vous faire embrasser tout ensemble tous offices et devoirs de pieté, pour vous faire pratiquer d'un seul traict toutes sortes de vertus, pour vous faire aimer et admirer durant vos jours et apres vos jours. Que donc nul autre esprit

ne batte dans vos vaines; que nul autre feu ne pe-
nétre vos moüelles que le mouvement et l'ardeur de
ceste seulle affection, quand ce ne seroit pour autre
chose que pour l'amour de l'amour divin et de la
charité chrestienne! Si le contentement que produit
une gloire mortelle et commune fait si souvent post-
pozer les delices aux travaux, differerez vous d'employer du temps et de la peine, pour acquerir un
honneur immortel et incomparable? Courage donc,
Majestez tres-chrestiennes, parfaites ceste œuvre
insigne en vos jours, signalez par luy vostre regne.
Ce poinct vous doit estre une grande occasion de
l'entreprendre; que le champ où vous travaillez est
vostre, et tous les fruicts qui y naistront par consequent; et qu'en ce royaume si grand, si beau, si
peuplé, vous pouvez faire vos volontés estre puissances et vos pensées actions.

DU COMMERCE[1]

Ayant au discours précedent traité de la manufacture, je desire premier que d'entrer au suivant,
où je parleray du commerce, respondre briefvement
à quelques objections qu'on pourra faire contre les
reglements de l'un et de l'autre : Car comme leurs
raisons sont conjointes, les considerations opposées
ne seront gueres diverses. On demandera donc pre-

[1] Il est regrettable que, dans ce livre, Montchrétien fasse
succéder ce qu'il dit de « l'inégalité du traictement que les
estrangers reçoivent en France à celuy que les François reçoivent en leur pays » (voy. *Somm.*), aux moyens qu'il propose
pour y remédier. D'après les idées économiques modernes, il
aurait dû procéder en sens inverse. — S'efforçant de mettre la
science de l'économie politique, du même coup qu'il l'a créée, à
la portée de deux grands enfants, il tenait sans doute à dévoiler
devant Marie de Médicis et son fils les intérêts de leurs sujets
au dedans avant d'en exposer les intérêts au dehors. — Toujours
est-il qu'après la mort de Henri IV, la France continua à observer les traités si libéraux que le grand roi avait conclus, tandis que les États étrangers, sentant que le commerce français
n'était plus soutenu par la main puissante du Roi, revinrent à
leurs anciens errements.

Il existe à la Bibliothèque nationale (*Manuscrits, fonds
français*, nº 7881, fol. 19) un mémoire que nous reproduisons
en annexe. Il fut rédigé par un marchand français, établi à
Londres, pendant le règne d'Élisabeth. Les Anglais, qui
n'avaient pas oublié leurs traditions économiques de l'é-

mierement si la France se fournit par elle-mesme, de tout ce qui luy est necessaire, que deviendra le traffic de peuple à peuple? Quelle sera plus la négotiation et correspondance estrangere? Mais en plus forts termes, abolira-t-on les alliances? Craindra-t-on point d'offencer les voisins dont on ne se peut passer? d'attirer avec leur haine une querelle prejudiciable à l'Estat? Il faut donner quelque satisfaction sur ces objets.

Pour le premier je represente à vos Majestez que le traffic de nation à nation se fait par le besoin que les unes ont des autres, à cause que les commoditez de la vie humaine sont departies en diverses regions.....

poque du *Débat des hérauts d'armes de France et d'Angleterre,* les reprendront avec une nouvelle intensité à l'époque de Montchrétien. Tous les autres États les imitèrent. Il en résulta une crise commerciale, industrielle, monétaire, semblable à celle qui avait précédé l'avènement de Henri IV. Elle éclata avec une force singulière. Montchrétien la compte « par jours » ; et les troubles qu'elle entraîna devinrent la cause première de la révolte des huguenots, qui s'étaient de plus en plus adonnés au commerce et à l'industrie, ainsi que des complots de la grande noblesse, toujours prête à profiter du mécontentement populaire pour reprendre un ascendant perdu. Les provinces qui en souffrirent le plus furent le Béarn, les pays de la Loire et la Normandie.

Montchrétien n'ayant pas, comme Laffemas, trouvé de Henri IV, se jeta dans la révolte, et Richelieu et Colbert reprendront ses idées. Nous engageons vivement le lecteur à parcourir le susdit mémoire, avant de commencer la lecture du *Livre du commerce.* Il sera frappé du tableau historique que ce dernier présente, non moins que des pages remarquables qu'il renferme.

L'introduction du livre est digne de Richelieu par les vues diplomatiques; Colbert en résumera, dans une lettre à d'Aguesseau, la théorie sur le commerce, et de nos jours, Michel Chevalier, sans s'en douter, reproduira en entier le rôle attribué à la monnaie.

Ainsi le deffaut est la source du commerce, et la necessité, la regle. Et je me souviens d'avoir desja dit que ce grand royaume, composé de pays differens de solage et de ciel, mais tous bien correspondans entre eux-mesmes, est non seulement fourni de tout ce qu'il lui faut pour l'estre, mais encore pour le bien estre, et je viens de prouver par la pratique des peuples combien le ménagement des choses naturelles et des artificielles qui naissent ou sont faites en un Estat est utile et profitable à luy-mesme. Mais, pour accorder ce qu'il faut en un mot : le trafic des choses non ouvrées soit admis pour la plus grande abondance et commodité et en cela permis l'accommodement de peuple à peuple. Comme, pour exemple : Si l'Angleterre a du plomb et nous en manquons..., nos vins, desquels elle est si friande, sont ils pas un digne contre-eschange ? Je ne m'arreste point ici, combien que ce soit une chose fort considerable, aux vices des pays qui se troquent avec les denrées et se communiquent par la hantise, comme nous l'apprenons du tesmoignage de Jules Cesar, qui préfere en valeur les Belges aux Celtes, pour estre plus esloignez de la Provence, où regnoient les delices de l'Italie. Je m'arreste encor moins à disputer si les Chinois font bien ou non de ne permettre l'entrée aux estrangers, dans leurs ports. Je conclud seulement, avec les stoïques, que la vertu est heureuse, d'autant qu'elle n'a affaire de personne ; et, avec tout autant, qu'il y a d'hommes suffisans en matiere d'Estat, que le royaume qui peut soy-mesme fournir à ses propres necessitez est toujours plus

9.

riche, plus fort, plus redoutable. Car, au reste, pour ce qu'on pourroit alleguer des meurs, à la pollissure desquelles il semble que la pratique et conoissance des façons et coustumes estrangeres face quelque chose, c'est un discours à part. Toutes fois, s'il en faut dire quelque mot en passant, je maintien avec nos plus gens de bien, que nous n'amendons pas ordinairement en nos voyages et que, pour changer de ciel, nous ne changeons point de nature...

Pour conclure, c'est aux Scithes à chercher les Grecs. L'honneur, la courtoisie, l'industrie, l'artifice ont choisi leur domicile avec nous, ils s'y plaisent et y demeureront toujours, si nous mesmes ne les en chassons. Les autres peuples se tiendront assez heureux, si une fois nous prenons des ordres dignes de la grandeur, force et reputation françoise, que nous leur permettions de venir allumer leurs chandelles à nostre flambeau.

Pour le second point, qui est de la negotiation et correspondance estrangere, je dy premierement que c'est un grand tesmoignage qu'un homme est né riche de fortune et d'esprit, quand luy-mesme fait valoir son propre talent et travaille pour sa propre utilité.....

Adjoustez que, ne prenans rien sur nous, peu à peu nous nous dénaturons a l'endroit des nostres, pour aimer et favoriser ceux-là qui nous font gagner. Tant ce vil et mécanique profit a de pouvoir sur nos âmes desteindre en nous les semences d'amour et de respect que nous devons à nostre roy, à nostre patrie, à nos parens, à nous-mesmes. Au regard des estrangers qui ne sçait que ce sont autant d'espions parmy nous n'a pas remarqué, en Philippe de Comines, le trait de nostre Loys XI à l'endroit d'un marchand anglois[1]. Chacun en croira ce qu'il voudra; mais je tien quant à moy qu'on ne sçauroit mieux connoistre la force ou la foiblesse d'un pays, le bien ou le mal, les bonnes ou mauvaises loix, les loüables ou blasmables coustumes, les utiles ou dommageables pratiques que par un habile marchand qui l'a longuement hanté; que par le ministere d'aucun autre on ne peut mieux y semer telle graine que l'on veut; que par nulle plus seure et plus pronte voye on ne peut estre mieux averti de tout ce qui s'y passe, mieux informé de tout ce que l'on veut en connoistre. Je dy finalement que, comme celuy qui possede un ample et fertile heritage en devroit estre reputé indigne, s'il laissoit passer la saison de le bien cultiver ou s'il l'abandonnoit du tout en friche, pour gagner quelque piece d'argent à labourer la terre d'un autre; ainsi que tout homme d'action et d'artifice meriteroit de perdre son temps et sa peine, si, pouvant les approprier à son seul et singulier profit, il les dépend pour l'utilité d'un estranger bien souvent inconnu, à l'appetit d'un loyer vil et mercenaire.

Quant à ce qui concerne le troisième point : qu'ainsi se perdroient les alliances, sans m'arrester

---

[1] Ce marchand ayant entendu les propos du Roi, qui se moquait des Anglais, de crainte qu'il ne les rapportât, fut comblé de faveurs. — *Mémoires de Commines*, liv. IV, chap. XI, p. 380 de l'édition de la Société de l'histoire de France.

aux utiles ou inutiles, avantageuses ou desavanta-
geuses, je dy qu'en matiere d'Estat elles ne sont
pas considerables de la mesme sorte que l'amitié, où
toutes choses doivent estre communes : Elles ne
doivent faire passer un pays dans l'autre, ou, comme
par ce charme qui jadis se pratiquoit entre les
Romains, transporter les moissons du champ de son
voisin au sien. Chacun y doit garder ses droits,
conserver ses prérogatives et retenir ses avantages,
soient naturels ou acquis. D'ailleurs, si elles sont
bonnes et justes, elles durent; si mauvaises et desrai-
sonnables, elles sont incontinent rompuës. Je trouve
trois raisons de les contracter : l'utilité, l'honneur
et le devoir; adjoustez y, si vous voulez, la proxi-
mité du voisinage. Mais j'ay mis l'utilité la premiere : car les habiles gens la recherchent sur tout
en ce fait. Or, que le commerce en face la meilleure
et plus grande part, je n'en veux point d'autre
preuve que le soin que chasque Estat prend d'entretenir par ambassadeurs ordinaires l'amitié et correspondance du prince et du pays où il trafique. Autrement ne s'en travaille-t-il gueres, sinon en cas de
besoin. D'avantage, comme il est permis à un bon
œconome de régler le mesnage de sa maison selon
qu'il juge estre le meilleur, sans qu'aucun l'en
puisse blasmer ou reprendre, le souverain maistre
d'une police, absolument dépendant de luy et non
d'autre, peut, selon les temps et les avantages qu'il y
pretend, en changer, renouveler ou confirmer les
ordres; sans estre obligé d'en rendre conte à personne; son interest et la commodité de ses peu-

ples doivent estre son seul but. S'il se pratiquoit autrement, pourquoy le roy? pourquoi sous luy le magistrat? Chacun est maistre chez soy, comme disait le charbonnier à nostre roy François[1]. Veut-on un exemple à cecy que tout le monde dit estre de raison? Quand les roys d'Angleterre ont peu faire faire des draps pour vestir eux, leur cour et leur peuple, ils ont pensé se pouvoir raisonnablement dispenser du traité qui les obligeait de porter leurs laines à Bruges[2]. Et, si les Espagnols pouvoient faire assez de bleds pour se nourrir, aurions nous juste occasion de nous plaindre d'eux de ce qu'ils ne voudroient plus acheter les nostres?

Je me suis laissé couler insensiblement dans les raisons qui peuvent satisfaire au quatriéme point : qui est de l'offense des voisins et de l'apprehension de leur haine. En matiere d'égaux, c'est une maxime veritable que les comportemens doivent estre pareils. Qui exige plus qu'il ne veut rendre exige plus qu'il ne doit. Quand nous faisons loyale mesure en vendant, nous la voulons telle en achetant. Ce que nous faisons pour nous mesmes, nous consentons que les autres le facent pour eux, ou nous sommes injustes. En quoy donc peuvent prendre nos voisins sujet d'offence, quand nous vivrons chez nous comme ils

---

[1] Montluc, dans ses *Commentaires*, raconte que François Ier, s'étant égaré à la chasse, se réfugia dans une chaumière de charbonnier. Le Roi occupait l'unique chaise du logis, lorsque le charbonnier arriva ; celui-ci salua son hôte et prit le siège qu'il occupait, en disant : « J'agis ainsi sans façon parce que je suis chez moi. »

[2] Voy. p. 70, note 2.

vivent chez eux? quand nous nous porterons en leur
endroit comme ils se portent au nostre? J'égale les
choses pour leur faire plaisir et honneur, combien
que vous soyez le roy tres-chrestien, qui seul portez
la couronne de liberté et de gloire, le plus grand
prince qu'œillade le soleil en faisant le tour des
cieux...

Combien que vostre peuple, le plus brave, le plus
belliqueux de tous, seul franc de nom et d'effect, ne
doive rien à nul peuple de la terre et ne reconnoisse
apres Dieu et vous que son espee. Sur quel pretexte
donc ceste haine? pource que nous voulons estre
sages et plus pres regardans à nous que par cy
devant? S'ils nous doivent haïr, qu'ils n'en ayent
jamais d'autre cause. Mais tant s'en faut; ils nous
estimeront desormais davantage de leur avoir osté le
sujet de dire et d'escrire de nous : que nous ne voulons pas tant que nous pouvons, et que nous sommes
dignes de vouloir davantage; que nostre ordre ne
respond pas à nostre valeur, ni nostre travail à nostre
industrie...

Quand au dernier membre de ceste derniere ob-
jection, par lequel on voudroit nous imprimer
l'apprehension d'une querelle, cest epouventail est
bon pour empescher les oiseaux de venir au bled;
mais pour garder les François de faire leur
profit sous l'authorité de leur prince et par son
vouloir absolu, je ne le croy pas. C'est aussi
où nos voisins songent le moins : resver à cela,
c'est se forger un phantosme pour le combattre, et
s'alambiquer l'esprit sur une vaine imagination. Au

contraire, si quelques-uns d'eux ont autant d'affection pour la France, comme la France a eu de charité
pour eux, ils doivent à tout le moins desirer l'augmentation, la force et la grandeur de son Estat, dont
ils ont tiré de si notables secours en leurs necessitez
plus urgentes...

Ayant sommairement respondu aux inconveniens
qui pourroient retarder le réglement des manufactures et du commerce en ce royaume, il est temps
que j'avance quelque pas dans le sujet que je me suis
proposé de traiter cy apres. Comme les philosophes
disent que la fin est la cause des causes, le commerce est en quelque façon le but principal des
divers arts, dont la pluspart ne travaillent que pour
autruy par son moyen; d'où il s'ensuit qu'il a quelque chose de plus exquis, en matiere d'honneur et
de profit, que les arts mesme, tant à raison qu'ils
s'employent pour luy que pour autant que la mesme
fin n'est pas seulement le dernier point de la chose,
mais le meilleur.

Toute société, pour en parler generalement, semble
estre composée de gouvernement et de commerce.
Le premier est absolument necessaire, et le second
secondairement. D'où l'on peut conclure que les
marchands sont plus qu'utiles en l'Estat, et que leur
soin questuaire [1], qui s'exerce dans le travail et dans
l'industrie, fait et cause une bonne part du bien
public. Que, pour ceste raison, on leur doive aussi
permettre l'amour et la queste du profit, je croy que

---

[1] *Questuaire*, du latin *questus* : gain, bénéfice, profit. — Profession lucrative, métier. — *Questuarius* : quêteur.

tout le monde l'accordera, considerant que, sans la
convoitise d'avoir et le desir de gagner, qui les pre-
cipite à tous hazards, ils perdroient la resolution de
s'exposer à tant d'incommoditez sur la terre et à tant
de naufrages sur la mer...

Ceux-là se trompent qui mesurent la felicité d'un
Estat par sa seule vertu simplement considerée, et
pensent que ceste vie, ainsi tracassée à l'appetit du
gain, luy soit du tout contraire. Nous ne sommes
plus au temps que l'on se nourrissoit du glan tombé
des chesnes secous[1], que les fruits que la terre pro-
duisoit et l'eau pure estoient de grand's delices. Bien
plus de choses sont maintenant requises à l'entretien
de la vie. De vray l'abondance en est grande ; mais
il les faut posseder pour en pouvoir jouir... C'est
pourquoy toutes ces belles contemplations de la
pluspart des philosophes ne sont qu'en idée, et
pour une republique où l'on n'auroit que faire de
labourer ni d'agir. Le tout ne peut consister sans ses
parties : il y en a qui commandent et remuent, et
d'autres qui sont commandées et remuées. Les mains
qui font et les pieds qui portent sont aussi necessaires au ministére de l'ame, comme les yeux qui
voyent et les oreilles qui oyent. L'Aristote mesme,
qui semble, en voulant establir une republique
heureuse et parfaite de tout point, estre tombé en
cette conclusion qu'elle pourroit se passer de marchands, à la fin pourtant n'a peu nier qu'ils n'y
soient aussi necessaires que les laboureurs, les sol-

---

[1] *Secous* s'écrivait généralement secoux, agités.

dats et les juges[1]. Et tous les discours des philosophes, contraires à ceste resolution, establie et fondée dans la necessité mesme, sont autant de chimeres en l'air.

Au temps passé, l'exercice de la marchandise a esté en grande vogue d'honneur parmi les nations plus civilisées, tant à cause qu'il servoit à joindre et unir en amitié plusieurs peuples, separez par de larges estendues de terre ou par de longs tragects de mer, que pour ce qu'il retiroit de la main des barbares beaucoup de grandes et signalées commoditez... Les choses s'appliquent à la qualité de ceux qui les manient, prennent d'elle, comme le chaméleon des couleurs opposées, une teinture loüable ou blasmable. Encor aujourd'hui à Venise, Genes, Florence et en toutes les meilleures villes de l'Italie, les marchands tiennent les premiers rangs de credit, d'honneur et de reputation. Ils sont aussi beaucoup estimez parmi les Anglois, et font le plus et le mieux de l'Estat de Hollande. Anciennement en ce royaume, où la vertu pouvoit plus que la richesse, ils tenoient leur juste lieu. A Rome, comme nous le tesmoigne Tite-Live, ils avoient leur College, et leur bourse en chasque province de l'Empire...

Ainsi, le commerce estant du droit des gents, et de luy provenant un gain honneste et l'autre deshonneste, la seule condition d'iceluy rend le marchand estimable ou mesprisable. Aussi la marchandise est contée entre les artifices qu'on peut exercer

---

[1] BARTHÉLEMY SAINT-HILAIRE, trad. de la *Politique*, t. II, p. 193.

bien ou mal; d'où s'ensuit que, si elle est bien et
deuëment exercée, elle doit avoir son juste los et
raisonnable loyer; si mal, c'est au magistrat d'y pourvoir pour l'interest du public et du particulier. Au
reste, jaçoit qu'il soit bien difficile qu'entre le vendeur et l'acheteur il n'intervienne quelque peché,
toutesfois il n'est pas impossible que l'un et l'autre
demeure incoulpable, si l'on observe ce commandement de nostre grand Apostre : Gardez-vous en negotiant de circonvenir l'un l'autre. Quant aux blas-
mes et parjures arrivans pour et sur le prix des
choses, ce sont vices de l'homme, non de l'art, qui
se peut exercer purement et nettement sans iceuz.
Vouloir au demeurant en tirer un honneste gain, un
moyen de commodément vivre, cela ne fut jamais
reprouvé; car rien n'empesche qu'il ne soit destiné
à quelque fin, ou necessaire ou honneste, comme,
pour exemple, si quelqu'un, en negotiant, cherche
à profiter moderément, prenant pour son but l'entretien de sa maison et la subvention aux pauvres,
ou bien s'il s'employe pour l'utilité commune, afin
que les choses necessaires à son pays ne defaillent
point, desirant seulement en remporter un legitime
gain, comme un gage et salaire de labeur.

Je ne veuz pas icy nier que les esprits marchands
ne soient ordinairement plus attachez de leur propre
convoitise que de l'affection du public; que l'éclat
jaunissant de l'or ne les esbloüisse et fourvoye
quelquefois un peu de l'équité; mais, pour en parler
politiquement, il ne les faut pas à ceste occasion rejetter de la Republique et du nombre des citoyens,

comme une espèce d'ilotes. On tire et compose un
bon antidote de ceste vipère. Ceste cantaride a de
bons pieds et de bonnes aisles. Et, qui le voudroit
prendre de si prés, il n'y auroit point de bons laboureurs, de bons artisans, de bons advocats; car
en ces arts, les meilleurs sont ceux qui peuvent gagner davantage; et cela mesme est un trait de leur
art. C'est aux directeurs de la police de donner
ordre que les choses à vendre se vendent au plus
juste prix, de tenir la main aux fraudes et monopoles ordinaires du trafic, d'empescher les vices et
corruptions des marchandises et de les repurger
s'ils sont introduits, de conserver les droits du
royaume et particulierement de chasque ville. Ainsi
tant le souverain modérateur de l'Estat que ceux
qui sont employez sous luy, ayant principalement
égard aux choses, aux personnes et aux actions,
mesureront tout par la necessité, par l'utilité et par
l'honnesteté, demeurans tousjours dans les bornes
de la justice distributive et ne transportans jamais
plus outre les limites du pouvoir que les loix leur
donnent.

On peut dire à present que nous ne vivons pas
tant par le commerce des elémens que par l'or et
l'argent; ce sont deux grands et fidelles amis. Ils
suppléent aux nécessitez de tous hommes. Ils les
honorent parmi toutes gens...

Celuy qui premier a dit que l'argent est le nerf
de la guerre n'a point parlé mal à propos, car,
bien que ce ne soit pas le seul, les bons soldats estans absolument requis avec luy..., l'experience de

plusieurs siecles nous apprend que c'est tousjours le
principal... L'or s'est connu maintes fois plus puissant que le fer... C'est pourquoy en tout grand Estat
qui peut assaillir ou estre assailly on a toujours
approuvé et trouvé tant que l'on a peu les moyens
d'en amasser. Il est impossible de faire la guerre
sans hommes, d'entretenir des hommes sans solde,
de fournir à leur solde sans tributs, de lever des
tributs sans commerce. Aussi l'exercice du trafic,
qui fait une grande part de l'action politique, s'est
tousjours pratiqué entre tous les peuples qui ont esté
fleurissans de gloire et de puissance, et maintenant
plus diligemment que jamais par ceux qui cherchent leur force et agrandissement. C'est aussi le
plus court moyen de s'enrichir et par la richesse
monter au comble d'honneur et d'authorité. Nous
en avons la Hollande pour preuve et pour exemple
devant nos yeux, comme nos ancestres ont eu la
Republique de Genes et de Venise. Sans doute que
ce pays est un miracle de l'industrie... Jamais Estat
n'a tant fait en si peu de temps; jamais des principes si foibles et obscurs n'ont eu de si hauts, si
clairs et si soudains progrés. Rome a esté trois cens
ans sans quasi sortir de son territoire; et, depuis
vingt et cinq, il fait connoistre son nom et ses
armes à la Chine. Le Ciel ne couvre peuple si barbare qu'il ne communique. Il n'y a coin du monde
si reculé qu'il ne reconnoisse, lieu si secret qu'il
n'esvente. Toutes terres lui sont ouvertes par la
mer. Ceste merveille accuse nostre paresse; je ne
veux pas dire lascheté : la nation française est trop

brave. Ceste richesse si grande, et si prontement amassée qu'il semble mesme à ceux qui les possedent qu'elle leur soit venuë en songe, nous taxe de nonchalance ; j'aurois tort de dire de peu d'industrie ; car nation du monde ne nous est égale en ce point, soit par mer, soit par terre. Que concluray-je donc, apres avoir recueilli mes esprits ravis d'admiration? Qu'estant venu à la fin des siecles, il a fait profit de toute l'experience du passé, voulant confondre l'esperance de l'advenir en tous autres ; qu'avec le labeur français, il a meslé la ménagerie anglaise ; que, n'ayant point trouvé de Rome qui peust empescher sa croissance et retarder son cours, il est demeuré Carthage.

Si je voulais laisser à la posterité, un tableau de l'utilité du commerce,... je décrirois icy, d'un costé les villes d'Anstredam et de Mildebourg[1] en l'estat qu'elles estoient il y a vingt cinq ou trente ans, et de l'autre celuy auquel elles sont maintenant : grosses de peuple, comblées de marchandises, plaines d'or et d'argent. Ce changement s'est fait sans que nous nous en soyons quasi apperceus, comme nous voyons insensiblement un enfant devenir homme. La France s'est resjoüie et a favorisé la croissance de cest Estat, comme d'un sien nourrisson. Tout va bien jusques icy, si le sion demeure tousjours dessous l'arbre. Il fait bon avoir de bons exemples, et les plus nouveaux sont les meilleurs ; car les antiques vieillissent je ne sçay comment en leur efficace et

---

[1] Middelbourg, dans l'île de Walckeren (Zélande), autrefois le siège des compagnies des Indes occidentales et orientales.

peuvent moins envers nous. Nous sommes plus per-
suadez par les yeux que par les oreilles, par la
preuve que par la raison. Si nous avons esté autrefois dignes d'estre imitez, maintenant que nous
sommes devenus autres, suivons nos imitateurs, qui
sont dignes d'imitation. Empruntons d'eux à nostre
tour ce qu'ils ont emprunté de nous. Ils aiment trop
ce royaume et luy sont obligez en trop de façons
pour luy envier le bon ordre qu'ils pratiquent. Ils
s'en resjoüiront, je m'en asseure, quand ils le verront bien restably; car ils luy doivent ceste bonne
volonté, la France de fraische memoire ayant esté
leur deesse tutelaire[1]; et ses hommes, leurs maistres,
guides et precepteurs. Quelle reconnoissance et revanche n'en doit-elle donc attendre?

J'ay predit cecy comme admirateur de la vertu,
amateur de la discipline en tous Estats et de la diligence en toutes personnes. Pareillement tout ce que
je diray cy après, je le diray sans estre touché d'aucune passion contre aucun, soit citoyen, soit estranger, si ce n'est de celle qui deslia la langue au fils
de Crésus. Je croy que ni l'un ni l'autre, ne la trouveront condamnable; car elle est naturelle, digne
d'un legitime enfant, et tel que chacun desire se
faire connoistre à la patrie. Je suppliray semblablement vos Majestez d'avoir ma liberté pour agreable,
car je ne veux point qu'elle passe en presomption,
non plus que ma hardiesse en temerité. Aussi est-ce
le seul zele de vostre gloire et utilité seule de mon

---

[1] Dans leur longue guerre contre l'Espagne, les Provinces-
Unies avaient constamment eu pour allié Henri IV.

pays qui m'ont convié d'entreprendre cest ouvrage.
Je n'y couche rien que du bien public, et non par
prétexte, mais tout à découvert. Les raisons en sont
claires, et les pratiques faciles. Tous, et grands et
petits, sont obligez d'avoir égard à cela; y dissi-
muler, c'est trahir. C'est la plus grande marque de
vostre juste domination qu'il soit permis à chacun
de dire librement et modestement tout ensemble, ce
qu'il pense. Telle franchise de parole ne vous est
point suspecte et ne nous est point tournée en crime.
Aussi pourquoy le serait-elle, principalement en ce
sujet, où ce qui nous est avantageux redouble à
vostre honneur, et ce qui nous est profitable fait
vostre utilité?....

Toute la quintessence du gain, que le trafic, le
labeur et l'industrie de vos sujets amassent est en
cas de besoin, pour fournir aux despenses de vostre
Estat, aux necessitez de vostre couronne. C'est principalement à vous qu'il touche, qu'il soit asseuré,
grand, universel et utile. Or, pour le rendre tel, vos
Majestez le doivent connoistre, et, pour leur faire
connoistre, je leur en vois faire comme une petite
anatomie.

Tout commerce est du dedans ou du dehors, c'est
à dire se fait dans le pays entre ses naturels citoyens
et quelques fois avec des estrangers, qui viennent
pour apporter ou remporter des marchandises, ou
bien avec d'autres nations chez elles mesmes. L'un
est plus seur, plus commun, plus constant et universellement plus utile. L'autre est plus grand, plus
fameux, plus hazardeux et à perte et à profit. Tous

deux sont bons, quand ils sont réglez et conduits
comme il faut. L'un ordinairement se fait de particulier à particulier : l'autre, plus à propos, et plus
fortement en societé et pour la societé. L'un est
bon pour conserver l'Estat en estat, l'autre meilleur
pour l'accroistre. L'un nourrit la diligence, l'autre
augmente la hardiesse. L'un lie les citoyens entre
eux-mesmes, et les concilie, l'autre allie diverses
nations. L'un fait aimer le Prince aux siens, l'autre
le fait craindre et redouter aux estrangers. L'un le
tient tousjours prest à se deffendre, l'autre plus propre
à assaillir [1]. Bref tous deux sont necessaires et s'entrepressent tellement la main, qu'ils se fortifient l'un
l'autre, s'accomodent de leurs moyens, fournissent à
leurs desseins et asseurent leurs entreprises. Cela
n'a que faire de preuve, estant assez connu par
exemple.

Pour traiter de tous deux chacun à part, je com-
mencerai par le premier, premier en ordre et par
consequent plus naturel et plus à la main. Je diray
premierement qu'il peut estre si grand en ce royaume
et de si grande utilité, que, s'il demeuroit entier,
pur et net à vos peuples et que d'ailleurs nous
seuls fournissons aux peuples voisins ce qui nous
surabonde, dont nous pouvons nous passer et dont
ils ont necessairement besoin, quelque bonne mine
qu'ils facent, je ne pense point que pays du monde,

---

[1] Colbert écrivit en 1678 à d'Aguesseau : « Il n'y a rien de
plus avantageux à l'État que de favoriser, augmenter et soulager le *grand commerce du dehors* et le *petit commerce du
dedans.* » *Lett. instr. et Mém.*, t. III, p. 548.

peust égaler le vostre en bon-heur, richesse, gloire
et commodité. Il y auroit un arbre en vostre verger,
qui porteroit des fruits en toutes saisons, si bons, si
beaux et si divers que la plus grande convoitise du
monde auroit de quoy s'assouvir. La raison est que
vos villes sont citez; vos citez, provinces; vos provinces, royaumes; que tout ce qui se peut apporter
de toutes parts du monde, appartenant à l'usage de
la vie (j'excepte seulement les épiceries, et nous
avons le sel qui vaut mieux), est en chacune d'icelle
à suffisance, et en toutes, par la correspondance facile
de l'une à l'autre, tres abondamment. En un mot la
France est un monde : qui la toute veuë, a tout veu
ce qui se peut voir, mers, fleuves, estangs, montagnes,
forests, campagnes. Il ne s'y trouve rien à dire que
les deserts. Car les Landes mesmes y peuvent estre
faites terres fertiles [1]. A bon droit nostre Roy François I se moquant un jour de la vanité des tiltres de
l'Empereur Charles le Quint [2] son concurrent, voulut
se qualifier Roy de France et de Gonesse, lieu où l'on

---

[1] Ce ne fut qu'en 1786 que Brémontier fit exécuter les plan-
tations de pins auxquelles est dû aujourd'hui le résultat prévu
en 1614 par Montchrétien.

[2] Charles, par la divine clémence, empereur des Romains
toujours auguste, roi de Germanie, de Castille, de Léon,
d'Aragon, de Naples, de Jérusalem, de Navarre, de Grenade,
de Tolède, de Valence, de Galicie, de Maïorque, de Séville, de
Sardaigne, de Cordoue, de Cadix, de Murcie, des îles Canaries,
des Indes orientales et occidentales, îles et terres fermes de
l'Océan ; archiduc d'Autriche ; duc de Bourgogne, de Brabant,
de Milan ; comte de Hapsbourg, du Tyrol et de Barcelone ;
palatin de Hainaut, de Hollande, de Zélande, de Fureth, de
Haguenau, de Namur et de Zutphen ; prince de Zwone ; seigneur de Frise, de Malines et des cités, villes et pays d'Utrecht,
Over-Yssel et Grœningen.

fait de fort bon pain. Le tiltre de Roy de France comprend un empire de peuples, divers à la verité, mais se joignans tous par moyennes qualitez comme les elemens... L'Estat dispercé deçà delà, quelque grand qu'il soit, quelque réputation qu'il aye, ne peut jamais avoir telle consistance. Les parties si bien unies et jointes à proportion asseurent la durée du vostre, causent sa force, maintiennent sa vigueur. La corruption du dedans est seule à craindre et à garder ; autrement il n'a rien à douter, ni redouter du dehors.

Les corps humains sont en diverses façons susceptibles de contagion. La peste y entre par plusieurs voyes, et principalement par les emonctoires et lieux plus lasches. Quoy que le venin se face voir en un seul membre, les autres ne laissent pas d'en estre entachez et de le sentir. Le bon medecin discerne sa qualité, connoist sa force, juge de la partie, et selon le besoin y applique le remede, usant de lenitifs, d'épithémes, de potions, ou autrement. A la verité c'est bien à vos Majestez d'y songer : car le desordre est grand en tout le corps de cest Estat. Il n'y a gueres de sain depuis la teste jusques au pied. Je croy que l'on vous découvrira tant de playes et de vieux ulcéres que vous en aurez horreur et pitié, que vous compatirez à ses miseres. L'object esmeut la puissance et l'éveille à monstrer sa force. Il vous a pleu... que ce grand corps fust apporté tout navré, et chancreux qu'il est, en la publique assemblée de vos trois Estats[1], découvert et montré à nud, afin que

---

[1] C'est pour la seconde fois que Montchrétien revient sur

chacun donne son advis sur les causes de ses maladies et son conseil sur les moyens de les guerir,
pour apres vous en remettre la cure et là vous laisser faire avec une suffisance egale à vostre bonté.
Beaucoup de receptes vous seront enseignées, je n'en
doute point. Dieu vous inspire à choisir et pratiquer
les meilleures! C'est pour cela que vos peuples font
aujourd'huy tant de vœus, conçoivent tant de desirs
et forment tant de prieres. Mettez y donc la main
sans longueur, et l'empeschés de tomber en langueur. Les perclusions sont difficiles à guerir, les
esprits difficiles à ramener aux parties gangrenées,
impossibles aux istiomenées. Ne croyez pas au reste,
à ses mouvemens encor si chauds et si forts : c'est la
violence de la fiévre qui l'agite. Ceste couleur haute
et rouge, que vous luy voyez, procede de la chaleur
qui bout en ses veines et qui devore ses moüelles en
hazard de se terminer en paleur de mort. Compatis-
sez, comme fait le chef, à vos membres, ressentez
leurs douleurs ; mais faites plus, puisque Dieu vous
en a commis le soin, guerissez les et monstrez que
comme vous avez le pouvoir de remettre cest Estat
non seulement en santé, mais en pleine vigueur, vous
en avez aussi le vouloir.

Excuses moi, sacrées Majestez ; un transport extraordinaire m'a ravi hors mon sujet. La fiévre m'a

la convocation des états généraux (Voy. p. 44). Cette circonstance donne la date exacte de la composition de son traité.
Les états se réunirent pour la première fois le 13 octobre 1614,
et les privilèges du Roi autorisant l'impression du traité
portent la date du 14 août 1615.

saisi, parlant de la fiévre de ma patrie, et m'en a
pris, comme à ces fortes imaginations qui ressentent
en elles mesme la douloureuse passion dont elles
oyent ou voyent les causes vivement décrites et les
effets naïvement representez. Je retourne à moy et à
mon discours. Plusieurs grands maistres de police, en
plusieurs Estats, — et quand je diray : tous, en tous,
je ne croiray point mentir, — ont diligemment avisé et
pourveu soigneusement aux moyens de s'acommoder
de leur propre trafic, soit naturel ou artificiel, au
prejudice des estrangers. Les villes mesme en ont
cherché l'avantage par leurs privileges particuliers,
ou par quelque ordre specialement establi de leur
magistrat, duquel aucun forain ne peut universellement joüir que par lettre de naturalité donnée du
Prince, ou par droit de participation à mesme bourgeoisie conferé des mesmes concitoyens. C'est là le
commun et frequent usage des peuples et des villes.
Mais, si quelque nation l'a restraint pour son profit
et comme resserré en d'estroites barrieres, c'est sans
doute la nation Angloise et principalement en la ville
de Londres, capitale du royaume, où se fait le plus
grand negoce du pays. De là procede que, tout ce que
la pluspart de ces hommes ne gagne point, il luy
semble qu'elle le perd. Toutes ses loix buttent au
profit particulier, tant du citoyen que de la Republique. C'est où porte ce serment de ne faire jamais
plaisir à nul estranger, allié ou non ; et je l'approuve,
si c'est, comme quelques uns d'eux l'interprètent, au
prejudice et contre l'interest de leur Estat. Autrement il est plus que barbare. En ceste ville, tous

hommes trafiquans sont compris en vingtquatre mestiers, lesquels ont chacun un alderman. Il faut que tous ceux qui veulent manier les affaires du commerce acquierent les droits et priviléges de l'une de ses compagnies, sous un frid-man, c'est à dire franc, par un service de sept ans, dont les loix sont extrémement estroites et rigoureuses. Chaque mestier a ses halles particulieres et chaque marchandise particulierement affectée. Il a pareillement un chef qui s'appelle oüardnes[1]. Les Roys et les Reynes mesme y entrent, et sont à leur choix incorporez en l'un d'iceux, duquel ils portent aussi la qualité de francs, ce que font à leur imitation les seigneurs du pays. Du nombre de ces aldermans dont j'ay parlé, s'élit tous les ans le maire de Londres, grand et venerable magistrat, et, dit-on, le second du royaume; auquel, comme estant creé particulierement du corps des marchands, plusieurs gens de basse extraction aspirent et parviennent au moyen des richesses acquises par le commerce.

Ceste observation de police en matiere de trafic est fort précise au prix de la nostre, pleine de licence et de liberté. Car nous avons droit dès la naissance de le faire tel qu'il nous plaist. Bien considerée toutesfois, elle est utile au pays et pour durer long temps. Le credit est l'ame de tout commerce; il le faut maintenir en reputation, qui le veut rendre utile et profitable. Et pourtant, quand toutes gens s'en meslent indifferemment, ce n'est pas tousjours le meilleur :

[1] En anglais *warden*, gardien, directeur, recteur.

cela toutesfois semble quasi despendre du genie du
lieu. La France est terre franche et la negotiation y
est pareillement libre. Mais ce doit estre aux siens
proprement et particulierement. Ou bien si tout le
monde y peut tout, elle est serve, elle est esclave de
tout le monde. Elle semera donc, mais un autre mois-
sonnera. Elle plantera la vigne et luy donnera labo-
rieusement plusieurs façons, mais le premier venu
fera vendange et se resjoüira de son vin. Non, ces
grands Princes, ces valeureux Roys, ces invincibles
Monarques, qui luy ont acquis et conservé par tant
de siecles la gloire de la liberté, qui l'ont si consi-
derément establie en de si belles loix, en de si sages
ordonnances, lesquelles luy servent d'appuis et
d'ars-boutans de tous costez contre l'effort du temps,
ne nous ont point laissé ni l'exemple, ni le commandement de le pratiquer ainsi. On le connoist par les
difficultez qu'ils ont faites en tous aages d'admettre
les estrangers au droit de naturalité, et par les cir-
conspections qu'ils ont apportées en ce sujet ; par les
privileges particuliers qu'ils ont donnez ou permis à
chasque ville de ce royaume ; par les deffences de
transporter dehors les estoffes et marchandises dont
leurs sujets avaient besoin ou pouvaient faire profit ;
par les visitations establies ou commandées dans les
ports et sur les frontieres ; bref, pour dire le grand
mot, par leur charité tres-chrestienne, qui les solici-
toit trop de veiller et travailler à la conservation et à
l'utilité de leurs peuples. Car, si le pere est estimé pis
qu'infidele, qui n'a pas le soin de nourrir sa propre
famille, que diroit-on du Roy, qui voudroit sous-

traire l'aise, le profit et la commodité de son peuple,
c'est à dire de tous ses enfans pour en faire largesse
à des estrangers et forussis [1] ?

Ce fondement posé, que l'estranger ne doit point
avoir en l'Estat pareil droit que le citoyen, ce que
l'on prouveroit par des raisons invincibles et par mille
exemples pris d'entre tous les peuples, tant anciens
que modernes, s'il estoit denié, il est facile de bastir dessus l'utilité publique à chaux et à sable. Comme
au contraire estant renversé, il faut necessairement
qu'elle tombe en ruine et que tout desordre et toute
incommodité succedent en son lieu. Nous en faisons
l'experience et en sentons le mal, depuis ces années
principalement que l'on ne nous distingue plus des
estrangers en nos halles, foires et marchez, par la
liberté d'acheter ou de vendre, mais par le langage
et l'habit seulement. Encore commencent-ils à devenir si conformes aux nostres, à cause de la longue
frequentation qu'ils ont et de la demeure actuelle
qu'ils font parmi nous, qu'à l'advenir on n'y remar-
quera plus aucune difference, si ce n'est à la superbe
naturelle et à l'orgueil qu'ils prennent de s'engraisser
de nostre maigresse et de nous voir à faute de profit
que, comme Harpies, ils nous ravissent de la main, si
tristes, si haves, si rompus et si delabrez. Pourquoy
le dissimulerois-je? on le voit desja, on l'oit publiquement. Je puis bien dire à vos Majestez ce qu'ils osent
faire aux bourses et sur les quais, afin qu'elles y
remedient de bonne heure et devant que les humeurs

---

[1] *Forussi*, plus anciennement *forissu*, du verbe *forissir*, sortir, émigrer.

plus irritées du peuple, venant à s'enflammer de
pronte cholere, facent voir les effects du mescontente-
ment qu'il en a...

Que si les plaintes en ont jadis esté en ce
royaume moins frequentes qu'elles ne sont à present,
ou, pour mieux dire, s'il n'y en a point eu du tout,
nous avons des raisons d'en faire, que nos peres
n'ont point euës. Car premierement, les estrangers
n'avaient la porte ouverte chez nous que par les armes, et par les armes aussi en estoient-ils chassez.
S'ils sejournoient parmi nous, ce n'estoit pas pour
marchander nos biens et nos commoditez, mais pour
les nous ravir. S'ils y estoient receus par traité, nous
negotions ensemble, comme l'on dit, la pique à la
main. Jamais nous n'en estions venus à ceste familiarité. Ainsi la France joüissoit, contente de soy-
mesme. Et ceux qui, pour en recevoir quelque faveur,
venoient luy faire l'amour, n'osoient pas la baiser
librement ; ils craignoient trop le mary et les enfants
de la maison. Disons donc, qu'en ce temps elle estoit
semblable à une belle et pudique dame, laquelle par
la modestie de ses ornemens, tesmoigne sa vertu et
sa continence, recule les desirs des amoureux, et
donne la chasse à toute affection illegitime ; n'ayant
de la beauté que pour plaire à son espoux et du soin
que pour entretenir commodément sa famille. Mais
maintenant qu'ayant quitté ceste premiere simplicité,
elle fait éclater l'or en ses habits, les brillans en ses
cheveux, les perles en son col, les diamants en ses
doigts, chacun attiré de loin par cest estat pom-
peux et magnifique, luy vient faire l'amour et tas-

che, en la caressant, de lui prendre quelque chose.

Devant que les Portugais et les Espagnols se fussent mis aux voyages des Indes, de l'Orient et de l'Occident, qu'ils eussent despoüillé l'une et l'autre de ses tresors, leur pauvreté estoit insigne, et pourtant ils n'estoient gueres recherchez de nous et n'en tiroient gueres de secours à leurs indigences. Mais depuis qu'ils ont trouvé le rameau d'or qui nous conduit chez eux, depuis qu'ils possedent ceste riche toison qui convie nos Argonautes à les aller voir si souvent, nous leur avons esté plus volontaires et secourables. Nous avons appaisé ceste faim de pain à quoy ils sont sujets, pour avoir d'eux le remede à ceste faim d'or et d'argent qui ne nous tourmente que trop. Bref nous avons rempli leurs défauts de nostre abondance. Pour tirer d'eux les choses superfluës, nous nous sommes bien souvent soustrait les necessaires. Or est-ce pour l'amour de ces premieres là, lesquelles rient entre nos mains à tous venans et font gloire de leur legere et vaine inconstance, que nous voyons maintenant tant de gens inconnus, s'amonceler parmi nous et faire presse pour les nous ravir... A la verité, si l'Espagne se laissoit gagner pour leur faire les doux yeux, si, donnant d'une main, elle ne vouloit recevoir de l'autre ; ou bien, si ces importuns avoient dequoy meriter ses bonnes graces, dequoy luy faire des presens capables d'en attirer de plus grands, nous en serions quelque peu deschargez. Mais tousjours aiment-ils mieux, puisqu'on leur permet, jouir en toute liberté de ceste belle, blanche et magnifique deesse, la France, et se contentent

d'aller comme à la desrobée, donner quelques baisers à ceste riche, superbe et glorieuse bazanée.

L'autre raison qui a fait que nous avons joüy
plusieurs années purement et librement de nostre
commerce, sans qu'il fust alteré ou usurpé par nos
voisins, c'est que nous avons eu long temps seuls la
traite d'Espagne et, mieux que tous autres, la connoissance et pratique de la marine. Car les Anglois, quoy
qu'insulaires, ne nous ont jamais surpassez en ce faict
ni de hardiesse, ni d'experience. Et pour les Holandois, qui maintenant semblent s'en vouloir attribuer
la première gloire, ils n'estoient pas encor alors
sortis gueres loin de leurs rivages, voire avoient
besoin, pour venir seulement aux costes d'Angleterre ou de France, des pilotes du pays. De vray,
l'honneur est deu aux Espagnols d'avoir découvert
le nouveau Monde, aux Portugais d'avoir familiarizé
le Levant au Ponent; les uns et les autres tentans
hazardeusement jusques au bout ce grand et profond Ocean. Mais nous avons fait le mesme aussi
bien comme eux, sinon avec pareil suççez, au moins
avec pareil exemple! Car il est bien constant que,
quand ils arrivérent au Bresil, ils y trouvérent des
vaisseaux de Dieppe. On dit de plus, que transportans en Espagne les tresors conquis sur Motezuma
roy de Mexico, ils leur furent enlevez à force d'armes,
par un des nostres, que les flots engloutirent à son
retour, comme si la mer eust voulu envier tant de
richesses à la terre[1]!

---

[1] Cf. Paul Leroy-Beaulieu, *De la colonisation chez les peuples modernes*, 2ᵉ édit., chap. x.

Les François, gardans ainsi les avenuës de dehors
et tenans la mer au long et au large, joüissoient des
fruits de chez eux en toute abondance et liberté, ou les
transportoient eux-mesmes ailleurs, s'accommodans
de l'or et des espiceries qu'ils recevoient des mains
des Espagnols et Portugais dans leurs propres
havres. Ce grand trafic et correspondance commença sous nostre Loys XII, Ferdinand d'Aragon,
mary de la genereuse Isabelle de Castille, et les
derniers roys de Portugal, puis s'estraignit d'avantage en la minorité de l'empereur Charles le Quint,
gardé et protegé durant icelle par nostre roy susdit.
Depuis, venant à croistre l'ambition de ce prince
avec son aage, et sa convoitise ne se contentant de
nouveaux mondes qui se venoient jetter entre ses
bras, des grandes villes et puissantes provinces que
la fortune faisoit tomber dans ses rets, il semble que
la grandeur de la France luy toucha plus le cœur et
remua d'avantage son envie; mesme que la valeur et
reputation de nostre grand François, qui volait desja
belle et forte par la bouche des hommes, sur les
aisles d'or de la gloire, comme dit Pindare, luy
donna dans les yeux. De là ceste grande jalousie
et immortelle émulation d'honneur, qui dura tousjours depuis entr'eux, et fut cause de tant de guerres
dedans et dehors ce royaume, par lesquelles, comme
il advient tousjours en tel cas, le trafic de leurs
subjets fut interrompu plusieurs fois, et plusieurs
fois repris par intervalles.

Rien n'empesche tant les negotiations des peuples
que les dissentions des roys. Arrivant quelque décord

entr'eux, les marchans en patissent tousjours les premiers. Leurs vaisseaux sont arrestez dans les ports,
leurs marchandises empeschées dans les païs, et leurs
personnes bien souvent retenuës. C'est pourquoy les
plus advisez, comme herons qui présagent la tempeste,
gagnent le haut de bonne heure, appercevans venir
le mauvais menage et sentans le bruit qui précede
ordinairement le broüil. Mais, comme ils sont pronts
à se degager, ils ne peuvent sans bien du temps
renoüer leurs creances. Finalement sous les regnes
de Philippe I et de Henry II les alliances de France
et d'Espagne ayans donné plus de jour au commerce,
et les Indes commençant à découvrir d'avantage, et
comme à dégorger leurs richesses, il se rendit plus
frequent que jamais et, continuant de suite, s'ouvrit
un cours ordinaire et comme retournant sur soy-
mesme des Indes en Espagne et d'Espagne en France,
de France en Espagne et d'Espagne aux Indes.

Depuis arriverent les divisions de ce royaume, et
par consequent sa desolation, grande, universelle et
longue, les autheurs de laquelle y gagnérent si peu
qu'ils n'ont point dequoy se vanter. Tout le temps
précedent, l'Angleterre estoit tousjours aux mains
avec l'Espagne et n'avoit guéres de loisir de nous
venir visiter et reconnoistre. D'ailleurs les troubles
de la religion en ce royaume, où elle s'estoit vouluë
broüiller, la rendoient fort suspecte à la plus grande
part de nos hommes, et les siens pareillement mar-
choient tousjours parmi nous la bride à la main et
d'un pas adverti. Jusques à ce que finalement sous
nostre HENRY LE GRAND, pere et mary de vos Majestez,

auquel elle avoit fait plusieurs demonstrations de
bien-veillance, elle s'apprivoisa et, par traité d'alliance et de confederation, devint non seulement
familiere, mais libre parmi nous. De là ce traitement
qu'elle reçoit pareil au nostre, et cette negotiation
qu'elle a commune avec nous soit en vendant, soit
en achetant. Je ne fais point icy mention des Holandois, aussi ne faisait-on en ce temps là. Leur regne
n'estoit pas de cest aage : mais toutes choses ont
leur temps. Suffise que personne ne nous empeschoit
de bien faire nos affaires dedans ni dehors ; que nos
correspondances estoient bien establies et bien entretenuës de province en province ; que nos voyages de
mer se faisoient avec profit et sans rivaux et que,
lors que nos guerres civiles nous permettoient d'entreprendre ceux de long cours, ils nous succedoient
assez heureusement.

Je ne veux point, pour allonger le fil de mon
discours insister d'avantage à representer comme
en cest intervalle tumultueux, où nous patissions
et les autres agissoient, et tous possible avec égale
peine, la negotiation du commerce entre la France
et l'Espagne fut en la plus grande part entremise,
autant au prejudice de l'un que de l'autre royaume :
chacun l'a veu, chacun le sçait ; et comme Dieu
voulut à la fin ouvrir les yeux de nos roys pour
considerer le bien de leurs Estats et leur cœur pour
y recevoir une mutuelle amitié, mere et nourrisse
de ceste paix, qui depuis a duré ferme, constante,
et inviolable jusques à present. Ainsi la voye ouverte
et libre à l'aller et au venir commença de rechef à voir

nôs vaisseaux. Ainsi la France vint de nouveau remplir l'Espagne de bled, de toiles, de draps, de quinquaillerie, etc.; et l'Espagne la France d'or, d'argent et de perles; de sorte que nostre grand Henry avoit raison de dire souvent qu'il y avoit plus de pistoles d'Espagne en France que dans l'Espagne mesme. Il le disoit, et estoit vray lors; mais depuis les estrangers ont bien trouvé des moyens pour les nous tirer de dessous l'aisle. Vos Majestez, s'il leur plaist, entendront comment.

Ce grand prince, la merveille de son siecle et l'admiration des aages à venir, pensa qu'avoir conquis les Gaules, comme un autre César, par la force et par la valeur de ses armes, et qu'avoir fait la paix avec tous ses ennemis du dedans et du dehors, par une prudence et moderation d'esprit incomparable, n'estoit point assez pour la gloire d'un roi tres-chretien s'il ne pacifioit tous les differens de ses voisins. Pour en venir à bout, il commença de vouloir concilier ensemble Philippes second roy des Espagnes et Jacques sixiesme serenissime roy de la grand'Bretagne, nouvellement venu à la couronne d'Angleterre, ce qu'il obtiut[1]. Du depuis les Anglois ont eu plus de commerce avec les Espagnols que jamais. En suite, quelques années apres, il se voulut rendre autheur et solliciteur par ses agents des trefves generales qui durent encor à present entre le roy des Espagnes et les Holandois, vos alliez, acquerant ainsi à bon droit ce glorieux tiltre d'arbitre de la chrestienté, qui marche

---

[1] Sous le nom de Jacques Ier.

du pair avec celuy d'invincible qu'il a tousjours possedé. Ainsi, comme le repos des peuples assume d'autres soucis que ceux de la guerre et les porte à d'autres exercices, ces nations, paravant occupées à se deffendre par terre et par mer contre ce riche et puissant ennemi, lequel ils estimoient leur estre commun et contre lequel ils se maintenoient par armes communes, ont eu plus de loisir d'appliquer leur esprit parti par nature et par habitude à l'amour du gain sur la recherche de tous les moyens qui les en pourroient faire joüir. De là pour conclure, ceste exquise et nompareille diligence à fureter tous les coins de ce royaume pour trouver ce qu'ils cherchent; de là ceste hantise si frequente en nos ports, ceste familiarité si peu familiere avec nos marchands, ceste negociation universelle de tout, en tout, et par tout, qu'ils exercent maintenant parmi nous.

On dit que l'un ne perd jamais que l'autre n'y gagne. Cela est vray, et se connaist mieux en matiere de trafic, qu'en toute autre chose. Je diray pourtant qu'en celuy qui se fait de citoyen à citoyen il n'y va de nulle perte pour le public. C'est, à son regard, comme si l'on tenoit deux vases en ses deux mains et que l'on versast la liqueur de l'un en l'autre. Il n'est pas ainsi des marchands et facteurs estrangers. Tout autant qu'il y en a parmi nous sont des pompes qui tirent et jettent hors du royaume non l'égout ou la sentine du vaisseau, si l'on ne veut appeler ainsi les richesses, mais la pure substance de vos peuples. Ce sont des sang-suës qui s'attachent à ce grand corps, tirent son meilleur sang et s'en gor-

gent, puis quittent la peau et se deprennent. Ce
sont des poux affamez qui en sucçent le suc et s'en
nourrissent jusques au crever; mais qui le quitte-
roient, s'il estoit mort. Ils amassent, pour parler
ouvertement et sans figure, tout l'or et l'argent de
France, afin de l'emporter, qui à Siville, qui à Lisbonne, qui à Londres, qui à Ansterdam, qui à
Mildebourg. Ils se servent mesme de nous parmi
nous à cest effect, et nous font semblables à ces
canaux de fontaine, lesquels ne tirent aucune commodité de l'eau qu'ils portent et conduisent. Quoy plus?
puis qu'il faut tout dire, nous payons leurs bom-
bances et gourmandises. C'est à nos despens qu'ils
vont si braves et se traitent si delicieusement. Nous
mesmes leur mettons le leurre[1] en la main pour
nous reclamer et prendre dessus. Car, les voyans se
porter si bien et à mesme le nostre, comme nous
avons dit, nous les recherchons, nous leur prestons,
à l'appetit de quelque petit gain apparent, et, pensant
bien souvent pratiquer avec eux quelque chose,
nous y perdons tout. Les plus fins y sont attrapez.
Ils ont beau avoir le nez bon et subtil, ils ne peuvent éventer la méche que le feu n'ait pris à l'amorce,
que la mine n'ait joüé. La banqueroute est faite bien
souvent devant qu'ils ayent songé à se desinteresser.
Au commencement, ils ne s'en plaignent qu'à l'oreille
et entre leurs plus affidez; mais avec le temps on le

---

[1] Terme de fauconnerie. Le *leurre* était un morceau de cuir
façonné en forme d'oiseau dont on se servait pour rappeler
les faucons lorsqu'ils ne venaient pas au *reclame*, le cri d'appel.

sçait, on le connoist; l'impatience de la perte la leur fait confesser publiquement. Neantmoins tous les jours quelques uns s'y prennent encor, tant les estrangers sont industrieux à changer et renouveller leurs appas! tant nous sommes difficiles à detromper!

Si vos Majestez desirent plus precisément scavoir d'où provient cela, ce n'est pas du tout de nostre imprudence et legereté, encor, pour confesser le vray, que nous ayons beaucoup de l'une et de l'autre. Mais c'est que, la negociation nous estant ostée hors des mains et ne sçachans plus où faire profiter ce peu d'argent qui nous reste, nous fermons les yeux à tous hazards. Deux ou trois pour cent, que l'estranger nous offre de plus que ne fait le bourgeois asseuré, nous esbloüissent la veuë, nous charment la convoitise. On nous attire peu à peu du commencement; on nous engage par le bout du doigt pour avoir le bras, par le bras pour avoir tout le corps. On nous paye bien quelque chose, pour nous emprunter beaucoup à la fin; puis on manque, et là dessus nous n'avons rien à dire, sinon ce que Socrate disoit ne sortir jamais de la bouche d'un homme sage. Je ne l'eusse point pensé; de vray, tout ce qui luit n'est pas or. Puis qu'il ne faut icy rien celer à vos Majestez, je leur diray librement, mais aussi veritablement, que la tapisserie, le beau meuble, les beaux habits, les lettres mesmes de faveur, pratiquées avec presens des principaux de vos hommes, et les corruptions quelquefois de quelques magistrats, establissent en tel credit les estrangers parmi nous. Adjoustez y

encor les alliances qu'ils contractent avec quelques
uns qui tiennent les premiers rangs et qui pourtant
sont d'autant plus à redouter, et possible des pen-
sions secrettes pour prendre le soin de leurs affaires
et obliger d'avantage à leur support. Voilà comme
nous-mesme aidons à nous tromper en diverses
façons. Mais quel remede, dira quelqu'un? Peut-on
découvrir des choses si cachées? Il est aisé à qui a
des yeux. Les mariages sont publiques. Peut-on faire
sage qui ne l'est point? empescher de perdre qui le
veut? Je veux qu'il y aille de son imprudence; les
bonnes loix toutesfois ne laissent pas de punir les
fraudes faites sous ombre de bonne foy. Elles ne
permettent pas aux plus fins de circonvenir les plus
simples et ne veulent pas que les avoir pipez soit
une vanterie pleine d'impunité, une gloire licite. Le
magistrat y doit pourvoir. A l'on jamais ouy parler
qu'un François aye fait banqueroute en Espagne, en
Angleterre ou en Flandres? Il ne l'oseroit pas entreprendre, quand il le pourroit. Adjoustons qu'il n'y
trouveroit pas nostre facilité, ni le credit que nous
faisons aux autres pour le pouvoir.

Je ne sçaurois passer plus avant, sans m'esmerveiller de nos mœurs et façons de faire. A peine l'un des
nostres, connu par ses facultez, trouvera-t-il quelque
legere somme à l'emprunt, sans caution. On apportera
tant de delais et de considerations, avant que de luy
prester, que bien souvent il perdra l'occasion de son
dessein, ou qu'elle s'empirera. Et, s'il vient quelque
inconnu parmi nous, pourveu qu'il face bonne mine
seulement, nous luy baillerons nostre bourse à garder,

sous le seul gage de la foy estrangere. Sommes nous
encor hommes, ou si nous sommes devenus bestes?
Avons nous perdu tout esprit et toute invention, de
pouvoir nous-mesme ménager et aprofiter nostre
argent? Non, mais on nous en oste les moyens. Et
qui? je l'ay dit plusieurs fois, les estrangers. Ils nous
bouchent toutes les advenuës du profit; ils nous font
perdre tout sentiment qui se peut prendre dans les
voyes du gain; et puis ils disent qu'il ne nous appartient pas de nous mesler d'affaires, que sans eux nous
mourrions de faim, que nous naissons une raquette
en une main et deux dez en l'autre. Nous ne sommes
pas nez, mais nous sommes faits tels. Nostre com-
plexion est bonne et forte, mais nous habituons à un
air trop mol et delicieux. Nous avons des mains, mais
nous ne sçavons à quoy les employer; nous avons des
pieds, nous ne sçavons où aller. Il n'y a plus de place
pour nous, non pas chez nous-mesmes; nous y sommes
estrangers, reduits à ne rien faire et les estrangers y
sont citoyens, induits par nostre cessation forcée, à
travailler et faire nostre propre œuvre.

Vos Majestez ont des yeux et des oreilles par tout;
et, si elles sont fidelement servies, elles oyent et
voyent tout. Vos places publiques resonnent d'accents
barbares, fourmillent de visages inconnus, groüillent
de nouveaux venus. Mais dira l'on, c'est le profit
des hostelleries, lesquelles sont proprement destinées
pour cela. Il n'en va pas ainsi. Ces hommes ne
veulent point avoir d'hostes, s'ils ne sont de leur
nation. Autrement, ils s'habituent eux-mesmes dans
les meilleures villes, en occupent les plus belles, plus

grandes et plus commodes maisons, y font venir de riches meubles de leur pays (car ils craignent trop de nous en payer quelque façon), s'y fournissent mesme de toutes sortes de provisions, beurre, chandelle, biere, fromages, etc. Car ils ne veulent point que nous gagnions rien apres eux. Ils ne viennent pas chez nous pour cela, mais pour emporter nostre argent. Les arondelles trouvent nostre air si doux qu'ils passent plusieurs hyvers en France, ce leur seroit trop de peine de retourner à chaque printemps. Ils sçavent bien que veut dire ce proverbe; que la pierre souvent remuée, n'engendre point de mousse. Aussi sont-ils si bien attachez à leur profit, qu'ils ne nous donnent plus, ny le temps, ny l'espace, ny le loisir de faire le nostre.

Toute marchandise se vend en gros ou en detail : ils font l'un et l'autre. Mais où? dans vos ports, dans vos villes principales, c'est à dire où tout s'amasse, d'où tout se distribuë. Ils ont desja occupé les magazins et les font valoir au préjudice de nos marchands, et, pour abolir tout l'exercice de ceux qui vendent en detail, ils veulent encor tenir les boutiques. Il n'y reste rien à dire, sinon qu'ils ne les ont pas sur la ruë; car on vend chez eux jusques à dix aulnes de futaine, jusques à dix livres de sucre et de poivre, jusques à une douzaine de cousteaux. Vos François mesme, passans aujourd'huy par leurs mains et prenans de la marchandise d'eux, ne vendent point ou vendent à perte, à cause du bon marché qu'ils en font, possible exprés, pour les dégouter du commerce et demeurer tous seuls.

Aussi quelqu'un vient-il de dehors pour faire emplette, ce n'est plus chez nos marchands qu'il se fournit; il trouve à moins de quatre, et quelquefois de six pour cent, chez l'estranger. Voila comme nostre creance se perd, et quant et quant nostre moyen de negotiation. Si l'on demande la cause de ce bon marché plus précisément : vos Majestez prendront s'il leur plaist; que la plus grande part des Anglois et des Holandois, et quand je dirois : tous, je crois que ne mentirois pas, ne sont que facteurs ou commissionnaires, ne faisans rien pour leur conte, mais seulement pour les marchands d'Angleterre et de Hollande, qui les entretiennent et employent; lesquels selon leur necessité, leur donnent charge de vendre et de lascher la main; de sorte que bien souvent, ayant baillé quelque nombre de marchandise à credit, à quelqu'un de nos marchands et leur en demeurant quelquesfois autant ou plus, ils l'exposent et abandonnent à moindre prix, voire bien souvent à perte. Et cependant nostre homme qui ne sçauroit vendre qu'à mesme condition et portant tousjours le dechet, ou qui se void contraint de retenir la marchandise plus long temps que son terme, et neamoins se trouve pressé du payement, en fin s'il a mal gardé quelque feste ou peu veillé sur son papier de casse[1], se trouve prest à rompre. De là plusieurs banqueroutes entre les nostres, rares auparavant. De là nostre foy suspecte, au temps de nos peres tant estimée. Et puis pourquoy ne se permettra

---

[1] *Casse*, c'est-à-dire caisse.

sans crainte le citoyen ce que l'estranger fait tous les jours à ses yeux sans punition et à quoy les loix mesmes ne le reçoivent point ailleurs. Davantage l'exemple en oste la honte. On s'accoustume à ne faire cas de faillir, quand on void souvent faillir.

Outre la perte de nos marchands, laquelle par les moyens susdits provient plustost des estrangers que de leur mauvais mesnage. Il y a en ce faict un grand découragement pour nostre jeunesse. Car que peuvent concevoir ceux qui veulent s'appliquer à la negotiation du trafic, autre chose qu'espouvantement et refuite ?...

Aussi voyons nous tous nos jeunes gens reduits à battre le pavé ou s'adonner à l'amour, que Diogene appelle l'affaire des gens qui n'ont que faire, ou, s'ils songent à quelque chose, c'est pour s'accommoder de quelque charge de justice, à laquelle ils fichent leur but. Ainsi la pluspart de nos plus habiles gens, de nos meilleurs esprits, de nos jugemens plus solides sont dans les palais, ou pour manger, ou pour estre mangez, n'ayans, ce semble, qu'une seule estude d'escorcher tout le monde et se parer de la peau ; et les estrangers sont sur nos quais à descendre et charger force marchandise, dans nos bourses à traiter d'affaires, dans nos hales publiques et marchez ordinaires à ramasser laines, toiles, draps, etc. Nos jeunes gens sont dans un jeu de paume à se faire venir la sueur pour le plaisir, et tousjours en perdant leur argent de part ou d'autre, ou dans une académie (ce beau nom est demeuré au lieu où ce fait le reduit de ceux qui font des osselets, arbitres

de leurs fortunes) à consommer laschement le bien
que leurs peres leur ont acquis par tant de peines,
tandis que des hommes estrangers travaillent en leur
contoir sur leur papier de casse, font depesches,
donnent advis, dressent contes, etc...

Ayant parlé des estrangers, qui de sens rassis, de
propos deliberé et dans nos propres maisons, viennent faire nostre mesnage, reconnaistre le meuble qui
nous manque, afin de nous en fournir, par charité,
cela s'entend, il nous faut dire encore quelque
chose de ces autres, qui sans arrest courent de ville
en ville, de marché en marché, de maison en maison,
pour effleurer toutes sortes de profit et s'en accomoder au préjudice de vos subjets. Je ne particu-
larizeray point à vos Majestez, les marchandises
qu'ils recherchent; ce sont les meilleures du royaume :
Car ces Cantarides ne se jettent que sur les plus
belles fleurs. Le bled, le vin, les toiles, les laines, les
fruits leur agréent sur tout. Nos chemins sont pleins
du bestail qu'ils emmenent hors le Royaume, à la
conduite mesme de vos subjets; et ne pensez pas qu'ils
les payent de leur peine en argent, — cest esprit si
legerement volant de nos mains, n'eschappe pas ainsi
hors des leurs, — c'est ordinairement en cousteaux
dont au retour ils se défrayent par les hostelleries,
vendant à quiconque s'y trouve, ce qui porte grand
préjudice aux artizans et merciers du pays. Il y a
encor une autre sorte de coureurs sous le nom de
Savoyards, Lombards et Bisoüards, que l'on peut
appeler plus veritablement Mouchards; ceux-cy
descouvrent toutes les necessitez de tous les pays de

vostre Royaume, en portent les advis aux estrangers, bien souvent au préjudice de l'Estat, mais tousjours à la perte des marchands. C'est contre ces vagabons proprement que sont adressées les ordonnances de nos Roys, et devroient les magistrats les reprimer plus soigneusement, ou plustost les exterminer totalement! Car ce ne sont que freslons qui cherchent la vendange, qu'espions qui courent au profit, comme les vautours volent à la charoigne.

Que diray-je plus? Que les estrangers, estant habituez par tout, ont advis de tout. Qu'ils ne sont plus estrangers en nos foires; mais les connaissent mieux que nous mesme, et, par leur diligence accoustumée, s'en advantagent aux occasions. On sçait que les meilleurs coups du trafic se font quand on vient à temps pour secourir les necessitez du pays, lesquelles ne peuvent au reste estre sçeuës ne connuës que par la correspondance. Et quelle correspondance peuvent avoir ceux qui n'ont plus de negotiation? Qui les advertira de ce qui est bon à faire? Qui leur donnera la hardiesse d'entreprendre? où? et quand? à qui? et par qui? Aussi void-on que, par ce defaut, nous ne voyons pas à ceste heure plus loin que nostre nez; nous sommes aveugles chez nous-mesmes...

Les estrangers donc s'enrichissent à mesme le nostre, et sans aller plus loin que chez nous. Ils font tout, et nous ne faisons rien; ils nous mettent en train, si Dieu ne nous aide par le moyen de vos Majestez, d'être desormais totalement privez d'action et de trafic...

Ce mal a desja passé si avant, en vos villes principales, où les estrangers, gens de bonne chere et de grosse depense se logent principalement qu'à peine trouve l'on de deux personnes l'une qui vueille plus servir en nos maisons, outre que leur prix devient si excessif, à raison de celuy que les estrangers donnent, que desormais il vaudra mieux faire la besoigne soy-mesme que d'estre si mal et si cherement servy. Je ne puis passer sur ce propos d'adjouster tout d'une suite que les incommodités et fascheries, qui viennent aux maistres par les serviteurs en tout ce royaume universellement, sont telles qu'elles meritent bien qu'on y pourvoye d'un bon ordre, lequel sera tant plus à priser, cherir et loüer que sans doute il se trouvera difficile à trouver. Mais que ne peut un roy sur les mœurs, dont il est luy-mesme la forme et l'acte?

Ce ne seroit jamais fait, si je voulois particulierement representer à vos Majestez tout ce qui se rend considerable sur ce sujet. Le nombre de choses estouffe mon imagination et ma memoire. Je ne puis débroüiller tant de confusions, ny parler avec ordre de ces desordres. Il vaut donc mieux me recueillir et suivre mon fil, pour sortir de ce labyrinthe, ou plus je marcherois avant, plus je trouverois d'égarement perplex et de confus fourvoyement. Je croy que du discours precedent vos Majestez auront compris de combien et diverses choses, les estrangers se meslent parmy nous. Mais s'il y en a quelqu'une qui soit prejudiciable à ce royaume, c'est le billonnage qu'ils y exercent : Car par ce moyen, ils tirent tout nostre argent pour l'envoyer en Flandres; et, qui

diroit que c'est leur principal trafic, ne s'esloigneroit
guere de la verité. Ils ont raison; car pour l'argent
on fait tout; et, pouvans joindre si tost et si aisément à la fin, il n'y a pas grande apparence qu'ils
vueillent languir si longuement à l'entour des moyens
qui nous servent pour l'acquerir. Leur methode est
bien plus facile. Ils tiennent dés facteurs et des chan-
geurs tout exprés parmy nous pour nous descharger
de la monnoye de France et d'Espagne, avec profit,
cela s'entend. Car ils nous font valoir le quart d'escu
seize sols et demy, et ainsi du reste. Abusez que
nous sommes! Voyons nous point avec quel artifice
cela se pratique? Ils nous baillent de la fausse monnoye pour de la bonne : Je l'appelle fausse monnoye,
entant qu'elle est alterée d'une sixiéme part pour le
moins. Cela ne se peut revoquer en doute. Les expo-
siteurs, qui reçoivent l'une et renvoyent l'autre, se
connoissent; on le void, on le sçait; mais au reste, il
n'est pas besoin d'en faire instance, nous perdrions la
reputation de nostre bonté. Ce n'est pas tout, on en
a surpris les balots pleins en Champagne, les casses à
Nevers; on en a arresté de grandes sommes à Cau-
debec. Il s'est trouvé un Flamand à Roüen, nommé
Fernande Ferraton, pour ne faire point mention des
autres, lequel a esté convaincu par ses papiers de
conte, arrestez et saisis, d'avoir fait venir des daldres[1]
vallans au pays vingt et huit sols, lesquelles il a
exposées et fait exposer pardeça pour trente. Il a con-
fessé en Justice avoir receu pour le change des

---

[1] *Thalers,* sans aucun doute.

pieces de quarante six sols d'Espagne et des quarts
d'escu de France, argent qui s'employe à la fabrique
des pieces susdites, lesquelles ne valent que vingt et
trois sols de nostre alloy; de sorte qu'ayant intelligence avec les monnoyeurs de par de là et de ça,
libre debit, et franche negotiation, il faisoit plus de
vingt et cinq pour cent en moins d'un mois, où nous
nous contentons bien de bailler pour un an, et à
toutes risques, à moins de seize et dix-huit pour
cent. Faut-il s'estonner si ces gens sont plus riches
que nous, puisqu'ils sçavent une si bonne recepte
pour augmenter nostre propre argent? Ce transport
de nostre monnoye, comme on le peut juger de ce
que dessus, ne se fait que pour la nous rapporter
alterée. Depuis quelques années, les Hollandois nous
monstrent combien ils sont habiles en ce negoce; et
plusieurs mesme des nostres y ont presté la main. Il
est grand, mesme aux choses petites en apparence.
Il y a en Espagne une monnoye de cuivre qui s'appelle Oxave [1], c'est un huictain; on en a quelques
fois arresté à Roüen des bariques pleines, que l'on y
transportait. A Culemberg, du temps de la feuë
Reine d'Angleterre, un certain maistre de monnoye,
nommé Craye Vangre, c'est à dire preneur de cor-
neilles [2], forgeait force nobles à la Rose [3], qu'il alteroit

---

[1] *Ochavo*, double monnaie castillane qui vaut deux mara-
védis.

[2] En anglais, *Crow-Taker*. Quant à la ville de Culemberg,
nous ne voyons que Cuilsborough qui ressemble à ce nom.

[3] Monnaie d'or d'une valeur de 20 à 24 francs. Ce fut sous
Édouard III que les nobles à la rose furent frappés en Angleterre avec les roses des maisons d'York et de Lancastre.

de dix ou douze sols seulement, lesquels prindrent
grand cours en Angleterre. De quoy la Reine advertie
elle en fist plainte aux Estats, lesquels, pour la contenter, le mirent bien prisonnier; mais on dit que ce
fut tout. Pour tromper les Chinois sous le coin d'Espagne, s'ils le veulent et peuvent faire, à eux permis.
Mais vos Majestez ont un notable interest que leurs
subjets ne facent plus eschange de l'argent au cuivre.
Qui voudra faire la supputation de ceste pratique
connaistra bien tost, à quel profit elle monte : et si,
comme l'on dit, le profit ne consiste qu'à bien
conter, les estrangers, qui toutesfois, ne sçavent
autre chose que l'adition, premiere regle de l'arith-
metique, nous monstrent que nous n'y entendons
rien du tout. Ce n'est pas d'aujourd'huy que l'on
soustrait en plusieurs façons le sang de la France à
la France; ce n'est pas tousjours par le commandement du medecin qu'on la saigne. Ses esprits se perdent invisiblement, insensiblement et s'enferment à
la dérobée dans les secrets des navires, dont l'on
sçait bien tirer Pluton des tenebres au jour, quand on
est par delà. Assez de nos hommes ont servy à ce
mystere, je pensois dire ministere. Assez ont aidé
à porter sous cape l'or et l'argent sur le port et
jusques dans les vaisseaux. Et puis qu'on s'estonne de
nostre foiblesse; qu'on s'esbahisse qu'est devenuë
toute la monnoye blanche de France. C'est principalement à vos Majestez qu'il touche d'empescher ces
purgations, qui se font hors de saison et contre
votre ordonnance; vous seriez tous esbahis que
l'Estat tomberoit en syncope entre vos mains, et ce

par des causes latentes, qu'il luy prendroit à toutes heures des vomissements procedans d'inanition; or ils sont mortels.

Le cours que l'on donne aux diverses especes de monnoye estrangere en France invite de toutes parts nos voisins, accoustumez à fraper de tels coups, à y faire couler force mauvais payement. Possible mesme que plusieurs en prennent occasion de mal faire. Vos Majestez y peuvent aisément remedier par la seule deffence, exactement observée, afin qu'à l'advenir soit retranché le cours de tous les malheurs que l'on en a veu par cy devant arriver. C'est un grand trouble que le décry des monnoyes, et leur incertitude encore plus; c'est une affliction extréme, un desespoir pour le peuple. Cela plusieurs fois a suscité des seditions dangereuses; mais possible, qui voudroit s'en enquerir, on trouveroit qu'il n'a jamais produit de plus tragiques histoires que depuis peu de jours. La necessité du commerce, qui ne se faisoit au premier temps que par la simple permutation, a trouvé l'usage de la monnoye, en l'estimation determinée d'une matiere divisée, à laquelle la forme publique est adjoustée. L'Aristote l'appelle la mesure de toutes choses[1], à cause que par

---

[1] Aristote envisageait la monnaie comme une marchandise intermédiaire destinée à faciliter l'échange entre deux autres marchandises. (Voy. *Politique*, liv. II, chap. III.) En réalité, la monnaie est une marchandise dont la valeur propre sert de terme de comparaison aux valeurs des autres marchandises, comme l'observe parfaitement Montchrétien. Les rondelles de cuir, les grains de blé, les plumes d'autruche, etc., peuvent prendre et ont pris, à ce titre, le même rôle chez certains peuples, que l'or, l'argent, le cuivre et le fer.

l'addition et diminution on peut esgaler la juste valeur des marchandises que l'on vend ou que l'on achete. Il est donc bien necessaire que la raison et la loy en soient constantes et immuables; autrement il n'y a personne qui puisse faire estat au vray de ce qu'il a vaillant; les contracts ne peuvent estre asseurez; le revenu des fermages est douteux; et incertain, ce qui est limité par les droits et par les coustumes; bref l'estat des finances publiques et particulieres demeure toujours en suspens. La chose ne parle pas seulement, elle crie; et le peuple avec mille souspirs prie tous les jours tres humblement vos Majestez de mettre une derniere main à bon escient à ce desordre, qui travaille tout le monde, pour y remedier, non par un emplastre qui couvre le mal, par une cure palliative, mais par un remede qui l'abolisse tout à fait et pour tout jamais. C'est des mauvaises mœurs que naissent ordinairement les bonnes coustumes. Par la corruption la nature procede à la generation.

Celuy qui seul est architecte de la loy peut seul donner la loy aux monnoyes. Les Grecs, les Latins et les François expriment par le terme commun dont ils usent, pour en signifier la regle, que nous appellons autrement le pied, que l'authorité en est restrainte en une mesme et souveraine main, comme l'appellation exprimée en un mesme mot. Il n'y a point de doute qu'en un Estat, qui demeure aux termes de la bonne police, ceste regle ne doive estre tenuë et conservée inviolable. Pour le regard de la substance des metaux, on la doit laisser pure autant que l'on peut; car toute alteration sent la corruption de l'integrité d'un pays. Jamais prince, qui s'en soit voulu servir, ne s'en trouva bien à la fin. Nostre roy Philippe le Bel, qui le premier affoiblit la monnoye d'argent en ce royaume de la moitié d'aloy, en fut taxé par Dante poëte italien [1]; mais de plus, il donna occasion de grand trouble à ses subjets et de pernicieux exemple aux princes estrangers. Il le reconnut sur la fin et pour ceste cause enjoignit à son fils Loys Hutin, par son testament [2], qu'il se gardast bien d'affoiblir les monnoyes. Or leur affoiblissement depend de l'aloy ou du poids, qu'il faut exactement regler, afin que les princes voisins, ny les propres subjets, ne puissent les falcifier. Tout le vice des faux monnoyeurs, consiste principalement au meslange des metaux. Il faut donc, pour y obvier, que la monnoye se face de metaux purs et simples autant qu'il sera possible... Pour le prix, cela est

---

[1]　« Li si vedrà il duol che soprà Senna
　　　In duce falseggiando la moneta
　　　Quei che morrà di colpo di cotenna. »
　　(*La divina comedia del Paradiso*, c. xix, 118-120.)

[2] Philippe le Bel avait fait plusieurs testaments, dont le dernier est daté du 17 mai 1311, et un codicille du 28 novembre 1314; dans aucun de ces actes il n'est question de fausse monnaie. Le moine Yves, de l'abbaye de Saint-Denis, qui assista aux derniers moments du Roi et a rapporté les paroles de l'agonisant à son fils, n'en parle pas davantage.

Mais le peuple avait beaucoup souffert des altérations apportées par Philippe le Bel dans les monnaies, et le bruit se répandit bientôt qu'à son lit de mort le Roi avait recommandé à ses fils de ne pas le suivre dans cette voie.

Les chroniques rédigées par Jean de Paris, chanoine de Saint-Victor, et Geoffroy de Paris, tous deux contemporains de Philippe le Bel, se font déjà l'écho de la tradition populaire.

muable, et depend des temps et quelque fois des affaires de l'Estat. On le cognoist en l'antiquité par la diverse estimation qu'à diverses fois les Romains ont faite du cuivre, dont ils userent fort longuement en leur monnoye, combien que de tous metaux il y soit quasi le moins propre, à cause qu'il contracte trop aisément la roüilleure. Nos siecles pareillement, en ont produit plusieurs exemples parmy tous les peuples, tant barbares que chrestiens. Quelques princes mesme, se sont servis de cest artifice pour remplir leur espargne, mais attirant apres soy une grande haine populaire. Le prix donc peut et doit quelque fois changer, non le tiltre, le carat, et le pied. Au reste, que le poids doive faire la raison des monnoyes, cela se cognoist par les barbares mesme, qui l'ont tousjours ainsi pratiqué. Les Sainctes Escritures nous tesmoignent que, dés le temps d'Abraham, il en alloit ainsi, et tousjours depuis entre les Hebrieux. Nos peres en usaient de mesme, comme il se void par une infinité de vieux contracts de mariage, où la somme n'est point exprimée, mais la quantité de marcs d'argent, d'argent plustost que d'or, car il estoit lors bien plus commun entre nous. Les peuples, depuis deux mille ans et plus, ont tousjours gardé et gardent encor la raison de l'un à l'autre, et non sans grande raison. C'est à vos Majestez de la faire bien trouver et observer; mais elles n'ont que faire, pour y parvenir, d'en prendre conseil ailleurs que chez elles. Tout ce qui dépend de la monnoye est extrémement souverain. Pour le regard des espéces, le trop grand nombre ne fait que troubler. Quand il n'y auroit pour l'or que des escus, pour la monnoye blanche que des quarts d'escu, des demy quarts, des pieces de quatre, des pieces de deux, et que les payements qui s'en feroient fussent reglez et estimez seulement par le poix, il semble que ce seroit une grande commodité. Peu à peu, et sans troubler ny vexer vos subjets, vous pourriez tout reduire à ce poinct. Car de le vouloir faire tout d'un coup, et non descriant espece apres espece, cela causeroit trop de perte et d'incommodité. Il faut au reste de la petite monnoye. La reyne d'Angleterre, ayant voulu qu'en son royaume il n'y en eust que de deux sortes, assavoir d'or et d'argent, a coupé plusieurs petites racines de charité. Dieu eut agreable le denier que la pauvre femme jetta dans le tronc. Qui donne quelque chose de son peu fait plus que celuy qui donne beaucoup de son abondance. C'est la grandeur du prince qu'en la monnoye, qui a cours dans ses terres et seigneuries, on ne voye autre caractere que celuy de son image ou celuy de ses armes. Cela mesme est en plusieurs sortes considerable pour le bien de son Estat... Si l'argent estranger n'avoit point de cours en France, possible que l'on n'y ouvriroit pas si librement la main. Les marchands y ont le plus grand interest pour le regard du change; mais ceste incommodité qui leur en viendroit ne doit pas l'emporter en la balance contre tant de commoditez qui en reüssiroient au public, contre l'honneur et la seureté qui en reviendroient à vos Majestez. Le grand seigneur des Turcs, qui, comme vous sçavez, se veut faire

12.

recognoistre en tout et par tout absolu, sçait bien
retenir et conserver en tous ses pays, ceste marque
souveraine d'empire souverain. De tous les lieux de
sa subjection, il n'y a ville où la monnoye estrangere aye plus libre cours qu'au grand Caire. Ce qui
procede du grand commerce qui s'y fait par toutes
sortes d'estrangers. Au reste, afin d'attirer tousjours
l'or et l'argent d'Espagne en ce royaume, c'est raison
de l'y faire valoir un peu d'avantage, car les monnoyes ne sont pas de la nature de l'eau qui coule
et cherche la descente; au contraire, elles cherchent tousjours à monter, et s'amassent où elles
vont à plus haut prix. Mais en cela, comme en toute
autre matiere d'Estat, la voye moitoyenne est la plus
seure.

Le trouble où nous sommes à present pour la difficulté des monnoyes, m'a fait faire ceste digression,
et ce d'autant plus volontiers que j'ay jugé l'ai-
sance et la facilité, la fermeté et l'asseurance du
commerce en dépendre principalement[1]. Pour revenir donc à mon propos, ayans par cy devant
insisté sur l'interest particulier de chacun, je serois
blasmé à bon droit de passer sous silence celuy de
vos Majestez, lequel comme public doit tousjours
estre preferé. Qui ne cognoist, comme il est maintenant taré, d'une sixiesme part pour le moins en vos
doüanes ? Qui ne prévoit qu'on le verra diminüer de
jour en jour, à proportion de la diminution de nostre trafic et de l'augmentation de celuy des estran-

---

[1] Cf. MICHEL CHEVALIER, Monnaie. *Dictionnaire de l'économie politique.*

gers, si vos Majestez ne le restreignent par le renouvellement et plus exacte observation des ordonnances de ce royaume ? Les fraudes qui tous les jours
s'y commettent à vostre prejudice, sont publiquement connuës. On surprend à toute heure des gens
entrans à la dérobée des marchandises prohibées.
S'ils ne peuvent faire autre chose, ils s'en baguent [1]
par dessous leurs habillemens. Par les intelligences
qu'ils ont au pays et le long des rivieres, ils peuvent
soustraire à la connoissance de vos officiers, et par
consequent à vos droits toutes les meilleures denrées qu'ils amenent en ce royaume, et sur lesquelles
vous prenez de plus gros imposts : satins, veloux,
taffetas, passemens, bas de soye et d'estame ; bref
toutes manufactures de soye, d'or et d'argent filez,
clou de girofle, muscade, canelle, cochenille, etc.
Car il leur est facile d'avoir des maisons à la main
et à devotion, où ils peuvent descharger et receler
les casses des marchandises susdites, pour puis apres
les apporter dans les villes, à la dérobée et aux bons
points de leur commodité...

Pour remedier à ce desordre, trop prejudiciable à
vous premierement, puis a si grand nombre de vos
subjets, advisez à l'arrester dés sa source; et, pour
cest effect pourvoyez que tous navires estrangers
viennent jetter l'anchre aux havres, ports et rades,
où ils devront estre visitez; et, si pour se parer de
peril et d'incommodité ou pour ne perdre la marée

---

[1] Au seizième siècle, le mot *bague* signifiait *ce que l'on avait
sur soi*, d'où l'expression fréquente : *Capituler vie et bagues
sauves.*

ils sont contrains d'entrer dans les rivieres, esta-
blissez leur des lieux le plus prés de la mer qu'il se
pourra, où se face la visitation : car de leur declaration mesme, il y aura moyen de descouvrir les
fraudes ordinaires. C'est à l'adventure pour cest
occasion qu'ils ont si asprement solicité pour faire
abolir la visitation de Quillebœuf, quoy qu'elle se
deust faire dés le Havre mesme. N'est-ce pas la
raison qu'entrans en vostre royaume, ils soient traitez comme nous le sommes, venans en leurs villes?
Nous ne sommes pas si tost descouverts en mer
qu'ils se jettent en des chalouppes et esquifs, afin de
venir à bord pour nous visiter et foüiller aussi exactement qu'il se peut, et faut leur monstrer la charte
partie [1] et les lettres de voiture, afin qu'ils puissent
exactement connoistre de tout et faire rigoureuse-
ment acquiter tous les droits du pays. Vous pouvez
commander qu'on use en leur endroit de mesme
authorité et diligence; car cela vous importe plus
qu'on ne pense. C'est à faire à donner ces charges
à des gens de bien, qui n'en abusent point, qui ne
facent rien que pour leur devoir. Si cela se pratique
comme il faut, vos doüanes reviendront bien tost à
leur poinct, et possible en prendront un plus haut.
Ceux qui les afferment ne s'y ruineront pas, comme
ils font le plus souvent; car par ce moyen seront
empeschées plusieurs fraudes et substractions, à

---

[1] *Charte partie.* Convention faite entre un marchand et le
patron d'un navire. Le nom de *charte partie* venait de ce que
primitivement l'acte était écrit sur un même parchemin qu'on
divisait entre les parties contractantes.

quoy ces gens sont subjets, qui ne s'en garde; on en
void tous les jours des preuves dans vos ports.

Ce n'est pas tout, il en arrivera un autre grand
bien, à sçavoir que ceste grande licence, qu'ils usur-
pent de jour en jour, commencera pour le moins à
se restreindre, et l'audace qu'ils ont de se voir quasi
seuls sur nos quais à diminuer. Car qui ne sçait que,
pour soizante ou quatre vingts navires flamans, il
n'y en a pas ordinairement dix ou douze françois ?
Cela les rend si rogues qu'il leur semble que les
havres soient à eux en propre, et à nous par emprunt. Alors les estrangers, devenus plus modestes
et plus retenus, ne deschargeront plus leurs vaisseaux, foulans aux pieds vos ordonnances et trans-
gressans tous devoirs, sans congé, sans visitation
precedente; on dit qu'ils sont desja venus jusques là.
Il ne resteroit donc plus, sinon qu'ils ne payassent
aucun impost d'aucune marchandise, et on dit que
vos Majestez, surprises en ce faict, l'ont accordé à
quelques particuliers d'entre eux ; cela estant, le
benefice sera bientost commun à tous. Ils ne demeurent jamais en si beau chemin. C'est à vous d'y
regarder de prés; c'est votre bien. Permettez moy
seulement de vous dire que les droits royaux se perdent plus aisément qu'ils ne se regagnent; qu'on ne
peut arracher la moindre pierre de l'authorité sans
en esbranler beaucoup d'autres; que ce qui la rend
forte, c'est que tout s'y tient et lie par ensemble,
comme en un œuvre de maçonnerie fait en voute,
que tous ses cordons, sont si bien entrelassez l'un
dans l'autre, ne se dément point, quelque effort que

l'on y face. Pour dire tout ce qui en est, l'authorité
est l'ame du commandement ; toutes choses en sont
gouvernées et administrées comme d'un esprit qui
y est infus. Comme les pieds, les mains, les yeux
font les affaires de l'ame, tellement que pour son
commandement nous marchons ou nous arrestons,
ainsi toute ceste grande et infinie multitude que
vous voyez en ce royaume est regie par cest esprit.
Ceste grande liberté d'estrangers, flamans principalement, que je vien de representer, leur donne tel
attrait parmy nous, qu'ils s'y pensent mieux en leur
element qu'en leur propre pays... Aussi en voyons
nous venir tous les jours a gros essaims ; mais qui
les connoist bien, ne s'en esmerveille pas ; car la
pluspart n'ont ni maison ni buron[1]. Pour moy, je
commence à perdre l'estonnement que j'ay quelques
fois eu de voir les voyages lointains leur succeder si
favorablement, quand je considere qu'ils sont enfans
de la marine, engendrez, nais et nourris dans un
navire. Aussi sont-ils presque tous matelots de
profession aussi bien que de nature, et pour leur
grand nombre, a peine trouvent-ils lieu d'employ.
C'est ce qui les fait ainsi desborder dans nos fleuves.
On sçait que la voiture des rivieres est la plus
commode, plus facile et moins coustageuse. On sçait
davantage combien d'hommes sont employez en
France, ou pour mieux dire, l'ont esté par le passé ;
car à present ces gens, qui ne veulent nous laisser
rien libre et de singulier, y ayans mis une fois le

[1] *Buron*, c'est-à-dire chaumière, en vieux français.

nez, elle est quasi toute venuë entre leurs mains. Ils
ne se contentent pas de porter nos ballots en
Espagne. Ils se vantent d'avoir la mer et pensent à
plus forte raison que les fleuves leur appartiennent.
Par l'une et par l'autre voye ils ont entrepris la
plus grosse voiture que nous ayons, à sçavoir celle
du sel. Et cependant nos hommes negligez demeurent là, sans que personne leur donne moyen de
vivre en travaillant, ny de travailler en vivant. Vos
Majestez, de qui le soin doit subvenir à tous, y peuvent remedier, en commandant aux partisans de se
servir de navires et mariniers françois seulement,
afin que les Hollandois n'emportent plus tous les
ans soizante mille escus de fret pour le voyage de
Broüage en Normandie, Picardie et par la riviere
de Nantes. Quant au pretexte du meilleur marché,
il est nul ou de peu de consequence, car l'estranger estant exclus de ceste voiture, vos hommes la
rendront bien tost aussi commode et à pareil prix.
Le benefice du public contre-balance tout autre
advantage, qu'on puisse alleguer. A joindre que, le
sel ne venant point de pays estrange, mais estant
une escume de nostre mer, ramassée en France, et se
consommant en France, il ne semble point legitime,
que d'autres soient employez à le voiturer chez
nous, nous mesmes estans capables et en nombre
plus que sufissant pour le faire. Cela touche une
grande multitude du menu peuple, dont il faut
empescher la desbauche, pour le repos public, pour
l'utilité commune, laquelle abandonner n'est pas
seulement contre la raison, mais contre nature. Or

cela est aisé et raisonnable tout ensemble, car puis
qu'ils ne demandent autre chose que le travail, peut-
on leur refuser? est-ce pas justice qu'ils soient
employez, au préjudice de l'estranger, és lieux où
ils ont receu la vie et veu premierement la lumiere?

Traitant des affaires du commerce qui se fait en
ce royaume, de ce qui l'empesche et destourne de
nos mains, et en rejettant l'accusation sur les estrangers, comme sur les causes plus certaines du mal et
plus visibles, pour la presence des objets; si me suis
mis à penser si nous-mesme estions exempts de
blasme et incoulpables de tout crime. Mais je n'ay
point longtemps demeuré sur ceste meditation sans
en estre retiré par la souvenance que j'ay euë de
nos commissionnaires, non nostres à la verité, quoy
qu'ils soient d'entre nous, mais des Espagnols, des
Portugais, des Anglois, des Flamans, et de qui ne
diray-je point, puis que pour l'argent, en France,
on ne regarde plus à qui on sert? Cela m'a un peu
rabattu de ceste indignation que j'avois que d'autres
fissent chez nous si bien leurs affaires, quand je me
suis ressouvenu que nous les faisions nous mesme,
chez nous, pour les autres. Car à quelle raison,
disois-je en moy, desirerons nous que les estrangers
soient plus charitables envers nous, que nous-mesme?
Font-ils pas bien de chercher leur profit et de le
faire puis qu'il leur est permis de se servir de nous
en cela, puisque nous pensons leur devoir beaucoup
de ce qu'ils nous en font les ministres? Mais où
sommes nous venus? Du temps de nos peres, il n'en
alloit pas ainsi. Ils avoient le cœur assis en trop bon

lieu, pour vouloir servir de valets à d'autres. Ils estoient trop francs pour estre mercenaires. Ils avoient l'appetit trop bon pour se laisser ainsi rogner les morceaux. Ils estoient charitables, cent fois plus que nous ne sommes, à l'endroit de ceux auxquels le devoir de pieté les obligeoit; mais ils ne laissoient pas manger leur pain aux estrangers sans le bien payer. Ils ne le déroboient pas de la main de leurs enfans, comme nous faisons. Comme puis-je appeller autrement ces commissions, par lesquelles l'une de nos mains soustrait à l'autre ce que nous avons de meilleur, pour en affamer tout ce corps, que larcins publics, que monopoles contre le bien de l'Estat, que volontaires servitudes qui sont honte à la liberté, gloire et reputation de nostre patrie, que trous sousterrains par lesquels s'escoule toute l'eau dont le peuple s'abreuve; que fausses portes, par lesquelles on tire toutes les munitions de nos places, au déçeu des capitaines, non pas pour les vendre, mais pour les rendre entre les mains des ennemis, pour une piece de pain.

Depuis que ceste meschante pratique, préjudiciable à tous, grands et petits, hommes et femmes; mais plustost ruineuse à tous en general, et peu profitable à peu de particuliers, s'est introduite entre nous, par l'industrie de nos voisins, favorisée de la negligence de nos magistrats, de l'abatardissement de nos polices, de la nonchalance[1] de nos privileges, le trafic a decheu entre nos mains à veuë d'œil, et maintenant

---

[1] La nonchalance de nos privilèges, c'est-à-dire le peu d'importance que nous attachons à nos privilèges.

ce n'est plus pour nostre regard qu'une courraterie[1]; encore ceste infame et mechanique exercice nous eschape-t-il de la main. Aussi quel besoin est-il plus de marchans en une ville où trois ou quatre commissionnaires, valets à gages de l'estranger, vont par tout furetant, j'ay tort d'user de ce mot : vont en plaines halles, employant son argent et luy ramassant tout autant de marchandise qu'il en desire, en payant seulement les frais de la vacation. Que reste-t-il donc plus aux nostres à faire ? Quand on a pris la fleur et la créme du laict, est-il possible d'en tirer du beurre ? Quand on a soustrait la cire et le miel de la ruche, que reste-t-il plus dedans que des esguillons pour celuy qui voudra y porter la main ? Sommes nous pas malheureux ? car, dire imprudens, serait trop peu. Nous n'appellons pas seulement les nations à nostre moisson d'or, mais nous-mesme la leur faisons et la livrons toute faite entre leurs mains à peu de frais. Et chacun se contente de glaner apres ces moissoneurs à loüage, qui, comme s'ils avoient renoncé au droit de leur heredité, ne travaillent qu'au jour la journée et sont payez de mesme. Mais où, bon Dieu, cueillons nous ces petites poignées, au lieu d'amasser ces grosses gerbes, qui remplissoient les granges de nos peres et nourissoient commodément leurs grandes et amples familles ? C'est dans nostre propre fonds, sur nos appartenances. Ce que nous semons donc en larmes, en sueurs, en fatigues, l'estranger viendra le moyssonner,

---

[1] *Courraterie,* plus anciennement *correterie :* courtage.

avec contentement et plaisir, voir mesme sans daigner
prendre la peine de se baisser pour y mettre la main !
Mais, que di-je : viendra ? C'est assez d'envoyer un
mot de lettre, quand il void que les champs jaunis-
sent et appellent les faucilles à la moisson ; il sera
servy bien à temps ; il nous paye pour cela ; pour
cela il nous donne du salaire ; salaire infame, meslé
de perte et de honte, qui suborne la fidelité que
nous devons à nostre patrie et engage laschement
notre industrie au service d'autruy...

Je veux monstrer clairement à vos Majestez comme
il nous est impossible, en la licence et indeterminée
liberté que les estrangers ont a present en France,
que nous puissions gaigner rien avec eux, ny deçà,
ny delà. Des marchandises que les Espagnols apportent des Indes, cuirs, cochenille, gingembre, bois
à taindre, etc. Ils en envoyent quantité en France,
où sont leurs facteurs et correspondans, lesquels en
peuvent faire la vente à meilleur marché que nos marchands, qui en ont fait l'achat en Espagne ; d'autant
que, les envoyant directement pour leur conte, comme
elles leur sont venuës des Indes, ils ne payent point
le droit d'Alquavale[1], qui est de dix pour cent en la
vente, et autant en la revente, dequoy les François
faisant leur emploite[2] dans le pays, sont chargez, et

---

[1] Sans doute *Aquareale*, droit perçu autrefois dans les villes
du Portugal pour l'entretien des fontaines et des ruisseaux,
qui est devenu l'octroi. Le mot n'existe pas en espagnol. Montchrétien l'applique à un droit de 10 pour 100 perçu en Espagne, sur la vente et la revente faites des marchandises par les
étrangers.

[2] *Emploite*, c'est-à-dire emplette, achat.

par consequent obligez de les rencherir d'autant en
France. Voila pour ce regard. Quand en suite les facteurs negotians pour les Espagnols des Indes, ont fait
le debit des marchandises apportées, ils peuvent
employer ce qui en provient d'autres marchandises
de ce royaume, comme bon leur semble, voire bien
souvent en toiles escruës achetées en nos halles et
marchez, au préjudice des bourgeois et naturels du
pays, puis, les ayant fait blanchir, ils les envoyent en
Espagne, entre les mains desdits Espagnols trafiquans
aux Indes, qui declarent les avoir fait venir pour
leur conte et par ce moyen ne payent le droit susdit
d'Alquavale, auquel nous sommes obligez vendans
en Espagne. En outre, ils ne payent que cinq pour
cent de sortie pour les Indes, où le droit ordinaire
est de dix pour cent; de sorte que les Espagnols
gaignent sur un balot de France en Espagne et
d'Espagne aux Indes 25 ou pour le moins 23 pour
100 plus que nous...

Il ne faut point discourir pour comprendre qu'un
seul commissionnaire, faisant des affaires à cent mille
escus, tient lieu en la Republique de dix bons marchands pour le moins et, qui pis est, sans profit au
pays : car le fruit de sa negotiation demeure tout a
l'estranger, et à luy un si petit gain, qu'il n'est
point du tout considerable en ce faict... De tant de
travaux entrepris pour nos bons voisins, il ne nous
reste que la peine de les servir, la crasse et la sueur
que nous amassons en leur amassant du bien. Nous
veillons et nous travaillons, tandis qu'ils dorment et
se reposent à couvert du soleil. Nous halletons, tandis

qu'ils se refreschissent. Nous jeusnons, tandis qu'ils disnent. Et cependant nostre Republique abandonnée du soin de tout le monde, se morfond, s'affoiblit, se gaste, se corrompt et, que diray-je, plus se despoüille elle-mesme pour vestir les autres, se soustrait elle-mesme son ornement et sa gloire, pour la transporter ailleurs avec sa richesse.....

Les estrangers entrent tous les jours en toute liberté dans la salle où nous faisons l'exercice des armes, apprennent et reconnoissent nos coups, tirent avec nous et bien souvent contre nous; en un mot, ils sçavent toute nostre escrime, mais nous ne sçavons pas la leur, ou si nous la sçavons, nous n'avons pas l'adresse ni le moyen de l'executer. C'est donc à vos Majestez de commander que l'on face et pratique un jeu nouveau, qui nous soit tout particulier; ou s'il ne se peut, que l'on ramene le vieux en usage, et je croy que ce sera le meilleur. Il y a de fort bons coups à la vieille gauloise, et qui sont imparables; il ne faut que du courage et de la resolution pour les entreprendre. Mais les François n'en manquent oncques; ils n'ont besoin que de vostre commandement, et de bonne conduite.

... De nos commissionnaires il faut que je passe à certains hommes, qui se sont glissez en France, depuis quelques années, et y traitent pour leurs compatriotes ou pour eux-mesmes. Je ne sçay pas bien ce que j'en doy dire; mais il court d'eux de fort mauvais bruits. La fumée fait conclure qu'il y a du feu. Le magistrat doit y voir, y pourvoir, s'il est besoin. Plusieurs choses y obligent, mais l'honneur et la pieté sur tout. Souvenons nous que nous sommes baptisez. Les dimanches qu'ils ne chomment point, le lard qu'ils ne mangent point, les figures des corps que leurs femmes ne tirent point en tapisserie, les tableaux qu'ils n'aiment point, et plusieurs autres telles choses que l'on void publiquement, sans parler de leurs secrettes assemblées, qui desja scandalizent beaucoup de gens de bien, à la verité, sentent un peu le recutit[1]. On dit que ces gens font en dehors de grande parade, mais fort sales et mesquins chez euz en leur particulier. Ils ne font servir la soye que de leurre pour le credit, ce qui ne leur succede pas mal. Plusieurs des nostres sçavent bien à quoy s'en tenir; ils en pourroient bien dire des nouvelles. Encor ne faut-il pas permettre à ceux qui se veulent perdre de se perdre. Quoy que le fievreux aye envie de boire, le medecin le luy deffend et donne ordre qu'il ne le puisse faire. C'est la raison. On doit remarquer en un Estat ceux qui y viennent, sçavoir les causes de leur venüe et de leur sejour, de quelles facultez ils se soustiennent, de quoy ils se meslent, à quoy ils pretendent, en quoy ils sont utiles, en quoy non. Cela est vivre comme il faut; c'est gouverner par science et par jugement.

La meilleure prise qu'on puisse avoir sur les hommes, c'est de connoistre les inclinations, les mouvements, les passions et les habitudes; en les prenant par ces ances, on les peut porter où l'on veut. Mais il n'y a jamais d'asseurance, comme dit

---

[1] Recutit, c'est-à-dire circoncis.

un vieil proverbe françois, à lier à l'entour de son doigt l'herbe que l'on ne connoist point. Que sçait-on? Possible nous recevons en nos entrailles les mauvaises humeurs que les autres chassent par ordonnance du medecin. Il faut bien nous garder de faire la France, — si belle, si pure et si nette qu'elle en veut porter le tesmoignage en ses armoiries, — une sentine, un esgout, un cloüaque des autres pays. Elle ne doit point souffrir, non plus que la mer, ce qui est corrompu...

De vray l'humanité vers les estrangers a tousjours esté loüée parmi les payens mesme et tenuë pour l'une des principales vertus qui meritent d'estre prisées entre les hommes; et quand les anciens vouloient condamner une barbare vilenie et quelque façon brutale et sauvage, ils usoient ordinairement du mot d'inhospitalité. Mais les plus charitables à telles gens, n'ont jamais laissé d'exemples pareils à ce que nous pratiquons...

Il y a grande difference de la bonté que l'on est tenu d'exercer envers l'estranger et envers le subjet; l'une est generale et l'autre tres particuliere. L'estranger a ses dieux à part, disoient les payens mesme; le citoyen les a communs. L'estranger n'a lien quelconque d'amitié qui nous touche; le citoyen et le subjet nous sont comme freres de sang. L'estranger a le ciel et le sol separez de nous; le subjet l'a commun avec nous; mesme air le rafraichit, mesme ciel le couvre, mesme terre le soustient... Mais, afin que vos Majestez soient plainement adverties et informées de tout ce qui concerne ce sujet, je

croy que je feray le principal de l'œuvre, si je mets
devant vos yeux en paralelle, le traitement que les
estrangers reçoivent en France vis à vis de celuy
que vos François reçoivent chez les estrangers. Les
contraires opposez s'esclaircissent d'avantage, et le
blanc ne se voit point si blanc que quand on l'approche
du noir.

Commençons par les Anglois, nos plus voisins, et
faisons voir à l'œil et toucher à la main comme nos
marchans ne joüissent point de mesme liberté et
egalité de commerce chez eux; comme, pour le mauvais
traitement qu'ils y reçoivent, ils sont contrains
de s'en abstenir et de leur laisser au rebours faire
tout par deçà, au grand préjudice de nostre manufacture,
de nostre trafic, de nostre navigation, et du
bien general de tout le Royaume; car en ceste souffrance,
il y va de tout cela. Remarquez en premier
lieu que les principales marchandises, qui se transportent
hors d'Angleterre, sont laines, draperies,
plomb, estain, bas d'estame, etc. Pour les laines, il
n'est permis aux François d'en enlever, afin que plus
commodément et plus abondamment ils puissent
fournir à la manufacture qu'ils nous apportent, au
préjudice de nostre draperie, comme j'ay prédit.
Eux néantmoins en peuvent transporter hors, mais
par une compagnie seulement, laquelle est établie
d'authorité de Roy.

Il ne nous est permis de porter en Angleterre
aucune draperie, à peine de confiscation. Au contraire
les Anglois, en pleine liberté, apportent en
France toutes telles draperies qu'il leur plaist, voire

en si grande quantité que nos ouvriers sont maintenant contrains pour la pluspart de prendre un autre mestier et bien souvent de mendier leur pain. Il n'y a lieu au monde, non pas mesme en la Turquie, non pas en la Barbarie, où nous soyons traitez comme en Irlande, pays de mesme subjection. Pour nous oster tout moyen et toute volonté d'y trafiquer, on y a imposé sur la draperie que nous enlevons trois quarts davantage que sur celle que les Anglois enlevent, combien qu'elle soit toute semblable. Ainsi ce que l'Anglois paye quarante cinq sols, nous en payons quatre francs et demy. Cela se connoist par les acquits, que tous les jours ils nous en font faire, et par les tarifs imprimez. Qui ne void par consequent comme l'Anglois, pouvant vendre sa marchandise par deçà à meilleur conte d'autant, peut ruiner toute nostre negotiation par delà : Ce qui se fait principalement, à cause que, n'ayans que pour vingt-quatre heures de mer à passer, elle nous seroit fort courte, fort facile et fort asseurée. D'avantage, parce que cy devant les bayettes[1] et les sarges[2] n'estaient comprises au rang des draperies, on tiroit, comme l'on fait encor, un quart d'imposition du François plus que de l'Anglois, pour nous priver entierement du transport de ces marchandises. Le Roy de la Grand'Bretagne, outre ce quart, a de plus

---

[1] La *bayette* était une étoffe de laine tissée fort lâche, rase d'un côté et fort cotonnée de l'autre.

[2] *Sarge*. Vaugelas dit que l'on prononçait encore ainsi à la cour de son temps. Depuis le dix-huitième siècle on écrit et l'on prononce *serge*.

octroyé au Milord de Mongommery, jeune seigneur
anglois et gentilhomme de sa chambre, trente-cinq
sols à prendre sur chaque piece transportée par l'estranger, c'est à dire par le François, bien que l'article troisiesme du dernier traité, fait en l'an 1606, y
contrevienne directement[1]. Apres tout cela, deffence
à l'estranger, c'est à dire à nous, d'enlever aucunes
laines, ni aucunes peaux de mouton toutes vertes,
sur peine d'avoir le bras coupé. Quel traitement à ses
voisins, alliez et confederez! Au contraire, les Anglois
ont en ce royaume tous et tels droits que nous, et
bien souvent y sont plus favorablement traitez.

Quant à l'estain, on nous faisoit pareillement
payer le double pour le droit de sortie, comme on
le peut voir par les tariffes[2]. Maintenant il ne nous
est plus permis d'en transporter, mais aux Anglois
seulement, voire à une seule compagnie. Ainsi l'estain, passant par leurs mains pour venir aux nostres,
est en peu de temps monté du prix de huit sols la
livre jusques à quinze. Pour les bas d'estame, nous
n'en soulions payer cy devant qu'un quart plus que
les Anglois; maintenant on en prend le double
contre le susdit traité; de mesme que, pour tousjours[3]

---

[1] Voici ce que dit l'art. III du traité : « Aussi a esté convenu et accordé que toutes daces et impositions qui se levent
maintenant sur les sujets, marchandises et danrées de l'un et
l'autre royaume au profit des dites Majestés et par leurs fermiers et commis continueront comme ils le sont a présent, et
ce par maniere de provision en attendant qu'on les puisse ôter
ou modérer. »

[2] Voy. ANNEXE, prem. part., *Les marchandises du pays
d'Angleterre.*

[3] Lisez : *Tousjours pour.*

les marchandises qui se portent en Angleterre ou qui s'en rapportent, on exige tousjours de nous un quart d'avantage pour le droit qu'ils appellent coustume d'estranger. Outre cela, le Roy d'Angleterre, depuis son advenement à la couronne, a mis plusieurs nouvelles impositions sur plusieurs marchandises entrantes ou sortantes de son royaume, que par cy devant on levoit sur tous esgalement, tant subjets qu'estrangers : mais depuis, il a octroyé au lord Crommeveld[1], seigneur du pays, de hausser ces charges d'une quatriesme part sur la marchandise appartenante aux François, et, les ayans de nouveau tous réduits à la moitié, on les continue tousjours sur nous et nous fait-on tousjours payer le double de tout.

Mais voicy bien pis et tout ouvertement pour ruiner nostre commerce. A Londres, où nous avons dit que se fait presque tout le trafic d'Angleterre, s'est establie par authorité royale une certaine compagnie de marchans pour traiter en France exclusivement à tous autres, de maniere que, tout venant à passer par les mains de ce peu d'associez, ils nous vendent par deça leurs denrées à tel prix qu'il leur plaist, et n'achetent les nostres qu'à leur volonté : car ceux qui ont à vendre sont contrains de traiter avec eux seulement. De plus ceste compagnie leve, à son seul et singulier profit, un certain impost sur toutes les marchandises qui s'apportent en France,

[1] Descendant de Thomas Cromwell, comte d'Essex, nommé pair et comte d'Arglas, 1645. La famille des barons Cromwell n'était point apparentée à celle d'Olivier Cromwell.

de quoy ils tiennent fonds pour maintenir leurs privileges, pour nous traverser par delà, pour s'opposer à nos plaintes par deçà; de sorte que nul de nous n'a ni la hardiesse, ni le moyen de les entreprendre, craignant d'estre aussitost accablé par leur despences et faveurs, que desja plusieurs fois ils nous ont fait connoistre et sentir chez nous-mesme. Aussi void on leurs affaires aller tellement en croissant, que dans les principales villes de ce royaume, qui sont proches de la mer, il s'y trouvera maintenant plus de commissionnaires anglois residens que de marchans François trafiquans. Il ne reste donc plus, pour leur attribuer tout le commerce, que l'establissement de leurs consuls par deçà, qu'à present ils pretendent et demandent; car pour ceux qu'ils nous veulent donner par delà, comme en contre-change, à quel propos et quelles gens, puisque nos affaires y sont faites? Au reste, il ne sera point inutile et superflu de faire remarquer en ce lieu à vos Majestez que les Anglois s'accommodent facilement en compagnie; mais que d'y admettre un seul François, quelque bon amy et compere qu'il leur soit, ils ne le feront jamais, d'autant que la deffence en est trop expresse entre eux et le serment sur ce fait, si souvent reïteré, qu'ils n'oseroient y contrevenir, à peine de confiscation de bien, de privation de privileges et de punition corporelle; où, au contraire, en ce royaume les Anglois s'associent indifferemment avec qui bon leur semble et n'oublient jamais à tirer le meilleur bout de leur costé.

Davantage, ils ont une forme d'impost, qu'ils appel-

lent sçavadge[1], pour la marchandise entrante ou sor-
tante par mer, qu'ils ne font payer qu'à nous. Ils font le
semblable d'un autre, nommé caïage[2], comme aussi de
celuy du furvoyeur, dont l'Anglois est du tout exempt.
En un mot ils prohibent toute marchandise, comme il
leur plaist, et quand il leur plaist; où, au contraire,
tout leur est libre en France, excepté les marchandises
de contrebande[3], tout leur est permis en tout temps.
Ils deffendent l'apport de toutes nos manufactures
en Angleterre, desquelles ils se peuvent passer, et
tiennent si grande rigueur sur toutes les merceries
generalement qu'il n'est pas loisible d'y porter un
chapeau, une lame d'espée, une bourse, une cein-
ture, ce qui cause une grande perte en ce royaume,
lequel, n'y a pas long temps, les fournissoit quasi de
tous ouvrages de main; mais à present ils ne sont
plus en necessité que de cinq ou six de nos façons,
desquelles ils souffrent encor l'usage et le debit; où,
au contraire, façent ce qu'ils pourront, apportent ce
qu'ils voudront, tout est receu en France.

Il y a plus. Le Roy d'Angleterre concede de jour
en jour à plusieurs partisans, exclusivement à tous
autres, des licences particulieres pour le transport
ou apport de diverses marchandises; et le commerce
ne leur est point restreint par deçà, ny à l'aller ny
au venir[4]. Les François y sont empeschez de vendre

---

[1] *Salvage,* une espèce de droit de sauvetage. — Voy.
ANNEXE, II.
[2] *Carriage,* sans doute un droit de transport.
[3] Art. 14 du traité de 1606.
[4] Voy. ANNEXE, II.

en chambre, ce qu'au contraire ils font journellement en France. Les François n'y sont permis de
vendre au forain, ni d'acheter de luy, mais du frid-
man, c'est à dire du franc bourgeois[1]; et en France,
ils achètent et vendent, comme ils veulent, de qui
ils veulent et à qui ils veulent. Quand les François
portent de la marchandise en Angleterre, ils sont
contrains de bailler caution, d'en remployer l'argent
en d'autre marchandise[2], pour porter hors, de sorte
qu'advenant souvent qu'un marchand y perd la
moitié de son bien, par banqueroute, par procez ou
autrement, il trouve plus de profit de le remettre
par change, ce qui l'empesche de pouvoir faire de-
charger ses cautions, où l'Anglois, en subjet pareil,
n'a en France que sa volonté pour loy. Les François
en Angleterre sont contrains de se servir des pa-
queurs et emballeurs qui leur sont ordonnez par les
receveurs et fermiers des coustumes[3]; de sorte que
leurs affaires, qui ne doivent estre connuës que par
le fermier seul, pour en recevoir les droits, viennent
à estre divulguées à leur préjudice et à l'advantage
d'autres, qui peuvent faire profit de cest advis, outre
que ce leur est une grande servitude, de se servir
de gens qui bien souvent les gourmandent, et mesme
exigent sur eux un salaire excessif; où au contraire
en France, ils mettent en besongne ceux qui leur
viennent à gré et font leur negoce si secretement
qu'ils veulent.

[1] Voy. ANNEXE, II.
[2] *Ibid.*
[3] *Ibid.*

La chose la plus frequente au commerce, et qui merite estre la plus justement administrée, c'est le pois. Si en Angleterre le François achete, il faut qu'il achete la marchandise au pois domestique du vendeur; si au contraire il vend, il est contraint de livrer au pois du Roy[1]; en quoy, d'un costé, il y a une grande inegalité, et, de l'autre, il s'y peut commettre de grandes fraudes par ceux qui voudroient en abuser. En France par toutes les villes du commerce, il y a le pois du Roy, lequel est commun tant à l'estranger qu'au citoyen. Si quelque Anglois fait apporter en Angleterre quelque marchandise, s'il ne la vend dans l'an et jour, il luy est permis de la remporter hors par certificat, sans payer aucuns droits. Mais les François n'y ont pas ce privilége, combien qu'en France il soit permis aux Anglois de remporter toutes fois et quantes toutes sortes de drogues et espiceries, dont le Roy a desja receu le droit d'entrée, encore que ce fust par un autre, et ce sans payer aucun droit de sortie. Ils joüissent en ce royaume des priviléges des foires, tout ainsi que peuvent faire les naturels françois et bourgeois des villes; et c'est principalement à celles qui sont franches qu'ils remettent leurs achats, afin de ne payer aucuns droits. Nous n'avons au contraire aucune exemption entre eux, et tant s'en faut, leur rigueur

---

[1] Voy. ANNEXE, II. — Les articles 20 et 21 du traité de 1606 stipulaient l'abolition du droit d'aubaine pour les sujets des deux pays. Après la mort de Henri IV, ces articles ne furent pas plus respectés par les Anglais que l'article 3 et l'ensemble du traité.

est si grande qu'ils nous font payer le double des
frais de l'acquit de sortie qu'ils appellent coquet[1].

Il se pratique aussi un tres-inique traitement en
Angleterre contre les François qui y portent du
vin; car il ne leur est permis de vendre aux taverniers, ains seulement à ceux qui sont de la compagnie qui traite de ceste marchandise, lesquels par ce
moyen font passer nos hommes à leur taux bon gré
malgré. Maints Bordelois et maints Rochelois en
peuvent dire des nouvelles à leurs despens. Voicy
encore pis : le pourvoyeur du Roy fait ordinairement
son chois dans la cave de nos marchans et marque
la teste du vin au prix qu'il dit valoir; par ainsi,
levant, outre la perte d'un tel achat, la fleur de la
marchandise, il y met un tel raval que le reste,
reputé pour rebut, est par contrainte vendu à fort vil
prix : ruine evidente d'un pauvre homme, si d'aventure, par prieres, par presens ou par amis, il n'évite
ce malheur! Il ne faut point demander au reste si ce
pourvoyeur sçait bien faire valoir sa commission.
Rien de tel ne se pratique en France envers l'Anglois, et les François en devroient estre exempts
pareillement en Angleterre, sauf au Roy de prendre
ce droit sur ses subjets, qui, naturellement, sont
tenus à son entretien. C'est raison que chacun porte
son fardeau.

L'Anglois tient une telle rigueur aux navires
françois chargeans en Angleterre, que, s'il se presente un navire anglois qui vueille charger pour le

[1] En anglais, *cacket*, acquit de sortie, sceau, cachet de la
douane.

mesme lieu, on fera descharger le françois, fust-il desja demy chargé, pour recharger dans l'anglois. Depuis le traité, où la reformation de cest article est accordée [1], les Anglois ayans erigé à Londres ceste nouvelle compagnie dont j'ay parlé cy-dessus, ils ne permettent à aucun qui soit de leur corps, par consequent Anglois, de charger dans aucun François, pourvu qu'il y ait Anglois qui soit de leur compagnie, en laquelle ils ont aussi reduit des vaisseaux, pour mettre tant plus facilement toute la negotiation du commerce entre leurs mains, et nous en priver. Void-on pas comme, en France mesme, les maistres de navires anglois, n'ayans moyen de transporter toutes les marchandises qu'ils enlevent aux foires de Roüen et d'autres lieux, frettent ordinairement des navires holandois, laissant en arriere les François?

Parlons maintenant du traitement personel. A chasque François, quand il entre en Angleterre, on fait payer un tribut de cinq sols, et quand il en sort un de trente, voire avec telle rigueur que, faute de payement, on y void souvent tirer le manteau à plusieurs de vos pauvres subjets; chose inhumaine, barbare et non usitée en aucun endroit du monde. Au contraire en France, ils entrent et sortent sans qu'il leur couste rien. Les François sont tenus de rester en Angleterre, à faute dequoy les biens du

---

[1] Traité du 24 février 1606, art. 6 :

« A été accordé... que les navires français pourront charger et frêter avec les mêmes libertés et franchises dont les navires anglais jouissent en France, sans qu'il leur soit donné de part ni d'autre aucun empêchement avant ni après le frettement, ni contraints de décharger leurs vaisseaux en autres. »

deffunt demeurent acquis au Roy. Vos Majestez, au contraire, les remettent gratuitement aux heritiers des Anglois qui meurent en ce Royaume [1]. Les François demeurans en Angleterre, quoy que non naturalisez, sont neantmoins enrollez aux papiers du Roy, qui contiennent une forme de taille universelle et taxez à certaine somme pour faire corps d'icelle; mesme au lieu d'estre soulagez, comme estrangers, lorsqu'il se fait quelque levée de deniers, comme il s'en fait journellement pour les affaires du Roy et des villes, ils sont tousjours surchargez et payent tousjours au double, où les Anglois sont au contraire en ce royaume exempts de toutes les tailles et subsides, que vos Majestez levent sur leurs naturels subjets. Quelqu'un des nostres, à ceste occasion demandant à un Anglois, pourquoy l'on nous traitoit si cruellement en Angleterre : d'autant, dit-il, que vous estes estranger. Et comme il luy eust repliqué, qu'on n'en usait pas de mesme à leur endroit en ce Royaume, il respondit : si vous n'estes point sages, sommes-nous tenus d'estre fols? J'ai desja parlé d'une espece d'officiers, qu'ils appellent Promoteurs [2], lesquels, combien qu'ils exercent leurs charges envers les Anglois, c'est toutefois fort rarement, et beaucoup plus rigou-

---

[1] Le droit d'aubaine a subsisté en Angleterre jusqu'en 1870. Il a commencé d'être aboli en France vers le milieu du quinzième siècle. Il le fut surtout par villes, comme à Toulouse, 1472, à Lyon, 1519, ou par provinces comme dans le Languedoc, 1487. En 1558, les Écossais furent exempts du droit d'aubaine; dans la suite, les Anglais en profitèrent. Cf. *Recueil général des anciennes lois françaises*, t. XIII, p. 543.

[2] Voy. p. 113.

reusement contre les François. Ce sont les rechercheurs
des manufactures estrangeres, que l'on a entrées au
Royaume, pour lesquelles, voire ayant esté desja
prises, acquittées et amendées au bureau du Roy,
ils ne laissent pourtant sans aucune forme ni figure
de procez de trainer inhumainement les François
prisonniers de fois à autre, demandans des sommes si
excessives, comme de deux cens mille livres, qu'ils
n'en peuvent bailler caution. Ainsi sont-ils contrains
de demeurer captifs jusques à la vuide du procez et
de ces demandes vaines et frivoles. Ce sont artifices,
recherchez pour nous chasser totalement de leur
pays. En France on ne commet rien de tel en leur
endroit; on ne leur forme point de procez sur un
pied de mouche; on ne recherche point ce qu'ils y
apportent et la vente leur en est libre. Pour conclusion, ils ont et pratiquent une loy dicte Arrest-you :
c'est une forme de haro [1], ordinairement intenté par
de gens de neant pour choses fausses, pour sommes
non deuës, à l'interposition duquel les François sont
contrains d'entrer prisonniers ou de bailler caution
suffisante, que, comme estrangers, ils ne peuvent pas
facilement fournir, sans que celuy qui les arreste soit
obligé de faire le mesme. De ceste inique procedure
arrive à vos subjets bien souvent de grandes incommoditez et de sanglants affrons. Cela ne devroit avoir

---

[1] La *clameur de haro*, d'origine normande, avait pour effet
de faire suspendre tout acte commencé : l'agresseur devait
immédiatement suivre le défendeur devant le juge, qui faisait
donner caution aux parties en attendant jugement et ordon-
nait le séquestre provisoire de l'objet en litige.

lieu pour nostre regard, puis que contre eux nous
ne pratiquons aucune chose semblable sans sentence
donnée, preuve precedente [1], tesmoins presens ou
obligation portée.

J'ay representé sommairement à vos Majestez le
traitement que leurs subjets reçoivent en Angleterrè,
et en leurs biens, et en leurs personnes. Elles pourront juger s'il est digne de la gloire, grandeur et
puissance de ceste monarchie, et possible seront
induites par là à vouloir pour le moins que l'egalité
regne, comme elle est requise entre des peuples
alliez et voisins; autrement, et en cas de refus, elles
s'en peuvent aussi faire la raison, ordonnant qu'on
leve et pratique mesmes imposts, charges, obligations sur les marchandises, bleds, vins, papiers,
pruneaux, etc., que les Anglois transportent d'icy
en leur royaume, que finalement, en tout et par tout,
ils soient traitez en France de la mesme sorte que
vos subjets sont en Angleterre, et ce suivant de droit
commun des gens. Cela estant, il en reviendra de
bon à vos Majestez plus de huit cens mille livres
par chacun an. Et, d'autant que, pour frustrer vos
droits, on pourroit commettre quelques abus, se
servant du nom des François, vos Majestez, afin d'y
obvier, peuvent obliger les officiers des bureaux de
prendre le serment de ceux qui tireront les acquits
des marchandises apportées ou remportées, sous
peine à ceux qui seront convaincus de parjure,
d'estre privez à jamais du droit de bourgeoisie, et

---

[1] *Précédente* est pris comme synonyme de « préalable ».

interdits de trafiquer, les marchandises au reste confisquées, l'amende et la punition corporelle infligées de mesme qu'en cas pareil il se pratique en Angleterre.

Nous n'avons rien de semblable à proposer en ce subjet contre les Holandois, nos alliez et bons amis, puis qu'il playst à vos Majestez les recevoir en ceste qualité, continuant la bonne affection que le feu roy, vostre pere et mary, leur a tousjours portée. Ils nous sont obligez et de trop frais et de trop pres, pour vouloir s'imaginer rien de tel contre nous. D'ailleurs, les loix qu'ils observent ne sont pas telles et n'ont pas ce but, pour en redouter à l'advenir quelque chose de pareil. De plus, ce ne leur seroit pas grand avantage ; car ils sont en train de venir et de sejourner plus long temps chez nous que nous chez eux. Si quelque sujet nous y méne, c'est pour y porter dequoy les resjouïr, dequoy remplir leur fisc : ce bon vin de France, dont ils tirent plus d'impost sur leurs peuples que ne monte le principal de l'achat. Au reste, en la commodité et bon marché qu'ils ont des voitures, je ne croy pas qu'il nous y reste desormais grand cas à faire. Les marchandises que nous en rapportons, mais la plus-part pour eux, sont toiles de Holande, sarges de Leyden, camelots de l'Isle [1], savon liquide, beurres et fromages. Quant à l'acier et à la quinquaillerie de toutes sortes, qu'ils nous apportent pareillement en si grande quantité que rien plus, c'est tout

[1] Leyden, Lille.

ouvrage et presque tout travail d'Allemagne, de
Nuremberg et dailleurs. Ces gens sont habiles, car
ils accommodent fort à propos les choses à leur profit,
et l'artifice leur est beaucoup plus favorable que la
nature. C'est en quoy principalement on doit les
reconnoistre pour hommes : ils ne filent, sement, ni
plantent, et si sont nourris et vestus plus magni-
fiquement, que nuls autres[1]. Ils n'ont rien, et ont
tout, par le moyen de leurs diverses navigations.
Nous n'avons que faire de craindre à l'advenir de
leurs mauvais traitements ; car, si nous allons chez
eux, il faudra que ce soit comme escholiers, pour
apprendre à vivre et à gagner, s'il se trouve lieu :
ce sera le plus grand profit que nous y puissions
faire. Pour tout le reste, la place est prise. Si nous
voulons assister au theatre, il faut que ce soit par
grace, comme survenans. Car de monter sur l'échaf-
faut[2], pour y joüer quelque personnage, nous ne
pouvons ; tous les rooles sont desja distribuez à des
gens qui s'en sçauront fort bien acquitter.

Passons maintenant à considerer le traitement que
nous recevons parmy les Espagnols et celuy que
les Espagnols reçoivent parmy nous, tant pour les
choses que pour les personnes. J'ay fait cy devant
voir à Vos Majestez comme tout leur est libre par
deça au moyen de leurs commissionaires[3], comme

---

[1] C'était déjà, paraît-il, le cas en 1300 : lorsque Jeanne de
Navarre fut reçue par les bourgeoises de Bruges, elle se serait
écriée : « J'avais cru être seule reine, et j'en vois ici plus de
six cents. »

[2] Échafaudage, scène.

[3] Voy. p. 190.

eux mesmes joüissent de nos droits et immunitez.
Car, combien que la pluspart s'employent aux Indes,
se contentans de traiter et negocier icy par leurs
agents et facteurs, il ne laisse pas d'y en avoir assez
bon nombre en vostre royaume, dont tel fait plus
que dix de nos meilleurs marchands, envoyent deça
delà vos subjets mesmes, pour leur amasser force
marchandise, aussi librement comme le pourroient
faire les naturels du pays, et, quand ils y voudroient
venir d'avantage, la porte est ouverte, ils n'y seroient
pas moins bien receus, que les Portugais leurs compatriotes [1], qui resident non seulement en un lieu de
vos Seigneuries, mais universellement par toût où
ils peuvent s'avantager de quelque negotiation. Au
contraire vos subjets n'ont entrée ni frequentation
permise que dans l'Espagne mesme, ou, comme je
montreray cy apres, ils ne vont que pour enrichir le
Roy. Car qui ne sçait au reste comme la traite des
Indes leur est deffenduë? et qui n'a ouy parler des
inhumanitez qu'ils souffrent, quand seulement ils
sont pris sur ceste route? On peut dire avec verité,
que l'Espagnol est de ce pays comme le jaloux de
sa femme... Les approches luy sont des gesnes; les
regards, des dards; les attouchemens, des pointes;
les baisers, des desespoirs. Cela le porte à des rages
extrêmes, qui se deployent ordinairement sur vos
François, bruslez, escorchez vifs, empalez, noyez,
cousus en des sacs [2]. Et je vous prie quelle equité

---

[1] Le Portugal avait été réuni à l'Espagne en 1583 et ne
recouvra son indépendance qu'en 1640.
[2] Tel fut le sort de deux expéditions envoyées en Floride

naturelle, est-ce là, de nous faire ce qu'il ne voudrait point que nous luy fissions. Ces gens peuvent
aller en toute liberté par ce beau royaume et en
tirer tant de commoditez qui leur sont necessaires,
et sans lesquelles mesmes ils ne pourroient pas garder
leurs Indes, ni les faire valoir. Et nous au contraire,
voulans negotier en des terres vagues, en des costes
desertes, nous sommes tuez et massacrez : car, d'estre
faits esclaves, nous ne devons pas nous promettre si
bon marché...

Le grand trafic, que les nations estrangeres font
en Espagne, à cause seulement et principalement de
celuy des Indes, lequel, pour la plus grande et
meilleure part, se fait des fruits et manufactures
qui naissent et viennent en vos païs, est au roy
d'Espagne en tres-grand surcroist de revenu, à
cause de l'impost excessif qu'il leve sur toutes les
ventes et reventes de toutes marchandises et denrées
generalement, excepté sur le bled. C'est impost de
dix pour cent et qui va quelquefois ainsi à plus de cent
pour cent, est celuy d'alquavalle[1], qui fut institué
sous Fernand d'Arragon et Isabelle de Castille,
pour subvenir aux frais de la guerre contre les
Maures de Grenade, et depuis a tousjours continué.
Ce n'est pas tout; ce qu'il prend sur les marchandises que les estrangers sont contrains de remporter

---

par l'amiral de Coligny, en février 1562 et avril 1564. Les
détails donnés par Montchrétien font croire que c'est à cette
double catastrophe qu'il fait allusion.

[1] Voy. p. 189. D'après ce passage, ce droit aurait été une
surtaxe imposée par Ferdinand et Isabelle sur les droits d'octroi.

d'Espagne, à proportion de ce qui provient de celles qu'ils y ont apportées, ne luy est pas de moindre profit. Car il y a quinze pour cent sur les moindres, et sur le vin, l'huile, la cochenille, le raisin et les figues jusques à vingt-deux et demy, selon l'estimation qui en est faite dans les bureaux, au plus pres de la juste valeur; en ce compris le droit qu'ils appellent d'almouxarifasgo [1], d'un mot arabe, qui est de cinq pour cent et deux pour cent d'autres menus droits. Au reste, nous nous passerions bien en France de toutes ces marchandises, mais l'on est contraint de s'en charger, pour retirer le provenu de celles que l'on a portées en Espagne, desquelles au contraire elle ne se peut aucunement passer pour soy-mesme ou pour son trafic des Indes. Pour le regard de Lisbonne, il se leve vingt-deux et demy d'entrée pour cent, mais deux et demy de sortie seulement, aux fins de la descharge des epiceries; car sur toutes autres marchandises il se prend de sortie vingt-cinq; tout de mesme qu'en la coste du conté de l'Algarbe [2]. D'ailleurs, à le bien prendre, nous ne sommes pas moins tarez en la saque [3] des espiceries, à cause que le roy d'Espagne a desja pris un grand droit d'entrée dessus, lequel nous portons seuls, le marchand qui

---

[1] On nomme ainsi, dans quelques ports de l'Amérique espagnole, particulièrement à Buenos-Ayres, un droit de deux et demi pour cent de la valeur des peaux de taureau qui se payent au Roi d'Espagne, pour la sortie des cuirs qui s'embarquent sur les vaisseaux d'Europe. (*Almoxaris fasgo*, Dict. de Trévoux.)

[2] *Algarve*, province de Portugal.

[3] *Saque*. Le verbe saquer signifiait tirer, extraire. L'exportation des épiceries.

vend faisant tousjours son conte. Ce qu'estant bien
consideré par quelques uns des nostres, qui connoissent exactement ces charges et recharges, et en
font une juste supputation, ils concluent que le roy
d'Espagne emporte sur nos marchands plus de quarante pour cent, avant qu'ils puissent gagner aucune
chose, et que, par consequent, ils travaillent pour
luy plus que pour eux[1].

Conferons maintenant a ces excez d'imposts les
droits que vos Majestez prennent sur les marchandises entrantes, et sortantes de leur royaume pour
l'Espagne, et vous trouverez que ce n'est moins
que rien au prix. Un exemple fera loy et preuve
de tout. Toutes sortes de toiles fines et autres ne
vous payent qu'environ quatre livres dix-huit sols
pour cent. Le roy d'Espagne le prend ainsi au prix,
et vous au poids; il y a bien à dire; tel balot vaut
quelquefois plus de huit cens escus; quant aux toiles
de Bretagne et à celles qui sortent par la Guyenne,
il n'en faut quasi point faire estat, car elles ne vous
payent qu'environ deux sols six deniers par balot.
Pour donc en parler et generalement et veritablement, vos droits d'entrée et de sortie ne sont que
de deux et demy pour cent (excepté pour les espiceries), esgalement pour l'estranger comme pour le
subjet. Et d'icy pouvez vous comprendre l'inegalité
du traitement que les Espagnols reçoivent en France
à celuy que vos François reçoivent en Espagne, pour
le regard des droits et des impositions des marchan-

---

[1] Cf. *Les Œconomies royales de Sully*, t. III, p. 662-717,
édit. de 1643.

dises. Ainsi je le repeteray encore un coup (car vos Majestez ne le peuvent assez entendre), nous achetons fort cherement ce dont nous nous pouvons absolument passer, et donnons à bon marché aux autres ce qui leur fait absolument besoin...

Des imposts sur les choses venons au traitement des personnes. Nous portons en France un si grand respect aux estrangers, mais principalement aux Espagnols, qu'ils ne trouvent pas seulement parmy nous liberté et seur accez, mais residence franche et paisible, voire, qui plus est, service volontaire; de sorte qu'ils sont le plus souvent exempts de la peine et du coust de venir negotier par deçà. Au contraire, à quoy ne sont subjets vos subjets allans ou demeurans en Espagne? Quelles exactions ne supportent-ils en leurs biens? Quelle indignité ne souffrent-ils en leurs personnes? Quelles supplices bien souvent en leurs corps? Quand je songe que des François, c'est à dire des hommes nez libres et nourris de mesme, se vont ainsi prostituer à la servitude, se vont ainsi jetter aux hazards des affronts, ainsi s'exposer aux tourmens, je reconnois que la convoitise des richesses est veritablement execrable...

Vos Majestez ont assez oüy parler de l'Inquisition; mais comprenez d'ici l'amour que l'on porte en Espagne à vos François, que l'on y est bien plus soigneux de leur salut que de celui des Anglois et des Holandois. On connoist bien que ce sont gens desesperez, à les oüir tous les jours chanter leurs psaumes dans leurs navires, devant le chasteau mesme, où elle se

tient, que ce seroit peine perduë de penser les ramener à la vraye foy catholique. C'est pourquoy les in-
quisiteurs ne sont point employez à guerir ces incu-
rables et purger ces cacochimes, mais seulement vos
subjets, où ils trouvent encor quelque espoir de profit, et pourtant leur appliquent-ils les remedes ordinaires, et par long trait de temps, afin de faire bien
meurir l'apostéme [1], pour en tirer toute la matiere. Je
me r'avise toutesfois que ces heretiques [2] ont par une
précaution, disertement comprise en leurs traitez,
convenu qu'ils ne seroient aucunement recherchez [3].
Je diray donc que, nonobstant une si particuliere
bien-veillance, il y auroit plus de raison que l'on
vous renvoyast vos subjets, afin de les chastier, s'ils
meritent chastiment, ou pour le moins que vous en
fussiez vous mesmes le juge, plustost que de les retenir ainsi captifs, contrevenant à ce privilege naturel de liberté qu'ils ont et doivent avoir, entre toutes
les nations du monde. Vous meritez bien ceste reconnoissance ou ceste courtoisie, dont ils usent envers
le Roy d'Angleterre, duquel ils ne peuvent retenir ny
faire mourir aucun subjet, sans luy en avoir premierement fait voir et approuver les justes causes pour

---

[1] Dans la médecine d'autrefois on appelait *apostème* toutes
les tumeurs humorales. Ambroise Paré nomme l'hydartrose
apostème acqueux.

[2] Tout ce passage est un des plus caractéristiques comme
témoignage que Montchrétien fut catholique. Moreri, dans son
Dictionnaire, et Nicéron, dans ses *Mémoires des hommes illustres
dans la République des lettres,* t. XXXII, le donnaient déjà à
entendre.

[3] Voy. les traités conclus par l'Angleterre en 1604, et par
la Hollande en 1609, avec l'Espagne.

les charges et informations qui luy sont envoyées.

Nous sommes donc premierement subjets à l'Inquisition d'Espagne, en Espagne, et en toutes les terres de ceste seigneurie où il nous est permis de hanter. Plusieurs de nos hommes y sont de fois à autre arrestez, et bien souvent sous des pretextes controuvez. Cela se connoit par leur delivrance apres qu'on les a longtemps fait croupir en prison, au detriment de leurs corps et ruine de leurs biens, et ce sans interest ni satisfaction quelconque ; bien-heureux qu'ils sont d'en estre eschappez comme d'un naufrage. Ceste servitude est suivie d'une autre, à sçavoir de la disposition entiere et libre, en tous temps, de nos navires et de nos hommes, de laquelle se sont aussi par leurs traitez bien sçeu parer les austres estrangers, les Anglois nommément, avec lesquels a esté convenu qu'on ne pourroit arrester leurs navires en aucun endroit de l'Espagne, pour s'en servir en quelque occasion que ce fust, non pas mesme en payant. Mais pour le regard des navires de vos subjets, les Espagnols en usent comme il leur plaist, et quand il leur plaist. Voici leur methode ordinaire. Ils s'en saisissent au nom du Roy, contraignent les maistres de convenir de prix, ou font taxer ce qu'ils doivent gagner de fret pour chaque mois par leurs pourvoyeurs et commissaires de la marine. Puis les équipent et arment d'Espagnols en plus fort nombre, lesquels ne font autre chose que commander à baguette et employer nos hommes à la manœuvre durant tout le voyage. Au retour, ils sont coustumiers de bailler, au lieu de payement, des frais de radoub fait aux navires ou bien souvent ils changent quelque chose, pour la commodité du canon, disent ils, des cordages ou des munitions, mais en effet c'est tout exprés pour frustrer vos subjets de leurs salaires. Ainsi ne leur demeure-t-il ordinairement que leur peine perdue et leur temps passé miserablement à la mercy d'autruy, leur navire usé et souvent perdu sans recompence. Les dommages que vos subjets en souffrent sont innumerables ; les commoditez et services que les Espagnols en tirent semblablement. Afin que je ne parle sans exemple, et tout recent, depuis deux mois en ça, ils ont pris contre leur gré et de vive force, plusieurs de nos navires aux ports de Saint Luques et de Calis [1], pour leur faire porter des soldats et des munitions à la Mamore [2] en Barbarie, d'où ils ont chassé les pyrates. Il y en a eu beaucoup de perdus ; mais ce seroit chose inutile d'en pourchasser restitution ; cela n'est point des loix et coustumes du pays, principalement à l'endroit des François. Par le passé on venoit aux represailles [3] et cela ne se devroit pas moins pratiquer aujourd'huy. Vos Majestez ne doivent jamais permettre qu'on ravisse

[1] *Calis,* sans doute par une faute d'impression pour *Cadiz,* Cadix.

[2] *Mamore (la),* ville d'Afrique au royaume de Maroc, dans la province de Fez.
Cette expédition des Espagnols à la Mamore date de 1614. S'étant rendus maîtres de la ville, ils y construisirent une forteresse pour assurer le commerce. Quant aux faits que Montchrétien signale, ils venaient de se passer lorsqu'il écrivit son *Traité* vers la fin de 1614.

[3] Voy. au sujet de ces représailles pratiquées par le passé, LAFLEUR DE KERMAINGANT, *Mémoires de Jean de Thumery, sieur de Boissise,* 1592-1602.

ainsi le bien de leurs subjets, ni mesme qu'on en dispose de la sorte...

Je ne m'estendray point sur beaucoup d'autres molestes et indeuës vexations, qui leur sont faites par la mauvaise inclination de ce peuple et par ses cruautez ordinaires, à l'endroit de ceux qu'il tient sous sa puissance, tantost avec pretextes recherchez, tantost avec accusations forgées à dessein, à raison desquelles la plus grande partie de ceux qui y font voyage ou residence sont contrains d'y laisser la meilleure part de leurs fonds. Je passeray sous silence le traitement honteux qu'ils pratiquent envers vos subjets, pour la saque de l'or et de l'argent, jusques à leur appliquer ordinairement la gesne sur la simple accusation, jusques à saisir tous leurs livres et papiers sur le simple soupçon, voilans du crime de leze Majestez le violent desir qu'ils ont de leur ruine. Je ne porteray point vostre imagination à d'autres objets beaucoup plus inhumains que ceux que je represente à vos Majestez et qui, je m'asseure, leur feroient horreur et pitié tout ensemble. Laissons aller les choses passées, sans en refraichir la memoire odieuse [1]. Je mets seule-

---

[1] Elles étaient en effet de longue date. Nous lisons dans un manuscrit de la Bibliothèque nationale, fonds français, vol. 15872, fol. 193-204, les lignes suivantes : « S'il y eust oncques occasion d'espérer que en France se mette un bon ordre et refformation aux choses desreiglées, faultes et erreurs qui y ont esté et sont encores faictes, spécialement en ce qui touche l'honneur et resputation du Roy, le bien et augmentation de son estat, soulaigement et richesses de ses subjects par cy-devant en diverses manieres affligez des guerres et encore plus endommagez des ruzes et finesses que leurs voisins estrangers leur ont faictes et practiquées plus en temps de paix que en temps de guerre... » *Sommaire des Ouvertures,*

ment ce que dessus en avant pour induire vos Majestez à vouloir conserver par tout le monde ceste
liberté, en laquelle vos peuples sont nez, nourris,
eslevez, et pour laquelle tant de braves monarques
ont tant sué et travaillé ; car il importe trop à l'honneur de ceste Couronne que ses alliez traitent comme
esclaves les enfans dont les peres ont esté par le
monde celebrez et nommez les autheurs de la liberté
des peuples, non seulement de la Germanie, leur
patrie commune, et de la Gaule, qui les receut, comme
une seconde mere, mais quasi de tous les autres, qui
estoient contrains de porter le joug de l'empire
romain. Pour ceste cause le nom de Francs, c'est à
dire libres, leur est demeuré [1].

Pour conclusion je dy que vos Majestez, pour la
gloire de l'Estat et pour le bien de leurs subjets,
peuvent à juste raison équipoler les droits de leur
royaume aux droits de l'Espagne, au regard des
Espagnols ; car pourquoy le roy d'Espagne levera-
t-il plus sur nous en ses païs que vous sur les siens
aux vostres ? Le commerce, estant du droit des gens,
doit estre égal entre égaux et sous pareilles condi-

---

de Jehan Leonardo de Benevento, 1560. Ce Jean Leonardo
Masonne de Benevento était venu en France pour proposer
une réforme des impôts à Catherine de Médicis et aux Guise.
Les faits qu'il cite de l'état économique du pays sont intéressants ; mais, à part la ferme des gabelles, de la traite foraine
et des postes qu'il propose d'entreprendre à son profit, il ne
s'élève pas, dans ses *Ouvertures*, au-dessus du mercantilisme
que le héraut d'armes de France reprochait un siècle plus tôt
au héraut d'Angleterre. Voy. Introduction, *La période classique de l'économie politique.*

[1] Le mot *Franc* en imposait évidemment à Montchrétien,
et la théorie historique qui s'y rattache n'a probablement

tions entre pareils. D'une part et d'autre, il le faut rendre totalement exempt de soumission et d'infamie, reciproquement libre et sans restrinction de païs; puisque toutes les provinces de la France sont ouvertes et libres à l'Espagne; pourquoy la plus grande et meilleure part des provinces de l'Espagne sera-t-elle close et interdicte à la France? Que peut-on alleguer contre cette equité naturelle?...

A prendre et laisser les choses en l'estat qu'elles sont, nous n'avons point de trafic plus grand et plus commun que celuy d'Espagne : mais vos Majestez le peuvent rendre en beaucoup de façons, plus avantageux à leurs subjets qu'il n'est, voire qu'il n'a jamais esté. Si les Estats de Hollande ont fait ce qu'ils ont fait et font ce qu'ils font et se preparent à faire encore d'avantage, quelle chose ne vous est possible? quelle ne vous est loisible, aussi bien qu'aux autres? Ce sera l'augmentation, le bien et le repos de vostre Estat, l'entretien et l'exercice de vos plus courageux subjets, qui ne desirent pas mieux que d'estre commis à ces dures et longues courvées...

Il n'y a point de doute que, si Vos Majestez y authorisaient et fortifiaient le trafic de leurs subjets, il se rendrait en peu de temps de tres-grand profit à ce royaume. C'est ceste seule apprehension, qui fait que le roy d'Espagne commande et encharge expressément qu'en quelque part que l'on puisse prendre les François, soit au deçà soit au delà des lignes[1], on

point d'autre origine. Voy. Introd., *Le régime patronal et le moyen âge.*

[1] Les lignes de démarcation tracées fictivement sur l'Océan

les pende et coule bas; que sur tout on empesche
la communication des habitants du pays avec eux,
afin qu'ils ne prennent plus particuliere connoissance
des havres, des entrées et des issuës; de sorte que
si un navire de vos subjets est pris, voulant seulement aller pescher au cap Blanc, ou trafiquer à la
coste d'Afrique, on luy fait accroire qu'il allait au
Bresil ou au Perou; on s'en saisit; on met les hommes
en galere, sans que personne s'en ose mesler, mesme
pour eviter la poursuite que l'on pourroit faire de
leur delivrance. Il y a ordonnance expresse du Roy,
par laquelle il est deffendu d'amener en Espagne
aucun François, pris sur la route des Indes; commandé au contraire de les exterminer sans distinction
aucune de huguenots, ni de catholiques; mais donnant premierement aux derniers confession. Voilà
comme l'on traite les subjets de vos Majestez de
l'une et l'autre religion, au milieu de la mer, element
commun et naturellement libre à tout le monde, et
que vous pouvez rendre tel aux François, les resta-
blissant en leur droit naturel, ancien et legitime,
quand il vous plaira l'entreprendre...

Au traité précedent du commerce d'Espagne, je
croy qu'il est bien à propos de subjoindre quelque
chose touchant le trafic du Levant, grand à la verité
et de grande importance à la France, mais pour son
incommodité principalement; car on fait estat, que
par la seule ville de Marseille sont transportez hors
plus de sept millions d'escus en argent, dont il y a

par une bulle du pape Alexandre VI (1493), pour séparer les
conquêtes géographiques des Portugais et des Espagnols.

quasi un tiers de la monnoye de France et les deux autres tiers de la monnoye d'Espagne provenante de la vente des grains et des toiles que l'on y méne de ce royaume. Au reste, il est assez connu d'un chacun qu'à cause de ce transport qui s'y fait, l'escu de France vaut le plus souvent jusques à soizante neuf sols et s'expose [1] en Constantinople et en quelques autres villes de l'empire turquesque, jusque à la valeur d'un sequin, ce qui épuise aujourd'huy la France de monnoye blanche de vostre coing, au lieu de laquelle on nous en suppose [2] d'estrangere de moindre alloy. Ce commerce du Levant qui ne se peut faire, a present qu'avec de l'argent, non plus par commutation de marchandise, ny par les draps d'escarlate, comme au commencement, qu'il fut permis par le roy François I, cause de grands dommages au royaume, non seulement par cest argent qui s'y transporte en si grand nombre; mais aussi par les soyes qui s'en apportent; car c'est par elles principalement qu'est esprainte [3] toute la substance des nobles maisons et des meilleures du tiers Estat; c'est par elles, comme par un alambic, que l'or passe en Turquie et en Italie, laissant les familles entieres a sec de commoditez, engagées dans les rentes et dans les usures; c'est en fin par elles que le luxe est principalement entretenu, peste publique et ruine fatale des monarchies...

[1] *S'expose*, c'est-à-dire se change. Nous avons déjà rencontré, p. 172, l'expression d'*expositeur*, signifiant celle de changeur.

[2] *Supposer*, pris en opposition avec *exposer* : changer et contre-échanger.

[3] *Esprainte*, c'est-à-dire extraite.

En toutes republiques bien policées, on a tousjours eu grand soin que les estrangers ne peussent
s'enrichir des moyens des subjets naturels, et certes
avec juste raison. Car il ne leur faut donner cours
de sortie qu'en cas d'extréme necessité. Il y en a
de deux sortes qui profitent en ce trafic à nostre préjudice. Les premiers sont ceux qui resident parmy
nous, chez lesquels il se fait, et lesquels le font presque tous. Les autres sont les Turcs, au benefice desquels il reüssit principalement. Ceux qui ont voyagé
et pratiqué, tant en Constantinople qu'ès autres
lieux de leur Empire, ont assez reconnu que, lors
que le negoce de France, notamment pour le faict
des soyes, cessera, les broüilleries, seditions et
guerres civiles ne tarderont gueres d'y naistre, d'autant que, se diminuant par là le travail et le gain en
plusieurs provinces de l'Asie, et à proportion les
gabelles (ainsi qu'il est advenu du costé de l'Egypte,
depuis la découverture des Indes de Portugal, sur
laquelle la plus grande part de la milice de ces pais
est payée), il sera difficile, voire impossible, d'y
contenir tout en regle ; ce qu'en certaines occasions aucuns Bassas ont esté contrains d'advoüer.
Combien donc que ce trafic soit totalement ruineux
pour les François et adventageux pour les ennemis
du nom chrestien, lesquels mesmes en tirent des
expediens pour s'accorder par ensemble (car la plus
grande part des soyes, qui viennent de Perse, donnent bien souvent occasion de tresves et de suspen-
sion d'armes entr'eux), encor en pourroit-on tirer
quelque commodité, si la manufacture en demeuroit

à la France; mais qui ne sçait comme, au contraire, elles sont en partie dispersées à Genes, Luques, Milan et autres villes d'Italie? En partie distribuées en Flandres et en Angleterre? Qui ne sçait comme, après estre fabriquées, on nous les rapporte chargées de plusieurs sortes d'imposts? Premierement de dix pour cent pour l'empereur de Turquie, de deux pour l'ambassadeur de Constantinople et de deux autres pour les consulats de Syrie; de la gabelle à la sortie des villes d'Italie, où elles sont mises en œuvre, et du peage que le duc de Savoye prend dessus, au pas de Suze? Ainsi c'est proprement sur vos subjets que les princes estrangers font leurs levées, et n'y en a pas un portant habits de soye, qui ne leur doive pour chaque vestement plus de 12 livres de dace. Vos Majestez peuvent remedier à tout cela par l'establissement des manufactures de soye en ce royaume, et par l'augmentation de la fabrique des draps de laine, de quoy j'ay traité cy dessus. Il ne faut point craindre au reste, qu'un bon ordre y estant une fois establi, jamais les etoffes manquent. Pour les laines, s'il en est besoin, l'Espagne en fournira tousjours sans doute, car elle n'a que peu d'ouvriers. Pour les soyes, celles de Sicile et de Messine pourront au commencement suppléer au defaut : car je ne doute point si l'on y apporte le soin que l'on doit, que la France ne s'en pourvoye abondamment d'elle mesme, comme le royaume de Naples et le duché de Milan en ont suffisamment pour leur provision, et la province de Grenade et le royaume de Valence fournissent la plus grande part de l'Espagne.

Il y a mesme raison pour les perles et pierreries, que l'on nous apporte, comme pour les soyes du Levant. Les superfluitez inutiles et de vaine pompe coustent beaucoup d'argent à la France, qui, s'employant ailleurs, pourroient rapporter de bien meilleurs fruits. S'elles y perdoient une fois leur credit, nous en deviendrions bien tost plus riches; car les Espagnols seroient contrains bien souvent de payer les bleds, toiles et autres denrées, qu'ils achetent de nous, en deniers contans. Ainsi viendroit-il des thresors en ce royaume, qui, par la deffence du trafic susdit, s'y pourroient conserver : vostre peuple s'enrichissant d'ailleurs par le travail de la manufacture et se rendant de jour en jour capable de mieux supporter les charges de l'Estat...

Tout ce que l'on peut objecter, pour destourner les effects de ce que nous proposons, c'est l'interest de vos Majestez, qu'à la verité on ne doit aucunement alterer, comme estant principalement considerable. Car, comme la necessité d'un chacun le convie à faire amas d'argent pour ses besoins particuliers, le bien public vous oblige de fournir vostre espargne pour subvenir aux affaires tant de dedans, que de dehors le royaume. Et ne faut point douter, que, comme entre les personnes privées l'argent acquis, conservé et dépendu [1] judicieusement aux occurrences, leur apporte de grandes et signalées commoditez, en l'Estat pareillement, les deniers assemblez par le soin du prince et reservez par son

---

[1] *Dépendu,* c'est-à-dire dépensé.

bon mesnage sont, aux occasions, de grande et utile importance, comme ainsi soit que plusieurs beaux et grands affaires sucçedent quelques fois fort malheureusement, à faute de deniers contans...

Pour revenir au poinct c'est raison que vos droits ne soient jamais diminuez, mais plustost accreus, s'il se peut; et il se trouvera qu'il se peut, si vos Majestez l'ont agréable, plustost par ceste voye, que par nulle autre : car vos peuples ne seront point en termes d'opposer à vos volontez le démon de la necessité, qui ne se peut forcer et qui ne reconnoist point de loy. Plusieurs moyens en seront ouverts, quand il vous plaira de les entendre, tous au bien général et particulier de vos subjets, sans que vous en souffriez perte ni diminution en vos imposts, peages et gabelles; vous y gagnerez au contraire, ce que vos Majestez desirent sur tout, à la persuasion de ceste humaine clemence, qu'elles font reluire en leurs actions et en leurs paroles, un redoublement d'affection à vostre grandeur et service, comme c'est singulierement pour les bien-faits que nous recevons de Dieu, que nous sommes singulierement portez à son amour, comme par la joüissance d'une vie douce, aisée et tranquille, laquelle nous obtenons au moyen de la bien-veillance de ceux qui nous gouvernent, nous sommes volontairement obligez à leur service et venération. Le Roy qui a l'amitié de son peuple a la finance des finances et le thresor des thresors[1]. Et, d'autant que les François aiment naturellement

---

[1] Cf. NICOLAS DE MONTANT, *Miroir des François*, p. 38.

leur Monarque, voire plus qu'aucune autre nation qui
soit sous le soleil, ils ont, pour ceste considération
principalement, la reputation d'estre les plus grands
du monde et que, possedans comme ils font, le cœur
de leurs subjets, ils ne doivent craindre aucun
ennemy, quelque puissant et redoutable qu'il soit.
Il est ainsi : la vérité s'accorde à la renommée. Vous
n'avez point de meilleure espargne, ni de plus seure
que la richesse qui demeure ès mains de vos seigneurs et gentilshommes, de vos marchands et
laboureurs; faites qu'elle soit grande, faites leur
trouver les moyens de s'enrichir, soit par l'acquisition, soit par la conservation, et vous estes vous
mesmes riches, et les deniers naissans journellement
de leurs labeurs, comme des sources inépuisables,
fourniront incessamment à vos despenses publiques
et particulieres, ne plus ne moins que le cours de
l'eau donne aux fleuves une durée perpetuelle.

Ayant particulierement traité des commerces, que
nous avons plus grands et frequents avec nos voisins
ou alliez, continuons tout d'une main à parler de
certains autres que quelques uns d'entr'eux ont
avec nous ou que nous avons en commun avec eux.
Je laisse à part les Espagnols, d'autant qu'ils s'employent principalement aux Indes, et les Turcs aussi,
d'autant qu'ils ne viennent point dans nos havres,
pour m'arrester aux Anglois et Holandois. Il y a
quarante ans que les premiers n'avoient encor aucun
trafic, ni en Turquie, ni en Barbarie; ains hantoient
seulement à Hambourg et à Stode[1], où estoit leur

[1] Stade, dans le royaume de Hanovre, où ils faisaient

estappe. Le patron Anthoine Girard, encor vivant, et
Jean Durant, jeunes hommes de Marseille, leur en
donnerent à Londres les premieres ouvertures, et de
plus y guiderent et piloterent leurs premiers navires.
Les Marseillois seuls leur apportoient lors toutes les
espiceries et autres marchandises du destroit; mais
maintenant il en va bien autrement, car ils y ont
gagné tel credit que leurs ambassadeurs, quoy qu'ils
soient au reste de basse qualité, osent bien contre-
carrer les nostres à Constantinople. Voulans entreprendre ceste traite, ils s'associerent sept ou huit
marchands ensemble et obtinrent privilege de la
roine d'Angleterre avec deffences à tous autres, puis,
pour le maintenir, resolurent entr'eux d'envoyer
un ambassadeur à leurs frais à la porte de l'empereur des Turcs [1], lequel esleu et presenté fut fait chevalier, bien qu'auparavant il eut esté serviteur
apprentif chez l'un desdits marchands. Leur privilége
au reste ne fut octroyé que pour sept ans; mais
depuis il fut prolongé pour bien plus longtèmps. Le
mesme proceder fut observé, pour le commerce de
Barbarie, et, s'estant fait le milord de Lester [2], l'un des
seigneurs du pays, chef de ceste compagnie, toutes
les marchandises qui s'y portoient avoient la marque de ses armes. Depuis encor, le trafic de Mos-

---

escale en se rendant à Hambourg, à huit lieues de cette dernière ville.

[1] Les souverains de Constantinople reçurent longtemps les
ambassadeurs des puissances occidentales à cheval sous la
principale porte de leur palais, d'où l'expression : « Envoyer à
la Porte, la Sublime Porte. »

[2] Prononciation anglaise de Leicestre.

covie leur ayant esté découvert et ouvert, ils en uze-
rent de mesme et l'affecterent quasi particulierement à leur nation.

Les Holandois long temps apres se sont mis sur
les mesmes brisées, pareillement conduits et encou-
ragez par les nostres; car auparavant, quand on
leur parloit d'entrer seulement dans le destroit, ils
demandoient si on vouloit les mettre entre les mains
des Maures. Or, se sont-ils rendus en peu de temps
bien plus avantureux, et nous depossedent tous les
jours des lieux ou nous les avons menez. C'est un
mot commun entre nos marchands, mais fort véritable : qu'ils gastent tout par tout où ils hantent;
lequel s'accorde bien avec cest autre qu'ils disent
ordinairement eux-mesmes : que là où le Holandois
pisse il n'y croist rien. Car, pour attirer à soy le
commerce, ils baillent tousjours de la marchandise
au double, ce qu'ils font d'autant premierement
qu'ils se contentent à peu de gain, leur but principal
estant d'employer eux et leurs navires, qu'ils ont en
telle quantité que chacun sçait; et secondement à
cause que, par l'exacte employ de leurs hommes, ils
abondent en toutes sortes de manufactures. C'est par
ce moyen qu'ils nous ostent le trafic de la riviere de
Senéga [1], et de toute la coste de Guinée, où ils ont
prins tel pied qu'il ne nous y reste plus rien à faire,
et nous soustrayent peu à peu celuy de Barbarie. Il
sembloit que le Canada nous fut comme acquis en
propre, que, par le droit de découverture et par le

---

[1] Sénégal.

nom de la nouvelle France, il appartint franchement
et nettement à vos subjets; mais ils ont bien osé
l'attenter, sous la conduite mesme de l'un des
nostres, ennuyé, comme il est à croire, de n'estre
point employé, de sorte qu'ils y ont plus fait en
deux voyages que depuis vos subjets en plusieurs
traites. Ainsi demeurez en goust, ils prennent encor
à present l'occasion de retourner sur leurs erres[1],
par une association qu'ils ont pratiquée avec l'un de
nos marchans, entre les mains duquel on a remis
toute la traite, et ne faut point douter qu'en peu de
temps ils ne s'attribuent, au préjudice des François,
tout le negoce de ceste terre, pour la decouverture
de laquelle plusieurs, depuis plusieurs années, ont
risqué leurs biens et leurs vies. Vos Majestez ne
doivent point permettre que telles societez ayent
lieu; car tant s'en faut que les Flamans veuillent
rendre le profit commun entr'eux et vos subjets,
que ceux au contraire qui sont habituez parmy nous
ne veulent jamais employer aucun François, ains
font venir de Hollande en France, au veu et sceu de
tout le monde, des maistres et pilotes pour mener
leurs navires; de quoy tous les jours les matelots
se plaignent haut et clair sur le quay de vos villes.

Outre les trafics susdits que nous avons perdus
ou que nous sommes en train de perdre, il en reste
encor deux que nous prenons de dehors, tres-avan-
tageux en ce qu'ils ne dépendent de personne, qu'ils
sont plus communs et de plus grand debit en ce

[1] *Erres,* c'est-à-dire pas ; le mot s'est conservé dans la
langue marine.

royaume, et par conséquent plus utiles et profitables ; c'est assavoir la pesche de la mouluë et du haren [1]. Mais avant que d'en traiter, il me faut prémettre quelque chose du ménagement de vos costes, desquelles tous vos peuples tirent tant de commodité pour leur nourriture. Il est de la mer comme de la terre ; l'une et l'autre se peut dépeupler de poissons et d'animaux. Aussi les loix politiques y ont pourveu, et faut tenir la main à ce qu'elles soient entretenuës en leur abondance. Puisque l'utilité en est publique, elles meritent le soin publique. C'est pourquoy vos Majestez doivent commander qu'on ait plus d'esgard à l'advenir que par le passé sur les pescheurs, lesquels gastent toute la pescherie, prenans, par une convoitise de gagner trop préjudiciable, bon et mauvais poisson, en saison et hors saison, avec une sorte de tramail, lequel jetté en mer, le racle tout avec la bourbe dans laquelle il se repose, comme un malade en son lict, ce qui ruine la bonté et fertilité de la coste, comme en pareil la menuë maille des filets, lesquels devroient estre curieusement estalonnez [2], afin que le petit poisson peust passer à travers, sans estre arresté. D'avantage, il faudroit deffendre en ce royaume, aussi bien comme en Angleterre, l'usage des parcs, tant à cause que le petit peuple s'y vient rendre et meurt quand l'eau s'est retirée, que d'autant qu'il s'y trouve par fois si grande quantité de poisson qu'on a bien souvent

---

[1] De la morue et du hareng.

[2] Curieusement estalonnez, c'est-à-dire soigneusement établis.

esté contraint d'en fumer les terres, s'estant gasté et
corrompu. Des choses à peu prés semblables ont
donné l'origine à de grandes contagions et pesti-
lences, nommément à celle qui commença pres de
Calais et de Boulogne, qui fut la plus grande que de
mémoire d'homme on ait veuë en France.

Pour revenir au negoce de la moluë et du haren,
le premier demeure quasi tout entier en nos mains,
et merite bien d'y estre soigneusement conservé,
pour plusieurs tres-notables considerations, dont
ceste-cy n'est pas la moindre : que c'est en luy seul
et par luy seul que sont encor entretenus aux costes
de Normandie et de Bretagne plus de six cens vaisseaux et des mariniers à proportion, de sorte qu'on
peut asseurer vos Majestez que plus de quinze ou
vingt mille personnes sont nourris en ce royaume,
de ce seul travail; sans parler de tous vos peuples,
qui, deux jours la sepmaine, font leur principale
dépence de ce poisson. D'ailleurs, ce negoce apporte
un grand profit aux laboureurs et aux marchands
qui s'en meslent; aux premiers par la vente de leurs
lards, poids, febves, chanvres, cordages; aux autres,
par un gain presque ordinaire de trente, quarante, et
quelquefois cinquante pour cent, que leur produit
l'argent qu'ils ont avancé pour faire ceste pesche.
Depuis quelque temps, elle a esté beaucoup des-
tourbée et incommodée par les pirates. Les dommages que vos subjets en ont souffert ceste année
ont esté grands; je ne doute point que les plaintes
n'en soient venues jusques à vous. L'affaire merite
bien que vos Majestez s'en meslent, tant pour elles-

mesme, que pour leurs subjets, qui s'y employent en
si grand nombre, et si utilement pour tout le reste
du royaume, et lesquels y font pour la pluspart ou
l'apprentissage ou l'exercice de l'art maritime. Car,
apres avoir esté deux ou trois voyages aux terres
neufves, ils se hazardent sans doute avec plus de
science et d'experience aux autres voyages de long
cours. Il y a desja plusieurs beaux et bons réglemens
pour ce sujet, mais que l'on peut encor amender, à
tout le moins faire beaucoup mieux observer qu'ils ne
sont, celuy principalement qui deffend de partir, fors
en saison convenable; car, d'un costé, il obvie à la
perte des hommes, retenant leur trop aspre convoitise, et de l'autre à la ruine du banc, où se fait la
pesche, que, comme une manne liberalement donnée
de Dieu pour la nourriture de tant d'ames vivantes,
vos Majestez doivent conserver tres soigneusement.

Pour la pesche du haran, nous ne l'avons pas
encor si bien contregardée; faute d'y adviser et de
l'ordonner par bons réglemens, elle nous a esté ravie.
Depuis quarante ans, on la tirée peu à peu de nos
mains et quasi insensiblement. Au défaut d'icelle,
tres grand nombre d'hommes sont maintenant reduits
à ne rien faire, et nostre navigation s'en est diminuée
presque d'une moitié. Les Hollandois qui nous l'ont
soustraite, s'en sont fort enrichis et s'en enrichissent
tous les jours, à nostre veu, à nostre sçeu et par
nostre consentement. L'ordre qu'ils tiennent en l'etas-
blissement et exercice de ce negoce, le leur asseure
fort. Si vos Majestez ne font intervenir leur authorité pour nous en remettre en possession, selon nos

vieux droits, difficilement y pourrons nous revenir.
Ils y sont forts et d'hommes et de moyens; mais par
vostre moyen nous n'en aurons pas moins. Les
societez qu'ils contractent ensemble font que leurs
affaires s'entretiennent mieux. Il est facile d'en
uzer de mesme et de faire que plusieurs gagnent
sous quelque nombre legitime d'autres. Il en arrivera ce grand et signalé avantage à vos Majestez,
outre le juste employ d'une grande multitude de
leurs subjets, que leurs costes de l'Ocean se forti-
fieront extrémement par un mesme nombre d'hommes
et de navires, à quoy principalement elles sont con-
viées par la raison et portées par l'estat des affaires.
Il y a deux moyens pour cest effect : ou d'en deffendre
absolument l'apport aux estrangers, et c'est le plus
court; car on n'a que faire du reste d'en douter le
manquement en France, où il y a tant d'hommes
plus que suffisans de la fournir; ou imposant, à vostre
singulier profit, une bonne gabelle sur celuy que les
estrangers nous apportent en tres grand nombre, au
lieu de quelques menus aydes de ville qu'ils en
payent, et que les François au contraire qui s'em-
ployront en ce negoce en soient exempts, et pour
ce regard demeurent en l'estat qu'ils sont maintenant et ont tousjours esté.

Ceste pesche, que l'on appelle vulgairement dro-
guerie, est une negociation de tres grande importance au general et au particulier de l'Estat, qui
s'en peut accomoder, voire un commerce de profit
inestimable. Les Hollandois en font par chacun an plus
de cinq millions d'or, aussi y employent-ils plus de deux

mille navires. Ils la font ordinairement entre Calais,
Douvre et Ostende, comme en pareil la pesche des
mouruës, qu'on appelle cableaux[1], et de l'autre poisson qu'ils apportent tout vif à Flesinke, Mildebourg,
Ermur[2], et autres endroits de Hollande, dans des vaisseaux percez à eau, pour le saler sous de grandes
halles, dressées tout exprès sur le bord des quais...
Ceste pesche pour nostre regard, et je diray mesmes
pour les Holandois, si on les y pouvoit obliger, se
feroit le plus commodément à Calais, comme on
avoit accoustumé, qu'en nul autre lieu du monde.
Si on y vouloit saller le poisson à leur mode, on y
pourroit r'affiner le sel, aussi bien comme ils font à
Seriksay[3], à Brauméne[4] et à Trégous[5], avec permission
de vos Majestez et pour cest effet seulement. Au
demeurant, il faudroit fortement establir ceste pescherie, et en societé, à leur imitation, tant en ce lieu
qu'à Dieppe, Fescamp, Saint-Valery, Tréport et plusieurs autres qui seroient commodes.

Tout ce qu'on peut objecter, c'est que le haran des
Hollandois est meilleur que le nostre et que la preuve
en est manifeste, en ce qu'il est vendu de deux à

---

[1] Cabillaud, nom de la morue fraîche.

[2] Flessingen, Middlebourg, Armuyden autrefois considérable, dont le port s'est ensablé.

[3] Ziric-Zée, ville des Pays-Bas, dans la province de Hollande, capitale de l'île de Schowen.

[4] *Brauméne*, nom tellement défiguré qu'il est presque impossible à reconnaître ; sans doute Browershaven, dans l'île
de Schowen.

[5] *Trégous*, en hollandais Ter-gow, petite ville dans la Hollande méridionale, sur l'Issel, à l'embouchure de la petite
rivière de Gow. Cf. Colbert, *Pêche et préparation des harengs.
Op. cit.*, t. II, 564.

trois escus par lets [1] davantage. A quoy je respons,
premièrement, que nous faisons les uns et les autres
ceste pesche en mesmes lieux, egalement libres et
qui, bien considerez, nous sont, comme je viens de
dire, encor plus à la main; que cela provient donc
du tirage et paquage, que nous pourrons aussi bien
pratiquer comme eux, quand nous aurons le mesme
profit... Ce qui rend leur haren plus beau et plus
vendable, c'est qu'ils le sallent de sel r'affiné; mais
nous pouvons faire le mesme, si besoin est, car la
marchandise n'en est pas meilleure, et, par le transport qui s'en fait, on trouve que le nostre rèsiste
bien mieux au travail de la voiture.

En ce lieu vos Majestez remarqueront, s'il leur
plaist, que tout ce trafic, tant pour la France que
pour les pays estrangers, ne dépend que du sel de ce
royaume... Concluez de là, pour tout le reste, que si
l'estranger payoit seulement le quart du droit que
vous prenez, à l'équipolent de ce que payent vos
subjets, ce qui est plus que de raison, il vous en
reviendroit un profit incroyable et possible un
moyen de soulager d'austant vostre peuple [2]. A la vé-

---

[1] *Lets* ou plutôt *lest*, ou plutôt *last*. Terme de commerce
maritime emprunté aux Hollandais. Le last représentait un
poids de deux tonneaux de mer ou deux mille kilogrammes.

[2] JEHAN DE BENEVENTO écrivait dans ses *Ouvertures :* « Le sel
et le vin usez en France par les subjectz sont chargez de si
dures gabelles, péages, passaiges, huitiesmes, quatriesmes,
vingtiemes et infiniz autres tributz et exactions que l'on y a
mises et que l'on impose chacun jour, soit en gros, en detail
et meme ou en quelque autre façon que on les achapte et, au
contraire, l'estrangers les a tousjours eues et les a encores
de present exemptes de toutes charges, molesties et impositions, specialement le sel duquel à l'issue il ne paye ung seul

rité, vos Majestez ne sçauroient trouver chose aucune
dont elles puissent tirer un si grand revenu que du
sel; n'y ayant rien si necessaire et si publique, rien
qui se puisse égaler mieux, et comme de soy-mesme,
sur tous les subjets et, pour le regard des estrangers,
rien d'où l'on puisse tirer de plus legitimes gabelles.
Outre les provinces de ce royaume, lesquelles sont
sujettes d'en prendre, on void assez souvent les grands
hourques d'Angleterre et les busses [1] de Hollande,
venir chargées de sable aux bornages pour en r'emporter. Les pays du duc de Savoye, les ligues des
Grisons, les cantons de Suisse, la seigneurie de Genève, le pays de Valès, la principauté d'Orange, le
contat de Venisse, sçavoir est Mallosséne, Capde-
rousse, Vaureas, Carpentras, Avignon, etc., se servent tant de nos sels blancs que de celuy des salines
de Pecaix et de Broüage, comme font pareillement
les pays de l'Empire et tous les autres qui ressortis-
sent de ceste Couronne. Je ne mets point en conte
combien il en faut pour medeciner le bestail de toutes
sortes, combien pour saler tant de pourceaux et de
bœufs, tant de tombes et de fromages, qui se font
dedans et dehors le royaume; combien pour le poisson de plusieurs sortes, comme thonine, marsoüin,

---

denier... de maniere qu'il n'y a estranger, ores qu'il ne soit
gueres mieux et peult être plus mal traicté de son prince, qui
voulsist avoir changé de seigneur, ayant à meilleur prix et
raison les biens de la France que s'il en estoit propre et naturel subject. » *Manuscrit cité*, fol. 202.

[1] *Hourque*, sorte de navire léger et plat; *busse*, bateau de
mer profond et ramassé, de *buca*, navire romain et à rames.
Se disait aussi de certaines futailles à recevoir le vin.

mouluë, haren, etc., quoy que de cecy, mieux que
d'ailleurs on puisse connoistre, jusques où l'usage du
sel s'estend. Qui voudroit au reste faire un exacte
calcul de toutes les personnes qui en usent, il luy
faudroit prendre, par manière de parler, tout le sable
de la mer pour ject [1]. Mais puis que je suis en ce discours, je me laisseray aller à dire que si vos Majestez permettoient de tirer le sel en liberté, comme
une autre marchandise, sans le mettre en ferme, pouvant ainsi celuy qui le voudroit donner à un meilleur
marché en vendre le plus, et que certains bureaux
commodes aux marchands fussent establis sur les
lieux pour en faire les payemens, elles n'en tireroient
gueres moins de dix millions de livres et par là trouveroient des moyens legitimes de se desinteresser et
de charger les estrangers d'une partie de ce fardeau
que portent leurs subjets, voire de passer outre, en
leur imposant quelque chose de plus, conformément
à leurs propres loix et coustumes. De plus, vos subjets seroient ainsi soulagez des mauvais traitemens
qu'ils reçoivent à ceste cause; car on ne reconnoist
depuis long temps que trop et par trop de lamentables experiences, comme partisans, fermiers, archers,
peagers, voituriers, controlleurs, grenetiers, regra-
tiers, et jusques aux moindres detailleurs, trouvent
tous les jours nouveaux moyens, par diverses inven-

---

[1] *Ject,* terme des coutumes qui signifie la terre qu'on tire
d'un fossé. « Le fossé étant entre deux héritages, appartient
au seigneur sur la terre duquel se trouve le ject. » Montchrétien s'en sert ici pour exprimer la mesure énorme qu'il faudrait prendre pour calculer le nombre d'hommes qui usent du
sel.

tions, d'y faire profit à la ruine de tous vos peuples[1].
Je n'ignore point que, sur tout ce que dessus, on peut
mettre plusieurs difficultez en avant; j'en pourrois
encor supposer davantage. Mais est-ce raison que
l'on exhibe les inconveniens sans faire estat des utilités, lesquelles sans doute emporteront tousjours le
contrepoids, si on les met à l'espreuve de la balance?
Il n'est pas possible aux affaires du monde que le mal
soit disjoint d'avec le bien; il y a tousjours du meslange de l'un et de l'autre...

En toutes ces matieres, il faut avoir principalement
égard à l'utilité de tous vos subjets et prendre un tel
soin du general, qu'entretenant une partie, vous ne
negligiez point l'autre. L'égalité des qualités du corps
humain conserve et contient sa santé, laquelle n'est
autre chose que leur proportionnée température.

---

[1] Nous trouvons dans les *Ouvertures*, de Jean de Benevento,
les mêmes observations :

« Le roy a veu et congneu que tout le prouffict et bien que
ses dicts predecesseurs avoyent voullu faire à ses dicts subjectz est retourné à sertains particulies, marchans-regratiers
de sel, qui espient la nécessité que les paouvres propriétaires,
saulnyers et palluyers ont le long de l'année et, soubz couleur
de quelques légeres advances de deniers qu'ilz leur font,
achaptent le sel à vil prix des dicts proprietaires saulnyers et
palluyers et le revendent à cher et excessif prix tant à l'estranger que a ses propres subjectz avan le fournissent des
garniers du royaulme... au moyen de quoy les subjectz du roy
et l'estranger sont grandement foullez et d'abondant le roy
n'est pas bien payé de son droict. » *Manuscrit cité*, fol. 195.

Ces faits expliquent comment Sully aussi bien que Colbert, en
mettant simplement un peu plus d'ordre dans la perception des
finances, ont pu réaliser ce « chef-d'œuvre », suivant l'expression de Montchrétien, d'augmenter les recettes tout en diminuant les impôts. Cf. POIRSON, *Histoire de Henri IV*, et PIERRE
CLÉMENT, *Histoire de Colbert et de son administration*.

Vous n'avez que ce moyen pour faire accorder vostre
gouvernement à l'harmonie universelle du monde.
...Ainsi en l'administration de la Republique, composée de personnes de haute, de moyenne et de basse
qualité, il faut tascher sur tout d'unir par bons moyens
les conditions differentes et d'incorporer ensemble
le meslange divers des citoyens, afin d'en faire reüssir la concorde, laquelle est comme un fort cable,
attachant l'Estat au port du repos, le retenant et l'asseurant contre tous orages et tempestes. C'est à cela
que vos Majestez doivent s'efforcer principalement.
C'est pour cela particulièrement qu'elles doivent
remuer leur imagination, r'échauffer leur memoire et
se consulter plusieurs fois elles-mesmes... Ceux-là
seulement sont capables de juger sainement des matieres traitées cy dessus, d'en donner de bons et sin-
ceres conseils, qui tous vuides d'affection estrange
et non touchez de passion particuliere, n'apporteront
en ouvrant leur advis qu'une devotion pure et nette
à votre service, qu'un zele entier et naïf au bien de
leur patrie...

Tout autant de gens de bien, que vous consulterez
sur le vray fonds de vos finances, vous asseureront
que vous avez en ce royaume cinq sources inépuisables de richesse naturelle, sans parler des autres qui
dépendent plus des pratiques artificielles, lesquelles,
venans à se mesler, confondre et incorporer avec les
précedentes, feront un grand fleuve de biens, arro-
sant abondamment toutes ses provinces. Ces sources
ou plustot vrayes mines, sont le bled, le vin, le sel,
les laines, les toiles. Au lieu que les minieres estran-

geres se vuident en peu d'années et ne peuvent
renaistre qu'en plusieurs siecles [1], celles-cy durent et
se renouvellent d'elles-mesmes tous les ans. L'estranger va chercher les autres au centre de la terre, pour
les nous apporter, afin de remporter en contr'-
eschange les choses susdites, qui sont absoluëment
nécessaires à la vie humaine. C'est pourquoy, comme
vrais et naturels citoyens, ils vous conseilleront franchement et librement de n'en permettre jamais la
traite, que vos peuples n'en soient fournis et soulagez et vos finances accreuës, ce qui ne se peut obtenir sans hausser l'imposition foraine; car d'un costé,
plus grande elle sera, plus sera-ce de profit pour
vous; et de l'autre, si l'estranger en veut moins
prendre, à cause de l'impost, vos subjets en auront
tant plus meilleur compte; or leur commodité est la
vostre. Au reste ne doutez rien; ne craignez point
que le trafic de vostre royaume en diminuë, et par
consequent vostre revenu. Les plus grands thresors
viendront tousjours, où il y a plus de choses necessaires à la vie, ores qu'il n'y ait miniere d'or ni d'argent...

Ce royaume est si fleurissant, si abondant en tout
ce que l'on peut desirer, qu'il n'a que faire d'emprunter rien de ses voisins. Les marchands qui fré-
quentent aux pays lointains peuvent bien nous

---

[1] Ce fut une croyance générale, aussi bien au moyen âge
qu'à la Renaissance, que la matière pouvait se reconstituer.
Elle provenait de la doctrine d'Aristote, qui admettait que la
matière était par elle-même sans forme, et servit de fondement à l'œuvre des alchimistes. Cf. sur les origines de la doctrine : Th. FUNCK-BRENTANO, *Les Sophistes grecs*, p. 53.

apporter quelques drogues medecinales ou aromatiques, mais dont nous pourrions nous passer, et possible
salutairement. Ce qui est estranger nous corrompt...

Ce n'est point l'abondance d'or et d'argent, la
quantité de perles et de diamans, qui fait les Estats
riches et opulens; c'est l'accommodement des choses
necessaires à la vie et propres au vestement; qui plus
en a, plus a de bien. Quand tant de pistolles ne rem-
pliroient nos coffres, qu'importeroit si, comme à nos
peres, ces choses coustoient peu, les ayant tousjours
en égale abondance? Qui voudra examiner ce point
à la juste balance, trouvera que l'estat des finances
du roy Charles VI qui ne montoit qu'à quatre cens
mille livres, y compris le domaine, n'estoit, selon la
juste mesure du prix des choses, gueres moins grand,
qu'il peut estre maintenant, que l'on a tant haussé le
brevet de la cotte ancienne de toutes les provinces
de ce royaume. Nous voyons par l'histoire de nostre
bon roy Saint Loys, qu'ayant esté pris prisonnier par
le soldan d'Egypte [1], il paya seulement cinq cens
mille livres de rançon, ce qui montre assez que c'estoit
la somme à quoy le revenu de son royaume pouvoit
monter par chacun an. Et qui doute que la France
ne fust de son temps, aussi riche et fleurissante que
jamais? que luy-mesme ne fust l'un des plus puissans
et plus accommodez princes du monde?... De vray
nous sommes devenus plus abondans d'or et d'argent
que n'estoient nos peres; mais non pas plus aisés et
plus riches.

[1] Ou *soudan* (sultan), nom traditionnel en France des souverains d'Égypte. — Voy. JOINVILLE.

La nature, en ces derniers siecles, a comme ouvert
tous les thresors cachez dans ses entrailles, et, combien que nous lisions avec merveille dans les histoires
romaines que Neron donna, en quinze années qu'il
posseda l'Empire, cinquante cinq millions d'escus,
et qu'en un an seulement Caligulla en dépendit
soixante et sept millions, provenans, comme chacun
sçait, du pillage commun de tout le monde, amassé
dans la seule ville de Rome, nous aurions maintenant
bien plus juste sujet de nous porter à l'excez d'estonnement, si nous pouvions faire estat des sommes
innumerables qui ont esté attirées de par tout en ce
royaume par la seule abondance de sa fertilité et
consommées par nos desordres et guerres civiles.
Les curieux qui, par une exacte recherche, ont fait la
supputation des deniers levez depuis l'advenement
à la couronne du roy Henri II [1] jusques au dernier de
décembre 1580 du regne de Henry III, ont couché
pour somme universelle des milliars en nombre plus
que parfait.

Si l'on adjouste à cela les voleries, les rançonne-
mens des soldats, les contributions, les passages, les
allées et venuës de la gendarmerie, si fréquentes en
tous ces temps, l'esprit se perdra dans la seule pensée
de tant de richesse perduë, dessipée et comme
écoulée. Connoissez par là, Majestez Très-Chres-
tiennes, quel est le fonds que vous possedez, puis
qu'en peu d'années il a fait de si grands rapports; et,
voyant ce qu'il produit encor tous les jours, quoy que

---

[1] Le 31 mars 1547.

non en sa juste valeur, tenez vous à bon droit les plus riches, plus grands et plus puissans du monde en ce regard, mais les plus heureux, en consideration de l'amitié naturelle que vous portent tant de braves peuples, de la devotion pure et sincère qu'ils ont à vostre tres-humble service; car l'affection des subjets envers leur prince, le rend invincible envers et contre tous. Ce ne sont ni les armées, ni les monceaux d'or qui conservent les royaumes, mais les subjets fideles que l'on ne sçauroit forcer par contrainte, ni destourner de leur devoir par violence, que l'on ne sçaurait gagner ni corrompre par argent, moyennant que le prince et ses hommes à l'envy facent devoir, l'un de bien commander, et l'autre de bien obeir, l'Estat par ce concert de bonnes volontez demeure en paix et concorde; et qui ne sçait comme la concorde fait croistre les choses petites, et comme la discorde au contraire aneantit les plus hautes et relevées ?

Il y a plusieurs moyens de parvenir à la grandeur, à la richesse, à la gloire. La vertu opere en diverses façons selon les sujets et plus ou moins... Tousjours y a-t-il plus d'un chemin pour parvenir à ce qui est loüable, et ce qui est bon n'est pas tousjours bon d'une même sorte. Pensons nous que nos prédecesseurs ayent seulement augmenté, enrichi, decoré leur republique par armes? Non, il y a d'autres choses qui les ont faits grands, que nous n'avons point. Ils estoient en leur particulier industrieux et occupez à choses bonnes. Ils disoient leur advis librement, et soignoient curieusement du public. Le bien de l'Estat estoit leur

seul parti. Ils aimoient la temperance, la continence
et l'espargne : nous, au contraire, la paillardise, le
luxe et la vanité. Nous loüons les richesses et ne voulons pas travailler pour les acquerir. Il n'y a quasi
parmi nous nulles difference entre les bons et les meschans. L'avarice et l'ambition possedent tous les
loyers de la vertu. L'estat de la republique, lequel ne
sçauroit jamais estre plus confus que nous le voyons,
est denué du support des plus puissans, abandonné
de l'assistance des plus sages, delaissé des vœux de
tout le monde. Chacun avise à son profit particulier,
sans faire estat ni recherche de l'utilité publique, demeure chez soy à se donner du bon temps ou tasche,
estant appelé aux charges, d'emplir sa bourse à
mesme l'autruy. Antropophages que nous sommes !
nous faisons gloire de nous entremanger ; nous ne
tondons pas les brebis, nous les escorchons ; bien que
ce soit naturellement le propre des bestes de s'entre-
malfaire, non des hommes.

> Miserables mortels, mettez en oubliance
> Mauvais vouloir de haine et deuil plain de nuisance.
> La nature commande et veut d'autres façons.
> C'est vrayment bien assez que les goulus poissons,
> Les oiseaux carnassiers et les bestes sauvages,
> Se dévorent l'un l'autre et facent tels ravages,
> D'autant qu'ils n'ont entre eux ni justice ni loy
> Qui les puisse obliger à se garder la foy...

Retournons d'où nous sommes partis. Il est permis,
et par raison et par exemple, à Vos Majestez, de hausser l'imposition foraine en leurs pays. Si quelqu'un
dit qu'il ne se peut par les traitez du commerce entre

les princes, cela pourroit avoir quelque lieu [1] pour
ceux qui en auroient convenu à ceste condition ; mais
je croy qu'il n'y en a point. Qui voudroit s'imposer
ceste subjection, tant pour ceux-là de dedans que
pour ceux-là de dehors ? Ceux mesmes qui semblent
l'avoir fait n'y ont jamais eu esgard. Au pays Bas
et en Angleterre, les marchands François furent-ils
pas contrains en l'an 1555 de payer un escu pour
chaque tonneau de vin arrivant aux ports, et le subject huit escus sol [2] et huit gros pour l'impost, sans
avoir esgard aux traitez du commerce ? Et, en l'année
suivante, la royne d'Angleterre haussa-t-elle pas la
traite foraine et mist-elle pas un impost de deux
escus sol, trois gros et un denier sur chaque piece de
drap ? Le roy d'Angleterre, comme nous avons dit
ailleurs [3], ne fait-il pas le mesme tous les jours ? Le
roy d'Espagne ne se donne-t-il pas semblable authorité, toutes fois et quantes qu'il luy plaist ? Aussi
pour dire le vray, cela est du droit public que le
peuple a sans aucune reserve transferé à la personne
sacrée des Roys, les vrais maistres et dispensateurs
du bien commun, les arbitres et seigneurs absolus des
temps et des choses : par consequent tout ce qui leur
vient à gré en ce faict doit estre tenu pour loy inviolable ; et ce dautant plus que les subjets estans espar-
gnez, les estrangers, voulans tirer profit d'un pays et
s'accommoder de ses marchandises, sont contrains

---

[1] *Lieu* doit se prendre ici dans le sens de *raison d'être.*
[2] *Escus sol,* c'est-à-dire écus au soleil. Voy. ANNEXE, les
deux expressions y sont employées l'une pour l'autre.
[3] Voy. p. 196.

d'en payer au prince le tribut, comme un droit de reconnoissance legitime, non seulement plus anciens et usitez en toute republique, mais fondé en l'equité naturelle, suivant lequel l'empereur mesme des Turcs prend comme nous avons dit ailleurs[1], le dix pour cent sur toutes les marchandises qui sortent tant d'Alexandrie d'Egypte que de ses autres pays par la negotiation des estrangers, mais cinq pour cent seulement de ses subjets, où vous trouverez que le contraire se pratique en vostre royaume, et que les subjets y payent beaucoup et les estrangers bien peu[2]. Les Anglois et Flamans aiment mieux nos vins que les autres, qui sont plus violens, les ont plustost, plus commodément et à meilleur prix, tant pour l'achat principal que pour la voiture. Quand vos Majestez en prendroient plus de droits qu'ils ne font, laisseroient-ils pour cela d'en venir charger et de les acheter aussi cherement de vos subjets? Quel danger y a il de leur faire payer les dix pour cent de traite foraine sur le bled, sur les toiles et principalement sur le sel, où personne n'a interest que vous?

En tous cas, quel si grand mal y auroit-il quand tous les bleds et les vins demeureroient en ce royaume? Le peuple en vivroit à meilleur marché la moitié. Est-ce pas la marque d'un bon et bien heureux régne? Mais il faut de l'argent et, n'en ayant point de nostre creu, il faut en avoir des estrangers. Soyez curieux d'en faire faire recherche, et vous trouverez qu'il en sort plus de vos pays que l'on n'y en apporte. C'est

---

[1] Voy. p. 223.
[2] Voy. p. 235, et note 2.

voirement par une grande et inexcusable negligencé; car vos subjets ont assez d'industrie au bout des doigts, assez de pratique en toutes sortes de manufactures pour attirer au contraire chez eux l'or et l'argent des autres contrées, si le bon ordre regne une fois en cest Estat, sans envoyer ailleurs nos provisions et nos vivres que par pitié de cœur, comme l'on dit, et par une charitable assistance aux voisins. Que Vos Majestez en facent l'essay et ne permettent point que l'on apporte les ouvrages de main, qui procedent de l'art des hommes, ni que l'on emporte les matieres et denrées crues de ce royaume [1], elles auront bien tost le contentement de voir que leur Estat a tout autant de facultez naturelles et acquises qu'il luy en faut pour bien agir et pour bien estre.

L'entretien des Estat est comme celuy du corps, qui retient de la nourriture la portion necessaire, et rejette le superflu... Le bon ordre politique fait choix de l'utilité, se l'approprie et comme incorpore, ne laissant sortir de sa main que ce qu'il y a de trop et ne peut approfiter. Nous avons veu cy dessus, comme les estrangers, les Anglois principalement, s'en avantagent; ils nous en fournissent plusieurs exemples de tout temps et cestuy-ci dont j'ay parlé ci-dessus, depuis trois mois qu'ils ont totalement deffendu aux estrangers, c'est-à-dire à nous, de tirer des laines d'Irlande et des peaux de mouton avec leur laine

---

[1] Montchrétien nous donne ici la formule parfaite du protectionnisme, comme il nous a donné plus haut, page 219, une définition brillante des conditions du libre-échange. C'est le caractère propre de l'économie politique patronale ; comme on éléve dans la famille une fille autrement qu'un garçon et chaque

sur peine d'avoir le bras coupé. Nous mesme avons aussi bien la science de cela comme eux, mais non si bien la pratique. En l'an 1552, nostre roy Henry II deffendit par ordonnance expresse, à tous marchands estrangers de transporter aucunes laines cruës hors de ce royaume, dequoy tout le peuple fut grandement resjouy, à cause du profit qui luy en pouvoit revenir. Mais, comme les Edicts de France sont ordinairement meilleurs que bien observez, la joye en fut courte, d'autant que peu de mois apres, un seul estranger, ayant obtenu passe-port en faveur d'un seigneur de la Cour, en transporta plus d'un coup que tous les marchands n'avoient fait auparavant en un an. Faute notable en mastiere d'Estat et de police de deffendre ur᷄ ,ait aux estrangers en general, puis en bailler à l'un d'eux en particulier la permission. Car d'un costé, le Roy et la republique en reçoivent un dommage irreparable, et, de l'autre, les marchands du pays en sont ruinez. Pour conclusion, le commerce est voirement du droit des gens, mais il est absolument au pouvoir du prince de le restraindre à quoy il veut, de le limiter comme il luy plaist, de le charger ou descharger d'impositions, selon qu'il lui vient à gré, principalement pour le regard des estrangers ; car au reste il doit tousjours espargner les sujets et les reserver pour

enfant suivant son caractère, ainsi il n'existe point dans l'économie politique patronale de principes absolus ; mais il y a des règles générales de conduite que l'on change suivant les circonstances et les peuples ou les hommes avec lesquels on se trouve en rapport. « Un des plus grands avantages qu'on puisse procurer à un État est de destiner un chacun à l'emploi auquel il est propre. » *Testament de Richelieu*, t. II, p. 44. Paris, 1764.

ses extrémes necessitez. De tout ce que dessus mille exemples.

Quand ainsi seroit que, par le surhaussement de l'imposition foraine et par la prohibition de la traite de quelques especes de marchandise, comme il se pratique ailleurs, nommément en Angleterre, les estrangers seroient ou découragez ou empeschcz de venir chez nous, on peut asseurer, et par le discours de raison, et par l'experience des exemples, que ce seroit le bien des subjets et de l'Estat : de l'Estat entant que ses hommes en seroient de tant mieux employez, de tant mieux duits et façonnez aux actions particulieres et aux services publiques ; des subjets entant que par là plusieurs moyens leur seroient ouverts de s'enrichir beaucoup davantage. A quoy pensons-nous que visent principalement tous ces mauvais traitemens que nous recevons en Angleterre, sinon à nous causer un dégoust du pays, afin que les Anglois seuls y puissent faire tout le commerce et tout le profit par consequent ? Qui ne sçait au reste, que la voiture qu'ils s'en approprient ainsi particulierement est l'un des plus grands et plus importans points du gain ? Quiconque la peut attirer par devers soy se rend tousjours le plus fort en matiere de trafic, le plus necessaire et facilement le plus riche [1]. La richesse au demeurant apporte un grand respect, une extreme faveur, et je pense, quand à moy, que pour

---

[1] Pouvait-on mieux expliquer l'origine de la prospérité des villes italiennes et la cause des richesses de la Hollande ? Que deviendrait de nos jours la suprématie commerciale de l'Angleterre, si elle perdait, suivant l'expression énergique de Montchrétien, la *voiture* ?

ceste cause les anciens colloquaient Mercure aupres
des Graces. L'exemple des Hollandois parle intelli-
giblement en ce subjet desquels la seule richesse, la
principale force, consiste en la quantité de vaisseaux
et d'hommes de mer, qui peuvent s'employer à voiturer deçà delà les marchandises, à beaucoup moins
de frais que nous ne faisons, à ce defaut, mais tousjours avec quelque gain du general de leurs hommes
et profit extréme de leurs gros marchands. Tout ce
qu'on nous peut objecter sur tout ce que dessus, c'est
qu'on nous mesurera de mesme aulne aux pays estrangers. Et je respons : que l'on ne peut nous pis faire
que nous souffrons; que jamais les autres ne se pas-
seront si aisement de nous comme nous pouvons
faire d'eux...

Je me suis, d'une part, plusieurs fois estonné comme
en un Estat si grand et si florissant que cestluy-ci, on
souffre si long temps que tant de gens y ayent faute
des choses necessaires à vivre; et, de l'autre, que l'on
ne tasche d'y entreprendre et regler le commerce de
l'Orient, que l'on connoist assez avoir, en tous âges,
grandement enrichi tous les peuples, qui l'ont recherché. Ce qui me donne encor plus juste sujet d'esba-
hissement, c'est l'abondance que nous avons tousjours
eu en ce royaume d'hommes doüez de courage et
d'experience singuliere pour s'acquitter aussi bien
que tous les autres et de l'entreprise et de la conduite. Et certes, sans la pomme de discorde, qu'à dessein nos voisins, interessez en ce faict, ont jettée entre
nous, les debats de laquelle nous ont destournez de
penser aux meilleures occasions, je conclurois que

nous avons esté semblables à ceux dont le prophete Isaye dit qu'en voyant ils ne voyent point et qu'en oyant ils n'entendent point, par ce qu'ils ont le cœur engraissé. Comment se seroit-il fait que nous n'eussions point voulu participer à tant de conquestes si faciles, qui nous estoient plus legitimement deuës, à tant d'ouvertures de commerce, qui nous estoient aussi commodes et plus utiles qu'à nuls autres ? Themistocles disait que les trophées de Miltiade ne le laissoient reposer ni jour ni nuict, et les glorieux succez des entreprises de nos voisins, les profits signalez de leurs voyages n'ont-ils peu émouvoir en aucun de nos hommes de principale marque ceste partie de l'ame la plus mobile, qui se souleve à tous vents de gloire et de genereuse ambition ? Mais ils ont fait ces grands progrez par mer, et nous ne sommes duits ni façonnez à ceste guerre. Quelle sorte de combats doivent refuir [1] les braves courages ? doivent-ils s'espouvanter des ondes et des tempestes que tant d'ames viles bravent et subjuguent tous les jours ?...

Vos hommes, estans desormais si accoutumez au trafic qu'il leur en faut, en quelque lieu que ce soit, si vous ne les voulez voir totalement reduits à la paresse, vous ne leur en sçauriez proposer de plus beau, de plus grand, de plus utile que celuy des espiceries, dont jamais Estat ne s'est accommodé qu'avec grand et signalé profit...

Certes il vient bien tost beaucoup de profit et d'utilité de ce trafic non moins grand que commun ; non

---

[1] *Refuir*, vieux mot, dit déjà le *Dictionnaire de Trévoux*, refuser.

moins riche que recherché; mais il n'y a point de
meilleure methode pour s'en accommoder bien tost,
que de le faire en societé, comme font les Hollandois celuy dont est question; car un particulier, quelque opulent qu'il peust estre, ne le sçauroit long
temps soutenir tout seul, outre que les choses se font
plus sagement et seurement, qui sont dressées et
conduites par le conseil de plusieurs, ayans mesme
interest et mesme fin, que par le mouvement d'un
seul, qui s'aveugle bien souvent de sa propre authorité et ne veut en rien estre contredit. Voicy l'ordre
de leur compagnie qu'ils appellent des Indes Orientales, que je propose aux François pour exemple
d'imitation[1]. Elle fut premierement faite et composée
par les habitans de cinq villes, Amsterdam, Incuze[2],
Roterodam, Delf et Mildebourg, s'erigeant en chacune un collége de huit, dix, douze ou quinze

---

[1] Montchrétien ne se doute pas des efforts qui avaient été
faits en ce sens depuis une vingtaine d'années en France. Dès
1595, Leseigneur, sire de Renneville, Jean Batteau de Rouen,
Chauvin et Favet de Dieppe, s'associent pour le commerce de
Guinée, d'Angola et du Brésil (GOSSELIN, p. 150), et dans le
Mercure françois, une page avant le compte rendu de la mort
de Montchrétien, se trouve l'annonce de la formation d'une
grande société commerciale, sans que l'auteur de l'annonce se
soit douté de la part qui en revenait peut-être à l'économiste
normand.
Les grandes sociétés françaises, aussi bien sous Henri IV
que sous Richelieu et Colbert, souffrirent du même mal:
non pas de l'excès, mais de l'insuffisance des libertés et franchises locales. Ce qui, à cette époque déjà, comme à la nôtre,
constituait la grandeur de la nation en faisait aussi la faiblesse, la trop grande centralisation.

[2] *Incuze*, c'est-à-dire l'Écluze, petit port à cinq lieues et
demie de Middelbourg; *Delf*, c'est-à-dire Delft (Hollande méridionale).

hommes, tous marchands, demeurans sur le lieu, lesquels ont charge d'équiper les navires, d'acheter ou de vendre les marchandises envoyées et receuës. Ceux que l'on équipe en chaque ville pour aller aux Indes y retournent; et, combien que chaque navire revienne au lieu d'où il est sorti, neantmoins tout le provenu est pour le conte general des associez, qui participent au capital, profit ou perte, ne plus ne moins que s'ils estoient sortis de la ville de leur demeure. Et, afin qu'aucun collége n'entreprenne rien à sa volonté ni au desceu[1] des associez, ils deputent de trois mois en trois mois deux personnes, qui se trouvent tantost en une ville, tantost en l'autre, et resolvent de tout ce qui est necessaire d'estre fait, tant pour les navires que pour les marchandises, pour les soldats et matelots que pour l'election des generaux et des commis. Cela fait, ils ordonnent aux colleges ce qu'ils doivent faire, pour le parrement[2] des vaisseaux, et quand le temps en est venu, ils s'assemblent pareillement, deux de chacun, pour dresser les commissions, respondre aux lettres receuës des Indes Orientales, bref donner l'ordre à tous ceux qu'ils employent. Tous les navires qui partent d'Amsterdam, de Roterodam et de Mildebourg, où sont trois rivieres diverses, se rencontrent à Margat[3] en Angleterre, puis font leur route ensemble jusques aux Indes,

---

[1] *Desceu*, dans l'ignorance, déjà vieilli, en ce sens, à l'époque de Montchrétien.

[2] *Parrement*, c'est-à-dire à l'embellissement et à l'armement des navires.

[3] *Margat*, peut-être Warham, dans le Dorsetshire, sur la rive occidentale de la baie de Pool.

où ils se consignent à l'amiral et surintendant de tous
ceux qui y sont habitans pour la societé. Quand aux
comptes, ils ne se vuident, generaux, que de dix ans
en dix ans; et, pour les particuliers, tous les colleges
se les envoyent de l'un à l'autre avec plaine instruction de tout. S'il y a plus d'argent en quasse qu'il ne
faut pour l'equipage et provision des navires, il se
repartit à chacun des associez, au prorata de ce qu'il
a mis de fonds, pouvant vendre à un autre sa part et
portion du provenu; mais personne ne peut retirer
son argent principal, ni sortir de la Societé generale
qu'au bout de dix années. Voilà l'ordre par lequel
jusques icy s'est maintenuë ceste grande Compagnie,
où veulent maintenant entrer les marchands de la
bourse de Londres, et, dit-on, le Roy de la grand'Bretagne luy-mesme, en desinteressant les Holandois
des frais et coustages passez jusques à ce jour. On
tient de plus que les uns et les autres sont tous aprés
de pensée et d'appareil, afin d'en former une pour
les Indes Occidentales, et sont tous les jours plusieurs
de vos subjets solicitez d'y entrer. Ils font desja estat
de quarante millions de livres. Quoy qu'il en soit,
leur équipage est ceste année plus fort et plus beau
pour les Orientales, qu'il ne fut jamais. Il est de neuf
vaisseaux bien armez, où les Estats ont fait entrer de
bons et braves soldats. Le capitaine Spelberguen a la
conduite de la flotte, homme d'ordre, et que l'on tient
capable d'une haute entreprise. Au reste les Estats,
qui ressentent le fruit de ceste Société, l'ont gra-
tifiée en pur don de deux beaux grands navires
tous équipez, que l'on estime à deux cens mille

livres, pour reconnoissance et pour accourage-
ment.

Si le proceder que je viens de representer pouvoit
entrer dans l'esprit des François et se pratiquer
fidelement entr'eux selon ses vrayes régles, vostre
royaume sans doute deviendroit bien tost plus grand,
plus fort et plus fleurissant. Si Vos Majestez les y vouloient accourager par liberalitez, par priviléges et
immunitez, tout n'en iroit que mieux. Si pour les
mettre en train de bien faire, et leur frayer le chemin, elles vouloient entreprendre quelque chose de
leur chef faisant choix d'hommes experimentez et
fideles, ce ne seroit point sans honneur et profit, non
plus que sans exemple [1]...

Qui pourroit blasmer un prince, s'il vouloit chercher le soulagement de son Estat par quelque grande
negotiation? si, par son propre soin et labeur, il
taschoit de trouver quelques moyens legitimes pour
s'enrichir? La fin fait approuver l'action... La seule
necessité de l'Estat doit excuser en un prince ceste
sorte d'acquérir de l'argent, d'autant que toute la
contagion du vice, qui y pourroit estre, se consomme
dans l'utilité publique. Il s'en peut mesme rendre
loüable, si par là il trouve moyen de diminuer les
imposts qu'il leve sur son peuple. Mais, tout con-

---

[1] Il est impossible de donner une meilleure justification des
statuts et règlements de Colbert, en même temps qu'une
explication plus complète des grands liens qui rattachent ces
statuts et règlements à la minutieuse organisation du travail
de la Renaissance et du moyen âge, que cet exposé à la fois
si ému et si brillant de l'état de l'industrie et du commerce
en France.

sideré, il vaut mieux que le prince tienne ses mains pures et nettes, pour eviter en tout qu'il ne vienne du trafic au monopole, comme ont fait quelques Roys de Naples, reduisans presque leurs subjets à l'extréme pauvreté, et que, pour faire le bon marchand, il n'oublie d'estre Roy. Dailleurs les monarques de France n'ont les mains que pour manier des sceptres. Tout ce que l'on peut donc desirer de vous en ce sujet, c'est d'y disposer vos villes par l'exhortation et commandement, par la manutention d'un bon ordre et par l'approbation du reglement requis; car il ne faut point douter au reste que, si quelqu'une des principales commence une fois bien à propos cet ouvrage, toutes les autres, par une loüable emulation, y voudront entrer. La chévre ayant de l'eringuim ou chardon à cent testes en la bouche, mene tout le troupeau où elle veut, et les brebis se jettent en foule au passage apres la premiere. Tel est le naturel du peuple, autant au bien comme au mal. De plus, on ne sçauroit improuver, si, pour fournir vostre royaume des marchandises que l'on apporte de dehors, il vous plaisoit bailler de vostre argent à quelque Compagnie de marchands, industrieux et fideles, afin d'augmenter vostre utilité particuliere avec la publique, comme il s'est fait entre les Venitiens, Portugais, Genois et quelques autres; car de là sont venuës au royaume de Portugal et Espagne la connoissance et l'acquisition des terres nouvelles, aux republiques de Venise et de Genes, le fonds d'un grand revenu...

Vos Majestez ont un signalé interest de regler tous

les menus trafics qui se font en ce royaume, afin que
leurs subjets puissent venir à ceste facilité de vie, et
cecy est une autre part, non seulement de la commodité, mais aussi de la richesse de l'Estat. Icy quelqu'un
m'arrestera possible dès l'entrée et m'objectera qu'il
est impossible de faire maintenant que les marchandises se puissent donner à aussi bon marché qu'elles
faisoient par le passé, à cause de la grande quantité
d'or et d'argent, qui se trouve à ceste heure en l'Europe, par le moyen des mines de l'Amerique, laquelle a fait hausser le prix de toutes sortes de denrées [1]. Je respons sommairement : que la valeur
essentielle des marchandises est immuable, non le
prix accidentel, qui dépend de plusieurs choses, pour
le plus et le moins ; que rien n'est cher qui n'ait esté
à bon marché, rien à bon marché qui ne puisse estre
cher ; que d'ailleurs, on ne les void pas tousjours
suivre la mesure et proportion de l'argent, attendu
que l'on peut marquer des années où, ayant haussé
de moitié de prix, elles ne laissoient pas d'estre à
meilleur marché quasi de moitié qu'elles ne sont à
present.

C'est, pour conclure, par la seule police, telle que
vos Majestez la peuvent establir, maintenir et faire
exercer en ce royaume, que peuvent retourner les
vivres et marchandises à leur premier poinct. La moitié de la besongne est desja faite pour ce regard. Car
vous y trouverez des plus belles loix, des plus saintes
ordonnances du monde, que les estrangers entendent

---

[1] Bodin avait déjà fait la même observation. Voy. INTRO-
DUCTION, *La période classique de l'économie politique.*

avec autant d'admiration que d'estonnement de les
voir si peu ou si mal pratiquées. C'est à vos Majestez
d'en commander l'execution avec un soin tres particulier et une severité telle que le cas merite contre
tous les contrevenans, quels qu'ils soient, donnant
premierement ordre qu'un tas de proviseurs de greniers qui ramassent tous les bleds d'un pays, sans en
vouloir accommoder le peuple, comme il appartient,
soient desormais empeschez de ce faire et que dailleurs ceux qui aiment mieux les laisser pourrir et
manger aux mouchons [1] que de les vendre aux marchez à raisonnable prix, en soient approchés et punis
par bonnes amendes, comme voulans, entant qu'en
eux est, destruire les graces, bontez et misericordes
de Dieu, qui nous donne la pluye, la rosée, le chaud
et le froid et toutes autres choses bien temperées et
en saison propre et convenable, afin que la terre
produise tous les ans abondance de fruits, pour estre
distribuez à tous les hommes, auxquels il dagne departir la vie, selon les réglemens d'une juste police.
Que ceux-là soient reprimez, qui vont tracassant
deçà delà pour en épuizer leur province, afin de les
transmarcher en pays estrange, affamant bien souvent les compatriotes, à l'appetit d'un plus grand
gain, que bien souvent la mer leur dérobe. Que l'on
estouffe comme un amas de chenilles ces petits trai-
neurs de sacs, coureurs de marchez, acheteurs de

---

[1] *Mouchons,* petites mouches.

Qui voit à Noël les *mouchons,*
A Pâques verra les glaçons.

(*Vieux proverbes.*)

bleds en herbe, maquignons de dismes, espieurs de paysans, tricoteurs de paches [1] et monopoleurs de denrées, qui mettent la cherté par tout où ils trafiquent et que l'on peut dire estre les vrais hanetons, qui devorent toute la substance et nourriture du peuple.

Voilà pour le regard des bleds.

Pour les vins combien se trouve-t-il de marchands qui enarrent [2] tous ceux d'une contrée, afin de faire passer le public sous leurs mains, ce qui ne se devroit permettre jusques à la saint Martin et viron [3] le commencement de novembre, où s'en font les meilleures ventes? Combien qui espient et attendent les gelées avant que d'ouvrir leurs caves, pour les vendre à tel prix que bon leur semble? Combien qui les broüillent à toute heure, les frelattent, tracassent et changent du soir au matin? Combien de plus meschans encor, qui aiment beaucoup mieux les laisser tourner, aigrir et perdre par leurs celiers, que de les vendre par le menu? Mais quand il vient un marchand qui les enleve en gros et en bloc, c'est leur homme. Que diray-je de ceux ausquels vos Majestez

---

[1] *Paches*, c'est-à-dire accord, convention ; mot tombé en désuétude depuis le dix-huitième siècle. « Ce mot ne vaut rien, à sa place on dit pacte. » *Dict. de Trévoux.*

[2] *Ennarrher*, donner des arrhes pour une marchandise.

Les plaintes de Montchrétien reçurent plus tard satisfaction. Nous lisons dans une ordonnance de police du 31 août 1699 : « Faisons défenses aux dits marchands et à tous autres, de quelque qualité et condition qu'ils soient, d'ennarrher ni acheter les blés et autres grains en verd, sur pied et avant la récolte. »

[3] *Viron*, c'est-à-dire environ. Vieil adverbe et préposition. *Dict. de Trévoux.*

confient les principales charges des provinces, lesquels, par cest honneur, sont obligez de pourvoir aux
necessitez de vos peuples et toutesfois, participans
aux entremises et negotiations des marchands, permettent les traites de bleds, de vins et d'autres
marchandises prohibées à qui bon leur semble, incom-
modant et appauvrissant par ce moyen tout le public
de vostre Estat? Quoy? des magistrats, qui ont leurs
mouchards et proviseurs à gages pour decouvrir et .
acheter tout autant de bled et de vin qu'ils en
trouvent ès caves et greniers de leur ressort? Je
laisse à part les drappiers, merciers, grossiers[1] et
autres marchands, qui vendent aux laboureurs et
vignerons à credit. Car chacun peut bien penser
comme ils se font payer de leur attente. Je ne m'arreste point à ces coureurs affamez et piqueurs
d'avoine, qui vont faire leur chevauchée tous les ans
par le pays, achetent des uns, disent aux autres si
doucement : mon ami, si vous ne trouvez tant de
vostre marchandise en un tel temps, amenez-la moy,
vous sçavez bien à qui vous aurez affaire; je la pren-
dray à tel prix. Je passe par dessus ces vieux rou-
tiers, qui ont certains villages affectez, certaines maisons de vignerons et de laboureurs particulierement
destinées et lesquelles de pere en fils leur demeurent
obligées par quelques vieilles cedulles, dont jamais
les pauvres gens ne se peuvent développer, mais

---

[1] Grossier; un marchand grossier, qui vend les marchandises en gros. Dans quelques métiers, c'est celui qui travaille
aux gros ouvrages : horloger *grossier*, qui fait les horloges
d'église.

aussi n'en payent-ils autre interest que de leur faire bon marché et bonne chere. J'obmets une autre sorte d'hommes encor plus dangereux, dont les montures sont si usitées d'aller par tous les villages qu'encores que leurs maistres dorment, elles ne se fourvoyent jamais; car ils ont affaire par tout. Je ne fais point mention de ces guetteurs de chemins, qui, tous les jours de marché, se trouvent au devant des bonnes gens pour les descharger de leur marchandise, et quelques fois s'en vont la revendre tout à l'heure, non plus que de ces autres qui sont en perpetuel mouvement, à trois, quatre et cinq lieuës à la ronde, pour destourner tous les petits ruisseaux qui, s'amassans dans les villes comme en un vivier, causeroient l'abondance et bon marché de toutes choses.

Mais les plus dangereux et préjudiciables de tous sont ces gros fermiers des principales terres, duchez, comtez, baronnies, chastellenies, plains fiefs de haubert [1], eveschez, abbayes, prieurez, qui tiennent tous les plus beaux greniers du royaume et font un si grand amas de bleds et de vins, que la pluspart des villageois subjets et censibles [2] des seigneuries, qu'ils ont amodiées [3], passent sous leur main, comme il leur plaist. Ces gens au reste ont quasi tous le mot du

[1] « C'était le plus noble domaine, dans la hiérarchie féodale, après les terres qui conféraient un titre, comme les duchés, comtés, marquisats, baronnies. Selon quelques-uns, *haut-bert* était dans ce cas synonyme de *haut-ber* ou haut baron. » CHÉRUEL.

[2] *Censibles* ou *questables* étaient tous les paysans tenus par leurs engagements envers leur seigneur.

[3] *Amodier*, terme de coutume. Donner à ferme. Amodier une terre en grain ou en argent. Il signifie aussi prendre à

guet avec les marchands estrangers qui transportent
nos denréęs de pays à autre, tellement qu'il n'y a rien
qui leur soit trop chaud ni trop froid, si bien que
toute une province, par le negoce d'un petit nombre,
demeure quelquesfois affamée et par consequent
appauvrie. C'est principalement en ce poinct que l'on
void avec le mauvais ménage des biens temporels et
la prophanation des ecclesiastiques, la connivence,
ou la negligence pour le moins des magistrats, qui
tolerent ces monopoles. Que diray-je de ceste autre
tromperie et desloyauté que quelques uns des plus
riches exerçeut sur les pauvres laboureurs, qui n'ont
pas plustost fait leur recolte et écoux[1] leur moisson
qu'ils n'en soient dénuez, ne leur en restant bien souvent que la paille, que d'autres encor leur tirent de
dessous l'aisle? Là dessus, se voyans privez de l'esperance de leur nourriture et de toute la provision
de leur chétive famille, ils recourent à ces gens qui
ont fait cribler leurs bleds, lesquels bien souvent leur
feront perdre trois ou quatre journées avant que de
leur en delivrer les criblures, meslées ordinairement
avec un peu de froment, de febves, de ségle et d'orge,
que le bon homme est contraint de prendre à quelque prix que ce soit, se contentant pourveu qu'il ait
terme jusques à la prochaine cueillette et permet,
ainsi que son obligation chante, que le bled est bon,
loyal et marchand. Surquoy vient à noter qu'une

---

ferme. Ce mot vient de *modius*, parce que ces sortes de baux se
font d'ordinaire moyennant une certaine quantité de muids de
grains. *Dict. de Trévoux.*

[1] *Écoux*, au propre, agité, secoué. (Lacurne Sainte-Palaye.)
I care corne : *J'escoux le grain.* (PALSGRAVE.)

charge de bon froment luy profiteroit autant que
trois de ces cribleures, lesquelles diminuent trois fois,
au moulin, au four et à l'estomac ; et, qui pis est, la
substance en est si pesante qu'elle est digerée sans
bonne nourriture, ce qui fait qu'un seul de ces
hommes, travaillans nuict et jour, mange autant que
trois, nourris de bon pain. Mais voicy encor la plus
mauvaise consequence, c'est que les plus necessiteux
empruntent du bled tel quel pour semer, et, la terre
ne le pouvant rendre plus beau qu'on lui donne, ils
se trouvent au bout de l'an frustrez de leur peine, et
de leur attente, comme le public de la commoditez
qu'il retire des heureux travaux du particulier. A
joindre que celuy qui seme écharsement[1] recueille
aussi écharsement.

Je parlerois icy des meusniers, si chacun ne sçavoit
combien leur conscience est large et ne découvroit
tous les jours les divers larcins qu'ils commettent en
leurs moulins et ne s'en font que rire, sous ombre,
disent-ils, qu'ils ne prennent que ce qu'on leur porte.
C'est pourtant bien mal fait à eux de changer un bled
pour l'autre, d'acheter le son pour le remettre avec
la bonne farine, afin que le poids de ce qu'ils ostent
sur les sacs se retrouve. Quant à ces grossiers, qui y
meslent du gravier et des pierres, cela se découvre à
la main et sous les dents ; ils meritent punition exemplaire. Ces choses qui semblent estre de petite consequence, sont neantmoins entre les causes premieres
de l'encherissement des vivres, d'autant qu'un bled

---

[1] Écharsement : chichement, avec avarice.

pur et net, bien moulu sans fraude ni tromperie, profite un quart plus que l'autre qui est baratté et mixtionné. Mais le principal est que les personnes qui mangent d'un bon pain sont tousjours plus saines, plus fortes et plus alaigres; celles au contraire qui en mangent de mal accoustré, faibles, tristes et maladives. L'emplastre à ceste playe serait de faire tous les meusniers maistres jurez, de leur deffendre le larcin sur peine corporelle, de les empescher de tenir en leurs moulins aucunes arches [1], coffres, ni sacs, de les faire visiter souvent et à l'improviste, pour regarder s'il y auroit point quelques cachettes, et finalement de ne leur permettre plus d'acheter du son, ni de nourrir aucuns pourceaux.

Je ne veux point m'estendre en ce lieu sur l'abus des fripperies, qu'on peut nommer bien à propos les petites forest et coupe-gorges du public, où, sous ombre de bon marché, on n'achete autre chose que haillons fardez, deguisez, frotez, tondus, rognez, repetassés, que, sans tels artifices, on ne dagnerait quasi pas lever de terre; sur les fraudes des drapiers qui vendent un drap pour autre et à mesme prix, bien que ce ne soit pas le mesme; sur les piperies pareilles ou plus grandes des marchands de soye, que chacun reconnoist, mais trop tard, par l'usage des denrées qu'ils ont si cherement venduës; sur les impostures des orfévres, enveloppées dans leurs soudures et comprises en leurs façons; sur les sophisteries des grossiers et droguistes en matiere de

---

[1] *Arches*, c'est-à-dire cellier, cuves.

liqueurs precieuses et senteurs aromatiques de musc, d'ambre gris, de civette, etc., de toutes sortes de simples, qu'ils adulterent par leurs antivoloménes [1] ou qui pro quo; sur les meslanges des espiceries, où il se fait tant de triaille [2] et déguisement, que rien n'y demeure de pur et d'entier; sur les epices, batuës pour vendre en detail, où l'on met tant de grana paradisi, de poussiere de cloux de girofle, de rebus de gingembre et de poyvre que ce n'est qu'une corruption de la santé, qu'une poison des humeurs. Je n'insiste point sur ces vieilles drogues eventées de rubarbe séche, pertuisée et artusonnée [3], de casse moisie, de meschant sené, d'agaric corrompu, de semences de sept ou huit années, dont on nous compose de si cheres poisons, plustost que des medecines; sur les seucres qui se vendent aujourd'huy pour fins, et ne sont pas à égaler à ceux de Madére, que l'on vendait il y a trente ou trente cinq ans; comme à mesme proportion, ceux de Madére ne valent pas la cassonnade du temps passé, ni la cassonnade d'apresent le miel blanc de Provence. Tout ce que dessus pourtant n'est pas de petite consideration pour le public, si l'on a principalement égard à la santé, la chose du monde la plus precieuse apres la pieté.

---

[1] *Antivoloménes*, mot qui n'est à trouver dans aucun dictionnaire, mais qui signifie ici succédanés. Voy. NICOLAS DE MONTAUT, *Miroir des François*, p. 470. Montchrétien lui a emprunté ce passage tout entier.

[2] *Triaille*, chez les cartiers, cartes de qualités inférieures, de rebut. (LITTRÉ.)

[3] *Artusonnée* ou *artuisonnée*, piquée de ver, percée d'*artuis*, trou de ver ou ver qui fait un trou. *Dict. de Trévoux.*

Qui voudroit éplucher toutes les negotiations des hommes, en matiere d'artifice, y trouveroit un nombre infini de grands deffaux et piperies depuis la plus grande jusques à la plus petite, et maintenant plus que jamais, les visitations ne se faisant par les gardes des mestiers que par acquit, par faveur, ou par corruption. Je me rapporte aux rubantiers, passementiers, veloutiers, mouliniers de soye, tainturiers, drappiers drappans, filatiers, tisserands, s'ils travaillent loyalement. Qui ne sçait comme aucuns d'eux mettent leur soye en lieux relents [1] et humides, pour luy donner plus de poids? comme ils rendent leurs étoffes brulées, minces et non materielles à l'appetit de quelque peu de gain? comme ils épargnent le vitriol, la gale et l'alun, qui entrent és teintures? comme, mettans les toiles sur le mestier, ils changent un fil pour l'autre? Et toutesfois, quoy que ces marchandises soient alterées de leur naïve façon, on ne laisse pas de les nous vendre aussi chérement que si elles estoient les mieux faites et les plus loyales du monde. C'est la cause qui fait que toutes sortes de manufactures ne sont plus de si bonne durée et qu'il faut estre à toute heure à la boutique des marchands pour en acheter de nouvelles, où il s'en va une infinité d'argent, et cela proprement est la cherté : car on n'a jamais bon marché de mauvaise marchandise.

Qu'est-il besoin que je parle icy des feronniers, armuriers, fourbisseurs, couteliers, serruriers, ma-

---

[1] *Relents*, lieux où les objets moisissent.

reschaux, blanche-œuvres [1] et autres qui manient le fer ou qui l'allient avec l'acier? L'usage ordinaire fait connoistre la valeur de leur besongne, qui peche ordinairement en la matiere et en l'ouvrage tout ensemble. Aussi la tromperie regne aussi bien en ce sujet, qu'en tous autres. On vend de meschant fer, fait de mines aigres et froyables [2], pour du fer doux et pliant. L'artizan, qui ne peut plus connoistre l'acier, ne s'en peut par consequent asseurer et travaille au hazard. C'est bien souvent autant d'argent et de temps perdu que celuy qui s'employe en si meschante besongne. Les mareschaux ne font quasi plus fer ni clou qui vaille. Les chars et charrettes ferrées qui passent par leur main sont incontinent brisées et rompuës. Les fourbisseurs gastent ordinairement les bonnes lames par ignorance, et les armuriers font encore pis pour les armes. Les serruriers mettent toutes sortes de bagatelles en œuvre et ne font clef ni serrure dequoy on se puisse servir, ou bien c'est pour peu de temps, et faut tous les jours les faire racoutrer. Les estamiers, maignens [3], fondeurs et autres ne font pas mieux. Les uns vendent de meschant étain mixtionné de plomb pour du fin et

---

[1] *Blanche-œuvres*, terme de taillanderie. On nomme ainsi les ouvrages qui se fabriquent sur un des quatre métiers des maîtres taillandiers de Paris, tels que sont les cognées, bisègues, haches, serpes, etc., appelées de la sorte à cause qu'on les blanchit, en quelque sorte, lorsqu'on les passe sur la meule pour les aiguiser. *Dict. de Trévoux.*

[2] *Friable*, du verbe frayer : rompre, briser, endommager.

[3] *Maignen*, chaudronnier. Au dix-huitième siècle, le mot était déjà hors d'usage, mais on s'en servait encore pour appeler le chaudronnier, quand on voulait faire peur aux enfants.

bien souvent pour celuy de Cornoüaille. Si on leur
en donne de vieil, pour le renouveler, ils sçavent
bien le troquer avec le meschant d'aujourd'huy;
aussi peut-on dire avec verité que le plat d'estain du
temps passé valoit mieux trois fois et estoit quatre
fois de plus longue durée. Pour les maignens, ils ne
mettent pas seulement la piece auprés du pertuis,
comme l'on dit, mais la matiere dont ils se servent,
soit en fer, cuivre ou leton, est si mal accoutrée, si
mal façonnée, si mal mise en besongne que c'est
pitié d'en acheter pour employer en un menage. Finalement les fondeurs sont devenus si rusez qu'ils
allient par artifice les metaux avec chose de peu de
valeur qu'ils font passer au lieu de celles qui sont
chéres, tellement qu'il se trouve maintenant peu de
mortiers, chenets, landiers et chandeliers faits loyalement et comme il appartient.

Tous ces defauts et tels autres que je passe sous
silence — car ce ne seroit jamais fait, si je les voulois
cotter un par un, — viennent premierement de ce que
les hommes n'ont plus, comme ils devroient, la crainte
de Dieu devant les yeux, ne sont plus retenus en
bride par la severité des bonnes loix, ne se connoissent plus pour ce qu'ils sont, assavoir membres d'un
mesme corps unis sous un mesme chef et, pour dire
tout, baptisez en un mesme esprit; que parmy nous
les meilleurs ordonnances ne tiennent lieu que de
paroles inutiles, à faute de gens qui les facent executer; que la charité y est totalement refroidie et ne
peut plus par consequent nous eschauffer à nous
entr'aimer et servir mutuellement, comme il seroit

requis, attendu que l'œil ne peut dire à la main : je n'ay que faire de toy; ni la teste aux pieds : je n'ay point besoin de vous, ains que les membres qui semblent en nous les plus debiles sont les plus necessaires, que nous baillons plus d'honneur à ceux que nous pensons estre les moins honorables, plus d'honnesteté à ceux qui sont les plus deshonnetes, afin qu'il n'y ait point de partialité en tout le suppost, mais que tous ses membres ayent une mesme solicitude les uns pour les autres...

Certes, il est bien plus royal de construire et d'augmenter que d'amoindrir et de demolir; par mesme raison, bien plus digne du monarque d'accroistre la richesse de ses subjets que de la diminuer. Où connoist-on mieux le bon pasteur qu'à la graisse et à la belle laine de son troupeau? Le but du prince soit la conservation de son peuple!.. Celuy est bon Roy qui ne regit pas bien seulement soy-mesme, mais qui est cause de felicité à ceux qu'il régit. Et, je vous prie, ceste felicité, est-ce plus un effect de courage et de vaillance que de prudence et de justice?

L'establissement d'une bonne police merite plus de gloire, par le jugement mesme des grands Roys et illustres capitaines, que ne font les victoires plus signalées. Si tous se gouvernoient par raison, disait Agesilaus, que serviroit la magnanimité? La ville d'Athenes a porté deux grands personnages entre tous les autres, Solon et Themistoclés; l'un renommé à cause de ses bonnes et sages loix, l'autre fameux en prouësse; l'un immortel par l'institution de sa Republique, l'autre par la victoire de Salamines. L'un par

ses armes a de son vivant guaranti sa ville de la subjection des Perses, l'autre luy a profité non seulement
durant ses jours par son conseil, mais encor long
temps apres sa mort. Themistoclés ne sçauroit dire
qu'il ait aidé à Solon; et Solon au contraire se peut
vanter d'avoir aidé à Themistoclés par le moyen de
ce sage Senat des Areopages, qu'il establit, selon
l'advis duquel ceste guerre, qui luy acquist tant de
bruit, fut entreprise et conduite...

On dit que ce n'est pas moindre gloire de sçavoir
bien conserver que d'acquerir. Il est vray; plusieurs
ont sçeu vaincre, qui n'ont pas sçeu bien user de la
victoire; plusieurs ont plustost lasché que pris,
perdu que gagné. Aussi l'un est meslé de fortune, et
l'autre se doit totalement à la prudence. L'un n'a
l'honneur que par emprunt, et l'autre l'a de son
propre. L'un fait connoistre la force du bras, et
l'autre la vigueur de l'esprit. Finalement, l'un plante
et met sur pied les Estats, et l'autre les attache
comme avec de grandes et profondes racines, en telle
sorte que ni les tempestes des guerres estrangeres, ni
les orages des seditions civiles ne les peuvent verser
de leur assiette. C'est pourquoy les historiens tiennent que la durée de Rome se doit attribuer au roy
Numa comme à Romulus la fondation, à cause que
par sa pieté et par son bon sens, il l'institua en la
religion et la façonna aux bonnes coustumes et loüables mœurs, luy donnant des ordres et réglements de
police qui l'ont fait subsister plusieurs siecles, vic-
torieuse et triomphante de toutes nations. Maintenant
vos peuples attendent le mesme de vous, Sire. C'est

à quoy ils vous convient avec tres humbles prieres et ardentes supplications, afin que, de leurs jours, ils puissent voir sortir cest Estat comme d'un chaos de confusion et monter au plus haut periode d'honneur qui luy soit destiné, et que vous resplendissiez dessus en vostre apogée, comme un astre de lumiere immortelle, éclairant à tous hommes avec les rayons de pieté, et de justice, de clemence, de temperance et generalement de toutes ces vertus qui font mieux les roys que les sceptres et les diadémes.

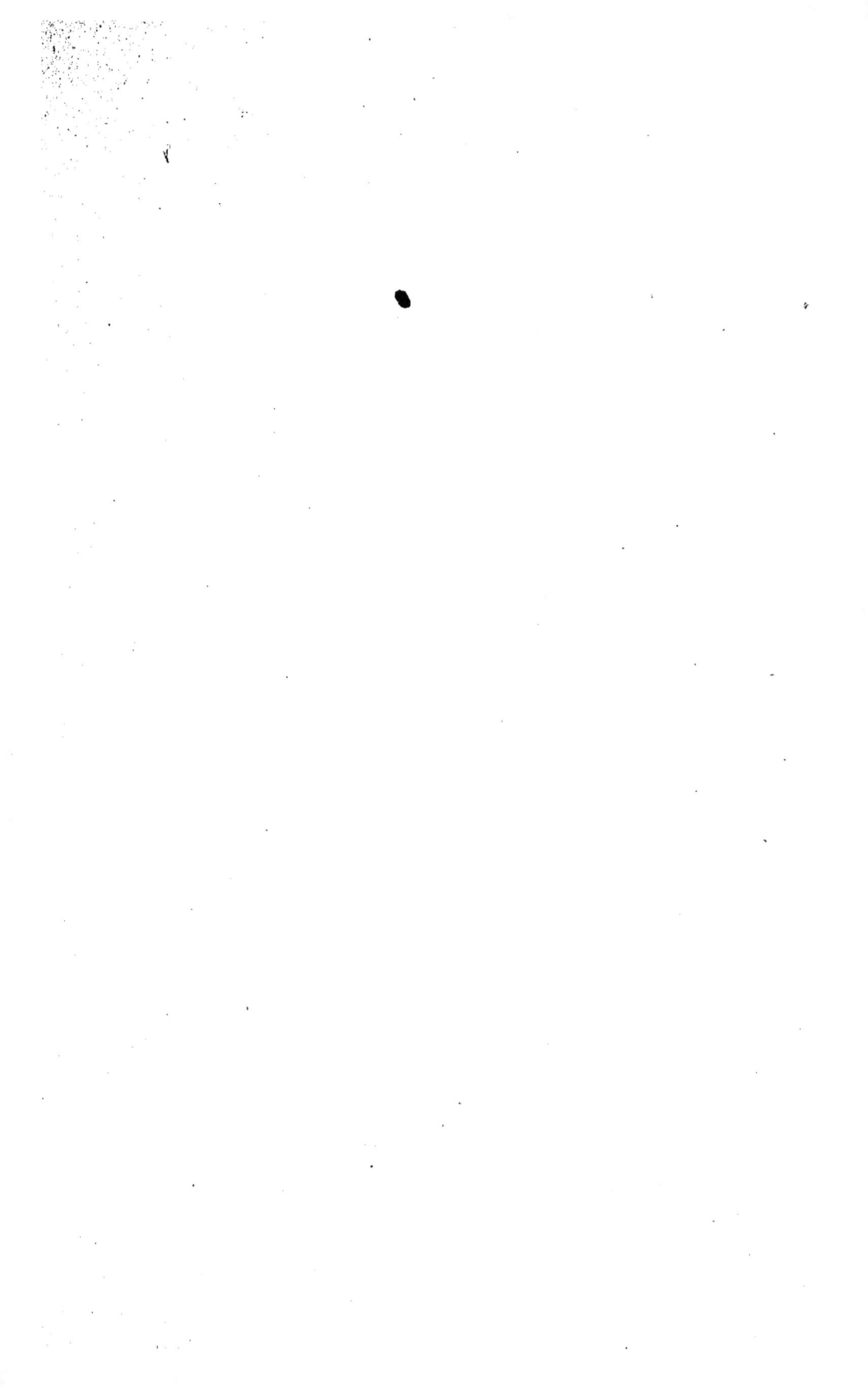

DE LA NAVIGATION

Si les vœux de vos bons subjects, s'associans avec l'Ange tutelaire de la France, ont impetré jusques ici de la Majesté divine la continüation de la tranquillité publique, en laquelle le feu Roy vostre pere et mary, prince d'incomparable merite et de memoire immortelle, nous laissa, quand par je ne sçay quel destin il fust ravi d'entre les hommes, nous devons encore esperer en vostre faveur un mesme effect de sa grace, l'obtenir par un mesme et semblable moyen et le rechercher d'elle seule !...

Combien de secousses horribles a souffert cest Estat depuis que les premiers fondemens en furent jettez? Pas une cheute toutesfois. Il a esté battu, non point abbatu, incliné, non jamais renversé, semblable a ces grands chesnes secoüez des vents et des orages, qui demeurent tousjours fermes sur leurs racines, aussi profondes en terre comme les branches en sont haut eslevées dans le ciel.

C'est une grace particuliere de la faveur divine, qui nous donne la hardiesse, non seulemen de desirer, mais de demander et comme d'exiger de la

bonté de vos Majestez un bon usage de ceste profonde paix, pour laquelle tous vos peuples conspirent
unanimement, afin que vostre Empire se reduise, par
le bon gouvernement, en un cercle d'estat qui soit
tel que jamais rien n'en puisse tomber ny décheoir;
que ceste monarchie, laquelle est venüe si grande et
si complette entre vos mains, devienne en vos jours,
et par vostre moyen, plus riche et plus florissante
qu'elle ne fut jamais. Courage, Majestez Tres-Chrestiennes; outre sa force naturelle, donnez luy des
arcs-boutans qui la maintiennent en pied durant
tous les siecles. Delivrez là de tous hazards de changement, par l'establissement d'un ordre constant et
immuable, auquel seul est deu la manutention des
seigneuries. Faites que la fortune, volant legerement
par dessus le reste du monde, et passant ceste belle
riviere de Seine, vienne dans vostre Louvre faire
hommage à vostre jugement, poser à vos pieds ses
aisles legeres, quitter ses patins volans et laisser sa
boule mal asseurée, qui tourne çà et là, pour faire
avec vous, c'est-à-dire en la compagnie de la vertu,
sa demeure fixe et eternelle. Donnez ordre que dans
le port de la paix ce grand Estat, ne plus ne moins
qu'une carraque, ayant esté longuement battuë de
la tourmente et de nouveau radoubée à force de
coups, et à grand'violence de marteaux, demeure en
repos jusques à ce que ses liaisons soyent affermies,
ses cloüeures tout accoustumées et ses jointures bien
consolidées. Puis, Sire, quand vous serez devenu
par l'aage homme aussi parfait que par la naissance
vous estes grand Roy, ne craignez point de le tirer,

comme en plaine mer, quand il vous plaira : car alors, il vous portera victorieux jusques au bout du monde, sans faire eau, resistant contre tous orages et tempestes...

Vostre pere vous doit estre un grand aiguillon à cela, Prince de courage invincible et de hardiesse nompareille, eslevé par plusieurs grandes prosperitez, par glorieuses conquestes et celebres victoires jusques au comble de la gloire. Estant issu de luy, vous ne pouvez moins faire que tout ce que l'esprit humain se peut imaginer. Il vous a laissé en possession non moins de sa reputation, que de ce grand et fleurissant royaume, le plus beau, le plus fort, le plus ancien, le plus noble qu'œillade le soleil ; et par tant seroit-ce honteusement renoncer à sa succession, si vous ne taschiez non seulement de la conserver, mais encor de l'accroistre par vostre propre vertu...

Vous avez un advantage, Sire, que nul prince du monde n'a comme vous : que votre France seule peut noyer[1] et couvrir d'hommes ; mais de quels hommes ? d'hommes invincibles et d'armes non soutenables, tout le monde. Si vous pouvez un coup cognoistre vostre force et sentir vostre cœur, comme il faut et comme on l'espere, le Croissant pallira de peur, voire fera éclypse, la Palestine n'aura point assez de palmes, ny la Grece assez de lauriers pour couronner vostre chef. Vous avez plus beau subject de bien faire que n'eut jamais aucun monarque du

---

[1] *Noyer*, c'est-à-dire inonder.

monde. L'Asie vous attend et l'Ocean vous ouvre ses bras...

Pour bien disposer au reste vos subjects, qui sont les utils vivans et les instrumens animez dont il se faut servir à ces grands effects, que nous esperons et attendons de vostre Regne, il vous leur faut apporter comme un renouvellement et reformation de mœurs ; il vous leur faut repeindre de vostre propre main l'image de la vraye gloire, recharger ses vieilles couleurs jà toutes effacées avec d'autres plus vives et plus éclatantes, qui la leur facent recognoistre et qui, par ceste recognoissance, les induisent à l'adorer, il vous faut réchauffer leur premiere vigueur quasi morte et esteinte, resveiller leur esperance toute endormie, ressusciter leur desir des choses honnestes, languissant presque sans pouls et sans mouvement. Car il est arrivé, par je ne sçay quel malheur du siecle ou par quelque destin incognu, qu'a mesure que notre cognoissance s'est augmentée par le progrez des aages nostre vertu est decheuë et diminuée. De plusieurs raisons je pense que la meilleure est celle qui sonne tous les jours en la bouche de nos bonnes gens : que jamais les enfans ne valent leurs peres en bonnes mœurs ; cela s'entend en courage, en resolution determinée et, pour dire tout en un mot, en l'usage legitime de la vie et au mepris genereux de la mort.

De vray, les siecles precedens ont porté des hommes, lesquels ont rendu leur vie si illustre que, plusieurs siecles apres, elle nous esbloüit encore, à force de rayons de gloire. Tous ravis, nous sommes

contraints d'advoüer que, comme leurs armes, trop
pezantes et leurs habillemens disproportionnez à la
petitesse de nos corps, ne nous sont plus de nul
usage, leurs desseins sont trop grands pour nous, et
leur discipline inacçessible à nostre pratique. Toutesfois je ne veux point tirer ceci en consequence,
comme si je voulois persuader que la vertu de jour
en jour s'affoiblit et, comme les autres choses mor-
telles, s'aneantit par le temps, que le vice, au contraire, gagne tellement pays qu'il se rend maître absolu de tous les hommes; car il n'en va pas ainsi. Je
veux monstrer seulement que ceste vertu jadis vigou-
reuse et, par maniere de dire, en perfection de force
dés les premiers temps de sa naissance, devient foible
et fievreuse avec le temps, si l'on n'y prend garde, n'a
plus le pouls si reglé, la couleur si naturelle, la force
si gaillarde. A joindre qu'elle se rend melancho-
lique, en se voyant mesprisée, reduite dans les tenebres et confinée en la solitude. La lumiere est son
jour, elle y prend lustre, elle s'y plaist; mais elle
est contrainte de baisser la veuë, quand le vice pom-
peux triomphe, se pare de ses ornemens, voire bien
souvent l'en dépoüille et volontiers feroit gloire de
la trainer comme esclave apres son char. C'est ce
qui luy fait perdre le courage; ce qui la retient,
comme resserrée en soy-mesme, n'ozant aspirer,
faute de credit et de moyens, à l'execution des plus
belles et glorieuses choses.

A qui me demandera pourquoy sont plus grands
que les nostres, sans comparaison, les exploits de ces
braves Grecs, de ces magnanimes Romains et con-

sequemment de nos genereux peres, je respondray
hardiment que l'honneur estoit plus grand en ce
temps à la vertu, la vertu mieux disciplinée, la discipline plus exactement reglée, que ceux qui com-
mandoyent avoyent plus de prudence, ceux qui
obeissoient plus de respect et qu'ainsi, comme
par une conspiration reciproque à bien faire, le
devoir demeuroit en egale balance de costé et
d'autre ; ce qui faisoit que toutes les entreprises
marchoyent d'un train si constant et si mesuré qu'à
peine pouvoit-on discerner laquelle y contribuoit le
plus, de la fortune ou de la vertu. Aussi l'experience
de tous les temps a fait connoistre que bon maistre et
bon serviteur, bon capitaine et bon soldat, bon prince
et bon subject sont ordinairement relatifs. Rejettons
donc en general le blasme du changement et la
diversité des hommes et des temps sur la difference
des mœurs, qui transmettent leurs vices des uns aux
autres, comme par deux canaux qui s'entre-respon-
dent. Reconnaissons que nous nous sommes cavez [1],
des cisternes puantes et sales, que nous avons infecté
les sources d'honneur où nos peres puysoyent, de-
placé les bornes du devoir que nos majeurs avoyent
religieusement plantées, changé les maximes de la
vertu en celles de l'artifice, supposé, au lieu de la
vraye et legitime gloire, un je ne sçay quel fantosme,
formé de vent, seulement visible en l'air de la vanité
et subsistant en la seule apparence, recherché le souverain bien dans le limon des gluantes voluptez,

---

[1] *Cavez :* ce qui est creusé, qui a été cavé. *Dict. de Trévoux.*

delaissé la vertu, qui sent à l'ail et qui fond en sueurs, pour embrasser une lasche paresse toute parfumée et molle d'onguents aromatiques.

C'est donc à vous, Sire, qu'il appartient de repurger cest estable d'Augie, de remettre ce bel object, à la seule veüe duquel Platon dit qu'on s'enflamme d'amour devant les yeux de vos peuples, de les retirer des obscures tenebres de l'infamie au plein jour de la gloire, de rompre ces charmes de Circé, qui les transforment d'hommes en bestes, de les arracher du milieu de ces douces lottes [1], qui les ont si longtemps affriandez. Advienne qu'à l'exemple d'Ulysse, ce sage roy, vous preniez le baston à la main, et les contraigniez de s'embarquer sur vos vaisseaux, afin de porter vos armes jusques au bout du monde, et faire partout reconnoistre que la France, à meilleur tiltre que l'Itaque d'Homère, doit estre appelée la mere des hommes vaillans et prudens, qu'à bon droit elle se vante d'estre la reine des regions chrestiennes, l'eschole de la civilité, la boutique des arts, en un mot la gloire du monde, à laquelle non-seulement toutes les terres, mais toutes les mers doivent obeissance.

C'est pour cest effect, Sire, que la navigation vous doit estre sur tout recommandable, et qu'en considerant les honneurs qui vous en doivent naistre et les profits qui peuvent en revenir à vos peuples, vous devez curieusement soigner de la mettre chez vous à son poinct de perfection. C'est la plus belle

---

[1] *Lottes*, poisson de rivière fort estimé.

chose du monde, aussi bien que la plus avantureuse.
Aussi a elle esté practiquée de toutes les Nations,
lesquelles ont voulu s'acquerir bien tost reputation
par les armes, non-seulement de nostre temps, mais
aussi de toute antiquité. Le nom des anciens Gaulois
en est pris en son ethymologie hebraïque et arme-
nienne, où ce mot de Galim signifie navigateur...

Parlant des nations qui se sont adonnées à la marine, ce serait faire tort aux vieux François, si experts
et pratiques en cet art, si nous ne les mettions en
ligne de compte, ayant mesmement acquis si grande
gloire et reputation par leurs voyages. Aussi ceux
qui ont recherché leur origine, les tiennent avoir esté
peuples maritimes et les font sortir de ceste region
marescageuse, qui se vient confiner à l'Ocean, entre
le fleuve Albis[1] et le Rhin, où les anciens geographes
pozent les hauts et bas Chaussiens, peuple de grand'
noblesse, dit Tacite, entre les Germains, limitrophes
des Bataves, ce sont les Flamans, et qui par justice
maintenoyent la grandeur de leur nom et l'authorité
de leur seigneurie...

A qui voudra regarder de prés, il y a dequoy
s'estonner, de nous voir maintenant si esloignez des
entreprises et desseins de mer. Sommes-nous François ? y voilà nos majeurs employez, sinon dés leur
origine, au moins dés le temps plus lointain dont
les hystoriens facent quasi mention. Sommes-nous
Gaulois ? Xenophon nous témoigne en ses Æquivo-
ques[2] que les Gaulois ont les premiers basti, equippé

---

[1] L'Elbe.
[2] Aucun ouvrage de Xénophon ne porte le titre d'Équivoques.

et conduit des vaisseaux : ce qui a donné occasion
à plusieurs gens d'esprit, de deriver de leur nom, celuy
des galeres, galions, galiasses et galiotes. Ce sont eux
sans doute qui les premiers se sont fait redouter et connoistre par mer aux austres peuples de la terre, qui
les premiers ont gagné et possedé l'empire des ondes,
qui, long temps depuis, affriandez a tels voyages,
nommément sous la conduite de ce brave Candaules[1],
si haut loüé de Pausanias, discoururent par ceste
flottante voye, au long et au large, haut et bas,
amassant de grandes richesses de leurs butins, qui
gaignerent une grande bataille navalle contre les
Cartaginois, excellens hommes de Marine, et en consa-
crerent une statüe d'Apolon, au temple de Delphes,
joignant celle du poëte Homere. On trouveroit encor
bien d'autres temoignages de leur suffisance en matiere de navigation et de leur courage aux combats
de mer ; mais ce sera prouver fortement l'un et
l'autre, quand nous dirons en la foy de plusieurs
celebres historiens qu'ils furent les premiers autheurs
de ce solennel sacrifice, appellé par les gens Panio-
nion, dont parle Strabo[2], recitant les vœux qui se
faisoyent au temple de Neptune, tenu pour Dieu de
la mer, qui préside aux orages et aux tempestes, et,
plus antiquement encor, alleguant que Janus, creu
par les Romains inventeur des navires, estoit Gau-

---

[1] Le chef gaulois dont il est question dans *Pausanias*, liv. X,
chap. xix, ne s'appelait pas Candaules, mais Cambaule. Du
reste, l'invasion gauloise en Grèce n'eut pas lieu par mer,
mais par terre.

[2] *Strabon*, lib. X, cap. i, 546, 12 ; 330, 9 et 18, édit. Fir-
min-Didot.

lois, au rapport d'Athenée [1], et que ceste monnoye dont parle Sext. Aurel. Victor, nommée As de memoire par les anciens, estoit pareillement un ouvrage gaulois, où pour symbole de sauveté, se voyoit empreint le charactere d'une nef, sur laquelle Saturne abordoit sain et sauf en Italie.

Il est tout evident de ce que dessus, pour ne faire un plus long denombrement des autres peuples, qui se sont jadis portez à la navigation, qu'il y a eu fort peu de nations belliqueuses qui ayent negligé cette partie, si necessaire à la grandeur, à la richesse et à la gloire des Estats. Mais on peut dire en asseurance, que, comme les anciens nous ont surpassez en toutes autres choses, ils doivent ceder à nostre aage, la parfaite connoissance et pratique de celle cy. Nous devons pareillement recognoistre ingenüement que les Portugais et les Espagnols en ont emporté le prix et l'avantage sur les modernes, plus toutesfois pour avoir mieux et plustost reconnu ses profits et ses commoditez que pour avoir excellé particulierement en courage, adresse et dexterité, naturelle ou acquise. Il faudroit un bien long discours pour deduire ce que ces deux peuples ont fait aux deux Indes, où leurs conquestes ne doivent rien de reste au regard de l'estenduë des pays et des divers peuples, à celles des premieres Monarchies...

Pour nostre particulier, outre que nos troubles nous ont beaucoup divertis de ce que nous eussions peu, si nous eussions voulu, il semble que, voulant

---

[1] Athénée, liv. XV, XVI. Ni Athénée, ni l'écrivain qu'il cite, Dracon Corcyre, ne disent que Janus fût Gaulois.

ce que nous pouvons, rien ne puisse apporter plus
de détourbier et de nuisance à nos desseins que ce
qui devroit y servir d'avantage, à sçavoir l'abondance de toutes choses necessaires et le nombre
d'hommes plus que suffisant. De prime face, les voyages
de mer estonnent ceux qui ne les ont point accoustumez. D'ailleurs, il est fort difficile de persuader à
ceux qui se trouvent bien à leur aise dans leur maison,
si principalement ils ont reçeu quelque incommodité
en quelque petit traject de mer, de se hazarder à
l'entreprise d'un voyage de long cours. Plusieurs
choses en peuvent detourner, que je laisse à part
pour mettre seulement en avant celle cy : l'amenité
des lieux où nous naissons, l'esloignement de la
mer, le commerce d'un air doux et salubre, la deli-
catesse du boire et du manger; l'usage et commodité
de ces choses est cause que nos hommes ont peu
entrepris par mer ou peu fait, au prix des autres,
ou que, voulans y tenter quelque chose, nous avons
esté contraints d'emprunter l'industrie des estrangers; ce qui mesme est avenu aux Castillans. Mais en
fin ils ont sçeu mieux ménager les resolutions hasar-
deuses, les rapports veritables et les effects courageux d'autruy. Nous n'avons pas esté du tout sans
entrepreneurs et sans entreprises; mais je ne scay
comment nos bons commençemens ont toujours esté
suivis de mauvais sucçez. Je trouve, que l'an 1417,
Urban de Braquamont, admiral de France, envoya
Jean de Betencourt[1], Normand, avec une flotte compo-

---

[1] L'expédition de Jean de Béthencourt eut lieu en 1402, et
non en 1417. Voy. PIERRE BOUTIER et JEAN LE VERRIER, *His-*

sée à ses propres frais, pour découvrir et conquerir
en son nom les sept isles des Canaries, à sçavoir la
grand'Canarie, Theriffe[1], la Palme[2], Lançarotte, Forte
Avanture, la Gomere et le Fer[3]. Il mit pied à terre à
Lançarotte et à Forte Avanture, dont les habitans se
nommoient les Lançarottois et les Mahores. Ceux-ci
se rangerent facilement, mais non ceux de Teneriffe,
appelez les Goüantches, les plus belliqueux de tous,
descendus aussi de grands et puissans hommes, dont
plusieurs sepultures se trouvent encor aujourd'huy
aux calmes de l'isle, dans des grottes, où, conroyez et
sechez, ils sont estendus de leur long, une picque à
leur costé. Il est demeuré une race de Goüantches à
Nostre-Dame de la Chandeleur, lieu de devotion,
esloigné de quatre ou cinq lieuës de la ville de
S. Christofle, autrement dite la Lagouna, et de trois
ou quatre lieuës de Sainte-Croix, l'un des ports de
l'isle, gens adroits et courageux, courans aussi ad-
vantureusement qu'admirablement par des préci-
pices, la picque en la main, à laquelle ils sont mer-
veilleusement adroits, et, de laquelle se servans indus-
trieusement, ils descendent fort resolument d'un
précipice en terre et sautent du premier estage d'une
maison contre bas. Batencourt, ayant effectué son

---

toire de la première descouverte et conqueste des Canaries, 1630,
in-8°, Paris. Mais Robert de Braquemont, dit Robinet, fut en
effet amiral de France du 22 avril 1417 au 6 juin 1418, mort
vers 1424. Voy. Ch. de Beaurepaire, dans la Bibl. de l'École
des Chartes, année 1875, p. 307-310.

[1] Lisez Ténériffe.
[2] Palma.
[3] En espagnol : Hierro.

dessein sur ces isles, fit voile en France, laissant un sien parent pour les garder; mais, voyant que contre sa promesse, il tardoit beaucoup à retourner avec secours et refraichissement, on tient qu'il vendit ou pour le moins resigna ces isles, je ne sçay pas pourquoy, sinon pour ne les pouvoir plus retenir, à Dom Henry, troisiesme fils du Roy de Portugal[1]. Quelques uns de ses descendans y sont pourtant demeurez jusques à present, et tient on de pere en fils qu'ils en ont esté les premiers possesseurs et, comme tels , y portent encore la qualité de nobles. Dom Henry composa une armée de mer pour s'en investir; mais il fut repoussé des habitans, ce qui l'occasionna de s'en demettre entre les mains du Roy de Castille, l'an 1431. Voilà le premier effort des nostres que je sçache en ces derniers siecles, sur un autre continent.

Quant aux Anglois, ils sont, a dire vray, fort commodement placez pour les expeditions maritimes. Leurs histoires portent que, long temps avant les courses des Danois, dont leur isle a plusieurs fois esté ravagée et finalement subjuguée, un de leurs princes nommé Madoc, fils du Roy de Galles, cedant à son frere toutes sortes de prétentions, s'en alla chercher d'autres terres qu'il trouva et qu'il habita, blasmant les hommes qui demeurent charmez de l'air de leur naissance, pour n'en avoir point gousté d'autre plus doux et plus temperé. Quoy qu'il en soit, ce peuple est depuis long temps experimenté en l'art maritime;

---

[1] Ce fut à Henri III de Castille que Béthencourt fit hommage, pour les îles Canaries, et non à dom Henri de Portugal, qui n'avait que huit ans en 1402.

mais s'estant quasi tousjours contenté de sa mer, il n'a pas si tost pris le largue, tant vers l'Orient que vers l'Occident, comme ont fait les Portugais et les Espagnols. Voulant l'entreprendre, il s'est servi d'estrangers au commencement. Le Roy Henry septiesme donna des lettres patentes en l'an 1495 à Jean Cabot, à Loys, Sebastien et Zanche ses fils[1], pour aller découvrir et habiter nouvelles terres, à condition de luy rendre pour tous devoirs la cinquiesme partie du profit, deduction premierement faite des frais et des coustages. Jean Cabot et Sebastien, se mettant en mer, partirent de Bristol l'année suivante et faisant leur route vers les parties de l'est de l'Amerique, découvrirent, le vingt-uniesme jour de juin, l'isle Saint-Jean, et de là naviguerent vers le nord, jusques sous les 56 degrez; mais ne pouvant trouver le passage qu'ils prétendoyent pour aller à la Chine et quelque mutinerie s'estant emeuë entre leurs gens, ils retournerent ranger la coste vers la Floride jusques au 36 degré, puis revinrent en Angleterre ou le pere mourut[2]. Le fils, apres son decez, s'estant retiré vers le Roy de Castille[3], equippa à ses frais des navires,

---

[1] Ce ne fut pas en 1495, mais le 24 janvier 1494, que Jean Cabot aborda à Terre-Neuve. Les études sur Jean et Sébastien Cabot sont nombreuses. Voyez entre autres l'article publié par l'amiral Jurien de la Gravière : *Sébastien Cabot et sir Hugh Willoughby*, dans la livraison du 15 juin 1876 de la *Revue des Deux Mondes*, et celui de M. Alph. Reumont : *I due Caboto, cenni storico critici*, dans l'*Archivio storico Italiano*, année 1880.

[2] Voy. D'AVEZAC, *Les navigations terre-neuviennes de Jean et Sébastien Cabot*, dans le *Bulletin de la Société de géographie*, 1869, t. II, p. 300 et suiv.

[3] Charles-Quint.

pour faire la découverte du Brezil. Ce voyage donna
la connoissance de la riviere de la Plate, ainsi nommée à cause de l'argent qui s'y trouve. Depuis ce
temps, les conquestes des Espagnols sont tousjours
allées en augmentant dans les Indes occidentales, un
pays n'ayant pas si tost esté découvert qu'ils n'en
ayent fait leur propre.

Certes de grands hommes, il leur faut donner ce
tiltre, encore que la pluspart fussent petits d'extraction et peu moyennez, ont travaillé pour la gloire de
ceste nation, et maintenant elle joüit en repos et
avec beaucoup de profit des fruicts de leur labeur.
Les exploicts et conquestes de ces gentils courages
se connoistroyent bien mieux, avec les moyens qu'ils
ont tenus, si la plus part ne nous estoyent celez à
dessein. Ces gens sont d'ailleurs assez ambitieux
d'honneur, assez curieux de l'amplification de leur
gloire, mais ils ont une juste apprehension de nous
mettre l'esperon au flanc; ils ne veulent point nous
voir entrer et courir en ceste carriere; s'ils nous
marquent des brisées, elles sont confuses, elles tendent qu'à nous embarasser l'esprit et faire perdre
toute cognoissance dans leurs voyes. Je crois bien
que c'est leur principal desir de demeurer seuls et
sans concurrens, pour n'avoir point d'autres imitateurs que leurs successeurs et descendans. S'ils
peuvent l'obtenir, c'est leur bien et leur honneur;
mais, comme ils ne possedent ces belles contrées que
par le seul tiltre des armes, ils ne s'en peuvent asseurer comme d'un juste heritage. Dés leurs premieres
découvertures aux Indes, une belle et loüable émula-

tion commença de naistre parmi eux. A l'envi les
uns des autres, ils s'efforcerent de bien faire...

Jean Verazzano... fut commis par nostre grand
roy François I à la découverte des nouvelles terres.
Ce prince, sans controverse le plus grand de son
aage en toutes qualitez vraiment royales, mais au
reste tousjours assez malmené de la fortune, reconnoissant les bons succes qui arrivoyent aux Castillans
en l'Amerique plus par bon heur que par merite, et
prévoyant les singulieres commoditez qu'il en pourroit retirer pour l'advenir, se sentit chatoüiller le
cœur de quelque desir d'avoir part au gasteau. Toutesfois, comme ses desseins n'estoyent moins justes que
genereux, il voulut s'adresser en lieu que nul prince
chrestien peust se vendiquer. Ainsi Verazzano,
de l'industrie duquel il pleut à Sa Majesté se servir,
partant de nos costes, s'adressa droit vers la Floride,
et la rangea, tirant tousjours vers le nord. Il vid plusieurs isles, reconnust de beaux fleuves et de belles
terres et mesme, pour prise de possession, y planta
des colonnes de pierre, où estoyent gravées les
armoiries de France. A son retour, il fist au Roy un
tres avantageux rapport de tout ce qu'il avoit remarqué, et entre autres choses l'asseura que le pays qui
s'estend de la Floride au cap Breton estoit le meilleur, le plus beau et le plus fertile du monde [1]...

Nostre grand François I, n'ayant peu perdre le
goust que Verazzano, pilote diligent, hardy et industrieux, lui avoit fait prendre de ces terres, et delà

---

[1] La relation du voyage de Verrazzano a été conservée par
Ramusio, t. III, p. 350 et suiv., édit. de Venise, 1556.

possible se portant ailleurs, le renvoya avec nouvelles charges et instructions; mais il mourut en ce
second voyage. Ce fut à la verité un grand dommage
pour la France; car il y a bien de l'apparence, que,
si en ce temps l'on nous eust donné de l'exercice
dehors, les troubles et les schismes suscitez en ce
royaume eussent par ce moyen esté suffoquez dés
leur naissance, et tous nos malheurs eussent avorté.
Mais nos destins ne le portoient pas ainsi. Quels pays
au reste n'eust-on peuplé de douze millions d'hommes
pour le moins consommez durant nos guerres? Ne
revenez jamais, temps prodigieux, où les peres dé-
laissent le soin de leurs enfans, les enfans dépoüillent
la pieté envers leurs pères, les freres proditoirement
trahissent leurs freres, les femmes meschamment
abandonnent leurs maris, les maris laschement pro-
stituent leurs femmes, les cousins cruellement mas-
sacrent leurs cousins, les amis infidellement dressent
embusches à leurs amis pour avoir leur bien et leur
vie. Il n'y a rien qui dénature tant les hommes que
les guerres civilles! Les plus traitables humeurs s'en
effarouchent, les mœurs plus douces s'en aigrissent.
Elles font naistre la barbarie au milieu de la civilité,
font degenerer les hommes de l'humanité, et corrompent mesme les divines habitudes de la vertu. Heureux et sages les princes qui les évitent et divertissent,
qui durant le calme se souviennent de la tempeste
et durant la paix préparent la guerre au loin, non
chez eux : contre les estrangers et ennemis; non
contre leurs citoyens, subjects et serviteurs. Mais
revenons a nostre propos.

La mort de Verazzano fut cause qu'en l'an 1534 François I rechercha Jacques Cartier[1] de Saint-Malo, homme de mer et pilote excellent, pour continüer ses découvertures et sur tout trouver un passage en la mer du Sud. C'est pourquoy, suivant le discours de son esprit, il adressa son premier voyage vers les terres neufves et le cap Breton. Puis, pour la seconde fois remontant en mer avec trois navires et cent douze hommes, il découvrit les contrées de Canada, Sague-nay, Hochelaga et quelques autres situées sur la grande riviere de Saint-Laurens, en laquelle n'ayant trouvé aucune issuë pour entrer dans l'autre mer, que principalement il cherchoit, apres y avoir hy-verné, il retourna en France et vint faire rapport au Roy de ce qu'il avoit fait et veu, de ce qu'il pensoit s'y pouvoir faire et découvrir. L'année suivante, il fut encore equippé de trois navires et d'un bon nombre d'hommes pour aller passer son hyver en Canada et reconnoistre mieux toutes les costes. Mais par malheur, la saison fut longue et aspre, et parmi les habitans du pays s'esmeut je ne sçay quelle maladie dangereuse, et aux nostres inconnuë, la-quelle en consomma beaucoup, ce qui le contraignit de ramener le reste de ses gens en France. L'an 1545, on lui delivra derechef des navires à Saint-Malo, aux frais du Roy. Ce fut à ce coup qu'il embarqua des hommes et des femmes, avec dessein resolu de faire peuplade. Messire Jean François de la Roche, sei-gneur de Robert-Val, fut nommé par Sa Majesté son

---

[1] Les ouvrages sur Jacques Cartier sont en grand nombre ;

vice-roy ès pays de Canada, Saguenay et Hochelaga,
appellez maintenant la nouvelle France, lequel,
asseuré non seulement par la constitution du globe
de la terre, mais par le rapport des sauvages mesmes,
d'une autre mer au derriere de ce continent, donna
charge à Cartier de chercher un passage par le
nord-ouest, pour aller au Cathay et à la Chine. Ce
seigneur boüillonnoit d'un extréme desir de voir
ces terres occupées par les François, et pour ce
depeschoit-il Cartier devant pour y prendre assiette
et fortifier quelque belle place, cependant qu'il feroit en France amas d'hommes et de provisions
pour s'y rendre l'année suivante, avec sa flotte bien
munie. Mais, son project estant traversé, selon nostre
malheur ordinaire, il ne peut fournir secours et
refraischissement au temps promis. Ainsi fut-il accu-
sable, non tant à cause du manquement que de l'erreur qu'il encourut, pour ne pas avoir adverti Cartier
de ce qui l'arrestoit : car venant à prendre une imagination de quelques troubles en France, et quand et
quand luy naissant une crainte de se voir abandonné,
il se rembarqua pour revenir l'an 1542, arrivant à
la Rochelle, il y trouva le seigneur de Robert-Val
avec hommes et vaisseaux tous prests, lequel usa
tant envers luy qu'envers ceux qui le suivoyent de
grande instance pour les faire retourner ; mais il ne
peut l'obtenir, soit à cause de la fatigue, ou autrement. Au contraire Cartier fit voile de nuict, et se

on en trouvera l'indication dans le dernier paru : *Jacques Cartier*, documents nouveaux, recueillis par F. Joüon des Lon-
grais, ancien élève de l'École des chartes, Paris, 1888.

retira à Saint-Malo. Le seigneur de Robert-Val ne laissa pas de poursuivre son voyage avec trois navires, garnis de deux cents hommes. L'embarquement se fit à Chef de bois[1]. Il demeura l'esté et l'hyver suivant en Canada : mais du mauvais ordre, des querelles de ses gens, du mauvais traictement des sauvages et de quelque peu de fatigue, que quelques courtisans qui le suivoyent endurerent, proceda la ruine de tout son dessein, dont les reliques revindrent en France, incontinent apres[2]. Pendant le temps des découvertes de Cartier en ces quartiers, les Anglois y eurent aussi quelque dessein ; car, en l'an 1536, un nommé Hore, de la ville de Londres, fut avec deux navires et six vingts hommes, prendre connoissance des costes, depuis le cap Breton jusques à la Floride. Mais les vitailles, par son peu de prévoyance, venant à luy deffaillir, ses gens furent contraints de s'entremanger, et tous sans doute perissoient miserablement de faim, s'ils n'eussent surpris un vaisseau françois, qui de fortune arriva là où ils estoyent. Ainsi remis et quelque peu provisionnez, ils reprindrent leur route pour Angleterre. Suit une pause de vingt années, durant laquelle ny François, ny Anglois, dont au moins l'on face mention, n'ont entrepris ny découverture, ny peuplade ès regions de la neufve France.

---

[1] Chef-de-Baie, près la Rochelle.

[2] Cf. RAMUSIO, t. III, p. 435 et suiv. : *Brief recit et succincte narration de la navigation faicte en 1535 et 1536 par le capitaine J. Cartier ès ysles de Canada*, etc., 1545, in-8°, réimprimé par D'AVEZAC en 1863, in-12, et HAKLUYT, *The principal navigations*, Londres, 1592-1600, t. III, p. 232 et suiv.

Monsieur l'admiral de Chastillon [1] se forma bien en l'esprit sur la connoissance qu'il avoit prise des découvertures et memoires de Verazzano, qui luy estoient tombées entre mains, des voyages de Cartier et des entreprises de plusieurs autres, tant nostres qu'estrangers, qu'il y avoit de l'honneur et du profit à gagner par ceste voye. Et pourtant fit-il equipper deux navires au Havre de Grace, dont il commit la charge à Jean Ribaut de Dieppe, lequel, accompagné de René sieur de Laudonniere, et de plusieurs autres gentilshommes, partit de France, avec ordre expres d'aller derechef reconnoistre les costes depuis le cap de la Floride jusques au cap Breton. Il luy commanda pareillement de commettre quelques-uns en la terre, afin de rechercher lieu propre et commode à l'habitation; ce qui fut effectué, laissant Albert de la Pierre avec trente hommes dans une petite isle où il se fortifia, mais, ayant esté tué des siens par sedition, ceux qui resterent furent contraints d'abandonner le lieu, à faute de secours. Deux ans apres, assavoir en l'an 1564, mondit sieur l'admiral, qui goustoit mieux tous les jours ceste entreprise, y renvoya le sieur de Laudonniere, sous l'authorité du Roy, avec trois navires et bon nombre d'hommes, fondez en commission d'y planter les armes et les mœurs françoises. Il arriva heureusement à bord et avoit desja bien sejourné vingt mois dans la terre, lorsque Jean Ribaut, amenant de

---

[1] Il s'agit de l'amiral Coligny. Montchrétien oublie la tentative de colonisation de Villegagnon au Brésil, en 1555.

France, bon nombre de navires, d'hommes et de vitailles, vint pour prendre sa place ; car ses malveillans l'accusoient vers Monsieur l'admiral que ses comportemens estoyent rudes et tyranniques à l'endroit des habitans naturels du pays, que pour ce subject, ils commençoyent a prendre en haine les François, et qu'au reste ces peuples estoyent irreconciliables. Comme Ribaut avoit desja mis bonne part de ses gens à terre faisant travailler à la descharge des navires, Pedro Menendes espagnol, qui conduisoit une bonne flotte et bien garnie d'hommes, donna dans le port. Soudain Ribaut commande a ses gens de se r'embarquer, contre l'advis de Laudonniere, prenant pour renfort tout ce qu'il y avoit de soldats sains dans la place et en laissant à peine cinquante tous malades avec luy, car un mal du pays y regnoit pour lors, qui travailla beaucoup les François, jusques a tant qu'ils en eussent trouvé le remede par la connoissance d'un arbre qu'un sauvage leur enseigna. Ainsi Ribaut s'estant mis à la poursuite de Menendes et donnant la chasse à une partie de ses vaisseaux, un grand vent s'esleve et la nuict survient, qui luy fait perdre la veuë et la connoissance de leur route. Menendes, prenant de là occasion, vient donner en terre, à un havre esloigné de nostre fort d'environ dix ou douze lieuës, et sur le champ, desembarquant ses gens, les fait marcher en telle diligence que la nuict suivante il y arriva. Or estoit-il presque tout démoly, à raison que Laudonniere desesperant de tout secours, l'avoit mis hors de deffense, en resolution de s'embarquer pour le

retour sur un navire et une patache [1], a ce dessein
acheptés de messire Jean Haquins, Anglois, qui
retournant des Indes, avoit donné dans ce port pour
se refraichir et faire aiguade [2]; de sorte que, la
place estant ainsi diminuée de force et mal garnie
d'hommes, il fut aisé aux Espagnols de l'enlever sur
nos François. Ceux qui eschapperent à la fureur des
armes passerent par la cruauté des vainqueurs : car
ils les pendirent tous, excepté Laudonniere et quelque peu d'autres, qui se sauverent sous la faveur de
la nuict a bord du navire. Ribaut ayant perdu les
Espagnols en sa poursuite, revient au havre d'où il
estoit party, mais, le trouvant occupé par d'autres
maistres, il tourne et fait route pour revenir en
France [3]. Les nouvelles de ce qui s'estoit passé à la Floride entre les François et les Espagnols viennent par
deçà. Dés lors le capitaine Dominique de Gourgues,
soit qu'il eust quelque parent, ou quelque amy,
entre ceux que les Espagnols avoyent traictez si
ignominieusement, soit qu'il fust genereusement

[1] *Patache* était un petit vaisseau de guerre attaché au service d'un plus grand ou qui mouillait à l'entrée d'un port pour
aller faire la découverte et reconnaître les navires qui venaient
ranger la côte.

[2] *Aiguade*. Provision d'eau douce que font les vaisseaux en
route. (*Dict. de Trévoux.*) Aiguade n'est employé aujourd'hui
que dans le sens de lieu où l'on fait de l'eau. (LITTRÉ.)

[3] Ribaut fut massacré par les Espagnols. Voyez sur la première expédition de Floride : HAKLUYT, *A veritable historic
containing four voyages made by certain french captaynes into Flo-
rida*, 1567, in-4°; sur la deuxième : *Histoire notable de la Floride, descrite par le capitaine* LAUDONIÈRE, Paris, 1586, in-8°,
et les dessins de Lemoyne de Mourgue, dans la *Collection des
grands voyages des frères de Bry*, 1590.

touché de voir ainsi fouler l'honneur de sa nation,
conçeut en l'esprit d'en prendre vengeance. Pour
cest effect il equippa, l'an 1567, trois navires et
mit dedans 230 hommes, puis fit voille de la
riviere de Bordeaux, sans s'ouvrir de son dessein à
personne quelconque. Se trouvant viron a la moitié
du chemin, il fit entendre sa volonté à ses gens, les
encourage et resoult, puis tend à la coste de la Floride, l'aborde et descend sans contredit vingt lieuës
au dessous du fort des Espagnols. Incontinent que
les sauvages le reconnoissent pour François et entendent ce qui estoit de son intention ils le reçoivent a bras ouverts, luy baillent l'arc et les flesches
en signe d'alliance inviolablement contractée, pro-
mettent de l'assister, s'assemblent bien dix mille en
un lieu secret, sous le commandement de leurs Para-
coussis, où de Gourgues et ses gens furent conduits
par des guides qu'ils lui laisserent expres. Joincts
ensemble ils attaquent les Espagnols separez en
trois forts, les forcent et mettent tous à l'espée, hors
mis vingt reservez au supplice qu'ils avoyent donné
aux François. Je ne veux point ici passer sous silence
ce que nous devons a la recommandation de ces
peuples sauvages, et entre autres d'Olocatora, jeune
Paracoussi, lequel, encourageant le capitaine françois de geste et de parole et lui promettant de faire
un beau devoir en cest assaut, s'arma d'une pique
qui luy fut presentée, puis, quand ce vint aux mains,
montra tant de valeur et de courage que, le premier
de tous, il s'eslança dans le premier fort et du premier rencontre tua d'un coup de pique le canonnier

prest à mettre le feu à l'amorce d'un canon pointé contre les assaillans. De Gourgues, ayant aussi heureusement exterminé les Espagnols dans la Floride, considera que d'y laisser des hommes en petit nombre seroit les abandonner a la boucherie, estans les ennemis si nouvellement irritez d'une si juste revenche. Pourtant il se delibera de r'amener en France tout son equipage pour revenir avec plus de force, et, ce qu'il desiroit le plus, sous l'authorité du Roy. Mais il se trouva bien loin de son espoir, estant arrivé, car au lieu d'estre bien veu et bien receu, il fut contraint par les artifices et menées, qui deslors se pratiquoient parmy nous contre nous mesmes, de se tenir caché à Roüen, où nostre Roy Charles neufiesme estoit pour lors, chez le sieur President de Marigni qui pour son merite et gentil courage luy portoit beaucoup d'affection[1]. Voicy le bout des entreprises françoises en la Floride, lesquelles furent destourbées en partie par le peu d'industrie et par la mauvaise conduite des entrepreneurs, en partie par la negligence de ceux qui les mettoient en besongne, en partie par nos dissentions civiles. Nous avons ceste coustume de commencer assez bien, mais d'achever tousjours mal. C'est que la fin n'est jamais, comme elle devroit, la premiere en nostre entendement. Pleust à Dieu que nous peussions pratiquer ce beau precepte de Saluste, historien romain : devant que de mettre la main à l'œuvre consulte bien et serieu-

---

[1] Sur l'expédition de Dominique de Gourgues, voy. *La reprise de la Floride*, publiée par TAMIZEY DE LA ROQUE, 1857, et GAFFAREL, *Histoire de la Floride française*, 1875.

sement, puis travaille en prenant justement le
poinct de l'occasion et du temps. Nous ferions des
merveilles si cela estoit ; car rien ne peut tenir
contre nostre valeur, et, si par prévoyance nous pouvions asseurer ce que nous pouvons par courage conquerir, la rondeur de la terre feroit bien tost la couronne de la France...

Mon intention n'a point esté de reciter à vos
Majestez ces entreprises et voyages pour leur donner le plaisir pur et simple d'une narration de
choses, lesquelles, pour estre du temps, ne sont pos-
sibles si connuës, et desquelles la curiosité peut contenter les plus beaux esprits. Elles ont le jugement
assez aigu et penetrant pour en aller cueillir le
fruict plus loin...

Si jamais aucun siecle a porté de grandes occasions de faire de belles entreprises, c'est celuy où
nous sommes. Si jamais la France se peut mettre en
estat et disposition d'y servir bien son Prince, c'est
sans doute à ceste heure. Le temps en est venu ;
celuy qui viendra cy apres sera par avanture moins
opportun. Ce qui maintenant se peut faire à l'aise et
en repos, peut perdre en le dilayant les momens de
l'occasion, les moyens de l'accomplissement. Ores
que la France est détrompée et ne peut plus, graces à
Dieu, estre induite a tremper la poincte de ses armes
en son propre sang, que le terme du charme, qui l'a
si long temps ensorcelée et troublée en son jugement,
semble estre expiré, il faut songer a luy donner
quelque bon et honneste exercice, mettant toutes ces
riottes domestiques à part ; car de la laisser croupir

en un languide repos ce seroit son mal; à la fin la
repletion luy causeroit autant de prejudice que fist
jamais l'inanition; ceste santé athletique, qu'elle ac-
querroit, la feroit tomber peut estre en la plus griefve
et dangereuse maladie qu'elle ait jamais soufferte.
A la verité, c'est un grand bien que la paix, si on
estoit asseuré de la pouvoir tousjours conserver dedans et dehors, et si ce qui la nourrit ne servoit
point à la destruire. C'est une grande felicité que de
couler doucement et tranquillement sa vie, si la
quietude mesme n'estoit un grand travail a beaucoup des plus braves hommes. Les serains sont
agreables et doux, mais les plus beaux pronostiquent
des orages. Les grands calmes rient aux mariniers et
les induisent à se resjoüir; mais ils couvent souvent
des naufrages et des tempestes. Les patrons de navire sont bien sages et bien advisez qui, pendant
leur durée, au lieu de se laisser aller à la bonne
chere et au jeu comme les autres, revisitent soigneusement leurs cables et amares, font godronner
leurs cordages, et r'habiller leurs voilles : regardent
si leurs ancres sont bien et seurement attachées, et
cependant ne laissent pas de faire route et de bien
menager le temps...

Si tous les hommes estoient justes, disoit le
sage, nous n'aurions que faire de la magnanimité,
l'usage en seroit inutile; c'este vertu auroit un
beau nom sans effect, faute d'occupation; mais
puisque naturellement ils ne peuvent estre ny demeurer tels et qu'il faudroit abbattre et couper toute
la forest pour chasser tous les lions et les ours

qui s'y embuschent, il faut bien adviser pour la seureté tant du general que du particulier de la maintenir et nourrir dans les braves courages, attendre mesme, qu'on ne sçait le jour ny l'heure que l'on peut en avoir affaire. Il faut bien s'empescher de laisser esteindre en la langueur du repos et de l'oysiveté ceste generosité naturelle à vos peuples, à laquelle les difficultez sont comme des appasts, les perils comme des amorces. Le principal et le plus important de l'affaire est de leur donner un object qui soit beau et utile, honorable et profitable tout ensemble, un subject digne de vostre jugement et de leur valeur. C'est à vous à le choisir, à le leur mettre en butte. Nulle action ne peut avoir en son progrez d'égalité uniforme et consonante à soy-mesme, si elle ne sort d'une certaine raison, d'une resolution non confuse et embroüillée, d'une fin soigneusement pourpensée et examinée. Avant l'œuvre il faut meurement considerer ce que l'on veut faire, en l'œuvre faire courageusement, et apres l'œuvre se gouverner sagement et moderement, adherant tousjours à ce qui est bon et utile de soy, non à ce qui semble tel à l'opinion du commun, laquelle est muable comme un Eürippe et tousjours agitée, comme de vents, de plusieurs diverses erreurs.

Quoy que l'on pense, il n'y a moyen plus seur ni plus expedient pour entretenir un peuple naturellement courageux en l'exercice de la vertu, en la pratique de son devoir, que la crainte d'un ennemi guerrier ou l'occupation au labeur de quelque grande et penible entreprise. A propos du premier, Polibe, judicieux autheur, nous dit que jamais on n'a veu les Romains plus vertueux, les subjects plus obeissans aux magistrats ni les magistrats aux loix, sinon alors que Pirrhus en un temps et Hannibal en l'autre estoient aux portes de Rome. Pour le regard du second, rien n'a tant empesché dans l'Espagne les seditions civilles que ce grand divertissement que les Roys y peuvent faire par le moyen des Indes et des autres pays qu'ils possedent en l'Europe, où ils envoyent le sang trop chaud, retenant tousjours le plus temperé aupres du cœur...

C'est qu'il y a tousjours en un Estat des larrons, des fayneans, des mutins, qui gastent la simplicité des bons subjects, et n'y a bien souvent magistrat ny loy qui puissent en venir à bout, les gibets n'estans dressez, comme l'on dit, que pour les mal heureux, les filets d'aragnes tendus que pour les mouches. Pour en purger le pays comme d'une pituite, on ne sçauroit trouver de meilleur appozéme que de les jetter hors. A ceste occasion principalement fut meu nostre Roy Charles le Sage d'accorder et d'envoyer le secours demandé au bastard de Castille, sous la conduite de Bertran du Guesclin. Comme aussi la mesme raison porta le Roy Louys XI à prester main forte au comte de Richemont[1]. Ainsi tous deux remporterent l'honneur, outre la medecine donnée a propos a leur Estat par laquelle ils nettoyerent leur pays de ceux qui avoyent trop de vif argent en la teste, de pointes au cœur, de fourmis aux mains,

[1] Cf. COMMYNES, liv. V, chap. XX.

d'avoir restabli deux Roys aux Royaumes dont ils
avoient esté chassez...

C'est un grand art aux Princes, de sçavoir et pouvoir bien user de la vie et du service de leurs subjects. Ceste science les fait aimer, ceste puissance les
fait craindre. Les uns sont bien aises d'estre employez à la recherche du gain, les autres à la queste
de l'honneur. Ainsi, les uns leur pouvans estre
utilles et les autres honorables, ils s'en accommodent
comme d'instrumens propres à de grands et signallez
ouvrages...

J'ay discouru cy dessus à vos Majestez de plusieurs commerces, et, comme un nombre presque
innombrable de vos subjects y peuvent estre mis en
besongne. Je dis maintenant que vous avez de beaux
moyens à la main pour tenir vostre peuple en paix,
comme en exercice de guerre au bien et repos de
l'Estat. Depuis plusieurs siecles toutes les nations
du monde presque, ont cherché la decizion de leurs
differens par armes, à la campagne; s'il y a eu quelques combats de mer, ils n'ont esté si signallez que
les batailles et sieges des villes pour le regard des
chefs et capitaines principalement : car on sçait au
reste combien le courage, y estant plus reduit et resserré, se montre ordinairement plus fort en la détresse du lieu par l'union de sa vigueur. La pratique
de la milice sur la terre, l'usage de la fortification,
l'industrie de se loger advantageusement, l'ordre de
combattre et autres choses requises tant à la conduite des armées qu'à l'advantage des journées,
sont aussi venuës à tel point de perfection qu'il fau-

droit maintenant, pour acquérir un pouce de terre sur son voisin, espandre une mer de sang; qu'un meschant rempart fait de fascines et de gazon se deffend mieux et plus longtemps que jadis la plus grande et puissante cité. Il faut donc changer de methode et de lieux pour acquerir le glorieux tiltre de conquerant à bonnes enseignes. Et puisque nos voisins nous marquent le chemin et nous font de si belles brisées, et que la necessité mesmes des temps semble le requerir, a dire vray, ne les suyvre point ou plustost ne les devancer point, seroit un reproche éternel à nostre courage. Si faut-il que nous nous hastions, car ils y songent et travaillent à bon escient. Je diray librement icy ce qui en est. Rien ne cause tant d'audace et d'insolence aux estrangers, non seulement chez eux, mais chez nous-mesmes, non seulement en mer, mais en terre ferme, que ce qu'ils nous reconnoissent leur estre inferieurs en equipage et puissance de mer. A la verité, une armée de terre bien dressée, bien conduite et bien ordonnée, en un mot, telle que vos Majestés la doyvent et peuvent tousjours avoir, pour la gloire et seureté de ce Royaume, est capable de faire trembler toutes les nations circonvoisines, celles principallement que l'on peut aborder de pied ferme; mais aussi faut-il confesser qu'une flotte bien equippée, bien avitaillée, bien commandée, outre l'asseurance qu'elle apporte au dedans des pays par la deffense du dehors, est encores plus propre à porter en peu de temps jusques en l'Orient et en l'Occident les armes et la terreur d'un grand et puissant Monarque. Chaque navire luy peut estre un taureau, pour ravir une Europe.

Vos Majestez ont deux mers aux extremitez de ce Royaume; je les appelle deux larges portes pour saillir sur les deux bouts du monde, deux issuës par lesquelles vos genereux peuples, soubs les glorieux auspices de vostre nom, peuvent aller porter l'ori-flamme semée de lis en toutes les provinces de la terre. Il y en a beaucoup qui y sont disposez et s'y disposent tous les jours; mais avant que l'on puisse rien attenter de grand, que l'on puisse rien faire digne de vostre regne, digne de ceste empire, il faut que vos Majestez elles-mesmes prennent la peine d'en reconnoistre les moyens, les ouvrent elles mesmes liberallement et, par leur propre resolution, les facent embrasser a leurs subjets courageusement. Tous ceux qui ont voulu se porter à de grandes et gene-reuses entreprises ont tousjours commencé par l'ordre et le reglement de ceux qu'ils y vouloient employer... Nous avons besoin de cela plus que de tout, le reste ne peut manquer. Employez y donc vos royalles pen-sées, travaillez y donc de vostre propre main, car elle y est requise. Mais d'où mieux et plus a propos peuvent vos Majestez prendre le principe de ces grands ouvrages, que du soin de la navigation dont vostre Admirauté est comme le cœur qui luy distri-bue les esprits de vie et de mouvement...

Pour comprendre le tout en peu de mots, je diray qu'il n'y a rien qui puisse davantage entretenir la navigation en ce Royaume, que si vos Majestez font tenir la main par leurs officiers à ce qu'elle soit fidel-

lement exercée pour le bien des marchands et reglément ordonnée pour la conduite et encouragement
des mariniers, lesquels, il faut de vray contenir en
devoir, mais non leur soustraire ce peu de bien et
de gain qu'ils achétent avec tant de peine et de peril.
Tant plus que ces hommes sont portez par coutume
et par habitude au debordement et à la licence, tant
plus doit-on les resserrer, comme entre des barrieres de bonnes loix; mais il y faut tenir un autre
methode que celuy qui se pratique en plusieur havres, esquels quand les navires reviennent de la
terre neufve, d'Espaigne ou d'ailleurs, s'il s'est
passé quelque leger debat entre les compagnons,
voire bien souvent sans playe, on informe et decrette
contre eux, on prend argent d'eux sans les vuider
de procez, afin de tirer tous les ans, à divers retours,
la pluspart du profit de ces pauvres miserables, attendant quasi tousjours à les arrester lors qu'ils sont
prests de repartir pour un autre voyage, et faut que
bien souvent les bourgeois, qui mettent les équipages
hors, les degagent de ces accrochemens, ce pendant
la commodité du temps se perd, laquelle est de l'importance qu'on sçait en nos costes. Il se trouvera un
tresgrand nombre de telles chiquaneries dans les
ports que vos Majestez doivent commander qu'on
abolisse à jamais, faisant punir qui l'aura merité
selon le delict et sur le champ; car pour conclurre
ce poinct en peu de mots, c'est en la juridiction de
vostre Admirauté[1] principallement que tous differens

---

[1] L'Amirauté était l'une des trois juridictions de la Table de

doivent estre sommairement vuidez, comme survenans entre marchands et mariniers, lesquels ne doivent estre que peu ou point du tout détourbez de
leur action, selon la pratique des Prieurs consuls de
plusieurs bonnes villes de ce Royaume. Je ne doute
point que, vos Majestez ayant apporté aux ordres et
reglemens de ceste Justice ce qui est de leur authorité souveraine, ce brave et genereux seigneur de
Montmorency, ès mains duquel elles en ont daigné
commettre la charge et la dignité, ne les face soigneusement entretenir et conserver. Son aage et sa
vertu font concevoir aux François de hautes et longues esperances. Que diroit-on de luy, s'il forlignoit
de tant de sages Connestables, de courageux mareschaux de France, de prudens gouverneurs de province, de seigneurs si celebres et genereux desquels
il est descendu de pere en fils ? estant si heureux
d'origine, il le sera sans doute encor plus d'imitation...

Apres le soin de la jurisdiction succede celuy des
ports, ainsi nommez selon le tesmoignage de Varron
et pour mesme cause : comme les portes qui sont les
entrées et issuës des citez, esquelles comme il y a
ordinairement lieu de retraicte et de seureté pour les
hommes, ainsi dans les havres pour les navires. A
cette occasion, il en faut soigner comme de lieux
publics et utiles sur tous autres; mais cela touche
principallement le Prince, auquel, avec le droit
commun, en est transferé le soucy principal; comme

marbre. Les juges qui composaient ce tribunal étaient à la nomination du grand amiral de France.

pareillement des fleuves, ponts, chemins, chaus-
sées, etc. Il doit considerer qu'ils sont les forteresses
de ses costes, les estappes du commerce, les fermes
boulevards de son Estat, et que d'eux dépend plus
que de tout la richesse et la splendeur de ses villes
maritimes, le trafic et la commodité des autres qui
sont dans son royaume. Les Athéniens le comprin-
drent fort bien quand Themistoclés leur proposa de
faire le port de Pyrée triple, voire mesme de le
clorre de bonnes murailles, à cause dequoy il vint
bien tost à égaler la ville en montre et dignité, la sur-
passant au reste en richesse et utilité... Mais nous
n'avons que faire de recourir à l'antiquité pour faire
foy de ce que nous prétendons, ayant à nos portes,
de nos jours et devant nos yeux, les Holandois, lesquels experimentent et montrent mieux que nuls
autres que par la mer se trouve le plus court
chemin de fortifier, enrichir et agrandir un Estat, le
meilleur moyen de resister a un puissant ennemy et
d'entretenir long temps la guerre contre luy. Aussi
ont-ils depuis vingt-cinq ans si soigneusement travaillé à l'accommodement des ports en toutes leurs
places, qu'ils en ont maintenant assez bon nombre,
meilleurs par artifice, que par nature. Non seulement
tout leur art s'y est déployé, mais toute leur arriere
épargne employée, et toutesfois avec plus de fruict
que de coust. Si vos Majestez se veulent montrer
aussi curieuses de ceux de leurs costes, ce sera sans
doute avec succez, et plus grand à proportion que
leur puissance est infiniment plus grande. Il y en a
desja de beaux et commodes, mais qui se peuvent

rendre beaucoup meilleurs avec une dépense
moderée. Davantage il se trouve beaucoup de lieux
aux rivages de Normandie, de Bretagne et de
Guyenne où la nature n'attend qu'un peu de secours
de l'artifice; faisant eslection d'un ou deux et donnant ordre que l'on y travaille comme il faut : la
France, aussi bien que les autres pays, aura dans peu
d'années où retirer de grandes flottes et des vaisseaux de tel port que l'on voudra. C'est à cela principalement qu'une depense royalle merite d'estre
appliquée; et ne faut point douter que si nostre feu
roy Henry le Grand, pere et mary de Vos Majestez,
eust entrepris quelque tel ouvrage, au lieu du canal
de Briare[1] où de si grandes sommes d'argent ont
esté si inutillement dependuës, avec la commodité de
quelque grand et signalé havre, vous auriez maintenant tout le trafic de l'Orient; car si les marchands
françois eussent esté secondez de son authorité et de
ses moyens, vainement dissipez, à l'appetit et par le
mauvais conseil de quelques particuliers, on ne sçauroit imaginer de combien se fust accrue la force de
l'Estat, la richesse du peuple augmentée, et son
industrie quand et quand aux navigations loingtaines
desquelles procedent les grands profits du commerce.

Il y a long temps que ces deux vers courent par
la bouche des hommes :

> Heureux celuy qui pour devenir sage,
> Du mal d'autruy fait son apprentissage.

Mais quand à moy j'estime l'homme encor plus

---

[1]. Le *canal de Briare* fait communiquer la Loire à la Seine,

heureux qui par le bien d'autruy apprend une si belle science. Jamais nous ne ferons profit d'aucun exemple, si celuy que nous avons tous les jours devant les yeux ne nous touche. En prisons-nous les effects? aimons en les causes; en estimons-nous l'utilité? pratiquons en les moyens. Pour trois raisons principales vos Majestez sont obligées de les embrasser. La premiere, pour l'employ de tant d'hommes, qui joüent maintenant à l'esbahi[1], c'est grand dommage de leur laisser perdre le temps qui deust estre dependu à vostre service. La seconde, pour l'accroissement de la richesse de cest Estat; elle s'y void tout à clair et n'y manque autre chose que l'entreprise. La troisiesme, pour la conservation d'iceluy contre les accidens à venir on ne sçauroit mieux obvier à tous que par le seul moyen des deux premieres. J'en ay parlé ci dessus en leur lieu. Quant à la derniere, je represente sommairement à Vos Majestez que, pour fortifier ce royaume, il faut maintenant suivre la mesme raison que l'on observe en la fortification des places, où l'on fait tout ce qui se peut pour reculer l'ennemy par de bons bastions et fermes boulevards, les tenant a demi prises quand l'on a gagné la contre escarpe : vous avez deux mers, emplissez les de bons vaisseaux pour les garder, entretenez soigneusement ceux qui desja s'y trouvent tous prests, accroissez en le nombre où besoin sera.

par la vallée du Loing. Commencé en 1604, il ne fut terminé que sous Louis XIII, en 1642. C'est le premier canal à point de partage qui ait été fait en France.

[1] *Jouer à l'esbahi*, locution très usitée à cette époque : rester à ne rien faire, comme frappé d'étonnement.

La negligence, en quoy les roys vos predecesseurs
tenoient les costes de l'Ocean aux extremitez de leur
royaume, a plus d'une fois amené leur Estat en grand
peril, donné large ouverture aux courses et ravages
des Normans, puis leur a finallement presté l'occasion et le moyen d'occuper la Neüstrie. Quelque
temps depuis les Anglois s'y sont facilitez la descente,
et, comme il est à croire, à ceste cause principallement se sont laissez plus legerement aller à toutes
les boutades qui leur prenoient de le venir troubler
et ravager; ce qu'ils n'eussent si audacieusement
entrepris, si on leur eust opposé des forces par la
mer. Pour le regard des premiers l'empereur Charlemagne l'avoit non seulement préveu, mais, afin d'y
pourvoir, avoit donné plusieurs commissions à plusieurs de ses principaux officiers pour venir reconnoistre l'embouchure des fleuves en l'Ocean, pour
faire construire des vaisseaux afin de garder et
asseurer les costes contre toutes incursions. Mais
ses successeurs, venans à negliger cest ordre, se trouverent bien tost apres contraints de souffrir et d'accorder beaucoup de choses malgré eux. Il est tousjours bien plus facile de forclorre que de jetter hors.
C'est principalement en ce fait icy, qu'il ne se faut
point fier en l'assistance que les voisins sont obligez
de rendre à ceste Couronne. Ces forces et ces armes
seront seulement et proprement vostres, qui depen-
dront absolument de vous. Quel besoin est-il de
vous rendre necessiteux d'autruy pour le regard
d'une chose que vous pouvez aussi bien et mieux
fournir que tout autre? que par toutes sortes de

considerations vous devez à vous mesme et à vos
subjects? Si quelqu'un ayant affaire de feu en alloit
chercher chez ses voisins, et, y en trouvant, s'y vouloit arrester pour se chauffer sans se soucier d'en
allumer chez luy, feroit-il un trait d'homme sage et
prévoyant? Il est besoin de faire ce qui fait besoin;
et qui se sert par autruy, se pouvant servir soy-
mesme, n'est jamais bien servi. Que l'on n'épouvente
point vos Majestez de la dépence! car l'ordre, premierement, ne coustera que la seule peine de l'establir.
Secondement, si, pour encourager vos subjects et les
induire par vostre propre exemple, il vous plaist de
faire construire et armer quelques vaisseaux, non en
si grand nombre, car douze ou quinze peuvent suffire d'où la discipline coule et s'insinuë en tous les
autres, il ne se passera pas trois ans que vos forces
de mer n'aillent du pair avec celles de tous vos voisins ensemble, ouvrant principallement par vostre
authorité les lieux et les occasions de bien faire...
Si l'on vous met en avant l'entretien des navires, il
est facile d'en trouver le fonds en la chose mesme
pour laquelle vous les ferez faire. C'est en ce
sujet où principallement doit avoir lieu ce mot
ancien qui dit, que la guerre nourrit la guerre.
Au reste, ce que font les roys d'Angleterre, ou quelque chose de semblable, semble estre de bonne
pratique. Afin que les plus riches de leurs subjects
se portent plus volontiers et dependent plus librement à faire bastir de beaux et grands navires, s'ils
excedent le port de cent tonneaux, le Roy leur donne
soixante et six sols huict deniers par tonneau, et

encor quelque chose de plus; mais s'ils demeurent
au dessous, ils n'en ont nulle récompense[1]. Le loyer
invite a servir au public, comme la chaleur fait
rendre à l'encens ce qu'il a de bonne odeur.

Si vos Majestez prennent une fois cette affaire à
cœur, en la commodité que nous avons de toutes ces
choses qui y sont requises et necessaires, elles en
verront bien tost reüssir de grands effets : bien tost,
ce qui pour nostre regard ne semble estre qu'une
pyraterie odieuse à tous les autres peuples et infame
à la nation, deviendra commerce equitable ou guerre
legitime. Tout ce que l'on oppose ordinairement
naist de crainte ou de peu de connoissance. Car qui
nous empesche de pouvoir autant par mer que tous
les autres ensemble? C'est que nous le negligeons,
que nos plus braves et galands hommes, au lieu de
s'y employer, en laissent l'exercice a ceux qui sont
de la plus mechanique et basse condition; ce qui ne
s'est jamais fait ès autres Estats qui par là se sont
rendus forts et puissans. Nous avons assez de bons
pilotes, assez de bons mariniers pour faire beaucoup
de belles choses. Ils se morfondent parmi nous et
sont contraints de s'aller mettre aux gages des estrangers; mais nous ne pouvons conserver[2]. Il y a par tout

---

[1] *Testament de Richelieu :* « Un des meilleurs moyens qu'on
puisse prendre pour animer les François à leur propre bien
est qu'il plaise à Votre Majesté leur vendre à bon marché, tous
les ans, de ses vaisseaux à condition qu'ils s'en serviront pour
le trafic et ne pourront les vendre hors du royaume. » T. II,
p. 138. Le moyen était beaucoup moins sage que celui proposé
par Montchrétien.

[2] « Il n'y a point d'État en Europe plus propre à construire
des vaisseaux que ce royaume, abondant en chanvres, toiles,

commencement à bien faire, aussi bien qu'à toute
autre chose. On a entrepris et sans fruict, au contraire, tousjours avec perte. Il faut songer maintenant
à mieux entreprendre, à mieux adresser ses efforts, à
marcher de meilleur pied et n'obmettre pas les
choses plus nécessaires, comme l'on a tousjours fait.
Nous venons trop tard. Plus tard que nous ne de-
vrions, à la verité; mais assez tost, si assez bien. Au
reste, ceux dont on nous veut donner l'espouvente,
quand mesmes ils seroient beaucoup plus puissans
qu'ils ne sont, ont leurs forces si desünies qu'elles
en sont beaucoup moins à craindre. Ils se garderont
tant qu'ils pourront de desemparer ce qu'ils possedent, de peur de le perdre. Ils ne gaignent, que pour
sçavoir bien couvrir leur jeu. Ils ne sont forts qu'a
cause de l'opinion anticipée que l'on a conçeuë de
leur puissance. Combien voyons-nous de corps, qui
sont grands et que l'on estime si robustes, qui tombent, venant aux prises, sous les plus petits? Cestuy-ci
mesme en a, depuis quelques années, donné plusieurs
exemples. Mais nostre malheur a voulu jusques icy
que nous n'en ayons sçeu faire profit ny tirer avantage. Pour conclure : tout ce que l'on peut dire et faire
contre nous ne nous peust empescher d'executer de
beaux exploits, d'en cueillir et garder le fruict, aussi
bien comme les autres si l'ordre, qui doit venir
du mouvement de vos Majestez, est bien estably et
bien observé tant dedans que dehors, si finallement

fers, cordages, et en ouvriers que nos voisins nous débauchent
d'ordinaire, faute de leur donner occupation en cet État. »
Testament de Richelieu, t. II, p. 139.

la resolution de bien faire, que vos subjects en prendront sans doute, est continuée avec labeur et patience, qui sont deux poincts lesquels acheminent à la perfection et couronnent tous grands ouvrages d'une heureuse fin. Non, ce n'a point esté par ces conseils timides que l'on appelle ordinairement prudents, mais en ozant et en faisant, que ces braves et genereux Romains sont montez au comble de gloire. Les grandes et signallées actions ne s'achevent point avec les mains gantées, la riche somptuosité des habits n'y fait rien, ni ceste grace toute composée à la gentillesse. Le fer et l'acier plaisent plus à la vertu que l'or, l'argent et la soye; elle fait ses plus delicieux repas des plus rudes et grossieres viandes; elle se plaist mieux à coucher sur la dure que sur le matelas; elle sçait que les rozes croissent sur les espines, que les lys naissent d'herbes puantes et que le moly[1], dont le poëte Homere fait tant de cas, a la fleur blanche, mais la tige noire.

Vous avez, Sire, deux grands chemins ouverts à l'acquisition de la gloire : l'un qui vous porte directement contre les Turcs et mécreans, desquels la force s'affoiblit de jour en jour à mesure que leurs ordres s'abatardissent, et l'autre qui s'ouvre largement aux peuples qu'il vous plaira envoyer dans ce nouveau monde, où vous pouvez planter et provigner de nouvelles Frances. C'est par la navigation qu'il faut acheminer tout ce que vous trouverez bon d'entre-

---

[1] Les anciens avaient une plante nommée *moly*, à laquelle la superstition attribuait des propriétés merveilleuses, telles que celle de dissiper les enchantements.

prendre d'un costé ou d'autre. Apres que vous l'aurez
bien establie et reglée chez vous, tant pour le regard
des hommes que des vaisseaux et des ports, vous
travaillerez seurement aux conquestes et les conser-
verez facilement par de belles peuplades. Si les Roys
vos predecesseurs en eussent uzé de mesme, si, au
lieu de garnisons, ils se fussent servis de colonies,
vous auriez aujourd'huy entre vos mains les royaumes
de Naples et de Sicile, le duché de Milan et beaucoup
d'autres pays de l'Italie...

Depuis que nous joüissions de la paix, le peuple
s'est infiniment multiplié en ce royaume. On s'y
entre étouffe l'un l'autre, et seroit quasi besoin d'y
pratiquer l'exemple ancien de plusieurs nations sep-
tentrionales. Combien y a il d'hommes chargez de
grandes familles, vivans en extreme pauvreté, de
mœurs innocentes et loüables au reste? C'est de ces
gens, non de faineans, de scelerats et de criminels,
qu'il faudroit peupler un nouveau monde. Il vous en
viendroit de l'honneur et du profit tout ensemble, de
l'amplification à vostre Estat, de l'accroissement du
fonds de vos finances, des forces tant par mer que
par terre à vostre couronne; la France quitteroit
ceste lâche et faineante paresse où elle semble estre
ensevelie; l'action de vos peuples s'accroistroit deçà
et delà; diverses découvertures de pays se feroyent
de jour en jour; les bornes de vostre empire seroient en peu de temps plantées bien avant delà les
mers...

Il vaudroit encores mieux que les François ser-
vissent à la France qu'à l'Espagne. Je m'étonne que

depuis si long temps on en souffre passer tous les ans un nombre infini pous aller bastir, planter, défricher les terres d'autruy, faire tous ouvrages de main et services necessaires, à quoy l'Espagnol ne peut et ne veut travailler, tant il est paresseux et pezant à l'action. De fait l'Espagne n'est quasi peuplée que de François, comme il fut bien verifié quand le prieur de Capouë se voulut emparer de Valence par le moyen de nos galeres, alors on les vouloit tous chasser, mais il s'en trouva dix mil qui furent cautionnés par les Espagnols. En l'an 1595, que Henry nostre grand Monarque, pere et mary de vos Majestez, declara la guerre au roy d'Espagne, registre fut fait de tous les estrangers, afin de faire entrer ceux qui seroient aux frontieres ou pres de la mer seize lieuës autant en la terre. Ceux qui se trouverent és royaumes de Seville, de Portugal, de Grenade et de Murcia, qui voisinent l'Ocean estans quasi tous negotians, residens qui a Lisbonne, qui à Cadis et S. Luques, qui a Malgue[1], qui a Cartagene, par leur sollicitation ils furent à la fin laissez, à cause de leur petit nombre; à joindre qu'ils estoient la pluspart Bretons reconnus pour tres affectionnez à la Ligue et au roy d'Espagne, jusques-là, que ceux qui estoient à Sainct Luques, lieu favorable où ils joüissent de mesme privilége que les naturels et où d'ordinaire ils se trouvent de deux à trois cens marchands, presenterent une requeste signée de 18 ou 20 des principaux au duc de Medina Sidonia, seigneur de la

---

[1] Malaga.

place, luy remonstrant qu'on ne les devoit tenir pour estrangers, d'autant qu'ils estoyent du duché de Bretagne appartenant à l'Infante, issüe de leur duchesse Anne dont la ligne estoit esteinte. Mais au royaume de Valence, assis le long de la mer Mediterranée, il s'y trouva plus de 30,000 François exerçans plusieurs mestiers, manouvrans la soye, manians le fer, cultivans les terres et jardinages où croissent les oliviers, les meuriers et le ris, pour la pluspart Auvergnats, Gascons, Bearnois et Limousins. Et d'autant que ce royaume n'a de profondeur en la terre que 20 ou 25 lieües, et que le meilleur territoire, voire la ville mesme où les estrangers demeurent, ne sont qu'à demie lieüe loing de la mer et que, les faisant sortir, le pays fust demeuré vuide et inhabité; les nobles et autres riches habitans originaires espagnols, qui de leurs labeurs et manufactures tirent un grand benefice, obtindrent du roy d'Espagne qu'ils demeureroyent. Au royaume d'Aragon et en Catalongne il y avoit semblablement grand nombre de François des provinces susdites, nommément de la Provence, lesquels y furent laissez, tant pour la mesme consideration que pour les ouvrages de feronnerie principallement, les plus necessaires de tous. Depuis que les Maures ont esté chassez de toutes les provinces d'Espagne il y est entré un tres grand nombre de Gascons, Biarnois, Auvergnats, Limousins, Dauphinois, Languedochiens et Provençaux, qui s'employent à la culture des terres demeurées en friche. Mais, comme il en est sorti plus grand nombre de Valence et de Murcia, il y en est pareillement plus entré; et moins en Seville et Grenade, comme aussi il y en avoit moins, d'autant mesme qu'ils y habitoyent en des montagnes non si faciles à cultiver. Pour ceste raison les estrangers s'espandent seulement és plaines et terres plus fertiles que les gentilshommes espagnols ont reünies à leurs fiefs par l'ejection des Morisques, auxquels elles appartenoyent, les donnant maintenant à ferme à fort vil prix, fournissant mesme de bœufs, de mules, et d'autre bétail, commodité et advantage par les quels sont attirez tres grand nombre de vos subjects. On tient qu'il y en desjà plus de 200,000, dont la plus grande partie s'habituë d'autant plus facilement qu'ils ne sont point differens de religion d'avec les originaires, et que leur extraction n'est pas si odieuse comme celle des Morisques. Il y a de l'apparence qu'ils se mesleront par alliances les uns avec les autres et ne feront plus qu'un peuple. Cela advenant, il ne faut point douter que le pays n'en vaille mieux et que la nation n'en soit amendée, comme par une espece d'enture faite avec de bons greffes. Il se coulera pourtant 15 ou 20 ans devant que cela se puisse bien prendre et souder, car la pluspart va et vient encor, et l'autre se retire apres avoir gagné quelque argent dans les plus riches provinces d'Espagne, comme en Seville, Tollede, Grenade, Valence et à la Cour mesme, où ils font plusieurs vils ministéres, comme de vendre de l'eau, contreporter des merceries et des toiles, debiter de la quinquaillerie, coutellerie, etc.

Il s'est fait jadis de grands remuëmens de ménage

par diverses occasions et par divers moyens; il s'est fait jadis de braves délogemens de peuples...

Le desir de regner, la convoitise des richesses, l'appetit de vengeance, l'ambition de gloire, la necessité et la contrainte quelquesfois, ont poussé les peuples hors de leurs sieges; comme aussi je ne sçay quel destin ou, pour mieux dire, certain decret de la providence divine qui transporte les royaumes comme il luy plaist, et à qui il luy plaist... Les Gaulois se sont jettez en l'Allemagne, en l'Italie, en l'Espagne, en la Gréce, les Allemans et les Grecs en la Gaule, les Cartaginois en l'Affrique, les peuples septentrionnaux en divers temps et a diverses fois en divers royaumes, les uns chassez par force de leurs villes razées, les austres par peste de leurs citez desolées, les uns se deschargeans comme par essains, les autres quittans leur climat, trop rude et trop aspre, pour en occuper un plus doux et plus temperé, les uns laissans des terres infertilles pour en conquerir de plus fécondes, les autres cedans aux plus forts et refoulans sur les plus foibles; en fin on ne sçauroit cotter toutes les causes de tant de saillies; mais on peut dire avec verité, que jamais siecle n'en a porté de plus justes que le vostre, n'a ouvert de plus beaux et de plus faciles moyens de prendre le largue outre mer.

C'est une prophetie veritable que le son de la parole de Dieu s'épandra par toute la terre. Elle s'accomplit tous les jours : aucun lieu sans doute ne sera privé de la lumiere de ce soleil venu au monde pour illuminer le monde. Mais bien heureux ceux-là

qui en seront les porteurs !... Dieu nous a fait non
seulement hommes, mais hommes par dessus les
hommes, et, ce qui vaut mieux que tout cela, chrestiens. Connoissans l'importance de ce tiltre, jusques
où il va, jusques où il nous porte, et foulans aux
pieds toute apprehension, ne craignons point, afin
de nous en rendre dignes, de forcer les ondes et les
tempestes pour aller faire connoistre le nom de Dieu,
nostre createur, à tant de peuples barbares, privez
de toute civilité, qui nous appellent, qui nous tendent les bras, qui sont prests de s'assujettir à nous
afin que par saincts enseignemens et par bons exemples nous les mettions en la voye de salut. Serviteurs
de Jesus-Christ, si, en nos miserables jours, vous restez
encor quelques uns destinez à ce sainct ouvrage, je
vous appelle par la voix du maistre qui vous semond
en sa vigne : Que le delay ne vous empesche et
décourage, quoy que vous veniez tard vous aurez
le salaire de tout le jour. La moisson est grande, et
ny a faute que de moissonneurs. Le hasle ni la soif
ne vous facent point apprehender de prendre la faucille, la vraye fontaine vous suivra par tout. Ne vous
épouvantez point pour la crainte de la mort, l'autheur de vie vous accompagnera tousjours. Ne vous
troublez point pour la longueur et difficulté du
chemin, la voye qui de tous lieux mène au ciel estant
en vostre compagnie. Ne frissonnez point à l'aspect
de ce grand abisme d'eaux, puis que celuy qui
marche à pied sec sur les ondes, comme sur un
planché ferme et solide, vous doit luy mesme tenir
et guider par la main. Si, pour planter le service de

Dieu, les armes vous sont necessaires, ayez souvennance que les enfans d'Israël, reédifians le temple, avoient tousjours l'espée en une main et la truelle en l'autre...

Voila ce qui touche la cause principalle d'un si saint et glorieux travail. Parlons maintenant du sujet alentour duquel il doit estre employé, qui merite à la verité nostre assistance et nostre compassion... Ce sont barbares et sauvages voirement, mais au reste assez heureusement nez, en ce qui dépend de la nature, et de mœurs bien propres à recevoir la forme de la vraye vertu. D'avantage, ils ont quelque simpathie avec nous, ils nous aiment par inclination autant comme ils abborrent ces cruels et rudes maistres qui les ont traictez non seulement comme esclaves, mais comme les pires et plus contemptibles animaux du monde, les appellant tantost écume de la mer, tantost race de diables, etc. Pour vous faire entendre sommairement le naturel, les mœurs et façons de la plus grand'part de ces peuples, ils sont assez subtils d'esprit, mais ignorans de nos arts, soit de paix ou de guerre. Ils ne tiennent la terre appartenir à aucun particulier, non plus que la lumiere du soleil, mais estre commune à tous, et partant ne partagent-ils rien. Ils ne labourent et cultivent qu'autant qu'il est requis pour leur nourriture. Ils donnent fort librement de ce qu'ils ont et veulent qu'on leur uze de pareille liberalité. Ils sont fort equitables en leurs permutations, et nos bagatelles sont leurs plus grandes richesses. Ils sont totalement nez à la liberté, et pourtant peu laborieux. Ils estiment sur tout la valeur, et

les plus courageux hommes ont parmy eux tous les
prix et marques d'honneur. En plusieurs endroits ils
peuvent prendre autant de femmes que de fois ils ont
fait preuve de leur vertu en guerre. Bref, s'il estoit
possible de leur oster ce qu'ils ont de mauvais, et de
mettre au lieu ce que nous avons de bon, c'est à dire,
de leur donner nos vertus sans meslange de nos vices,
ce seroient de braves hommes. C'est pourquoy l'on
doit esperer de voir quelque jour fleurir entr'eux la
pieté, la foy, la justice et toutes autres sortes de
vertus, ausquelles ils peuvent estre nourris et accoustumez par doctrine et par imitation, amoureux et
admirateurs qu'ils sont de nos mœurs et façons de
faire. Je ne doute point que, si ces braves Romains,
qui rapportoyent tout à leur gloire, eussent eu un tel
champ d'exercice et de vertu, ils l'eussent diligemment cultivé. Or maintenant, s'il appartient à quelque
nation du monde d'y mettre la main, c'est à la françoise, à laquelle est demeurée, comme en propre, la
gloire des lettres et des armes, des arts et de la civilité, et d'avantage, du vray christianisme quoy que
les autres prétendent.

Ce que je viens de dire touche la conscience et
l'honneur; mais, comme Dieu luy mesme promet à
ceux qui cherchent son royaume d'y adjouster par
dessus le comble de tout bien, il ne faut point douter
qu'outre la benediction de Dieu, qui viendroit à ce
grand et puissant Estat pour des entreprises si pies,
si justes et si charitables... il s'ouvriroit par ce
moyen, tant icy que là, de grandes et inépuisables
sources de richesse. Car, premierement, les subjects

d'un et d'autre costé auroient une si ample vente et revente de toutes et telles manufactures qu'ils pourroient faire ou porter, dont l'abondance proviendroit de la pratique des moyens escrits ès deux traictez précedens, qu'à l'employ, s'adjondroit l'accommodement de tout autant d'hommes qui maintenant y sont et qui desormais y pourront estre, soit qu'ils s'addonnent aux artifices ou aux armes. Ils seroient deschargez par eux mesmes de leurs toiles, draps, cuirs, chappeaux, souliers; de mercerie, de quinquaillerie, de coutellerie, d'utils de fer et d'acier; de clouterie, de poilerie, de chaudronnerie, dé poterie, de verrerie, d'hameçons, de patenostres, de rassade, et generallement de tous ouvrages de main ausquels tant plus les peuples sont embezongnez, tant plus ils gagnent. Se trouvant des mines de cuivre, d'or, d'argent (comme il y en a sans doute de tres bonnes et les sauvages mesmes le font assez entendre, designans principallement les lieux de Chisca, d'Apalatchen [1], des Mangoas, de Ménan, de Saguenay [2], etc.), qui empescheroit que l'on n'y peust faire travailler avec mesme fruict que font les Espagnols ès-regions qu'ils possedent? D'avantage, par la correspondance entre ce royaume et les pays que vous feriez habiter,

---

[1] *Apalatchen*. Il s'agit ici des montagnes d'Apalache. On désignait ainsi (voy. CORNEILLE et ROCHEFORT, *Hist. des Antilles*, 1658) un pays de l'Amérique septentrionale dont on appelait les habitants Apalachites.

[2] *Saguenay*, nom d'une province et d'une riviére du Canada. Le Saguenay traverse le lac Saint-Jean et se jette dans le Saint-Laurent. Les autres noms, Mongoas et Menan, appartiennent à la géographie d'Afrique.

21.

combien s'employeroient d'hommes, tant à l'amas
qu'au debit des marchandises? Nous aurions des nostres mesmes ce que nous achetons si cher des estrangers, soyes, cottons, baumes, liqueurs, gommes, bois
medicinaux et aromatiques, gaïac, s'asse pareille,
sassafras nommé a la Floride pavagne [1] et en Vir-
ginie vuinank, costus doux, costus amer, sandal
blanc, sandal citrin, sandal jaune, bois d'esquine,
casse fistule, cassia ligna, poivre long et plusieurs
espiceries; plusieurs arbres comme le cahéne bon
contre les venins, le haneda excellent contre le
scorbut et les enflures douloureuses de membres, le
mechoüacam et possible la rubarbe, car il s'y trouve
des racines semblables et qui purgent de mesme; la
terre sigillée [2], si soigneusement gardée en levant;
le sommac, l'alun de roche, l'alun de plume, la
couppe roze blanche, le vitriol, le salnitre, le musc,
lambre gris en quantité, la civette, le benjoüin, le
mastic, l'ensens; les peaux et fourrures; les teintures
et peintures; les mineraux; le bois de merrain, de
planche, de cedre, de cyprez; la terbenthine,
raizine, thare, bray [3]; des lins et des chanvres; bref
toutes et telles commoditez que les pays de Danemarc,

---

[1] *Pavagne, sassafras,* bois jaune, odorant, d'un goût un peu
âcre, aromatique. On le tire d'un arbre qui croît dans la Floride, appelé par les Indiens *pavame. Dict. de Trévoux.*

[2] *Sigillée,* adj. fém., est une épithéte qu'on donne à une sorte
de terre ou craie qu'on tirait autrefois de l'île de Lemnos, qui
sert en peinture et en médecine. *Dict. de Trévoux.*

[3] *Bray.* Composition de gomme, de résine et d'autres matières gluantes. Le *bray* liquide est une liqueur grasse et claire
qui découle du tronc des vieux pins. Le *bray* sec est du suc de
pin qu'on a fait cuire jusqu'à ce qu'il soit presque brûlé.

Dansic, Suéde, Nortvége, Moscovie, Russie et Pologne ont accoustumé de nous fournir. Où peut-on plus commodément faire des cendres pour le savon, en telle quantité que l'on voudra? Qui peut empescher de recueillir, en peu de temps, des vins aussi bons qu'il en puisse venir d'Espagne, de Canarie, de Candie et de Malgue? Où se peut plus abondamment et plus aisément faire la pesche des moruës, attendu qu'elle s'y peut continüer depuis le mois de mars jusques au mois de septembre? où mieux la pesche des baleines, loups marins et vaches marines pour faire des huiles necessaires à la manufacture des draps et des savons, à l'accoustrage des cuirs et à plusieurs autres artifices? où plus à commodité, la pesche de l'esturgeon, du saumon et d'autres poissons bons à saller, tant pour le lieu que pour le transport en Espagne, en France, en Italie, en Gréce, et autres endroits où le debit en est meilleur?

Ces choses sont notables non seulement pour ceux qui demoureroient dans les pays nouveaux, mais aussi pour ceux qui les frequenteroient, à raison du trafic et de la negotiation, laquelle se rendroit pour les uns et pour les autres tant plus aisée qu'ils sont plains de beaux et grands fleuves, prenans leur origine bien avant en la terre et estans la pluspart navigables de la mer à mont. De plus, il se feroit grand nombre de navires, tant deçà que delà, et des mariniers à proportion, ce qui nous rendroit bien tost plus forts par mer que ne sont tous nos voisins où nous sommes, au contraire, tousjours demeurez plus foibles. Nos marchands seroient delivrez des grandes daces et impositions dont les chargent les princes estrangers, toute la route de ceste navigation, tant à l'aller qu'au venir, estant par l'Ocean et libre par consequent de tous arrests et détourbiez. Les costes estant pleines d'une infinité d'isles, on se pourroit fortifier aux endroits où se trouveroient de bons havres, dans lesquels vaisseaux, hommes et marchandises seroyent en toute seureté, advantage que nous n'avons en lieu du monde où nous traffiquions. J'y adjouste encor que nous ne passerions point, en faisant ces voyages, ni la zone torride où s'engendrent tant de cruelles maladies, à cause principallement de la corruption des viandes et des eauës, provenant des chaleurs excessives et des pluyes veneneuses; qu'allant aux Indes orientalles, on est sujet non seulement a ces incommoditez, mais à faire aiguade en beaucoup de lieux pour la longueur du chemin, et d'observer plusieurs muaisons où à l'opposite, ceste route se peut faire en toutes saisons de l'an et, coutumierement, en moins de six semaines.

Finallement, puis que ces pays sont situez sous tels climats que, par le cours de nature, ils doivent produire les choses qui nous font plus de besoin en ce royaume, on y pourroit semer et planter les arbres et semences propres, à beaucoup moins de frais que les Espagnols et Portugais n'ont fait aux Canaries, Madére, Sainct-Thome au Brezil et S. Dominique, et seroit la faute de ceux qui les habiteroient, s'ils n'imitoient leur diligence afin d'en recueillir les mesmes fruicts, pour en uzer et pour en distribuer

aux lieux de leur origine. Outre ce que la terre y
produit de son propre gré, on y pourroit cultiver les
vignes et planter les oliviers avec grand profit;
tant pour le débit de vin et d'huile, qui se peut faire
par toutes les regions de l'Europe, comme pour le
revenu que l'on en tireroit a succession de temps, les
transportant aux autres endroits de l'Amerique, où le
roy d'Espaigne n'en veut point permettre le labourage, afin de les tenir tousjours necessiteux et plus
subjects comme nous avons remarqué ailleurs ;
car il ne faut point douter, qu'il ny ait en ces quartiers, plusieurs terroirs convenables à ces plantes,
et que la temperature de l'air ne s'accorde et
conspire avec eux, pour les rendre gayes et fer-
tilles, estant pour la pluspart sous les mesmes degrez
que l'Espagne, Maillorque, Candie, etc., et les vignes
sauvages s'y rencontrant quasi à chaque pas. Avec
pareille industrie et diligence on y éleveroit les canes
à succre que l'on pourroit tirer d'Espagne, de Barbarie, des Canaries, de la Trinité et des Antilles,
comme avec pareil fruict et satisfaction bien tost
apres, puis que le sol et le ciel le consentent. Il y a
de l'apparence que le gingembre y croistroit aussi
bien qu'à Sainct-Tome et Sainct-Dominique, où les
Portugais et les Espagnols en ont planté avec bon
succez.

Le pastel y pourroit aussi venir, le saffran, le lin
de Dansic, le chanvre, le froment, le seigle, l'orge,
l'avoine, les poix, les féves, les lentilles et toutes
autres sortes de bled et de legumes; toutes sortes de
racines qui peuvent servir à l'aliment des hommes,

bettes raves, chervis, pastenades[1], panez, refforts,
naveaux; toutes sortes d'herbes, pourpier, laituës,
épinars, chous fleurs, chous cabus[2], chous verds. On
y pourroit planter les figuiers, grenadiers, orangers,
citronniers, amandiers, pommiers, poiriers, abrico-
tiers, peschers, etc. Y ayant grande quantité de
meuriers et y portant de la graine de vers, on pourroit à trait de temps en apporter beaucoup de soye
et détourner par ce moyen le cours des sommes
excessives que le pays de l'Empereur des Turcs et
de l'Italie tirent tous les ans de la France. On pourroit aussi, à mesme fin, augmenter par la culture
l'herbe d'Ovizang, qui porte une soye semblable à
celle qui croist en Perse et à la Chine. Il y a aussi en
Perse et à present au Perou une herbe dont on fait
l'anille, que l'on pourroit y semer en graine ou
planter en tige, puis que le pays est semblable de
temperature aux lieux où elle naist. Il y a beaucoup
de terroirs qui seroient fort propres pour le ris, à
cause du grand nombre de rivieres, dont on pourroit
à toutes heures l'arrouzer. Pour l'accommodement
des terres et des hommes ne resteroit donc plus que
le bétail que l'on pourroit commodément recouvrer
de beaucoup de lieux, sans le transporter de si loin.
Les Espagnols, au peuplement de l'Amerique, ont eu
plus de peine à cela qu'à toute autre chose; maintenant ils en ont telle abondance que, sans faire conte

[1] *Pastenades, panais,* plante dont la racine est d'un bon
goût; on en mange comme des carottes et des betteraves.
Dict. de Trévoux.

[2] *Choux colins,* sorte de chou aussi appelé chou pommé.

de la chair, ils tuent les bœufs et les vaches pour en avoir la peau, chose loisible à chacun, d'autant que la pluspart n'appartiennent à personne en propre. —

Voila un sommaire dénombrement des commoditez que l'on tireroit de la peuplade de certains pays de l'Amerique naturellement aussi beaux, aussi riches, aussi fertiles, qu'aucuns autres qui soient possedez par les Espagnols et Portuguais ; mais pour le clorre j'y adjousteray un poinct encor plus important et qui doit convier à l'entreprendre plus que tout : c'est l'espoir fondé sur des raisons, j'ozeray dire infaillibles, de trouver par ce moyen un chemin portant en l'autre mer par laquelle on navigue au Catay, à la Chine, au Japon, aux Moluques et autres riches contrées situées vers l'Est. Ce passage a esté recherché des Anglois, Portuguais, François, Danois, et Hollandois, en divers temps et avec beaucoup de despence, à laquelle ont esté portez les uns et les autres, par le profit qui pourroit revenir de sa connoissance...

Icy quelqu'un dira : pourquoy donc desormais tant de peine, de labeur et de perte à la recherche d'une chose, que l'experience des meilleurs et plus hazardeux pilotes a trouvée impossible ? La raison qui les a induits à cela est encor aujourd'huy la mesme, qui doit nous y convier...

La nature et l'experience establissans ce poinct, on peut avec grande raison de verité conjecturer que du continent de la neufve France et de la Floride, pozé sous la zone temperée, on peut aller, cheminant, ou voguant sous la mesme zone, au Catay, à

la Chine, au Jappon, aux Moluques et autres contrées
de l'Orient, beaucoup plus commodément et en
moins de temps que par le cap de Bonne-Esperance
ou par le destroit de Magellan; car tenant ces routes,
il convient passer deux fois sous l'equinoctial et sous
la zone torride à l'aller et autant, par consequent, au
retourner; ce qui cause une infinité de maladies,
comme le scorbut, les madoras, les fiévres aiguës, la
peste mesme, et plusieurs autres qui proviennent des
vehementes chaleurs, des humiditez gluantes, des
pluyes veneneuses et contagieuses exhalations, et
s'engendrent des viandes salées qui se gastent, des
eauës qui se corrompent et du manquement d'exercice. Pour ces causes, la plus part des hommes qui se
hazardent en ce voyage y courent de grands perils,
et s'exposent à de grands maux; et de plus sont contraints d'y observer les saisons, et de s'y assujettir,
de remarquer exactement la muaison des vents, qui
soufflent tousjours d'un costé l'espace de six mois,
et autant de l'autre; de faire aiguade en divers lieux,
tant pour changer d'eaux que pour donner un autre
air à leurs hommes. A cause de toutes ces incle-
mences et difficultez peu d'hommes se veulent
hazarder à ces voyages. Et pourtant leur faut-il
donner doubles gages, et d'ailleurs, on est obligé d'en
mener quasi plus de moitié qu'il ne seroit requis a
une autre navigation, de plus, on fait double dépense
de vitailles et, par consequent, doubles frais en toutes
choses. Voila de grands inconveniens qui n'empeschent pas toutesfois que les hommes ne s'y portent
avec courage et patience, en esperance de gain.

Pour revenir à mon subject, j'ai compris dans le précedent discours quelques ouvertures de ce que l'on peut faire d'un costé sans offence d'aucun voisin, allié ou ami; mais ce n'est pas tout, car si on le veut par ailleurs, sur mesmes fondemens et mesmes considerations, on pourra faire mesmes choses et par mesmes moyens parvenir à mesme but. Quand vos Majestez voudront marcher sur la piste des Portugais et des Hollandois, et tenir mesme route, elles peuvent, au préjudice de tous les autres, s'approprier en peu d'années le traffic de l'Orient, c'est-à-dire, de la Chine, du Catay et du Japon, avec moins de perte d'hommes, moins de dépence et plus de facilité. Il ne faut pour en venir là que trouver le poinct que desiroit Archimede pour asseurer ses engins afin d'enlever la terre. Ce qu'il demandoit imaginairement, pour monstrer la hardiesse de son esprit et la force de son art, vous le trouverez en nature, s'il vous plaist vous en servir, pour toucher d'un bras à l'Orient et de l'autre à l'Occident. Or, qui ne sçait que vos mains sont non seulement longues, mais grandes? s'il vous plaist les estendre, et puis les refermer, elles enclorront, et retiendront beaucoup de choses. Dieu vous a donné des nerfs pour faire l'un et l'autre, vous les ferez joüer quand il vous plaira, cela dépend de vostre bonne volonté, car de vostre pouvoir nul n'en doute. Il est bien vray, qu'on ne l'a jamais encor si bien connu que vous avez moyen de le faire connoistre aujourd'huy, tant dedans que dehors. C'est encor le meilleur que peu de gens s'en défient. En peu d'heures peut faire de notables changemens

La Royauté qui l'homme égale à Dieu.

Toutes grandes mutations sont soudaines, au bien comme au mal. Il arrive des transversions inesperées. Voyons nous bas, comme en la roüe, ce qui touche a terre et semble estre comme arresté de plusieurs embarassemens, d'un seul tour revient en haut, principalement quand Dieu y veut mettre la main ? Aidez vous, comme l'on dit, et il vous aidera; il assistera vos Majestez en leurs bons et justes dessains. Nous l'esperons, nous le desirons, nous le requeron avec tant plus d'asseurance qu'il offre miraculeusement les vrays moyens de remettre ce grand royaume en bon estat, sans grande resistance, si nos pechez n'empeschent un si grand bien. Je laisse, en ce lieu, beaucoup de choses au bout de la plume. Tout ce qui se peut ne se doit pas dire. Je me contente de travailler comme en une carte où un petit poinct marque une grande province. Je ne repeteray non plus, pour tirer en consequence du principal de ce subject, ce que, parlant du commerce, j'ai traicté de la pesche des moluës et du haran, que vos Majestez peuvent et doivent sur tout establir et mesnager comme la pepiniere de leurs mariniers, de la voiture du sel a mesme fin, de celle d'Espagne et des autres lieux s'il y en a, où il nous reste encor quelque traffic. Suffit d'avoir une fois supplié vos Majestez, de remarquer et regler ces choses, sans les importuner de redites. Je ne veux pareillement insister sur les ordres de la marine. Il sera tousjours plus aisé de les trouver que de les faire bien pratiquer, au commencement sur tout, où toutes choses nouvelles semblent rudes et difficiles. Mais on s'accoustume en peu de temps, et qui ne veut s'amender pour l'amour de la vertu, y est contraint par l'apprehension du chastiment. L'exemple fait tout. Quand une fois on se trouve en bon train il ne couste non plus à bien faire qu'à mal faire. Reste donc à vos Majestez de donner le premier branle a ceste belle action. Si vous le faites une fois à bon escient, vous aurez bien tost de la satisfaction et du contentement, luy voyant prendre son cours reglé. Platon dit, qu'apres que Dieu eut creé le monde et luy eut vu tourner le premier tour, il se resjoüit. De vray l'operation mesme est plaine de delectation; mais le comble du plaisir git en la perfection de l'ouvrage, laquelle ne s'accomplit que par moyens. Or, comme Dieu les vous a mis en main, grands, puissans, incomparables, puisse-t-il vous mettre au cœur de vous en servir religieusement, courageusement, utilement, à sa gloire, à vostre honneur et au bien de tous vos subjects.

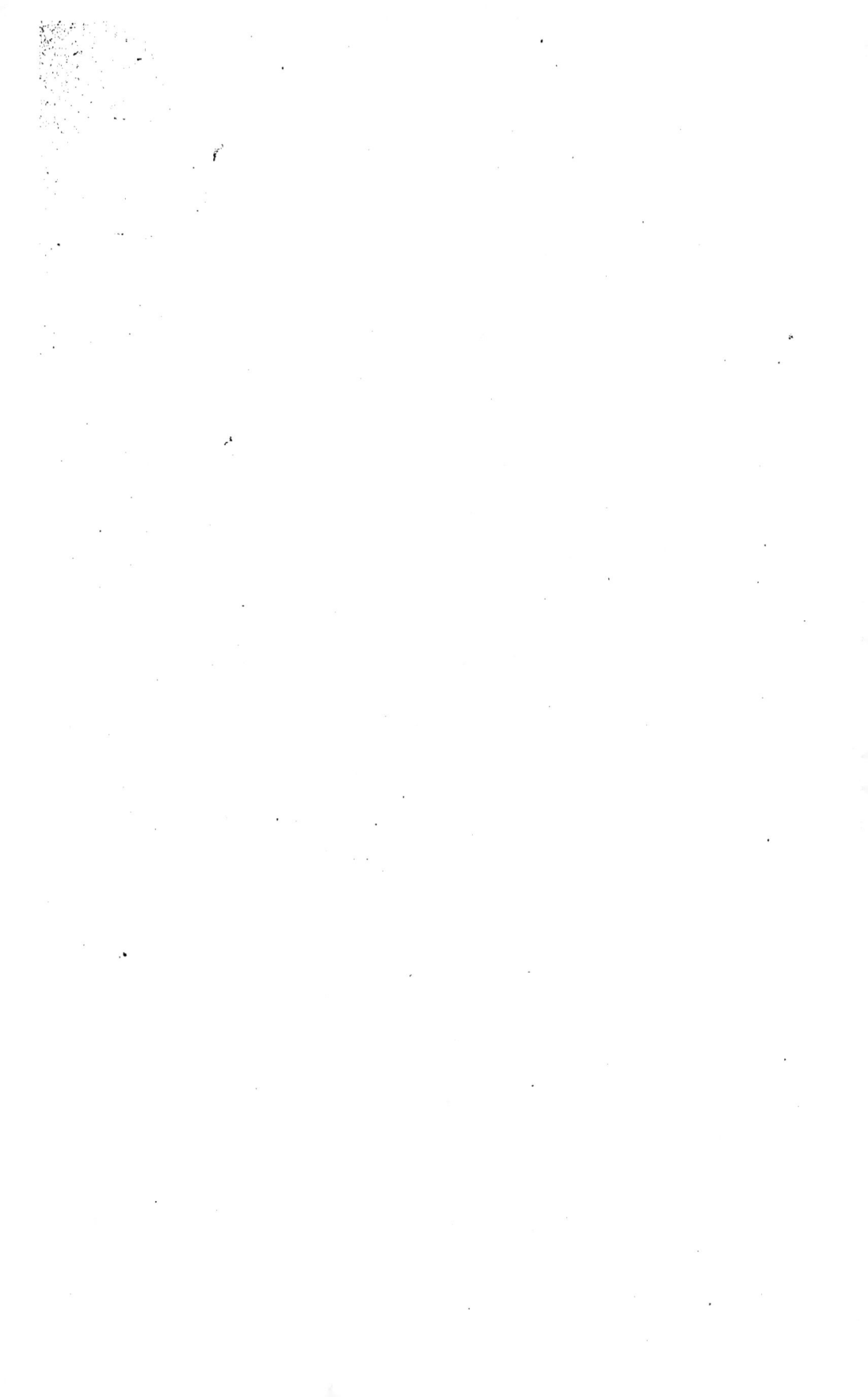

DE L'EXEMPLE

DES SOINS PRINCIPAUX DU PRINCE

Sire, ce beau mot connoy toy mesme, gravé en
lettres d'or au temple d'Apolo Pithique en Delphes,
est comme un épitome de toute la vraie et solide
philosophie, comprenant en soy, sous soy et alentour de soy, toute la sagesse qui appartient à
l'homme de quelque condition et qualité qu'il soit.
Mais si quelques-uns doivent l'estudier serieusement,
mediter diligemment toutes les circonstances et dépendances, ce sont sans doute les Roys, et vous
entre tous les autres que Dieu a voulu honorer
comme son aisné des princes de la terre, de la premiere couronne du monde, vous obligeant d'estre le
meilleur comme il vous a fait le plus grand de
tous...

Sire, comme vous avez beaucoup reçeu, vous
devez beaucoup donner. Vostre honneur est tres
grand, mais la charge n'est pas moindre. Il ne vous

faut pas considerer la fortune de cet estat iminent où Dieu vous constituë, selon l'image et le nom qu'il porte, mais le mesurer par sa fin. Commander est un devoir à rendre plus tost qu'un regne. Pour le bien et le repos de vos peuples vous serez contraint desormais d'abandonner le vostre mesme, de veiller et travailler nuict et jour pour le salut commun, de mettre en vostre esprit le soin, non seulement des provinces et des villes, mais des familles, mais des personnes particulieres, de vous charger de toutes les destinées bonnes ou mauvaises de cet Empire, de vous oublier aucunement vous mesme afin de vivre pour autruy, de faire autant d'ordonnances que vous trouverez de desordres; de recevoir et envoyer ambassadeurs de toutes parts, bref, d'exercer en terre les fonctions de Dieu, lequel vous y a établi avec puissance de rendre la condition et la fortune d'un chacun telle qu'il la doit avoir...

Vous, estant donc par la grace de Dieu né roy de France, c'est à dire le fils aisné d'un tel pere entre les hommes, nous esperons tous qu'il a voulu former vostre asme comme celle d'un prince parfait de plusieurs incomparables vertus qui par excellence ont reluy ès plus signalez de vos predecesseurs : de la pieté de S. Loys, du courage de Charlemagne, de l'heur de Philippe Auguste, de la sagesse et suffisance en matiere d'Estat de Charles V, de la bonté de Loys XII, de la magnanimité et clemence de Henry le Grand, vostre brave pere, de sorte que chacun se promet que, par une divine fortune, la souveraine authorité de la puissance royale se rencontre en vous avec la seule affection de ce qui est bon et honneste tout exprés pour rendre la vertu maistresse du vice, pour confiner la volupté, qui maintenant se déguise tant qu'elle peut en nature et regne comme à main armée, sans que pour cela vous ayez besoin d'uzer de force ni de menace quelconque. Car vos subjects vous ayant devant leurs yeux comme un visible patron où la vertu sera naïvement emprainte, ils deviendront, à vostre imitation, volontairement bons et sages et se conformeront d'eux-mesmes en amitié, charité et concorde, avec attrempance [1] et justice les uns envers les autres, à une vie irreprehensible et veritablement heureuse, ce qui est le plus grand bien et le plus noble secours que vous sçauriez apporter au genre humain, imprimant par voste vertu une telle disposition ès mœurs de ceux qui auront à vivre sous vostre gouvernement.

> Ni la crainte des loix, ni l'effroy des supplices,
> N'auront telle efficace à reprimer les vices,
> En tant et tant de chefs foisonnans maintenant,
> Que vostre seul exemple à tous appartenant.

Bien commander est un art, Sire, et le plus grand comme le plus glorieux du monde. Estre Roy, c'est estre tout; en sçavoir bien le mestier, c'est sçavoir tout...

Il est bien difficile d'écrire nettement une belle conception en du papier brouillé, les ratures qu'il y faut faire, paraissent tousjours, font mal à la veuë et détourbent la lecture. Les laines se sentent tousjours de leur premiere teinture, et quand elles sont

---

[1] *Attrempance* : modération, du latin *attemperentia*.

encor blanches elles sont capables de la recevoir telle que l'on veut, bonne ou mauvaise. Le pot garde jusques à la fin, l'odeur dont il est imbu première- ment. Dieu soit loüé, Sire, que votre esprit est comme une table raze où toutes sortes de beaux traicts se peuvent tracer sans peine ni confusion. Que vostre ame, encor pure et nette et sans contagion de vice, est susceptible de la vraye couleur de vertu qui ne s'efface jamais, qui ne perd jamais son lustre, non plus qu'un bon drap passé en écarlatte... Malheur à ceux qui jetteront le poizon dans la fontaine publique, où tout le monde doit boire! Malheur à ceux qui voudront ternir la blancheur naïve de nostre Lis, dont la soüefve senteur parfume si delicieusement le jardin de la France! Malheur à ceux qui tascheront de corrompre l'integrité de celuy duquel dépend la felicité ou la misere, le repos ou la peine de tous les autres, qui seul represente toute la chose publique et la modere absolument, comme estant sa volonté une loy, sa parole un arrest et sa vie une discipline exemplaire de bien ou de mal...

Le bon Prince, s'estimant né pour son peuple, ne vise qu'à son bien, repos et contentement. Le mau- vais Prince, pensant que tout le monde soit fait pour luy, n'a pour but que son profit ou son plaisir. Le bon entretient la pieté, maintient la justice, soutient la foy. Le mauvais n'a crainte ni amour de Dieu, n'a nulle affection à l'équité, nulle religion de serment, nul soin du salut des hommes. Le bon se conforme aux bonnes loix, establit et conserve leur force. Le mauvais s'en dispense à toutes heures, en abandonne la protection, et bien souvent travaille luy-même à sapper leur authorité. Le bon s'advize de tout ce qu'il peut pour l'utilité de son Estat. Le mauvais n'estudie qu'en des monopoles et malheureuses inventions pour l'incommoder. Le bon cherche d'enrichir ses subjects. Le mauvais ne bastit que sur leurs ruines. Le bon venge les injures publiques et pardonne les siennes. Le mauvais se montre inexorable à tout soupçon d'offense, et deserteur de la gloire de sa patrie. Le bon épargne l'honneur des femmes. Le mauvais fait gloire de leur honte. Le bon prend plaisir qu'on l'advertisse en toute modestie et liberté. Le mauvais n'a rien plus à contre-cœur que l'homme franc et vertueux. Le bon s'efforce de tout son pouvoir de maintenir son peuple en concorde et union. Le mauvais permet que l'on y seme des partialitez, que l'on y entretienne des ligues et brasse des factions. Le bon fait estat de l'amour de son peuple plus que de tout. Le mauvais ne se soucie point d'estre hay, mais qu'il soit craint. Le bon n'apprehende que pour ses subjets. Le mauvais ne redoute que ses subjects. Le bon ne les charge que le moins qu'il peut de tailles et de subsides. Le mauvais les accable d'imposts, hume leur sang, ronge leurs os, sucçe leurs moüelles, devore leurs entrailles. Le bon appelle les gens de bien aupres de soy, les honore, les employe en ses affaires. Le mauvais recherche les meschans, les avance en credit, et bien souvent en use comme d'éponges. Le bon veut s'asservir à ses propres ordonnances. Le mauvais les fait servir à ses passions et injustes volontez.

22.

Le bon joüit d'un repos seur et content et s'esjoüit en une profonde tranquillité. Le mauvais est tousjours en transe, en angoisse, en travail, languit tousjours en perpetuelle crainte. Le bon est adoré de ses subjects, aimé de ses serviteurs, beni de tout le monde. Le mauvais est hay, abhorré et maudit de tous, et, plus que de nuls autres, de ceux qui le connoissent plus familiairement. Le bon attend la vie bien-heureuse. Le mauvais ne peut éviter la damnation éternelle. Le bon est honoré durant ses jours et regretté apres son deçez. Le mauvais est diffamé de son vivant, et, si tost qu'il est mort, eschaffaudé en son honneur, deschiré en sa reputation [1].

Il touche et appartient principalement aux Roys de faire regner Dieu sur les ames, puis que Dieu les fait regner sur les hommes. L'establissement de son service en ce monde et la manutention d'iceluy les regarde premier que tous autres... Il ira donc non seulement de vostre conscience et de vostre honneur, mais de la diminution de ceste authorité que Dieu vous a donnée, si vous souffrez, par connivence ou autrement, qu'il se forme de nouveaux schismes en vostre royaume; s'ils touchent principalement à l'honneur et souveraineté de ceste couronne que Dieu vous a mise sur la teste, franche de toute juridiction, libre de toute reconnoissance, fors la sienne.

---

[1] « MM. Haag, dans la *France protestante,* croient reconnaître une grande analogie entre ce portrait et celui qui se trouverait dans le *Miroir des François,* par Nicolas de Montand, 1582. — Vérification faite, je n'ai découvert aucune ressemblance. » *Mémoires sur Montchrétien,* par Jules DUVAL, p. 129, note 1.

Souvenez-vous tousjours que l'Eglise est en l'Estat, non l'Estat en l'Eglise ; qu'elle tient de vous, apres Dieu, sa splendeur et sa richesse ; qu'elle ne peut ni ne doit les maintenir que par vous ; que vous estes tellement son fils aisné que vous ne laissez pas d'estre son pere nourrissier ; que c'est par consequent à vous qu'il appartient principalement de faire dispenser, en leur droit et legitime usage, ces biens que vous et les vostres lui ont conferez, d'empescher les abus qui s'y peuvent commettre ou en l'acquisition, ou en la retention, ou en la profusion...

Informez-vous, Sire, tres particulièrement des droits de vostre Église gallicane. Maintenez les en leur entier, comme ont fait vos bons et sages predecesseurs, Charlemagne, S. Louys, Philippes le Bel, Charles VIII et plusieurs autres. Demeurez tousjours constant en ceste resolution, ferme en ceste creance : que l'Eglise n'a rien à voir, rien à connoistre sur le temporel de vostre Royaume, et que Jesus-Christ, le Maistre et Seigneur de tous, a vuidé la question par son commandement : *Rendez à Cœsar ce qui est à Cœsar, et à Dieu ce qui est à Dieu.....* Pour conclusion, faites le Roy, puisque vous l'estes ; commandez, puis qu'il vous appartient, et à tous, car tous sont vos subjects...

J'ay pozé la Pieté et la Charité, comme le fondement de tout bon ordre. Je fay maintenant venir à leur secours la Censure, moyen seul propre et suffizant pour l'entretenir et conserver, pourveu qu'elle soit bien et deuëment administrée, et par des hommes

capables de conformer vos subjects au vray but de
l'honneur et du devoir. Jamais chose plus excellente
ne fut introduite en aucune Republique, soit pour
nourrir l'honneste honte, fidelle gardienne des vertus, soit pour former une juste apprehension de
l'ignominie, soit pour reformer les abus et reprimer
les vices, sans y employer la rigueur des punitions.
Aussi à elle seule, plus que tout, soutint la grandeur
de l'Empire Romain, et si quelquefois il l'a delais-
sée, comme il y a quelquefois esté contraint, principalement par les guerres, sa Republique estant
devenuë malade... toutes choses cessantes, il a eu
recours à ce remède. Et certes, quoy que la forme
de vostre gouvernement ne souffre pas de la faire
revivre avec telle authorité qu'elle gagna par trait
de temps à Rome, vous ne la devez pas en tout et par
tout rejetter, veu que si la necessité en est evidente,
l'utilité en sera encore plus grande... La corruption
de nos mœurs vous fournit la matiere, donnez-luy la
forme que vous jugerez propre, le nom que vous
penserez convenable, la borne d'authorité que vous
adviserez raisonnable. Qui refusera de s'y assubjet-
tir? Les Roys vos prédecesseurs ont tousjours esté en
tout et par tout souverains, si ont-ils voulu se soumettre eux-mesmes aux regles du devoir et de l'honneur. Vous le connoistrez par le 38ᵉ article de l'institution de l'ordre de S. Michel où il est porté qu'il
se fera aussi examen et censure du souverain chef de
l'ordre, c'est le Roy, comme des autres, pour souffrir
la correction à l'advis des freres de l'ordre, si le cas
y eschet, et s'il a commis rien qui soit contre l'hon-

neur et devoir de Chevalerie[1]. Un Roy permettant d'estre sindiqué de ses subjects et inferieurs, un Roy, qui donne la loy aux autres, consentant de la recevoir des autres pour maintenir l'ordre de son ordre, un Roy, pour tout dire, le plus absolu qui fut jamais et le plus attaché à ses opinions, ayant reconnu le fruict de la Censure, en ayant voulu laisser la pratique tant à ses successeurs qu'aux principaux hommes de l'Estat seuls capables de monter à l'honneur du collier, qui desormais ozeroit maintenir que l'uzage n'en soit bon en quelque sorte ?

A qui voudra dire qu'il suffit de punir les crimes avec les peines et selon les formes portées par les Loix et par les Ordonnances du Royaume, je ne repondray pas seulement que l'honneur et la vertu ne se doivent point mesurer à ce pied, attendu que la pieté, l'humanité, la liberalité, la foy, l'equité exigent de nous plusieurs choses qui n'y sont pas contenuës, mais qu'il est besoin de trouver quelque remede extraordinaire à tant de vices qui ne comparoissent jamais en jugement devant la face du magistrat. Pour exemple : la perfidie, la mauvaise foy, le parjure, la deception sont-ils punis par les loix comme il faut? et qui ne connoist que ce sont les

---

[1] « *Item*, pour les raisons dessus touchées et affin que ladicte compaignie et amiable fraternité se puisse mieulx entretenir et garde en equalité, pour ce que des plus grands doit par raison procéder le meilleur exemple, voulons que l'yssue et examen se face dudict souverain comme des autres, et la correction, peine et punicion à l'adviz des freres de l'ordre, si le cas y eschoit. » (*Recueil des ordonnances des rois de France de la troisième race*, t. XVII, p. 248.)

vives sources des rancunes, des querelles, des injures, des procez et bien souvent des meurtres et
des assassinats? Les jurongneries, les jeux de hazard, les débauches de la jeunesse, les paillardises et
lubricitez, les adultéres et tous autres debordemens
d'une licence effrenée, redoutent-elles parmi nous le
front sévere et la main punissante de justice? et
qui voudra nier qu'ils ne meritent des chastimens
tres exemplaires? Finallement, voyant la Republique
groüiller de vagabons et de faineants, fourmiller de
maquereaux et de ruffiens, qui ne sera bien aise de lui
voir donner quelque bonne purgation, pour la décharger de si mauvaises humeurs? qui ne sera content de
voir reprimer le luxe et la superfluité aux habits, aux
banquets, aux bastimens, aux meubles d'or et d'argent principallement, de voir arrester le cours des
usures, des gains sordides, des pratiques deshon-
nestes, des corruptions manifestes?

Une raison speciale prouve suffisamment que la
censure est plus necessaire maintenant qu'elle ne fut
oncques. Anciennement, en chaque famille, il se
trouvoit haute, basse et moyenne justice, le père
avoit puissance de vie et de mort sur ses enfants, le
seigneur sur ses esclaves, le mari sur sa femme en
certains cas. A present que tout cela cesse : en quel
tribunal les peres trouvent-ils justice de l'impieté de
leurs enfants? les maris du mauvais gouvernement
de leurs femmes? les femmes des sévices de leurs maris? les maistres des mepris et desobeissances de
leurs serviteurs? les serviteurs du rude traitement
de leurs maistres? les Seigneurs des irreverences de

leurs vassaux? les vassaux des violences de leurs
Seigneurs? Je ne parle point icy de la conscience envers Dieu, quoy qu'en toute Republique bien ordonnée elle merite le premier et principal soin, d'autant
qu'elle est commise et reservée à ceux qui gouvernent les ames... Ici Dieu vous tire l'oreille, Sire, et
vous advertit dans le cœur de prendre sa querelle en
main, de le defendre comme son second, comme
celuy que pour luire visiblement entre les hommes
en un image vivant et sensible, il constitue en si
haute et sublime dignité...

Voilà le premier et meilleur usage de la Censure,
encore que ce n'en soit pas la premiere cause entre
les Grecs et les Latins, lesquels en ont observé la pratique de toute ancienneté. Car, en bons termes, ce ne
leur estoit autre chose que l'estimation du revenu
d'un chacun...

Il n'est pas bezoin d'emplir ce papier d'exemples
pour confirmer qu'il n'y a gueres eu de Republique,
instituée en bonnes loix, qui n'ait uzé de la Censure.
Mais qu'elle soit au reste utile aux Monarchies mesmes et compatible avec l'authorité souveraine, cela
se pourroit prouver par des raisons toutes communes
et qui se presentent les premieres à la main, la manifeste evidence desquelles porte en soy mesmes la
force et l'efficace de leur persuasion. Je la reduy
donc, sans m'arrester davantage à la description des
biens et au denombrement des hommes..... Maintenant qu'en toutes Republiques il y a mille sortes d'imposts, non connus, il semble estre beaucoup plus necessaire que chacun donne son bien par declaration et

fasse connoistre quel est son revenu; comme il se fit en Provence l'an 1411, comme depuis il fut ordonné par Edict du Roy François l'an 1534, et encor par un autre de Henry II, comme pour mesme cause l'an 1516 fut fait le denombrement et declaration de tous les benefices de ce Royaume[1]. Mais les changements survenus en requierent de nouveaux; car tel beneficier paye plus de decimes la moitié qu'il ne doit, et tel autre n'en paye pas la trentiesme part de ce qu'il doit.

Vous n'avez, Sire, aucun meilleur moyen de pourvoir aux justes doleances des pauvres contre les riches, lesquels, comme les fortes parties du corps, se déchargent tousjours sur les plus foibles, font porter leurs propres fardeaux à ceux qui desjà succombent d'ailleurs. Vous pouvez par là faire cesser toutes rumeurs, appaizer tous murmures, assoupir tous mouvemens, retrancher toutes occasions de tumulte, car l'intemperie egale ne fait jamais aucune douleur, mais l'inegale, autant qu'est grande son inegalité; vous pouvez par là couper la racine de la plus grande part des procez qui sont dans vos Cours des Aides, abolir les concussions de plusieurs officiers, les ports et faveurs des esleuz, asséeurs, collecteurs et autres qui distribuent et egallent les tailles, subsides et imposts, à cause que tous tels differens seroient aisez à vuider sur les papiers censiers.....

---

[1] Voy. les dispositions du concordat conclu avec Léon X sur les bénéfices, 1516, et les bulles pour l'établissement de la valeur des bénéfices ecclésiastiques, 1518. — ISAMBERT, *Recueil des anciennes lois françaises*, t. XII, p. 75 et 149.

Vous pouvez par là faire connoistre les prodigues, cessionnaires, banqueroutiers, saffraniers [1] et usuriers, les riches et les pauvres, et, comme aux uns la maladie vient d'abondance, aux autres d'inanition ; vous pouvez par là decouvrir à quel jeu quelques-uns gagnent tant de biens et les autres en dépendent tant, si bien qu'il vous sera aussi facile de remedier à tout cela comme utile de le bien entendre puis que de la pauverté extréme des uns et de la richesse excessive des autres naissent ordinairement les troubles, seditions et guerres civiles [2]. Par là finallement vous pouvez faire regler les peines pecunieres et les amendes à la vraye distribution de justice, retrancher les piperies qu'on fait aux mariages, les tromperies aux marchés, les fraudes aux negociations privées, bannir une infinité de litiges touchant les successions, partages, hypothèques, closes et cachées pour la pluspart, lesquelles, estant averées sans autre enqueste, par les Registres publics, on obvieroit aux frais immenses des longues poursuites, aux inventions des faussetés, aux fabrications des faux temoignages.

Tout ce qu'on peut mettre en avant pour empescher vostre Majesté de frapper ce grand coup, c'est qu'il est trop dur de faire connoistre la pauvreté des uns, et que l'on exposeroit trop à l'envie la richesse

---

[1] *Saffranier*, terme injurieux par lequel le peuple désignait une personne ruinée, un banqueroutier qui n'avait plus rien.

[2] Ce fut en effet la Révolution qui devait réaliser non seulement ce conseil, l'égalisation des charges publiques, mais encore tous ceux que Montchrétien va donner à la royauté. — Voy. Introduction, *Le régime des privilèges et la Révolution*.

des autres. Au contraire, l'envie cessera contre ceux
que l'on croit estre riches et qui ne le sont pas, la
moquerie contre ceux que l'on estime pauvres et
qui sont riches. Mais pour dire tout en un mot ce
qu'il faut : jamais les sages princes et les prudens
legislateurs n'ont fait mise ni recepte de ces deux
choses en matiere de bonnes et saintes Ordonnances.
Les meilleures loix, les plus loüables coutumes ont
toutes leur inconvenient. C'est pourquoy je ne m'arreste point à ce qu'on peut dire qu'il n'est pas bon
de faire connoistre le traffic et la negotiation des
marchands, d'éventer le secret des maisons, de
faire voir clair au fonds des affaires, car cela peut
avoir lieu pour ceux qui taschent d'abuzer et tromper les autres, de gagner en cachant leur jeu, non
pour ceux qui ne desirent point derober leur vie,
ains se faire connoistre tels comme estoit le Tribun
Drusus, qui vouloit faire percer sa maison à jour de
tous costez afin d'estre expozé, mesme en son particulier, à la veuë de tout le monde... De vray le
bien faire ne demande que l'approbation, la vertu
que la lumiere. Si nous sommes gens de bien, si
nous aimons l'Estat, comme nous devons, si nous
desirons le soulagement des pauvres, comme nous y
sommes obligez, pourquoy refuirons-nous d'aider
au public, quand il en sera besoin ? de participer aux
charges communes ? Nous est-ce quelque honneur
d'estre membres privez de toute fonction, incapables
de tout service ? Mais au reste, seroit-il raisonnable
de demander advis aux taverniers s'il faut abolir les
cabarets d'où sourdent meurtres, querelles, fausse-

tez, faux temoignages? aux femmes dissoluës s'il faut defendre les bordeaux, à cause desquels il est à craindre que le Ciel ne s'irrite contre la terre et n'en fasse derechef un autre Sodome? aux usuriers s'il faut punir les usures, chancres malins qui rongent tant de familles et font mourir tant d'hommes en vivant?

Je ne veux point obmettre un autre grand fruict de la censure [1] : c'est que par son moyen on peut discerner et connoistre les vrays pauvres, qui sont les membres de notre Seigneur Jésus-Christ et ausquels donnant on donne à luy mesme, d'avec ces importuns mendians, que, sous ombre de ceste benignité, laquelle porte le visage d'une belle vertu, on nourrit à la faineantize et lascheté. Car, comme disoit le Lacedémonien à quelqu'un de ces belistres : certes celuy a esté l'autheur de cette tienne mal-heureuse vie, qui le premier t'a donné, et, t'ayant donné, t'a fait paresseux. Il est besoin, si jamais, que la charité face une ronde par tous les coins de vostre royaume pour se faire reconnoistre par vos subjects qui, pour la pluspart, l'ont totalement mise en oubli; qu'elle donne ordre, sous l'authorité de vos commandemens, que ceux-là soient depossédez qui se sont moins que deuëment saisis et appropriez des hopitaux et de leurs revenus, les ayant annexez à leur domaine par droit de fief ou de patronnage, par la negligence des

---

[1] Ce fut en réalité moins la censure que la statistique et le dénombrement des ressources du royaume que Montchrétien demandait sous ce nom. Bien avant Vauban, il en comprit l'importance.

eschevins ou par leur connivence, afin que le tout soit desormais remis en son usage et dispensé comme il faut; que l'argent qui se leve aux bureaux des pauvres, soit legitimement employé pour les nourrir et vestir; que, s'il ne s'en trouve suffisamment pour fournir à toutes leurs necessités ou s'ils ne sont logez, accomodez et meublez comme il appartient, recours à la contribution; elle ne peut jamais estre plus raisonnable qu'en ce subject. Ce fonds de pieté ne se trouve-t-il encor assez bastant pour les œuvres charitables, commandez qu'on mette des troncs à toutes les portes des villes et des temples, aux entrées et issuës des bourgs et des passages pour avertir et semonder tous allans et venans d'avoir memoire des pauvres; ordonnés que tous marchans demourans aux boutiques et magazins, ou negotians tant de dedans que de dehors le pays, lors qu'il feront quelque marché excedant cinquante ou soixante livres, leur facent aussi quelque bien, que tous ceux qui tiennent des peages, fermes et amodiations[1], tant de vostre Majesté que de vos princes et seigneurs, leur distribuent quelque petite portion de leur profit, leur communiquent du fruict de leurs travaux; que tous artisans, drapiers, cordonniers, chappeliers, merciers, epiciers, etc., leur eslargissent quelque liberalité, à mesme la chose qu'ils vendent et debitent. Que toutes dames, damoiselles et bourgeoises leur facent et donnent quelque linge, que tous ceux qui feront

---

[1] L'amodiateur était un métayer qui affermait une terre, à condition de donner au propriétaire une partie des fruits. Les baux de cette nature s'appelaient *amodiation*. (CHÉRUEL.)

testament ne les oublient point, que tous gentilshommes retranchent de leur luxe en habits, de leur
excez en despenses, pour couvrir et alimenter nostre
Seigneur Jésus-Christ en eux; car, à cause de ce,
Dieu benira vostre peuple en tout son œuvre et en
tout cela où il mettra la main. C'est luy-mesme qui le
dit, qui le promet pour nous convier à estre mise-
ricordieux comme luy qui est nostre pere.

Voila des moyens assez pour subvenir aux infir-
mitez et necessitez de ceux qui se trouveront vrays
pauvres, attendu mesme que, si vous commandez une
fois la pratique des choses traitées aux livres pré-
cedents, il y en aura peu, qui ayent besoin qu'on
leur use de charité...

Quant à ce qui touche le cens des personnes,
nous trouvons que l'empereur Auguste le fit trois
fois durant son regne. Il se faisoit en l'Estat de la
republique, par lustres, c'est-à-dire de cinq en cinq
ans, s'il n'estoit détourbé à l'occasion des guerres...

Mais de toutes les descriptions de peuple, les plus
antiques sont celles qui furent faites par Moyse...
Or en chacune de ces descriptions, faites suivant le
commandement de Dieu, chacun apporta son tribut
par teste, diversement comme elles furent diverses...

Pour ce qui touche au reste les utilitez de tels
denombremens, faits à bonne fin et pour justes
subjects, elles sont presque infinies. Car, premierement, ils font connoistre le nombre d'hommes, l'âge
et la qualité, combien on peut en tirer pour aller à la
guerre ou pour demeurer à garder le pays, combien
pour envoyer en des colonies, combien pour faire

travailler aux corvées des reparatious et fortifications de places. Secondement, on y peut comprendre combien il faut tous les ans de provisions ordinaires en un grand Estat, combien il en produit, combien on en peut sortir hors, sans l'incommoder, et, finallement, combien de vivres sont necessaires aux habitans d'une ville, en cas qu'il faille soutenir un siege. Mais quand il n'y auroit autre bien que de s'en pouvoir asseurément éclarçir de l'âge d'un chacun, encor ne seroit-ce pas peu, car on retrancheroit par ce moyen un milion de procez, intentez pour les restitutions et pour les actes touchant la minorité ou majorité des personnes; qui fut la considération pour laquelle le chancelier Poyet[1], entre autres siennes loüables ordonnances, chargea les curez de tenir registres de tous les enfants qui naissent; on obvieroit à plusieurs différens pour la noblesse, pour le déguizément des noms, des parens, du pays, de l'estat et qualité d'un chacun où faute de papiers censiers on ne voit ordinairement goute...

Mais un autre grand et principal fruict qui peut en revenir, c'est que par un mesme on peut aussi connoistre de quel estat chacun se mesle et quel mestier il exerce, rendant faux ce proverbe qui court maintenant parmi nous : que la moitié du monde ne sçait pas comme l'autre vit, et par consequent chasser hors de la ruche les guespes et freslons qui mangent

---

[1] Guillaume Poyet, chancelier de François Ier, mort en 1548. L'ordonnance à laquelle Montchrétien fait allusion est la célèbre ordonnance de Villers-Cotterets (~~1508~~), pour la réforme de la justice.   *1539*

le miel des abeilles, banir les vagabons, faineans, voleurs, pipeurs, batteurs de pavé, ruffiens, maquereaux et autres tels opprobres, qui sont parmi les gens de bien comme loups entre brebis, introduire au lieu de l'oysiveté, la plus grande peste des citez, la nourrice des vanitez, des delices et des maux qui sont de plusieurs sortes, les honnestes, utiles et legitimes occupations, afin que d'un costé, la richesse s'incorporant avec les artifices, parface de belles et profitables operations, et que de l'autre, ce qui sera en prix s'augmente et en mépris diminuë[1], bref que toutes les parties de ce grand corps d'Estat, se prennent et lient plus aisément ensemble, n'y ayant rien d'estrange entre deux, ne plus ne moins que le fer que l'on soude à la forge, car cela sans doute est la marque plus claire et plus certaine d'une police reduite en bon ordre sous le gouvernement de la justice et de la raison.

Voila, Sire, ce que j'avois à vous representer touchant la censure, à laquelle je me suis d'autant plus volontiers arresté, que je m'imagine que c'est elle seule qui vous peut mieux donner la connoissance de ce que vous pouvez et devez entreprendre et faire, par le moyen de ce riche et populeux royaume que Dieu vous met en main, comme un parfait instrument de puissance et de gloire...

---

[1] Montchrétien nous donne ici la formule à la fois du progrès moral et du progrès économique des peuples, car plus le prix des objets nécessaires à l'existence, « des objets vils », comme il dit, baisse, en même temps que celui des objets destinés à satisfaire le goût du luxe et des arts augmente, plus les nations deviennent prospères. Cf. *Nouveau Précis d'économie politique*, p. 102.

Vous avez, Sire, donné de beaux commencemens
à vostre regne; vous en avez consacré les premiers
par une action non moins saincte que grande et
illustre, faisant voile comme d'une haute roche assise
un plaine mer, assavoir par l'assemblée de vos Estats
generaux, que tout le monde a esperé devoir apporter
un repos perpetuel à ce royaume, un ordre legitime
de pourvoir aux charges, offices et benefices, une
régle équitable pour departir comme il faut les exemptions et immunitez, les loyers et les dons, en un mot,
pour reduire tout l'ordre à la proportion harmonique,
baillant la surintendance des armes aux plus experi-
mentés et belliqueux, le maniment des finances aux
plus fidelles et loyaux, le gouvernement des provinces aux plus sages et prudens, les dignitez eclesias-
tiques aux plus doctes, modestes, charitables et
devots. Continués, Sire, d'une mesme main, et faites
que les estrangers ne disent plus que c'est un fatum
des affaires de France...

Vous sçavez, Sire, de quelles parties est composé vostre royaume, et laquelle de ces parties
est la plus noble, et la plus necessaire pour la
conservation du tout. C'est d'elle proprement et
particulierement que vous vous nommez le chef,
quoy que tout le reste de vos subjects soient autant
de membres individus de vostre corps. Vous devez
donc bien travailler à la remettre en son ancienne
splendeur de peur que, demeurant plus long temps
negligée, elle oublie et soy mesme et cette dignité,
qui l'a tousjours accompagnée, et cette genereuse
fonction à laquelle elle est destinée. Ce n'est pas

de nos jours que la discipline des François, jadis si renommée, commence à perdre sa vigueur; la longueur de son âge, le mépris de ses regles, la licence permise l'affoiblit et gaste de longue-main, de sorte qu'elle vient entre vos mains debile et languissante ; mais pourtant encores pleine de vie et capable de guerison, si vous daignez en prendre le soin. Faites, Sire, comme le bon medecin qui subvient au malade encor qu'il n'ait pas causé la maladie, vous n'estes pas l'autheur de sa depravation, mais ne laissez pas de l'en purger par bons et salutaires remedes, et ce d'autant plus volontiers que de ceste cure dépend non seulement le lustre, mais la force et la grandeur de vostre couronne...

Le prince, qui desire vivre en paix et y tenir son peuple, doit tousjours estre preparé pour la guerre. Tout se conserve par deux moyens : par la vaillance contre l'ennemy et par la concorde entre les subjects. Les empires ne se maintiennent point par la paresse, il y faut de l'effort d'esprit et de courage ; ces grands corps ont leurs nerfs, et faut necessairement qu'ils tombent quand on les retranche...

Sire, tout le monde augure par vostre generosité naturelle que vous serez l'aigle des guerriers, mais pour voler jusques au ciel vous n'avez point de meilleures aisles, que les armes de vostre noblesse. Faites donc, premierement, qu'elles ne se tournent plus contre elles, les mesmes, que ceux qui sont capables de vaincre tout le monde, sous vos auspices, employent leur vaillance ailleurs qu'a s'entre tuer. Tant de

23.

tristes et funestes accidens de querelles et de morts,
qui surviennent tous les jours en vostre cour et en
toutes les provinces de ce royaume, vous adver-
tissent d'y prévoir et pourvoir soigneusement. Pensés,
Sire, que les disputes privées des gentilshommes
engendrent des ligues, les ligues des guerres civiles,
et les guerres civiles des eversions d'Estat ; joignés
vos commandemens aux commandemens de Dieu
pour remedier à ce desordre fatal ; abolissez ceste
meschante et damnable pratique des armes, et les
employez à leur propre fin, sans qu'il soit permis à
personne de les en distraire sous quelque pretexte
que ce soit. C'est par là qu'il faut commencer à restablir la discipline militaire entre vos subjects ; tout
le reste vous sera puis apres facile...

Or d'autant, Sire, qu'à l'entretien d'un si grand
nombre de gens de guerre, à quoy vous oblige tant
la gloire et grandeur de l'empire François que l'employ de vostre brave noblesse, laquelle n'a jamais eu
ni voulu avoir d'autre mestier, que celuy des armes
un grand fonds de finances est requis. C'est à vous
d'avoir l'œil et l'esprit non seulement à l'amas mais
aussi au mesnagement d'icelles ; car en cela consiste
l'un des plus grands et plus importans ordres de
vostre Estat : l'entretien de vostre maison et de ses
officiers, la source de vos liberalitez et les justes
loyers, que vostre Majesté doit distribuer à ceux qui
les meritent, le payement de vostre gendarmerie,
armée pour le salut et pour la conservation de vos
subjects, non pour leur ruine. Ostez toute excuse,
Sire, à ces gens qui ne voudroient pas manquer de

couverture aux voleries qu'ils font, pour restablir la
discipline militaire et empescher tous desordres. Il
faut commencer par là; car, pendant que la gendarmerie ne sera point soudoyée comme il faut, il ne faut
point esperer qu'on puisse tirer d'elle aucun service
honorable ny profitable, aucune obeissance parfaite;
les chefs et conducteurs n'auront que reproches des
insolences et maléfices du soldat desjà trop licencieux
de soy-mesme. Bien payer et bien punir; à faute de
cela, que l'on prepare autant de gibets, que l'on veut
armer d'hommes.

Considerant donc bien la necessité que vous avez
d'estre exact et diligent en ceste partie, afin de pouvoir fournir à tant de charges où la couronne vous
engage. Prenez la peine, Sire, de vous faire fidellement instruire en quoy consiste le bien et le revenu
de vostre Estat, tant pour le general que pour le
particulier. De quelle nature sont les deniers qui
entrent en vos coffres et pour quelle fin ils ont esté
premierement levez, afin de les y appliquer. Vous
souvenant tousjours, au reste, que c'est autant du
pur sang de vostre peuple qui ne merite estre
employé qu'aux choses bonnes, utiles et honnestes.
Faites vous representer les estats des receptes de
chacune generallité que les tresoriers de France
de chacune province dressent tous les ans. Vous y
apprendrés tout ce qui dépend de vostre domaine et
des parties casuelles comme le taillon, cruë et
augmentation de gendarmerie, solde de cinquante
mil hommes, subventions nouvelles sur les villes
closes, entrées de vins, aides, equivalentes, deniers

de dons gratuits et charitatifs, équipolent [1] à decimes, emprunts generaux et particuliers, et tous autres deniers de telle nature qui doivent y estre entierement couchés. Faites vous aussi representer, pour connoistre vostre ancien domaine, l'estat particulier des peages, maisons royalles, chastellenies, traicte foraine, resve [2], greffes, sceaux, etc. C'est suivant ces estats que les intendans de vos finances font les departemens d'année en année, et, à dire vray, ils ne sçauroient estre mieux dressez qu'ils sont, faites les donc seulement bien observer, en tout et par tout, selon les statuts et constitutions des roys vos prédecesseurs.

Au reste, pour rendre liquide vostre domaine et autres notables parties qui sont alienées il faut trouver des moyens de rembourser les crediteurs, car il n'est point digne d'un prince de violer la foy publique. Vous pouvez, avec justice, incorporer et reünir le tout à vostre couronne, en les desinteressant. C'est le plus bel expedient que vous sçauriez choisir, pour dresser un estat au vray du revenu de vostre royaume, si bien que quand les comptables en conteront il ne faudra plus dresser qu'un seul article, à cause qu'il n'y aura plus de parties de reprinse : et par ce moyen leurs comptes seront nets, non broüillés, fardés et subtilizés, et ne verra on plus tant de sur-

---

[1] On appelait *équipollent* un droit que Charles VI, le premier, fit lever sur les objets mobiliers pour subvenir aux frais de la guerre, au lieu et place d'un impôt de douze deniers par livre qui se levait ailleurs ; d'où le nom d' « équipollent ».

[2] *Réve* ou *droit de haut passage*. Se payait sur des marchandises qui entraient ou sortaient du royaume.

çeances, apostilles et liasses de quittances. Mais ce
reglement comprend une autre partie essentielle, de
plus grande utilité que celle dont elle prend naissance : c'est que, par le moyen de la liquidation de
vostre domaine, vous abolissez et supprimez une
fourmilliere de harpies de vos finances, un esquadron
de sang-suës de vostre peuple, qui de simples piliers
de boutique deviennent seigneurs, et montent, sans
autre suffisance que de sçavoir bien dérober, aux
plus hauts degrés d'honneur, qui vivent à la reale à
mesme le vostre, et s'engraissent de la moüelle de
vos subjects. Sire, cinquante ou soixante hommes
vertueux et gens de bien, sont capables de manier
de grandes finances. Leur science ne devroit estre
que de rendre bon et loyal compte. Retranchés toutes
les caballes et secrets mysteres d'icelles. La science
politique ne consiste point en choses recherchées, et
moins que tout le maniment legitime des deniers
publics et sacrés...

Je ne doute point, Sire, qu'on ne vous face curieusement lire les histoires des roys vos prédecesseurs,
car c'est d'eux que vous apprendrez plus volontiers
la science royale de bien gouverner. Remarqués y, sur
ce sujet, que jamais leurs entreprises et conquestes
n'ont esté plus détourbées que par les artifices et
inventions des gens de finances, ne se soucians pas
du bien et de la prosperité des affaires de leurs
maistres, pourvu qu'ils fissent leur profit. Les voyages,
entrepris en Italie, sont capables de vous instruire
plainement combien vous devez soigneusement eviter
les inconveniens qui viennent de là. Il est plus aisé

d'empescher le mal que de le reparer, quand il est fait. Si vostre Majesté le trouve bon : — apres que chacun aura vuidé ses comptes, depuis le temps qu'elle jugera raisonnable, et rendu à Caesar ce qui appartient à Caesar, — amnistie generalle pour le passé, pour l'advenir, service fidelle ou chastiment exemplaire. Faites, Sire, renoistre comme un nouveau siècle d'ordres et de choses! Reprenés tout à la pure source; ce qui est le plus antique est le meilleur; choisissez gens qui vous servent bien, sans tant de façon ; et ne souffrés point que les souffrances mangent le bon d'estat des comptes que l'on vous rendra! Il ne faut rien laisser derriere, ains que chacun vuide ses mains en vos coffres, aussi tost qu'elles seront pleines. Abolissés toutes finesses et déguizemens, couvertures d'exactions et de pilleries! payez bien et vous faites bien payer! C'est ainsi que vous pouvez amasser de grands tresors et fournir à de grandes despences. C'est ainsi qu'on prendra plaisir à vous servir, et qu'en espoir de recompense on employera volontiers le bien et la vie aux occasions.

Il n'est rien si royal que de donner; et pourtant devez vous bien garder que la source de vos liberalitez ne tarisse jamais, afin de le pouvoir tousjours faire. Mais donner avec jugement et à qui le merite, c'est la science particuliere des grands et habiles princes... En un grand Estat, comme est celuy que vous avez à gouverner, il sembleroit estre tres-utile et expedient que vous y fissiez tenir registre de vos dons, dans lequel fust compris un rapport des actes et merites pourquoy ils auroient esté faits, y adjous-

tant encor les précedens, s'il s'en trouvoit, comme
pareillement les causes, afin que les lettres des dona-
taires s'adressans à vos officiers, ils n'en delivrassent
l'attache que bien a propos, gardant tousjours sur
tout, puis qu'ils sont à ce commis et deputés, de laisser
alterer vostre domaine et diminuer le fonds de vos
finances... On ne doit demander des rois que choses
honnestes et legitimes, disoit un grand Roy. Vous
connoistrez bien tost, Sire, ce que vous devés
donner, et à quelles gens. Ce n'est pas tousjours a
ceux qui demandent, mais bien souvent à ceux qui
ne demandent point. Les hommes vertueux ne font
pas ordinairement grand brigue apres les loyers. Les
ames viles les caimandent plus librement...

Je ne parle point icy de vostre liberalité. La vouloir retrancher, c'est vous oster ce qu'il y a de plus
royal en la royauté... Vostre liberalité doit donc
estre immense, à proportion de vostre puissance;
mais tousjours guidée de prudence, comme de son
œil, et de zele au merite, comme de son éperon,
principalement ès recompenses de la vertu militaire.
Ouvrés bien l'œil, Sire, au departement des charges
honorables de vostre Estat; sur tout de celles de
l'espée et en banissés toute venalité... Il n'y a point
de monnoye propre à payer l'honneur et à le gagner,
que la vertu mesme.

C'est une belle invention et receüe de la pluspart
des polices du monde d'establir certaines marques,
n'ayant aucun prix en elles-mesmes, pour honorer
et recompenser les hommes de singulier et excellent
merite... Les princes, qui parmi nous et parmi nos

voisins ont institué les ordres de chevalerie, ont eu ce regard. Celui de Saint-Michel, qui a esté long temps en credit en vostre royaume, n'avoit point de plus grande commodité que celle de n'avoir communication d'aucune autre commodité. Cela faisoit qu'il n'y avoit charge ni estat, où vostre noblesse pretendist avec tant de desir et d'affection, ni qualité qui aportast plus de respect et de grandeur. La vertu embrasse et aspire plus volontiers à une recompense purement sienne, et plus glorieuse qu'utile. Louys XI qui l'establit [1] sçavoit bien cela et, de plus, que rien ne rabaisse tant la grandeur du loyer, que de le communiquer à peu de personnes. C'est pourquoy il voulut en aiguiser l'appetit aux ames genereuses par la rareté, deffendant expressément au dernier article de son instruction d'accroistre le nombre des chevaliers, qui ne fut au commencement que de quatorze nommés en son ordonnance, ores que le prince souverain et tout le chapitre fust de cet advis. Moindre il est, plus il est desiré. La nature et l'attrait des choses rares sont tels. Cela se voit mesme ès jeux de prix : tous courent et un seul emporte la bague. Cela est un aiguillon à la noblesse pour l'inciter à suivre les

---

[1] Les lettres patentes contenant l'institution et les statuts de l'ordre de Saint-Michel ont été données par Louis XI, à Amboise, le 1er avril 1469. (Voy. *Recueil des ordonnances des rois de France de la troisième race*, t. XVII, p. 236.)

Le 22 décembre 1476, à Plessis-du-Parc-lez-Tours, Louis XI donna de nouvelles lettres portant addition aux statuts de l'ordre de Saint-Michel, instituant l'office de prévôt des cérémonies de l'ordre. — Voy. *Recueil des ordonnances*, t. XVIII, p. 223.

actions de vertu, pour la solliciter de faire à qui
mieux mieux de beaux et bons devoirs. Il y avoit du
temps de nostre grand roy François Ier de bons et
braves hommes en France, comme chacun sçait, et si
ce nombre ne fut jamais rempli; avec jugement du
prince sans doute, car puis que ces loyers d'honneur
n'ont autre prix que cestuy ci, que peu de gens en
jouissent, il n'est pour les aneantir que d'en faire
largesse. Plus il se trouve d'hommes qui les meritent
et moins en faudroit-il donner, pour n'en corrompre
l'estimation. Nous apercevons à quel poinct on est
venu par la pratique contraire. Depuis quelque temps
voyant le peu de cas que l'on faisoit de l'Ordre et de
son colier, que l'on appelloit à tous chevaux, plusieurs ont recherché d'obtenir que leurs seigneuries
fussent erigées en tiltre de duchés, marquizats et
contés, le nombre en est creu de telle sorte que la
pluralité en a tout de mesme causé le mépris, et, tout
ensemble de la provision du roy Charles IX, par
laquelle il estoit ordonné que deslors en avant les
duchez, marquizats et contés seroient reünis à la couronne, ores qu'ils n'eussent esté anciennement du
domaine, en cas que les ducs, marquis et contes
vinssent à mourir sans hoirs masles. Bon frein à l'ambition de ceux qui sans les meriter desirent ces grands
et magnifiques tiltres dont vostre Majesté doit estre
sur tout jalouze, d'autant que plus elle aura de
moyens exquis pour recompenser la vertu, plus elle
sera servie et assistée d'hommes vertueux, qui comme
astres rechercheront la lumiere de leur soleil.

Vous estes, Sire, la fontaine de toute dignité, tant

suprême que subalterne; vostre grandeur, laquelle
est par dessus toute éminence, est le principe et
l'origine non seulement de la gloire, mais aussi de la
felicité humaine laquelle dépend principalement du
saint et entier exercice de la justice. La puissance de
la création des magistrats est la plus singuliere
marque de la Majesté; et partant ne faut-il point
douter qu'elle n'appartienne à vostre soing, non à la
faveur du peuple... Ainsi tous officiers sont proprement vostres, encor qu'il y en ait assés en ce royaume
qui ne sont point appellés royaux, non pour ce que
leur jurisdiction tire d'ailleurs que de vous son authorité, mais d'autant qu'ils n'en sont crées que par
moyen, à raison des fiefs appartenans à vos seigneurs
et gentilshommes auxquels est attachée la jurisdiction.
Car tout ainsi que tous les fiefs ont leur origine de
vostre couronne, ainsi toutes leurs jurisdictions de
vostre puissance, comme en pareil celles des marchands et des communautés; ne plus ne moins qu'au
corps humain toutes les fonctions propres et separées
des membres ne dépendent que de l'ame. C'est donc
à vous proprement qu'il apartient de faire choix ou
de tenir la main à ce qu'il soit bien et legitimement
fait de magistrats prudens, bien versés en la connoissance des hommes et des affaires, amateurs du bien
public et connus tels par experience; c'est à dire de
gens qui puissent, sçachent et vueillent bien exercer
leur charge, suivant ce conseil de Jetro donné à
Moyse : choisi d'entre tout le peuple des personnes
sages, qui craignent Dieu, qui aiment la verité et
hayssent l'avarice. Il est bien vray, que c'est un grand

heur quand le peuple approuve ceux qui desja sont approuvés du prince, car ce consentement leur crée une double obligation : de s'acquiter dignement de leur devoir pour satisfaire au jugement que l'un et l'autre ont fait de leur preud'hommie et suffisance...

Entre toutes les choses necessaires aux republiques, aux royaumes, aux empires, soit en temps de paix, soit en temps de guerre, la principale c'est la justice, que l'on peut à bon droit appeller la science civile des rois où ils puisent la connoissance de ce qui est bon et raisonnable, le thresor du droit et de l'équité qu'ils departent et communiquent à leurs peuples, tant par eux-mesmes que par leurs ministres, la vertu qui produit toutes les autres vertus et qui seule embrasse tout ce qui regarde le public et le particulier. Il ne nous seroit pas permis de vivre entre nous, c'est à dire en societé, sans elle, et fort a propos, dit Tite Live : qu'une multitude ne se peut amasser en corps de peuple par autre moyen que par les loix. Disons plus outre avec Platon que, comme l'ame vivifie le corps cependant qu'elle y demeure et quand elle s'en absente il se dissout au contraire et retourne à ses premiers élémens, la justice aussi soutient et fait durer l'Estat, mais si elle est esteinte ou opprimée, c'est force qu'il tombe et soit renversé. Une cité peut bien subsister sans murailles, mais non sans loix. L'Homere qui sçavoit tout, a dit bien à propos d'elle :

Elle mesme deffait des hommes de ce monde,
Les grand's communautés, elle mesme les fonde.

Elle les deffait, si on l'abandonne, car à cause

des injustices principalement sont transportés les royaumes d'une gent à l'autre. Elle les conserve, si on la conserve, et leur est ce qu'estoit à la ville de Troye l'image de Pallas, car elle establit le throsne et en augmente la puissance. Pour ce que les Romains entre tous les peuples en furent grands observateurs leur Estat s'est ainsi augmenté et a si long temps duré. Aussi ont-ils plus gagné de nations par leur equité que par leurs armes. Pressés la donc, Sire, comme le lien de vos peuples et le ciment de vostre empire, comme la felicité interieure et exterieure; interieure, car elle est capable de former toutes sortes de vertus : l'innocence, l'amitié, la concorde, la pieté, la religion, l'humanité; exterieure, car elle pacifie la terre et la mer, fait regner la tranquilité et la securité par tout. A cause d'elle, qui permet à chacun de garder et retenir ce qui luy appartient, les années sont meilleures qu'à cause de l'abondance des fruicts.

Il y a des vertus qui sentent principallement la principauté. La justice tient entre elles le premier rang, et pour ceste cause le sage Homere donne comme epithete propre aux roys, qu'ils sont occupés et employés parmi le droit; exercice qui leur convient si bien que rien ne les orne plus dignement. De vray ils doivent bien la maintenir puis qu'elle les maintient, bien la servir puis qu'elle leur sert tant. Leur premiere institution a eu ce but. Ils ne furent onc establis pour autre chose...

Ceste obligation mutuelle d'entre vous et vos subjects, Sire, est la raison principale qui vous doit obliger a remettre les jugemens en leur entier, à juger vous mesme de plusieures choses, des grandes et extraordinaires principalement, si le cas y eschet, ne fust-ce que pour l'exemple... Le prince qui ne veut point promener un diademe sourd et muet, comme l'on dit, doit estre bien versé en la connoissance des affaires d'Estat et de justice, voir de ses propres yeux, ouyr de ses propres oreilles...

Voila donc, Sire, l'occupation et la fin principale des roys en la justice... Or, Sire, vous pouvés vous en acquiter par vous mesme, comme j'ay dit, et par vos officiers, comme je vay dire. Mais ne pensés pas estre totalement déchargé, pour vous estre remis de ce fardeau, qui proprement est vostre, sur ceux qui vous en doivent soulager, car vous estes tenu à conte devant Dieu des fautes qu'ils commettront si vous pechés sciemment en leur élection, puis qu'elle dépend de vous. Vous répondrés en vostre propre nom des iniquités qu'ils feront en l'exercice de leurs charges si vous ne tenés la main, en tant qu'en vous est, à le rendre juste et legitime. Songez en vous mesme de fois à autre, puis que vous avez esté si agreable à Dieu qu'il vous a choisi pour son lieutenant en terre, combien vous estes obligé de faire que sa volonté soit faite, c'est à dire, que la justice soit sincerement distribuée à vostre peuple par chaque magistrat...

C'est à vous, Sire, qu'il appartient et qu'il touche principalement de les r'affermir. Il vous est bezoin pour cet effet de chercher et d'inventer tous moyens legitimes afin de retrancher la venalité des magistratures, sinon seule au moins premiere cause de

tout desordre en la justice, fontaine de toute mes-
chanceté, principe et fin de toute iniquité. L'ambition
des hommes fait que ceux qui sont expozés en vente
trouvent beaucoup d'acheteurs indignes de posseder ce qu'ils achetent. Quand mesme les offices
ne sont point vénaux il se rencontre assés de gens
qui s'efforcent d'y parvenir par presens et par corruptions... Les offices de judicature sont proprement
destinés pour servir de loyer à la preud'hommie et à
la vertu, et faut si l'on veut que tout aille bien selon
le train de la raison, que tous ceux qui auront con-
fiance de suffisance et de merite y puissent aspirer
et parvenir. Autrement, qui desirera estre du nombre
des gens de bien et mettre ses enfans apres soy au
mesme chemin, si la valeur et la bonté n'ont préro-
gative ni avantage quelconque, ains, qui pis est,
portent préjudice à l'avancement de fortune que l'on
appelle ?

L'historien Vopiscus, en la vie de l'empereur
Aurelian, remarque pour un signe de la declinaison
de l'Empire que sous luy les offices commencèrent
à estre vénaux et à se donner aux richesses, non aux
hommes [1]...

Voil pour ce qui regarde la creation de vos
officiers, à laquelle vous devés avoir l'œil d'autant
plus soigneusement, que l'abus y est maintenant plus

---

[1] La vénalité des charges, dont parle FLAVIUS VOPISCUS dans
les *Historiæ Augustæ*, n'avait aucun rapport avec celle qui se
pratiquait sous l'ancien régime, où l'on achetait une charge
comme on achetait un droit seigneurial. Cette dernière était
une forme administrative, l'autre une mise aux enchères des
fonctions publiques.

grand, mais encore plus pour les astraindre à s'acquiter fidellement de leurs charges. Car pour dire
beaucoup de mal-versations, en peu de mots, il arrive
en beaucoup d'endroits ce que Tite-Live a noté en
la compagnie perpetuelle des juges de Cartage que,
qui en avoit un pour ennemi, le mesme les avoit tous.
Quelques uns ont mis cela entre les causes de la sub-
version de ceste republique. Donnés ordre, Sire, que
cela ne soit point, et commandés à tous vos magistrats
qu'ils se souviennent perpetuellement qu'en la ville
de Thebes il y avoit des images de juges qui
n'avoient point de mains, et que celle du président
d'iceux avoit les yeux bandés, pour donner à entendre
que la justice ne doit estre ni concussionnaire ni
favorable. Rangés les souverainement à juger selon
les loix et ordonnances, sans s'en pouvoir aucunement
departir sous quelque pretexte que ce soit. Il faut
que les loix commandent aux magistrats, non pas les
magistrats aux loix... C'est un grand repos d'estre
assuré d'avoir bonne justice.

Nous experimentons en tout et par tout que le dire
de Platon est tres veritable : qu'entre ceux ou il y a plusieurs loix il y a plusieurs procés, et aussi des mœurs
malignes, car de là naissent haines, dissentions, et
querelles, desquelles bien souvent on vient aux voyes
de fait et aux meurtres... O! que ce nous seroit un
grand bien si les nostres se pouvoient reprendre à la
source! Il y a trop de stile de proceder parmi nous.
Le vin perd toute sa force en une si grande quantité
d'eau... Charles IX, vostre prédecesseur, pour faire
cesser ceste vilaine demangeaison de chicanerie,

24

ordonna que celuy qui voudroit commencer un procés consigneroit et payeroit pour le fisque du Roy deux escus, lesquels il recouvreroit s'il estoit jugé qu'a bonne et juste cause il l'eust intenté, sinon qu'ils y demeureroient. Mais outre que cela ne dura gueres long temps, ce remede estoit petit contre une maladie si grande et si invetérée. Ici j'adjousterois volontiers cestuy-ci : d'oster tous émolumens au sacré exercice de justice que vous devés gratuitement à vos subjects, tant par vous que par vos ministres, car, cependant que l'on gagnera à la prolongation des affaires, qu'il y aura tant de gens occupés avec salaire les uns pour instruire, les autres pour soliciter, les autres pour juger les procés, ils seront tousjours fomentés et entretenus comme par la chaleur de mille et mille inventions. Il n'y a vice plus dangereux en ceux qui manient les affaires publiques que l'avarice, et y vaquer pour le profit n'est pas seulement deshonneste, mais méchant. Obviez y, Sire, si vous desirez estre bien servi, et faites aimer a vos subjets la vertu pour l'amour d'elle-mesme.

FIN.

PRIVILÉGE DU ROY

LOUYS, par la grace de Dieu, Roy de France et de Navarre, A nos amez et feaux Conseillers tenans nos cours de Parlement, Baillifs, Seneschaux, leurs lieutenans, et à tous nos autres Juges et Officiers qu'il appartiendra, Salut. Nostre cher et bien amé Antoine de Montchretien nous a fait dire et remonstrer qu'il a n'aguieres fait et composé avec beaucoup de peine et travail un livre intitulé : *Traicté œconomique du Trafic,* lequel il désireroit bien faire imprimer pour servir au public. Mais craignant qu'apres que le libraire qui auroit entrepris l'impression d'iceluy, se seroit pour cet effet constitué en grands fraiz et despenses, quelqu'autre voulut, pour le frustrer de son labeur, l'imprimer, il nous a tres-humblement supplié luy vouloir sur ce pourvoir et octroyer nos lettres requises et necessaires. A quoy inclinans d'autant plus favorablement que nous desirons gratifier ledit de Montchrétien, nous luy avons permis et octroyé, permettons et octroyons par ces presentes, de faire imprimer par tel Imprimeur et Libraire que bon luy semblera, ledit *Traicté œconomique du Trafic,* pour estre par celuy qui l'aura imprimé, vendu et distribué par tout notre Royaume, pays et terre de nostre obeissance; et à ce qu'il ne soit privé tant de la recompense deuë au bien que le public recevra de l'Impression dudit Traicté, que des fraiz et despenses qu'il y aura employez, Nous avons fait et faisons tres expresses inhibitions et deffences à tous Imprimeurs-Libraires, et autres nos subjects de quelque qualité et condition qu'ils soient, d'imprimer ou faire imprimer, vendre ne distribuer ledit *Traicté œconomique du Trafic,* soit ensemble ou separé sous pretexte de quelque correction, changement ou autre forme et deguisement qu'on y pourroit apporter, durant le temps et espace de dix ans en-

24.

tiers et consécutifs, à commencer du jour que ledit Traicté aura esté achevé d'imprimer, à peine de cinq cens livres d'amende, applicable moitié à nous, et l'autre moitié à celuy qui l'aura imprimé, auquel nous avons en outre declaré et declarons acquis et confisquez tous les exemplaires dudit Traicté qui se trouveront imprimés par autres que celuy auquel ledit Montchrétien aura donné le pouvoir de ce faire; lesquels nous luy avons permis et permettons de faire saisir par Officiers de justice ou ils pourront estre trouvez, nonobstant oppositions ou appellations quelconques et sans prejudice d'icelles, pour lesquelles ne voulons estre differé...

Car tel est nostre plaisir.

Donné à Paris, le 12ᵉ jour d'aoust, l'an de grace mil six cens et quinze, et de nostre regne le sixiesme.

Signé : Par le Roy en son Conseil.
DE VABRES.

Et scellé du grand sceau, sur simple queue, de cire jaune.

BIBLIOGRAPHIE

OUVRAGES DE MONTCHRÉTIEN

Sophonisbe, tragédie par A. Montchrétien, dédiée à madame de la Vérune. In-18, 72 pages. Caen, veuve Lebas, 1596.

Les Tragédies, avec le portrait de l'auteur sur le titre et celui du prince de Condé âgé de quinze ans, avant la dédicace. In-12, 400 pages avec la Bergerie de 36 pages. Jean Petit, Rouen. Date des privilèges : 1604 [1].

Les Tragédies, 2ᵉ édition, in-12, 400 pages et 36 pour la Bergerie. Jean Petit, Rouen, 1603.

Les Tragédies, 3ᵉ édition, in-12, 394 pages. Jean Osmont, Rouen, 1604. Édition élégante ayant une tragédie nouvelle, Hector, en tête, qui remplace la Bergerie, laquelle se trouve à la fin des éditions précédentes.

Au Roy, Demande en grâce. Exemplaire unique, relié aux armes de France et de Navarre, sans titre ni date ni nom d'imprimeur, 8 pages. A la réserve de la Bibliothèque nationale, Y 6155 + A. Rouen, in-4°. La demande en grâce a été reproduite dans le Parnasse des plus excellents poètes françois de ce temps, p. 54. — 1618.

Les Tragédies, édition de Niort, in-12, 1606. Contrefaçon de l'édition de 1604 ; les lettres de privilège manquent ; l'autorisation des recteurs en Sorbonne y est seule reproduite, sans date.

Traicté d'œconomie politique, in-4°, Jean Osmont, Rouen, 1615. Écusson de l'imprimeur. Le titre de l'exemplaire, avec

---

[1] Brunet ne connaît ni cette première édition, ni la suivante. Dans aucune bibliographie, du reste, nous n'avons rencontré un compte rendu exact des ouvrages de Montchrétien.

couverture de fleurs de lis, de la Bibliothèque nationale, — réserve, — est sans date et sans nom d'éditeur; mais le livre du commerce ayant une pagination propre, page 1 à 200, est à sa place dans cet exemplaire, tandis qu'il se trouve à la fin du volume dans l'un des deux exemplaires — réserve — de la Bibliothèque Mazarine; en tout 612 pages moins 20, car, par une seconde erreur, la pagination du livre I passe de 137 à158.

TRAGÉDIES, *édition posthume*, in-12, 480 pages, Pierre de la Motte, Rouen, 1627, est un composé des deux dernières éditions de Rouen. La tragédie d'Hector est omise, quoique l'épître au prince de Condé, de l'édition de 1604, y soit reproduite. Elle est remplacée à la fin par la Bergerie des éditions de 1601 et 1603.

AUTEURS QUI ONT PARLÉ DE MONTCHRÉTIEN

MALHERBE, *Lettres à Piéresc*, Caen, 14 oct. et 2 nov. 1621.

Mercure françois, t. VII, p. 367 et suiv., 801 et suiv. — 1621.

La mémorable exécution des rebelles à Sa Majesté. Ensemble les deffaictes des bandoliers courans la Normandie. — 1621.

MALINGRE, *Histoires tragiques de nostre temps.* — 1635.

NICÉRON, *Mémoires pour servir à l'histoire des hommes illustres dans la république des lettres*, t. XXXII, p. 59. — 1735.

PARFAIT, *Histoire du théâtre français*, t. IV et VII. — 1747.

MORERI, *Le grand Dictionnaire historique.* — 1759.

DUC DE LA VALLIÈRE, *Bibliothèque du théâtre français.* — 1767.

ODOLANT DESNOS, *Mémoires historiques sur la ville d'Alençon et ses seigneurs*, t. II, p. 393. — 1833.

MONTEIL, *Histoire des Français des divers états.* Citations nombreuses. — 1833.

BLANQUI, *Histoire de l'économie politique*, t. II, p. 395, 3ᵉ édit. — 1ʳᵉ édit., 1837.

Floquet, *Histoire du Parlement de Normandie*, t. IX, p. 395 et suiv. — 1840.

Sainte-Beuve, *Poésie française au seizième siècle*, t. I, p. 314. — 1842.

Du Bois, *Recherches archéologiques sur la Normandie.* — 1843.

Philarète Chasles, *Études sur le seizième siècle*, p. 319. — 1848.

Boisard, *Notices biographiques sur les hommes du Calvados.* — 1848.

J. Garnier, *Dictionnaire de l'économie politique.* — 1854.

Eug. et Em. Haag, *La France protestante*, t. VII. — 1857.

Le comte de la Ferrière, *Le canton d'Athis et ses communes*, contient une gravure représentant l'auberge où Montchrétien fut tué. — 1858. — *Journal de la comtesse de Ganzay*, p. 85. — 1859.

Joli, *Étude sur Montchrétien, poète et économiste normand.* — 1865.

Horn, *L'Économie politique avant les physiocrates.* — 1867.

Jules Duval, *Mémoire sur Montchrétien.* — 1869.

Darmsteter et Hatzfeld, *Le seizième siècle en France.* — 1878.

Scheel, *Geschichte der politischen Oeconomie*, dans le *Handbuch der politischen Oeconomie de Schoenberg*, t. I, p. 62. — 1882.

E. Faguet, *La Tragédie française au seizième siècle.* — 1883.

G. Wentzel, *Aestetische und sprachliche Studien über A. de Montchrétien*, Weimar, 1885.

M. le duc d'Aumale, *Histoire des princes de Condé*, t. III, p. 152 et suiv. — 1886.

De Beaurepaire, actes communiqués à la commission des Antiquités de la Seine-Inférieure. *Bulletin de la Commission*, t. VII, p. 396 et suiv. — 1888.

H. Pigeonneau, *Histoire du commerce de la France*, t. II, p. 360 et suiv. — 1889.

ANNEXE

I

CHARGES ET SUBCIDES INSUPORTABLES QUE SOUFFRENT LES SUBIECTZ
DU ROY DE FRANCE EN LEURS COMMERCES ET TRAFFICQUES EN
ANGLETERRE[1].

Premierement, es droictz et coustumes pour raison des
marchandises que entrent et sortent, la Royne[2] d'Angleterre ne prend sur les Angloys que douze deniers pour
livre, et tout effoys elle prend sur les Françoys quinze
deniers pour livre, jaçoit[3] que les Angloys ne soient surchargez oultre et pardessus les Françoys.

Item, que encore que au jourd'huy la coustume se paye
tousiours à ladicte dame et a ceste raison pour quinze
deniers pour livre, sy est ce qu'ayant ladicte dame Royne,
depuis le temps des Roys Henry VIII et Adouard dernier[4],
donné, acreu et augmenté l'estimacion et evaluacion des
dictes marchandises plus quelquefoys du double, d'aultrefoys du triple, et en quelques marchandises du quadruple
et davantage, elle a par mesme raison surchargé les subjectz du Roy de troys a quatre foys plus qu'ils ne soul-

---

[1] D'après le manuscrit de la Bibl. nat., *fonds français*, 3881, f° 18 v°-
f° 22 r°. Une autre copie existe dans les registres de l'Hôtel de ville,
Archives nationales, H. 1784, p. 268 et suiv. M. Pigeonneau a repro-
duit de préférence dans son *Histoire du commerce*, t. II, cette dernière; nous attachons plus d'importance à la première, que nous
croyons de l'époque même de l'original.

[2] Élisabeth, 1558-1603.

[3] *Ja soit que :* quoique.

[4] Édouard VI.

loient[1] payer au paravant comme appert par le memoyre qui s'ensuit où sont contenues les marchandises avec la vieille et nouvelle estimacion.

L'ESTIMACION DES MARCHANDISES VENANTES
EN CE PAYS D'ANGLETERRE.

VIELLE ESTIMACION EXTRAICTE DU LIVRE DES COUSTUMES IMPRIMÉ L'AN 1545	NOUVELLE ESTIMACION EXTRAICTE DU LIVRE DES COUSTUMES IMPRIMÉ L'AN 1562
Sur les amendes du creu de Provence, chacun cent pesant, XIII s. IIII d.	XL s.
Thoilles de Bretaigne, les cent ailles, XX s.	XXIII s. IIII d.
Bougrans[2] de France en coulleur, la douzaine de pièces, XX s.	XXXIII s. IIII d.
Estœuf[3] à jouer, le tonneau, IIII l. t.	XX l.
Estames[4] de Reins, la pièce, II s. t.	IIII s.
Estametz[5] en basle, la dicte basle, XL s.	IIII l.
Patrenotres[6] de boys, la grosse, II s.	V s.
Patrenotres d'os, la grosse, II s.	XX s.
Ballances d'onces, la grosse, X s.	XX s.
Ballances à poiser l'any, VIII s.	LX s.
Canevatz de Normandie bruns, les cent aisles, XXX s.	L s.
Gros canevatz de Normandie pour embasler, les cent aisles, XX s.	XXVI s. VIII d.
Thoilles blanches de Normandye, XL s.	III l. VI s. VIII d.
Peignes, la grosse, IIII s.	V s.
Ruben de sayette[7], les douzaines de pièces, IIII s.	X s.

[1] Qu'ils n'avaient coutume de...
[2] *Bougran* : toile forte et gommée qu'on met entre la doublure et l'étoffe, en quelques endroits des habits, afin de les tenir plus fermes.
[3] *Matériaux* : ce qui est mis en œuvre par les artisans.
[4] Laine peignée.
[5] Petite étoffe de laine.
[6] Chapelets.
[7] *Rubans de sayette* : jarretières.

VIELLE ESTIMACION EXTRAICTE DU LIVRE DES COUSTUMES IMPRIMÉ L'AN 1545	NOUVELLE ESTIMACION EXTRAICTE DU LIVRE DES COUSTUMES IMPRIMÉ L'AN 1562
Ceintures de sayette, la grosse, IIII s.	XIII s. IIII d.
Bretelles pour damoizelles ouvrez d'or, la douzaine, VI s. VIII d.	XL s.
Bretelles pour damoizelles ouvrez de soye, la douzaine, IIII s.	XXVI s. VIII d.
Bonnetz de France, la douzaine, XX s.	XXX s.
Doulas ou locrenan, aultrement thoille blanche de Bretagne, les cent aisles, XX s.	XXIII s. IIII d.
Fustet à teindre le canevas, le cent poisant, V s.	XX s.
Plumes à lit de Bourdeaulx, le cent poisant, X s.	XXX s.
Morues de Terre neuve, de la grant sorte, le cent, XX s.	XXX s.
Morues de la moyenne sorte, le cent, X s.	XX. s.
Morues de la petite sorte, le cent, IIII s.	X. s.
Tapis de la façon de Rouen, l'aille, x d.	LX d.
Mainguette, le cent poisant, L. s.	IIII l. VI s. VIII d.
Grains de scarlatte de Provence hors de poudre, II s.	VI s. VIII d.
Myroirs, la grosse, IIII s.	VIII s.
Cuirs de Normandye, le panier, XII d.	XX s.
Couteaulx de France, la grosse, VI s. VIII d.	XXX s.
Fil de Lyon ou de Paris, la botte, XII d.	II s.
Meulles à moullin de Paris, la pièce, XX s.	
Servyettes grosses de Normandye, la douzaine, II s.	IIII
Huille de balayne, le tonneau, IIII l.	v l.
Morfil ou dentz d'elephant, le cent poisant, XX s.	III l. VI s. VIII d.

VIELLE ESTIMACION EXTRAICTE DU LIVRE DES COUSTUMES IMPRIMÉ L'AN 1545	NOUVELLE ESTIMACION EXTRAICTE DU LIVRE DES COUSTUMES IMPRIMÉ L'AN 1562

Boys de Navarre prestz à faire piquer, la balle,   VI s. VIII d.

Vieux licoulx de France, la douz. VI s. VIII d.

Huille de laurier venant de Languedoc, le cent poisant,   XIII s. IIII d.   XXVI s. VIII d.

Poldaus[1] de Bretaigne, la pièce,   X s.   XX s.

Oulennes de Bretaigne, la pièce, VI s. VIII d.   XIII s. IIII d.

Prunes de Tours, le cent poisant, VI s. VIII d.   XI s.

Cartes à jouer façon de Rouen, la grosse,   X s.   XVI s. VIII d.

Pommes de renette de France, le baril, II s.   III s.

Plastres de Paris, le mout,   III s.   XX. s.

Escriptoires et cornetz, la grosse, IIII s.   VIII s.

Poyres, le baril,   II s.   III s. IIII d.

Fil de Paris de coulleur, la douzaine,   XIII s. IIII d.   XXVI s. VIII d.

Papier[2] demy, la rame,   II s.   IIII s.

Papier commun, la rame,   XVI d.   II s. VIII d.

Huille d'ollive de Provence, le tonneau,   IIII l.   VIII l.

Landiers[3] de France, la douzaine, XXX s.   X l. VIII s.

Huille de ravets de Normandye, XIII s. IIII d.   XXI s. VIII d.

Poix, resine de Bayonne, le cent p. II s.   III s. IIII d.

Raquetes a jouer, la douzaine.   IIII s.   VIII s.

Sel de Brouage[4],   XIII s. IIII d.   XX s.

---

[1] Le ms. H. 1784 des Arch. nat. porte *Pol d'Avys*, espèce de grosse toile de chanvre écrue qui a pris son nom de la paroisse de Poll-Davy, située dans l'évêché de Cornouailles en basse Bretagne. (Dictionnaire de Trévoux.)

[2] Le ms. H. 1784, avant cette ligne, en porte une autre qui a été omise dans le ms. de la Bibl. nat. : *Papier royal*, la rame III s. — VI s. VIII d.

[3] Gros chenets de fer.

[4] En Saintonge, sur l'Océan; était célèbre pour ses marais salants.

VIELLE ESTIMACION EXTRAICTE DU LIVRE DES COUSTUMES IMPRIMÉ L'AN 1545	NOUVELLE ESTIMACION EXTRAICTE DU LIVRE DES COUSTUMES IMPRIMÉ L'AN 1562
Terventine de Bayonne, le cent poisant, IIII s.	X s.
Senegre [1] de France, le cent poisant, v s.	XIII s. IIII d.
Verdgris de Montpellier, le cent poisant, XL s.	III l. VI s. VIII d.
Vellors cramoysy ou pourpely en grains, venant de Lion ou d'Avignon, la verge [2], XIII s. IIII d.	XXV s.
Vellours de toutes autres coulleurs, hors de grains, venant de Lyon ou d'Avignon, la verge, LII s. VI d. [3].	XI s.
Cardes à laines nouvelles, la douzaine, VI s. VIII d.	
Cardes à laynes vielles, la douz., IIII s.	VI s.
Pastel de Thoulouse, la pippe, III l. VI s. [VIII d.	VI l. XIII s. IIII d.

La coustume du pastel se paye à raison de XIII s. IIII d. pour cent, qui reviendront à la dicte somme de VI l. XIII s. IIII d. la pippe.

DES MARCHANDISES SORTANT DU PAYS D'ANGLETERRE.

VIELLE ESTIMACION.	NOUVELLE ESTIMACION.
Pannes de draps de laine le cent poisant, X s.	XV s.
Estaing en œuvre, le cent pois. XXVI s. VIII d.	x l. VI s. VIII d.

[1] Fenugrec, *Fœnum grœcum*, plante médicinale.
[2] La *verge* d'Angleterre contenait les sept neuvièmes de l'aune de Paris.
[3] Il y a ici une erreur dans les chiffres. Le ms. H. 1784 porte VII s. VIII d. — XI s.

VIELLE ESTIMACION.	NOUVELLE ESTIMACION.

Estaing de la contrée d'Auchers, le sau-
mont[1] ou bloc,   XXV s.   XXX s. $^0/_0$

Estaing de Cournaille[2], le saumont ou
pièce,   XXV s. XXXIII s. IIII d. $^0/_0$

Plonb en saumont de 200 l. ou environ. . . . .

Megins[3], la pippe,   XL s.   III l.

Ostades[4] de Norwich, larges, la pièce, xx s.   XXX s.

Peaulx de connyns[5], noirs, le cent,
             [XXXIII s. IIII d.   L s.

Peaulx d'aigneaulx blanches, le cent, x s.   XVI s. VIII d.

Peaux de veaul, la douzaine, III s. IIII d.   x s.

Albâtre, le tonneau,   XIII s. IIII d.   XVI s. VIII d.

Le drap d'Angleterre de toute sorte de
drapperye,   VI s. VIII d.   XIII s. VI d.

Nota, que toutes ces sommes sont monoyes d'Angleterre, les six solz d'icelle revenant à un escu sol[6], et la livre à trois escuz un tiers d'escuz, et le denier à huict deniers tournois et la maille.

Oultre ceste augmentacion de subcides, les subjects du Roy endurent encores en leurs trafficques en Angleterre beaucoup d'incommoditez, tortz et griefz comme appert par les articles que ensuyvent.

---

[1] Terme de plombier; masse de plomb ou d'étain, en forme de saumon, pesant cent, cent cinquante ou deux cents livres. Le ms. H. 1784 porte en note : « Nota que le saulmont paise environ IIe livres. »

[2] Cornouailles.

[3] Peau mégissée.

[4] « Ostade », sorte de brocatelle mêlée de laine et de poil, en anglais : *worsted.*

[5] Lapins.

[6] Un écu au soleil.

II

TORTS ET GRIEFZ ET AUTRES INCOMMODITEZ QUE LES SUBIECTS DU ROY SOUFFRENT EN ANGLETERRE EN LEURS TRAFFICQUES.

Premierement, les Françoys sont tenuz donner caution en Angleterre d'employer en achapt de marchandises au dict lieu d'Angleterre les deniers provenant de la vente de leurs marchandises, dedans troys moys a prendre du jour qu'ils ont dechargé, sur peine de forfaicture d'aultant que se pourroit (*sic*) monter les deniers non emploiez. Et oultre ceste subjection, ilz leur couste encores xv ou xvi s. t.[1] pour la lettre de la dicte caution. Et fault entendre qu'aultant de navires qui ont apporté marchandises pour les Françoys, aultant chacun Françoes est-il tenu de bailler de cautions et lever autant de lettres, et ce oultre une autre lettre qu'il leur fault lever, scellée de iiii ou v sceaulx des officiers de la coustume[2], pour l'acquict ordinaire, laquelle leur couste neuf ou dix solz pour chacun navyre ou ils ont marchandises, combien qu'il ne soit raisonnable qu'ilz payent autre chose que la coustume et droict de la Royne; ne non plusque font les Angloys en France, de qui les officiers en France n'oseroient prendre de l'argent.

Item, sont tenuz de payer un tribut qu'ils appellent « sçavaige », qui est un profict revenant du mayre de Londres, et lequel il taxe à son plaisir, comme xviii d. sur chacune basle de pastel, et ainsy au prorata des autres marchandises. Lequel subcide pour la pleinte que les marchands françoys en ont aultrefoys faict fut quelque temps sans estre exigé, et depuis remis environ l'an 1557.

Item, les navires françoys n'osent approcher de Lon-

---

[1] Sous tournois.
[2] *Custom-house :* la douane.

dres d'un quart de lieue ou ilz convient qu'ilz posent l'ancre, et là deschargent leur marchandise par petites gabares qui ne sont poinct couvertes, ce qui ne se peult faire sans grand travail, longueur de temps, estant besoing d'attendre que la marée soit haulte, danger de perdre la marchandise, comme souventeffoys est advenu, et debterioracion et diminucion d'icelle, mesmement en temps d'yver par le moyen de pluye, ou le coust des gabares; où aultrefoys les navyres françoys venoyent jusques au tray[1] de Londres et là les marchandises se deschargeoient de dedans les navires avec la crane[2] ou greue, qui estoit une forme aysée, et de petit coust et de depesche. Aultant fault-il qu'il en facent a recharger; desquelles incommoditez s'ilz veullent estre exemtez leur convient gaigner les coustumiers par argent.

Item, seront tenuz sortant de la riviere de la Tamise, chargez ou vuide, prandre un pilote lequel exige pour sa peine III s. t. pour chacun tonneau du port de navire chargé ou non chargé, et d'entrée et d'yssue. Et combien que ceste exaction soit coulourée a ce que les Françoys n'ayent a sonder et recognoistre le fond et courtz de leur dicte riviere, et pour ceste cause les Angloys veullent qu'ilz prennent un pilote sy est ce qu'on ne prend pilote qui ne veult en payant la dicte exaction, lequel subcide n'est exibé sur le Flamment, sinon qu'il prent pilote.

Item, pour empescher le profict des Françoys, il est deffendu aux Angloys de ne charger leurs marchandises sur

---

[1] Jusqu'au quai de Londres. — Le mot « trait » désignait plus particulièrement l'espace que les propriétaires riverains sont obligés de laisser sur les bords des rivières pour le tirage des chevaux qui servent à monter les bateaux ou à les descendre.

[2] « Que nostre eschevins et li communs devant dis aient perpetuelment ung siege pour asseoir ung instrument que ont appelle communement *crane*, pour l'ouvrage des vins estrainges et d'aultres choses qui arrivent à nostre port de Dam. » Charte de l'an 1269. — M. Frédéric Godefroy (*Dictionnaire de l'ancienne langue française*) donne à tort à ce mot le sens de « eprouvette ». Les Anglais se servent encore du mot « crane » dans le sens indiqué par notre document.

navyres françois, de payer le double des coustumes et subsides de ce qu'ilz feroyent en **chargeant** navyres angloys.

Item, ils ne peuvent vendre leurs marchandises sinon aux bourgeois de Londres, sur peine de la forfaicture d'icelles, ne d'achepter sinon d'eulx quelque marchandise que ce soit, ou en France les Angloys acheptent aux Halles et en plain marché, et de qui ilz veullent et vendent a qui bon leur semble.

Item, ne leur est permis rapporter en France ne ailleurs marchandises qu'ils ayent une foys descendues en Angleterre, combien que les droictz et coustumes ayent esté payez au deschargement et qu'on l'offre encores les payer pour les recharger.

Item, ilz sont beaucoup grevez en leur achapt et vente de marchandises qu'ilz font en Angleterre, a cause des poix et mesures qui y sont doubles, les unes de la Royne d'Angleterre qui sont les plus grandes, et desquelles les Angloys usent quand ils acheptent des Françoys, et l'autre des bourgeoys particulliers qui sont beaucoup plus petites et desquelles ilz usent quant ilz vendent aux Françoys.

Item, il y a à Londres certains officiers, lesquels seulz peuvent charrier, porter et emballer les marchandises; avec lesquelz il fault que les Françoys composent pour charger et descharger leurs marchandises, à quoy ne sont tenuz les Angloys ausquelz est permis faire charrier, porter et emballer par qui bon leur semble.

Item, à l'occasion des dicts officiers ordonnez pour le marchant estranger, les Françoys payent à l'emballeur ou pacqueteur tribut et subcide de beaucoup de marchandises qui ne sont subjectes à estre emballées ou empacquées et ausquelles l'emballeur ne met aucunement la main; comme sur le plomb, oultre la coustume ordinaire et le sçavage, les Françoys payent encore pour l'anpacquage XXI s. t. pour chacun fouldre; sur les cendres semblablement, oultre la coustume et sçavaige ilz payent

VIII s. VII d. pour chacun laist[1]; pour les vieulx soulliers oultre la coustume et sçavaige ils payent à l'emballeur ou empacqueteur pour chacun tonneau six solz t., sur le charbon pour chacune mesure que les Angloys appellent chaudur[2], oultre la coustume et sçavaige, les Françoys payent neuf deniers t. à l'amballeur. Icy est à notter que les amballeurs au profict desquelz vient ce tribut n'y mectent point la main. A tout cecy l'Angloys n'est aucunement tenu.

Item, par le moyen d'un subcide, que les Angloys ont inventé à prendre sur les Françoys, est faict un grand tort aux subjectz du Roy, lequel subcide ilz appellent licence, car plusieurs marchandises comme charbon, cuir, suif, beurre, fourmaiges, bures, cendres, vieulx soulliers et autres choses ne peuvent estre transportées d'Angleterre sans payer ce droit de licence, ce qui ne revient point au profict de la Royne d'Angleterre, mais de quelques particulliers qui l'obtiennent d'elle par importunité, avec lesquelz il fault qu'avec force d'argent ils composent, car sur les cendres oultre la coustume qui est six solz pour chacun l'an, et le sçavage, il y a encores pour la licence x l. VII s. VI d. sur les vieux soulliers, oultre la coustume qui est de XXI s. III d. pour tonneau et le sçavaige, il y a pour la licence cinq escuz sol pour chacun tonneau.

Item, est aussy deffendu de n'emporter hors le dict Royaume d'Angleterre draps ou non parés[3] sans licence. D'où il advient que quelques-ungs ayant obtenu de la dicte dame ce droict de licence le vendent à certains Angloys, lesquelz ou bien ceulx quant bon leur semble, transportent et mectent hors les dictes pièces, ou bien survendent la dicte licence au double ou triple de ce qu'ilz l'ont acheptée, et a aussy hault pris que bon leur semble.

Item, le marchant angloys, bourgeois de Londres, a ce

---

[1] Pour *last*, 2 tonneaux.

[2] Chaldron, 36 boisseaux anglais. Le ms. H. 1784 porte « chaulder » : c'est la prononciation anglaise.

[3] Les mots sont ici intervertis : « ... draps parés ou non... »

privillege que quant il a achepté de la marchandise d'un
marchant françoys ou aultre, et a l'intention de faire ban-
queroutte, quant il est saisy des biens et marchandises, il
se peult retirer en sa maison dans une chambre ou salle,
fermant par devers luy, ou en sa bouticque mesmes, pourveu que l'huys ou simple barrière soit fermée avec un
locquet, et que de la rue le sergent ne le puisse toucher de
sa masse : et ne le peult-on inquieter, ne luy demander aucun argent pour les dictes marchandises, ny mesmes
l'aprehender ne s'adresser a sa personne, nonobstant que
le pauvre Françoys ainsy destruict et ruyné voye en la
bouticque le dict Angloys banqueroutier, sa femme, facteurs et serviteurs, lesquelz font vendant publicquement
les dictez marchandises devant le Françoys mesme qui les
aura vendues, sans que icelluy marchant françoys puisse
faire arrest sur les dicts denrées, marchandises ou aultres
biens meubles ou immeubles; et sy davanture le dict Angloys banquerouttier est apprehendé hors de sa maison et
constitué prisonnier, il y a une certaine prison particul-
liere pour les dicts bourgeois banqurouttiers où ils ont
liberté et permission d'aller chacun jour faire leurs affaires
par toute la dicte ville, à leur vollunté, prenant un serviteur de la dicte prison pour le sallaire duquel ils baillent
au geollier   [1] solz tournois par jour, et cependant
ne se peult-on adresser à leurs biens, ny mesmes à leurs
marchandises vendues.

Item, a tous les portz d'Angleterre les Françoys à l'arrivée ou à la sortye sont tenuz de payer chacun gros pour
teste, et à Douvre oultre ce droict de capitullation [2] exigent
trois gros pour le demy passage qu'ils appellent, un gros
pour le cherier [3] et un gros pour le petit batteau; encores
que le plus souvent il n'y sert de rien; de sorte qu'un
françoys prenant terre à Douvres ou s'embarquant à Douvres fault qu'il paye pour tous ses droictz XVII s., et ne

---

[1] Le mot en blanc. Le ms. H. 1784 porte « un gros par jour ».
[2] Pour « capitation ».
[3] *Searcher,* visiteur.

peuvent les subjectz du Roy sortant d'Angleterre emporter somme d'argent qui excèdent trois livres qui font dix
escuz sol.

Item, les Angloys ne soulloyent ancienement temps
passé, ne encores au jourd'huy, payer pour tonneau de vin
que xxv s., et les Françoys en ont desja payé plusieurs
années xlii s. vi d. oultre le droict de sçavaige; et durant
le regne de la royne Marye[1], outre les dicts xlii s. vi d.
fut imposé sur les Françoys huict nobles sur chacun tonneau de vin qui revient à neuf escuz sol et cinq solz
quatre deniers, de façon qu'elle prend sur chacun tonneau
plus de dix escuz au soleil, qui est somme si grande
qu'elle monte le plus souvent plus que l'achapt principal du
vin et porte dommage aux subjectz du Roy de plus de cent
mil escuz par an. Et est à notter que tous autres vins, soit
du Rhin, d'Allemaigne, vin sec ou autre d'Espaigne, mal-
voisye et muscadet d'Itallye et de tous autres endroitz sont
exemptz de la dicte charge.

Item, sont grevez de nouveau les subjectz du Roy et empeschez en leurs libertez et trafficques en plusieurs articles
des responses dernierement faictes par la dicte dame et son
conseil, lesquelles ont esté envoyez à la majesté du Roy.

Item, sont grevez de nouveau les subjectz du Roy a
l'entrée et yssue des portz de ce Royaume par une capi-
tulation qu'ilz ont introduicte sur les Françoys.

[1] Marie Tudor.

TABLE ANALYTIQUE

DE LA DOCTRINE DE MONTCHRÉTIEN [1]

———

———

[1] La forme extraordinaire choisie par Montchrétien pour l'exposé de ses idées économiques nous oblige de donner, à notre tour, cette forme peu usitée à la table analytique de son traité. La table ne répond ni à la valeur littéraire ni à l'importance historique de l'œuvre, mais elle permet de se rendre d'autant plus facilement compte de l'ensemble et des parties spéciales de la doctrine. Une table analytique complète ne pourrait être faite qu'à la suite d'une édition complète, édition que nous entreprendrons peut-être un jour, car les écarts littéraires et les aperçus historiques et religieux de Montchrétien ne sont pas moins intéressants pour l'histoire intellectuelle de notre pays que sa doctrine économique.

TABLE DES MATIÈRES

LIVRE IV

PARIS

TYPOGRAPHIE DE E. PLON, NOURRIT ET Cie

8, rue Garancière, 8.

pliance

8434 *